KB212134

판도라는 죄가 없다

판도라는 죄가 없다

나탈리 헤인즈 지음 | 이현숙 옮김

우리가 오해한 신화 속 여성들을 다시 만나는 순간

매일경제신문사

공주보다 도끼를 든 여자가

더 재미있다고

늘 생각하셨던 엄마를 위해

Contents

들어가며

레이 해리하우젠Ray Harryhausen 감독의 영화 〈타이탄 족의 멸망Clash of the Titans〉에서 해리 햄린Harry Hamlin이 메두사Medusa가 사는 캄캄한 동굴에 들어가 기둥 뒤에 섰을 때가 기억난다. 불꽃이 그의 방패에 스치듯 깜박거리고, 그의 얼굴은 온통 땀으로 젖어 번들번들했다. 나와 오빠는 그 자리에서 꼼짝없이 얼어붙었다. 페르세우스Perseus는 메두사의 섬뜩한 시선을 피해 방패로 눈을 가리고 안쪽 거울에 비친 괴물의 모습을 관찰한다. 그의 등 뒤로 불빛에 윤곽이 잡힌 괴물이 스르르 기어간다. 전설 속 모습 그대로 뱀이 돋아나 있는 머리에 채찍처럼 날렵한 뱀의 꼬리가 달려 있다. 활과 화살로 무장한 메두사는 단 한 번의 공격으로 페르세우스의 동료 중 한 명을 해치운다. 남자가 땅바닥에 벌렁 드러눕자 그녀가 불빛을 향해 스르르 움직인다. 갑자기 메두사의 눈이 밝은 녹색으로 번쩍였고, 그는 그 자리에서 돌로 변한다.

메두사가 또 하나의 화살을 발사한다. 이번에는 페르세우스의 방패를 손에서 떨어트린다. 그녀의 방울뱀 꼬리가 살육의 기대감에 전율한다. 페르세우스는 메두사가 세 번째 화살을 시위에 메우는 동안 손에 꽉 쥔 검에 비친 그녀의 모습을 잡아내려고 애쓴다. 그녀와의 거리가 조금씩 좁혀진다. 긴 검을 들고 숨죽이며 기다리고 있는 페르세우스의 윗입술에 땀방울이 맺혔다. 그리고 결정적인 순간, 그가 팔을 휘둘렀고 메두사의 머리가 잘려 나간다. 그녀의 몸은 고통스러워서 버르적거렸고 이내 목에서 걸쭉한 붉은 피가 흘러나왔다. 메두사의 흘러내린 피가 페르세우스의 방패에 닿자 쉭쉭 하는 소리를 내면서 금속을 부식시킨다.

이 영화는 〈아르고 황금 대탐험Jason And The Argonauts〉과 함께 어릴 적에 TV로 즐겨 보았던 단골 영화였다. 사실, 이 두 편의 영화는 방학 때마다 TV를 틀면 나왔다. 방영되지 않았던 적이 거의 손에 꼽을 정도일 것이다. 나는 이 영화를 보면서 메두사의 모습에서 별다른 특이점이 있다고는 생각하지 못했었다. 그도 그럴 것이 딱히 중요한 등장인물도 아닌데다가 그냥 괴물에 불과했고, 머리카락은 뱀이었다. 심지어 까딱하면 무고한 사람들을 돌로 만들어 버리는데 불쌍할 일은 전혀 없었다.

나는 이 영화들 때문에, 혹은 어린이 문고판(퍼핀 문고에서 펴낸 로저 란셀린 그린Roger Lancelyn Green의 책이었던 것 같다. 오빠 말로는 우리한테 노르웨이어로 된 책도 있었다고 한다)으로 접한 그리스 신화 때문이었는지 훗날 학교에서 그리스어를 공부하게 되었다. 수년이 지나고 나서야 나는 메두사를 다룬 다른 버전의 이야기, 그러니까 그녀가 어떻게 괴물이 되었고, 또한 그렇게 된 까닭은 무엇이었는지를 들려주는 이야기를 접할 수 있었다. 학위 과정을 통해 고대 여러 작가의 작품을 살펴보면서 나는 그동안 내가 책이나 영화로 접했던 단순화된 이야기와는 상당히 다른 세부적인 내용이 있음을 알게 되었다. 바로 메두사가 항상 괴물이었던 것도 아니거니와 트로이아의 헬레네

Helen 역시 간음한 여성이 아니었고, 판도라는 악녀가 아니었다는 사실이다. 심지어 메두사, 클리타임네스트라Clytemnestra, 파이드라Phaedra와 같이 노골적으로 악랄한 캐릭터조차 그들이 처음 나왔을 때보다 많은 차이가 있었다. 대학 마지막 해에 나는 고대 그리스 비극 작품에 등장하는 아이들을 죽인 여성들에 관한 논문을 썼다.

나는 지난 몇 해간 우리 기억 속에서 사라진 그리스 신화를 찾아 그 이야기들을 들려주는 소설을 집필했다. 여성 캐릭터들은 종종 이런 이야기의 고대 버전에서는 중심인물이었다. 극작가 에우리피데스Euripides는 트로이아 전쟁을 다룬 여덟 편의 비극을 썼는데 그중 하나인 〈오레스테스Orestes〉만 남성이 주인공이고 나머지 7편, 즉 〈안드로마케Andromache〉, 〈엘렉트라Electra〉, 〈헤카베Hecabe〉, 〈헬레네Helen〉,〈아울리스의 이피게네이아Iphigenia in Aulis〉, 〈타우리케의 이피게네이아Iphigenia Among the Taureans〉, 〈트로이아의 여인들The Trojan Women〉은 전부 다 여성 인물을 내세운 비극 작품이다. 내가 하고 싶은 이야기를 막 찾아다니기 시작했을 때 내 모습은 딱 해리하우젠의 영화 속 캐릭터, 눈을 가늘게 뜨고 희뿌연 어스름 속에서 거울에 비친 상을 열심히 들여다보던 페르세우스처럼 느껴졌다. 이 여성들은 오비디우스Ovid와 에우리피데스의 책 페이지마다 잘 보이는 곳에 용케 숨어 있었다. 이들은 다른 곳에서도 찾을 수 있다. 전 세계 박물관에 소장된 화병에도 그려져 있다. 그 여성들은 잃어버린 시가의 단편으로, 혹은 부서진 조각상들의 파편으로 존재했다. 하지만 그들 모두 거기에 있었다.

그러나 내가 이 책을 쓰기로 한 결정적인 순간은 비非그리스인 여성 캐릭터를 토론하던 중이었다. 나는 라디오 3에 나와 카르타고를 세운 페니키아 여왕 디도Dido의 역할을 놓고 열띤 토론을 벌이고 있었다. 나에게 디도는 매우 비극적인 영웅이었다. 극기심이 강하고, 담대하지만 비통했다. 반면, 인터뷰 진행자에게 그녀는 악랄한 사기꾼에 불과했다. 나는 베르길리우스Virgil의 《아이네이스Aeneid》에서 묘사된 디도를 말하는 것이었는데, 그는 말로Marlowe의 〈카르타고의 여왕Dido, Queen of Carthage〉에 등장하는 디도로 받아치고 있었던 것이다. 오랫동안 고대 사료에 파묻혀 있었던 탓에 대부분 사람은 훨씬 더 현대적인 출처를 통해 고전을 이해한다는 사실을 까맣게 잊고 있었다(고전학자들에게 말로는 현대적인 작가다). 한 예로, 개인적으로는 영화 〈트로이Troy〉가 음울하다고 생각하지만, 아마도 《일리아스Iliad》를 읽은 사람들보다 이 영화를 본 사람이 더 많을 것이다.

그래서 나는 그림, 연극, 영화, 오페라, 뮤지컬 등에서 계속 이야기되고 있는 10명의 여성 인물을 선택하여 고대 세계에서는 그들이 어떻게 다르게 그려졌는지 보여주기로 했다. 어떻게 오비디우스의 주요 여성 인물들이 21세기 영화에서 누군가의 아내가 되어 버렸고, 어떻게 예술가들은 시대의 아름다움을 드러내는 이상을 반영하기 위해서 한결같이 헬레네를 재창조하고, 우리는 어쩌다 호메로스Homer와 에우리피데스의 작품에 등장하는 그토록 영리하고, 재미있고, 또 때로는 무시무시한 여성들을 놓치고 말았는지. 그리고 어떻게 몇몇 현대 작가와 예술가들은 나처럼 이 여성들을 찾아내어, 그들을 다시 이야기의 중심으로 되돌려 놓았는지를 말이다.

모든 신화는 그 자체에 여러 타임라인이 존재한다. 즉, 신화가 만들어진 시간, 처음으로 전해진 시간, 그리고 그 이후 재창조되는 모든 시간이다. 신화는 신비스럽기도 하지만, 우리의 거울이기도 하다. 우리가 어떤 형태의 이야기를 선택할지, 어떤 인물을 내세울지, 어떤 인물을 사라지게 할지는 화자와 독자 모두의 생각을 반영하는 것이다. 우리는 길을 잃거나 잊힌 여성들을 재발견하기 위해 스토리텔링에 공간을 만들었다. 그들은 악당도, 희생자도, 아내도, 괴물도 아닌, 사람이다.

I

판도라

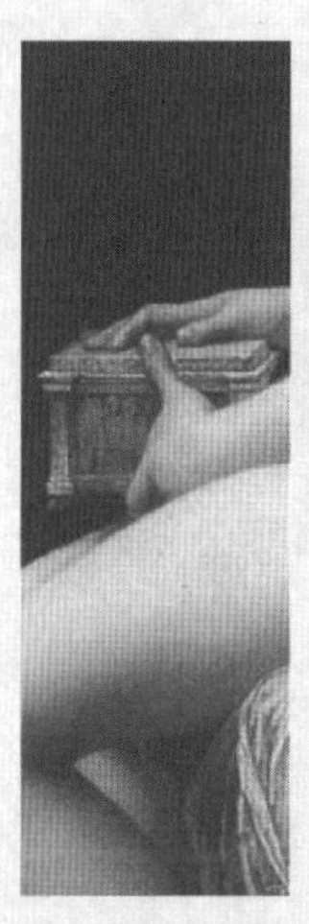

Pandora

수 세기 동안 판도라의 이야기에서
강조된 부분은 인간의 타락에서
그녀가 혼자 도맡은 역할이었다.

판도라 하면 우리 마음속에 어떤 이미지들이 떠오르는가? 아마도 손에 상자를 들고 있거나, 혹은 그 옆에 앉아 있는 여성의 모습이 아닐까 싶다. 그녀는 상자를 연다. 그 안에 무엇이 들어 있는지 궁금해서거나, 아니면 그 안에 무엇이 들어 있는지 알기에 그것을 세상 밖으로 꺼내어 놓고 싶어서일 것이다. 상자 속에 담긴 것들은 추상적이지만 하나같이 끔찍하다. 이제 세상의 모든 재앙이 우리 앞에 닥쳤다. 다행이라고 해야 할까, 그나마 우리가 탓해야 할 대상이 누구인지 정확히 알고 있으니 말이다. 그냥 내버려 두면 될 것을, 기어이 일을 그르치고만 한 아름다운 여성이 있으니 걱정 없다.

누가 봐도 이브와 닮은 꼴이다. 하나님께서 아담에게 이르셨다. 에덴에서는 네가 원하는 대로 하여라. 모든 나무의 열매를 먹어도 좋다. 단, 선악을 알게 하는 열매는 절대로 먹어서는 안 되느니라. 하필 그 열매는 말솜씨가 능수능란한 뱀 바로 옆에 손만 내밀면 쉽게 닿을 수 있는 곳에 있었다. 이브는 그 이후에 빚어졌으나 하나님께서는 그녀가 먹을 수 있는 것과 먹을 수 없는 것을 알려주지 않으신 모양이다. 아담을 통해 듣기는 했을 테지만. (역시나 신이 창조한) 뱀이 이브에게 그녀가 동산에 있는 나무의 열매를 따 먹을 수 없느냐고 물었을 때 그 대답을 알고 있었던 것으로 봐서는 말이다. 아무튼, 이브는 먹을 수 있다고 대답한다. 저 열매 하나만 빼고. 저걸 따 먹었다간 우린 죽을 거야. 저 선악을 알게 하는 나무 열매 말인가? 뱀이 묻는다. 아니, 넌 죽지 않아. 그저 선과 악을 구별할 수 있게 될 뿐이야, 하나님처럼 말이지. 창세기에 쓰인 그대로 이브는 그 과일을 자신과 함께 있던 아담에게도 나누어주었다. 과연 뱀의 말은 옳았다. 그들은 죽지 않았으니까. 이브는 전적으로 신의 책임 영역인 뱀의 존재와 목소리에 귀 기울인 대가로 고통스러운 출산의 형벌을 받는다.

그러나 판도라는 이브와 비교해도 역사적으로 지독하게 푸대접을 받았다. 이브는 적어도 뱀의 말을 듣고서도 자신이 위험하다고 전해 들었던 과실을 스스로 따 먹었다. 하지만 판도라는 호기심에서든, 혹은 악의로든 상자를 열지 않았다. 실제로 그 상자는 헤시오도스Hesiod가 그리스어로 시를 쓰고 난지 2000년이 훨씬 지난 16세기에 이르러서야 등장한다. 에라스뮈스Erasmus가 헤시오도스의 운문 《일과 날Woks and Days》을 라틴어로 번역할 때까지는 그녀의 이야기에 상자는 없다. 에라스뮈스는 '항아리'를 의미하는 그리스어 피토스pithos를 옮길만한 단어를 찾고 있었다. 고전학자이자 번역가인 M.L. 웨스트M. L. West가 설명한 바에 따르면,[1] 헤시오도스가 쓴 말은 1m 정도 높이의 저장용 도자기 항아리를 뜻하는 것이었다. 그리스 항아리는 바닥 면은 좁고 너른 입구까지 벌어지는 구조다. 무엇보다도 안정적이지 않다. 고대 유물을 전시하는 박물관 어디든 좋으니 한 번 둘러보자. 고대 유물 항아리들의 수많은 균열과 수리된 상태를 볼 수 있을 것이다. 이는 고대 항아리들의 부서지기 쉬운 본질적인 속성을 보여주는 것이다. 도자기 항아리는 때로 아름답고 화려하게 장식된 예술 작품으로 빛을 발한다. 하지만 다가올 수천 년 동안 인류에게 이루 말할 수 없는 슬픔을 불러올 재앙을 이 안에다 보관하겠다고? 다른 것은 차치하고 단 한 번이라도 부엌 바닥을 쓸어본 사람이라면 안다. 그들은 씁쓸하게 증언하리라, 항상 뚜껑이 꽉 닫히지 않는다고 말이다. 하다못해 우리는 뚜껑을 돌려서 열 수나 있지, 판도라에게 그런 뚜껑이 있었을 리 만무하다.

웨스트는 에라스뮈스가 판도라와 프쉬케Psyche(그리스 신화에서 puxos(푹소스), 더 일반적으로는 pyxis(퓌시스)로 발음되며, 지하세계를 탐험할 때 상자를 운반함)의 이야기를 혼동했다고 추측한다. 확실히 그럴듯한 이론이다. 그래서 에라스뮈스는 판도라와 프쉬케라는 두 여성을 혼동했을까? 아니면 비슷하게 들리는 두 단어, 즉 항아리를 의미하는 pithos(피쏘스)와 상자를 뜻하는 puxos(푹소스, 라틴어로는 pyxis(퓍씨스))를 혼동했던 것일까?

어쨌든 판도라가 졌다. 왜냐, 상자를 여는 데에는 노력이 드는 반면, 균형이 안 잡혀 삐뚜름한 도자기 항아리 뚜껑을 툭 치거나 부수기는 훨씬 더 쉬울 테니까. 악의를 품고 고의로 상자를 열어보는 의미로 변질한 언어적 이미지는 이미 우리 문화에 깊이 스며들어 있다.

(1536년도에 사망한) 에라스뮈스가 사람들에게 널리 읽히기 전에 판도라가 예술적으로 재현된 모습을 살펴보자. 비록 화가가 판도라를 악당으로 등장시키고, 그림의 이미지가 그 모습을 반영하더라도 그녀는 항아리와 함께 나타난다. 장 쿠쟁Jean Cousin은 1550년경 그녀를 판도라와 이브가 혼합된 〈에바 프리마 판도라Eva Prima Pandora〉[2]로 그렸다. 그림 속에서 그녀는 다리 사이에 감긴 얇은 천을 제외하면 알몸인 상태로 누워 한 손은 항아리에, 다른 한 손은 인간의 두개골 위에 얹어 놓은 모습이다. 이후에도 그녀가

항아리와 함께 있는 모습을 화폭에 담은 그림들은 더 있다. 헨리 하워드의 1834년 그림 〈판도라의 꽃병 열기The Opening of Pandora's Vase〉[3]가 그 예다. 그러나 그녀의 가장 유명한 이미지는 아마도 그로부터 약 40여 년 후쯤 나타날 것이다. 그 무렵 에라스뮈스의 정정본은 집단예술의식에 내면화된 듯이 보인다.

1871년 로세티Rossetti는 작은 황금 장식함을 손에 든 판도라의 초상화를 완성했다. 장식함 뚜껑에는 녹색과 보라색의 큰 보석이 박혀 있는데, 이는 그녀가 오른쪽 손목에 차고 있는 팔찌의 화려한 보석을 고스란히 연상시킨다. 상자를 여는 동안 오른손의 길고 가느다란 손가락이 구부러진다. 왼손은 상자 아래를 꽉 쥐고 있다. 뚜껑과 상자 사이의 갈라진 틈으로 이미 주홍빛 연기가 새어 나와 판도라의 붉은 기가 도는 갈색 곱슬머리 뒤로 굽이치고 있다. 상자에 무엇이 들어 있는지 정확히 알 수는 없으나 그게 무엇이든 불길한 기운이 감돈다. 판도라의 왼쪽 엄지손가락 바로 위에 있는 상자의 한쪽 면을 더 자세히 들여다보자. 더 불안하게 하는 라틴어 글씨가 보인다. Nascitur Ignescitur,[4] 즉 불길에 휩싸인 채 태어나는 것을 뜻한다. 로세티는 장식함을 직접 만들었으나 이후에 잃어버렸다.

초상화는 1m가 훨씬 넘는 높이에 색감의 깊이는 그 한가운데 쓰여 있는 글귀만큼이나 강렬하다. 판도라는 높이 올라온 둥근 목둘레선에서 양팔과 몸에 늘어트린 진홍색 드레스를 입고 있다. 완벽한 활 모양의 입술은 똑같이 진한 붉은 색으로 칠해져 있고, 입술 한가운데 살짝 드리워진 작은 그림자는 아랫입술이 보는 이를 향해 살짝 내밀고 있는 듯한 인상을 준다. 여인의 커다랗고 푸른 눈은 조금도 어색한 기색 없이 당당하게 우리를 바라보고 있다. 그림의 모델은 화가 윌리엄의 아내인 제인 모리스Jane Morris였다. 로세티는 그녀와 짜릿한 불륜을 즐기고 있었다. 비평가들은 윌리엄 모리스가 누가 봐도 야릇한 아내의 모습을 담은 그림을 보면서 어떤 생각을 했을지 스스로에게 물어보았다. 반면, 제인 모리스에게 물어보는 사람은 거의 없었다. 자기 자신이 헤시오도스의 《신통기Theogony》에서 **kalon kakon,**[5] 즉 '아름다운 재앙'으로 묘사된 판도라의 화신이 된 모습을 본다면 어떤 기분이 들지, 그리고 판도라가 자신의 아름다운 손에 그토록 꽉 쥐고 있는 물건에 대해 어떤 마음을 품고 있었는지도.

이제 판도라의 이야기를 처음부터 살펴봐야 할 때가 온 것 같다. 어떻게 진화해서 작가와 예술가들 사이에서 변화를 거듭해 온걸까. 모든 범상치 않은 일들이 흔히 그렇듯이, 처음 어떻게 시작되었는지 살펴보려면 우리는 그리스로 돌아가야 한다. 가장 오래된 자료는 기원전 8세기 후반, 그리스 중부의 보이오티아Boeotia에서 살았던 헤시오도스를 통해 찾을 수 있다. 그는 그녀의 이야기를 두 번 읊는데, 처음에는 그의 운문 《신통기》에서 비교적 간략하게 짚는다.

이 시는 신들의 계보를 나열한 기원 설화로 태초에 혼돈Chaos이, 그다음에 대지Earth가, 그 이후에 지하세계Underworld가 나타난다. 아마도 우리가 가장 먼저 알아볼 수 있는 등장인물은 바로 몸을 유연하게 만들고 이성을 극복한 에로스Eros일 것이다. 혼돈은 대지와 에레보스Erebus[이승과 저승 사이에 있는 암흑계-역자 주]와 밤Night을 만들고, 밤은 공기Air와 낮Day을 만들고, 또 대지는 천공Heaven을 만드는 식이다. 우리는 2세대를 뛰어넘어 제우스에 이르렀다. 먼저, 천공의 신 우라노스Ouranos와 대지의 여신 가이아Gaia는 크로노스Kronos와 레아Rhea를 비롯한 여러 자식을 둔다. 우라노스에게서는 이상적인 부모의 자질을 찾아볼 수 없었는데, 자녀들을 동굴에 숨긴 채 빛을 차단한다. 억압에서 벗어나기 위해 크로노스는 결국 어머니가 준 날카로운 낫으로 아버지를 거세하고 육체가 사라진 생식기를 바다에 던진다(이렇게 해서 아프로디테Aphrodite가 탄생했다. 이쯤 되면 프로이트가 뭔가 할 말이 있지 않을지 심히 고민해볼 시점이 아닐까). 크로노스와 레아는 차례로 여러 자녀를 두었다. 이 올림포스 이전의 신들은 티탄Titan으로 알려져 있다. 크로노스 역시 기본적인 아버지가 될 자질 테스트를 통과하지 못했고, 각각의 자손을 통째로 집어삼키기로 작정한다. 레아는 제우스를 몰래 낳아서 아들이 잡아먹히는 것을 가까스로 막았는데, 제우스는 크로노스에게 그의 형제들을 뱉어내게 하고는 스스로 신들의 왕이 되었다. 집안 모임 자체가 전쟁이었음은 두말하면 잔소리.

제우스Zeus는 종종 영리하고 전략적인 인물로 묘사되지만, 그는 곧 교활한 티탄 족의 프로메테우스Prometheus에게 두 번 뒤통수를 얻어맞는다. 헤시오도스는 왜 자신의 동족인 그리스인들이 동물의 뼈를 신에게 제물로 바치고, 그들이 맛난 고기를 차지할 수 있게 되었는지 그 이유를 설명해 줄 이야기를 찾고 있다. 필연적으로 좋은 것을 내어놓는 희생을 할 때, 뼈가 죽은 소의 가장 좋은 부분이 아니라는 사실은 자초지종이 필요해 보인다. 헤시오도스는 우리에게 프로메테우스가 메코네Mekone라는 장소에서 교묘한 술수를 부렸다고 들려준다. 어느 날 그에게 임무가 하나 주어졌다. 소를 잡아 신들 몫으로 내어줄 부위와 인간의 몫으로 가져갈 부분을 크게 두 덩이로 나누는 것이었다. 그때 프로메테우스는 살코기를 소의 위장 속에 숨겨서 제우스에게 바치고, 인간들에게 돌아갈 나머지 뼛조각들은 모아서 윤기가 좔좔 흐르는 비계 밑에 가지런히 정리해 놓는다. 제우스가 자신의 몫이 덜 먹음직스러워 보인다며 불평을 늘어놓자 프로메테우스가 제우스에게 먼저 고를 수 있는 우선권이 있으므로 더 마음에 드는 부분을 정해달라고 말했다. 신들의 왕은 선택하고 나서야 자신이 속았다는 사실을 깨닫는다. 좋은 부분은 인간이 독차지하고, 신들은 뼈 더미만 떠안게 되었다는 것을.

프로메테우스의 두 번째 술수는 명백한 도둑질이다. 그는 불(신의 소유)을 훔쳐 인간과 함께 공유한다. 그러고 나서 바위에 묶여 독수리에게 간을 쪼아 먹히는 그 유명한 형벌을 받는다. 그는 불멸의 존재였으니 간은 날마다 새로이 자라났고, 이 소름 끼치는 고문은 끝없이 되풀이될 것이다. 제우스는 불을 통해 인간의 삶이 개선되자 노발대발하면서 응분의 대가를 치르게 하기 위해서 우리에게 재앙kakon[6]을 내리기로 한다. 제우스는 헤파이스토스Hephaestus에게 진흙으로 젊은 여자의 형상을 빚으라고 명한다. 아테나Athene 여신은 이름 없는 인간 여인에게 은빛 옷을 입혀주고 야생 동물의 이미지로 장식된 베일과 황금 왕관을 선사한다. 헤파이스토스와 아테나가 각자 자기 본분을 마치고 나서 **kalon kakon, ant'agathoio**[7], 즉 아름다운 재앙, 좋은 것을 차지한 대가로 인간에게 내려진 재앙을 다른 신들 앞에 선보였다. 신들은 인간이 그녀에게 완전히 무방비 상태임을 깨닫는다. 그 어떤 장치나 치료법도 존재하지 않는다. 헤시오도스는 이 여성에게서 마성의 매력을 지닌 여성 종족이 나온다고 설명했다. 갈망의 대상이 되는 건 언제나 좋지 않은가.

단 몇 마디에 불과한 이야기지만, 아직 풀어 놓아야 할 이야기 보따리가 만만치 않다. 첫째, 헤시오도스는 왜 판도라의 이름을 거론하지 않는 것일까? 둘째, 헤시오도스는 진짜 여성이 남성과 별개의 종족이라고 말하는 걸까? 이렇게 되면 판도라는 이브와는 상당히 달라진다. 즉, 아담과 이브는 훗날 똑같이 모든 남녀의 조상이 되겠지만, 판도라는 오직 여성들만의 선조가 될 것이기에 그렇다. 셋째, 도대체 그녀의 항아리나 상자 같은 건 어디에 있는 것인가? 다시 말하지만, 더 자세한 내용을 알아내려면 헤시오도스의 더 긴 두 번째 형태의 운문을 기다려야 할 것이다. 넷째, 판도라에 대해 온전히 알 수 있는 것은 무엇인가? 그녀는 진흙으로 빚어졌다. 손재주가 기가 막히기로 유명한 대장장이 신(대장간의 신) 헤파이스토스가 디자인하고 제작했으며, 교활하고 노련한 아테나가 멋들어지게 치장해주었다. 판도라가 아름답다는 것은 알겠다, 하지만 실제로 어떤 사람이라는 말인가?

우리는 헤시오도스가 옆길로 새기 전에, 그러니까 당신이 가난하지 않으면 여성들이 당신을 어떤 식으로만 원할지 설명하고, 여성들을 아주 부정적으로 벌에 비유하기 전에, 우리에게 들려주는 단 하나의 구절을 통해 짐작해볼 수 있다. 판도라를 데리고 나가 다른 신들 앞에 선보이자 그녀가 얼마나 아름답게 빚어졌는지 신들이 경탄을 자아냈고 드레스를 입은 판도라는 그들에게 커다란 기쁨을 안겼다. kosmo agalomenēn.[8] 헤시오도스가 이 인간 여인을 사악하고 치명적인 존재로 묘사하고는 있지만, 이 젊은 여성에게 매료된 듯이 보였다. 그리고 이제 막 세상에 나온 그녀는 자신에게 주어진 예쁜 드레스를 보며 순수한 기쁨을 만끽하고 있었다.

헤시오도스의 두 번째, 더 자세한 이야기는 《일과 날》에 있다. 이 시는 주로 게으른 형 페르세스를 책망하기 위해 쓴 것인데, 시인의 소극적 공격성이 여성에게만 국한되지 않는다는 사실을 증명한다. 형제자매들 역시 그의 6보 격 운율의 시행에서 비난의 대상이 된다. 프로메테우스의 절도에 제우스는 분노하며 '그들에게 불을 훔친 대가로 재앙을 주리라', 즉 'anti puros dōsō kakon'을 외친다. 그는 계속해서 판도라는 '모든 사람이 기뻐하고 모두가 포용할' 재앙이 될 것이라고 읊는다.[9] 그리고 또한 헤파이스토스에게 창조의 고된 노동을 명한다. 진흙과 물로 빚어진 판도라는 인간의 목소리와 힘을 부여받지만, 불사의 여신과 같은 얼굴과 형태를 지니게 되리라. 아테나는 그녀에게 베 짜는 법을 가르치고, 아프로디테는 황금의 은총, 고통스러운 욕망, 그리고 사지를 갉아먹는 고통을 준다. (뒤의 두 가지 특성은 아마도 판도라가 남성에게 불러일으키는 감정일 것이다. 그러나 그 속성들은 그녀의 존재에 필수적인 요소다). 신들은 제우스의 명을 받들기 위해 서두른다. 실제로 더 많은 신들이 관련되어 있다. 삼미신Graces, 설득의 신Persuasion 호라이Hours는 황금 장식과 꽃장식을 도와준다. 헤르메스Hermes 신은 그녀에게 개와 같은 마음(이것은 칭찬이 아니다. 그리스인들은 우리처럼 개를 사랑하지 않았다)과 부정직한 본성을 주었다. 그는 또한 그녀에게 목소리를 주고 이름을 지어주었다. 헤르메스는 이 여자를 '판도라'라고 불렀는데, 이는 '올림포스산에 사는 모든 신들이 그녀에게 선물, 즉 인간에게 재앙을 주었기 때문이다.'[10] 불멸의 세계에서 프로메테우스의 형제인 에피메테우스Epimetheus에게 판도라를 선물로 전달한 장본인 역시 신의 전령인 헤르메스다. 프로메테우스(그의 이름은 문자 그대로 '선견지명'을 의미함)는 동생에게 제우스의 선물을 받지 말라고 신신당부해 두었다. 에피메테우스의 이름은 '뒤늦은 깨달음'을 의미하는데 아마도 이 때문에 제우스의 선물이 단순히 리본으로 묶인 상자가 아닌 다른 것일 수도 있음을 잊어버리게 된 것 같다. 그래서 에피메테우스는 판도라를 받았고, 이로써 인간들의 근심 걱정 없는 삶은 끝이 났다. 헤시오도스는 이 시점 전까지 인간은 모든 재앙이나 노동과 질병이 없는 평온한 삶을 살았다고 설명한다. 하지만 판도라가 항아리의 거대한 뚜껑을 여는 순간 그 모든 것은 종말을 고하고 인간들에게는 애처로운 근심이 퍼져나가리라. 오직 희망Elpis[11]만이 그녀의 손상되지 않은 안식처, 바로 항아리 가장자리에 남겨지게 된다.

판도라의 탄생에 관한 이 긴 서사는 몇 가지 질문에 답을 해주는 동시에 몇 가지 질문을 더 제기한다. 판도라는 선물gift이다. 말 그대로다. 바로 헤르메스가 에피메테우스에게 준 선물이다. 게다가 많은 신들이 그녀의 창조에 관여하고, 그녀에게 다양한 자질과 기교를 주었으니 모든 재능gift을 타고난 것이다. 그녀의 이야기에서 이 부분은 아마도 우리에게 〈잠자는 숲속의 미녀Sleeping beauty〉를 떠올리게 할지도 모른다. 여기에서는 한 악의에 찬 불청객이 아기가 물레에 찔려 죽으리라는 저주(오랜 시간 잠들게 되는 것으로 저주는 경감된다)를 선물함으로써 초를 치기 전까지, 초대된 요정들을 통해 아기에게 다양한 긍정적인 자질이 부여된다. 그러나 판도라가 이러한 선물을 받았을 때는 아기가 아니라 parthenos, 즉 결혼 적령기의 젊은 여성이었다. 따라서 이것들은 그녀에게 부여된 미래의 자질들이 아니라 목소리, 의복, 직조 기술처럼 즉각적으로 보고 들을 수 있는 것들이다. 판도라를 '타고난 능력을 지닌'(pan은 모든, dora는 동사 didomi, 즉 '나는 준다'에서 파생됨)'을 뜻하는 이름으로 읽고 싶은 유혹에 흔들릴 때가 있다. 그러나 판도라의 이름의 동사는 수동형이 아닌 능동형이다. 즉, 문자 그대로 그녀는 모든 재능을 받았다기보다는 주는 것이다. 판도라는 그리스어의 형용사로 보통 생명체가 살 수 있도록 하는 흙을 묘사하는 데 사용된다. 기원전 460년경에 제작된 아테네의 킬릭스kylix(술자리에서 쓰던 얕은 사발 모양의 질그릇 술잔으로 양쪽에 손잡이가 수평으로 달려 있음)가 있다. 이 작품은 현재 대영박물관에 소장되어 있는데 헤시오도스가 묘사한 장면을 그린 것으로 보인다. 뻣뻣한 판도라의 양옆에 아테나와 헤파이스토스가 서 있는 형상은 여전히 여자라기보다는 흙에 더 가까워 보인다. 그녀는 점차 parthenos이 되어가고 있지만, 신들의 날렵한 손놀림으로 치장 중인 인형처럼 여전히 미완의 상태다. 이 술잔에 새겨진 그녀의 이름은 '선물을 보내는 그녀'를 의미하는 아네시도라Anesidora로 부여되었다. 마치 대지가 인간과 가축의 양식이 될 식물의 싹을 보내주는 것처럼. 그래서 판도라의 타고난 관대함은 우리가 그녀를 타고난 능력자로만 생각할 때 지워지게 되고 마는 것이다.

하지만 그녀는 우리가 정말로 원하는 것을 주고 있는 것일까? 아니면 그저 항아리에 든 것들, 예컨대, 고된 노동이며 근심, 질병 같은 것들을 나눠주는 것일까? 그렇다면 그녀의 이름을 반어적으로 읽는 게 좋을 것이다. 우리에게 선사한 모든 트라우마 덕분에 말이다. 헤시오도스가 (머리에 꽂은 봄꽃에 이르기까지) 판도라의 창조를 묘사하기 위해 그렇게까지 공들인 점은 의아하지만, 그녀가 들고 있는 거대한 항아리에 관해 우리가 가장 먼저 듣게 되는 이야기는 바로 그녀가 에피메테우스에게 보내지고 나서 그 항아리 뚜껑을 열 때다. 사실, 헤르메스와 함께 올림포스에서 내려오는 길에 그녀가 주웠다는 상상은 쉽게 받아들여지지 않는다. 그보다는, 제우스가 남성에게 가하는 두 가지 형벌, 즉 교활하고 피할 수 없는 판도라 그 자체와 그녀에게 들려 보낸 온갖 끔찍한 것들로 가득한 항아리인 것으로 보인다. 결국 제우스가 자신의 신성한 존엄이 이중으로 공격받은 것(프로메테우스가 제물로 바친 고기로 장난친 것과 불을 훔친 것)을 처벌하고 있는 것이기에 이중 복수로 보는 것이 타당할 것 같다. 이렇게 본다면 판도라에게 그 모든 비난의 화살을 돌리는 이유가 다시금 궁금해지기 시작할 것이다.

이 신화에 관련된 신과 티탄의 수를 보라. 프로메테우스는 제우스를 적대시한다. 하지만 우리에게 불을 가져다주고 에피메테우스에게는 최선을 다해 가능한 모든 보복에 대해 경고한다. 에피메테우스는 제우스의 선물을 받지 말라는 경고를 단순히 무시하거나 깜빡했다. 그러므로 우리는 분명히 그에게 일부 책임을 물을 수 있다.

그가 더 기민했다면 판도라는 쫓겨나고 항아리와 모든 것은 다시 올림포스로 보내졌을 테니 말이다. 아니면 우리가 에피메테우스를 너그러이 봐줘야 할까? 결국 제우스야말로 올림포스의 가장 강력한 신이고, 티탄이 그와의 지략 싸움에서 이길 승산은 거의 없었을 것이다. 특히 제우스가 판도라를 빚어 전달하려고 다른 모든 신을 끌어들인 것이라면 더더욱. 그렇다면 판도라에게도 똑같은 호의를 베풀어주는 건 어떨까? 제우스에게 판도라는 복수하기 위한 일종의 메커니즘에 불과하다. 실제로 그녀에게 주어진 선택권이 얼마나 있었겠는가! 제우스에게 맞서봐야 가장 좋은 시나리오는 벼락 맞고 흔적 없이 사라지는 것뿐이다. 최악의 시나리오는 매일 당신의 간이 영원히 쪼아 먹히는 것일 테고. 헤시오도스에게는 남을 음해하는 여자와 불운한 형제라는 두 가지 불만 거리가 있었다. 따라서 이 두 가지 사항을 하나씩 서사에 포함하는 방식으로 우리에게 이야기를 들려주었을 것이라는 느낌을 떨쳐버리기 힘들다. 그렇더라도 판도라가 정말로 헤르메스와의 동행을 거부했어야 한다고 생각하는가, 아니면 항아리 위에 앉아서 뚜껑이 열리지 않도록 미동조차 해선 안 된다고 생각하는가? 판도라가 과연 그 안에 뭐가 들었는지 알기나 할까? 헤시오도스는 헤르메스가 그녀에게 부여한 겉모습과는 다른 위험하고 기만적인 본성이 있음을 우리에게 전하고 싶어 하지만, 우리 눈에는 전혀 그런 징후가 보이지 않는다. 게다가 헤르메스는 아무런 비난도 받지 않은 채 이 모든 이야기에서 슬며시 빠져나가는 것처럼 보인다.

헤시오도스는 Elpis, 즉 희망이 항아리 안에 남아 있다는 말로 마지막 수수께끼를 던졌다. 이는 인간에게 좋은 것일까, 아니면 나쁜 일인가? 우리는 항아리 안에 희망을 아껴둔 것으로 생각해야 할까? 아니면 우리에게 주지 않고 붙들고 있다고 봐야 할까? 내부의 모든 재앙이 세상 밖으로 쏟아져 나왔는데 희망이 그사이를 떠돈다고 한들 우리의 상태가 더 나아질까? 적어도 그렇다고 한다면 우리는 정신을 고양하기 위해 긍정성을 길러야 할지도 모른다(누가 봐도 효과가 없을 게 뻔하다. 〈미스터 스티븐슨 구출 작전Clockwis〉의 존 클리즈처럼 우리는 '절망을 감수할 수 있고, 내가 견딜 수 없는 것이 희망'이라면). 판도라는 우리의 삶을 비참하게 만들고 희망마저 빼앗아버림으로써 가혹하기 그지없는 잔혹한 행위를 한 번 더 저지르고 있는 것인가? 아니면 항아리가 열리기 전보다 훨씬 더 무서운 세상을 살아가는 우리에게 항상 '희망'이 있다고 믿게 해주는가? 학자들은 이 구절을 놓고 지금껏 의견이 분분하다. 특히 elpis가 일반적으로는 '희망'으로 번역되곤 하지만 그 단어가 꼭 그런 의미는 아니라서 더 그렇다. 희망은 영어로 본질에서는 긍정적이지만 그리스어(라틴어로는 spes와 비슷한 의미를 지닌다)에서는 반드시 그렇지만은 않다. 실제로 좋은 일이나 나쁜 일이 일어날 것이라고 예상하는 것이기에 더 정확한 번역은 '기대'가 적당할 것이다. 항아리에 그대로 있는 것이 우리에게 유리한 것인지 걱정하기에 앞서 그것이 본질적으로 좋은 것인지 나쁜 것인지를 결정해야 한다. 이는 진정으로 복잡한 언어적, 철학적 퍼즐이다. 그렇다 보니 판도라를 비난하는 편이 훨씬 더 쉬운 게 어찌 보면 당연할지도 모른다.

그리고 많은 작가가 정확히 그렇게 했다. 1958년 퍼핀에서 처음 출간한 로저 랜슬린 그린의 《그리스 영웅 이야기》와 많은 사람이 판도라를 접하게 되는 장면에서 그녀는 호되게 죄를 뒤집어쓰고 있다. 에피메테우스가 밖에 있는 동안 그녀는 (보물이 가득하다고 들었던) 상자를 열어볼 뿐만 아니라 그렇게 하려고 '살금살금' 움직이기까지 한다. 그러니까 자신이 잘못됐다는 걸 알기 때문에 악의적이고 비밀스러운 것이다. 퍼핀에서 가장 최근에 펴낸 판에서는 그 장면을 앞표지의 안쪽에 발췌하여 그 효과를 극대화했다.

1853년에 출간된 이후 수많은 어린이에게 고전의 관문 역할을 해온 너새니얼 호손Nathaniel Hawthorne의 《탱글우드 테일즈Tanglewood Tales for Boys and Girls》에서 판도라는 더 호되게 다뤄진다. 그녀의 이야기는 앞장의 끝부분에 복선으로 깔리는데, 판도라는 '서글픈 못된 아이'로 (우연하게도 내가 알고 싶었던 누군가에 관한 배경을 설명함) 소개된다.

호손의 다음 장인 '어린이의 낙원'은 어린 시절의 에피메테우스를 소개하는 것으로 시작된다. 에피메테우스가 외롭지 않도록 그와 마찬가지로 아버지도 없고 어머니도 없는 한 아이가 먼 곳에서 보내져 그와 함께 지내며 놀이 친구이자 아내가 되었다. 그녀의 이름은 판도라였다. 판도라가 에피메테우스가 사는 오두막에 들어섰을 때 가장 먼저 본 것은 커다란 상자였다. 그녀는 문지방을 넘자마자 처음으로 다음과 같은 질문을 던진다. "에피메테우스, 그 상자 안에는 뭐가 들어 있나요?"

지금까지는 그리 탐탁지 않다. 판도라가 '보내졌으나' 우리는 그 누구에게서도 전해 들은 바가 없다. 책임을 회피하는 데 수동태 문장은 꽤 쓸모가 있다('감정이 상했다면 죄송합니다' 라는 공식 같은 표현을 쓰는 모든 진정성 없는 사과를 생각해보라. 누군가의 감정을 상하게 한 것에 대해 적극적으로 사과하는 것보다 훨씬 적은 노력이 든다. '제가 상처를 줘서 미안합니다' 라는 표현이 진심을 담을 수 있다. '상처받았다니 유감입니다' 라는 말이 바로 누군가를 당신의 삶에서 내쫓고 다시는 그들을 보지 않게 만드는 이유다). 호손이 제우스, 헤파이스토스, 아테나, 헤르메스에게 제공한 알리바이는 더할 나위 없이 훌륭할 것이다. 이름을 밝히지도 않고, 언급도 하지 않는다. 호손은 판도라가 에피메테우스의 오두막에 도착하는 과정은 고사하고 그들이 판도라를 창조할 때 맡은 역할을 이야기 속에서 흐지부지 덮어 버렸다. 판도라를 창조하는 과정에서 그들이 맡은 역할은 이야기 속에서 가려져 있다. 커다랗고 이상야릇한 상자에 쏟아지는 판도라의 관심은 즉각적이고도 오래 계속된다. 그리고 그녀와 에피메테우스는 그것 때문에 사이가 틀어진다. 그녀는 그것이 어디에서 왔는지 알고 싶어 하고, 에피메테우스는 판도라가 퀵실버quicksilver로 알고 있는 남자가 보낸 것으로 기억한다(퀵실버는 금속, 수은의 다른 이름이자 결국 헤르메스의 로마식 이름이므로 말장난임). 호손은 일관되게 그녀에게 불리한 서사를 옮긴다. 에피메테우스는 말하고, 판도라는 종종 같은 단어를 사용하여 애처롭게 울부짖는다. 그의 짜증은 피로감, 즉 못된 행동을 하는 사람에 대한 표현이다. 상자를 고의로 여는 데 책임이 있는 쪽은 판도라다. 에피메테우스는 기껏해야 액세서리에 불과하다. '하지만 - 그리고 당신은 이것으로 어떻게 한 인간의 잘못된 행동이 전 세계에 재앙을 불러오는지 보게 될 것이다 - 판도라가 그 보잘것없는 상자의 뚜껑을 들어 올림으로써, 또한 에피메테우스의 잘못으로 그녀를 막지 못함으로써, 이 근심거리들이 우리 사이에 발판을 마련했다.' 이 이야기에는 판도라와 그녀가 앉을 수 있을 만큼 커다란 상자를 묘사한 삽화가 하나도 아니고 무려 두 개가 실려 있다. 다시 말하지만, 우리는 판도라의 꺼지지 않는 호기심을 우리 모두 대가를 치러야 하는 죄로 여기라는 요구를 받는다.

이 두 작가는 우리가 고대 신화에서 찾아볼 수 있는 그 어떤 것보다 그들이 활동하던 당시의 시대상을 반영하는 선택을 했다. 신화 - 특히 그리스 신화 - 는 변화무쌍하다. 위에서 언급한 바와 같이, 신화들은 적어도 두 개의 연대표, 즉 표면적으로 설정된 연대와 특정 판형의 연대를 담고 있다. 호손의 판도라에서 드러나는 거들먹거리는 가부장적 어조는 우리가 헤시오도스의 운문에서 볼 수 있는 짜증스러운 여성혐오보다 훨씬 더 도드라진다. 헤시오도스는 판도라를 신들이 인간에게 해악을 끼칠 의도로 만든 속임수로 표현하면서도 우리에게 제우스가 그녀의 창조를 명령하게 된 이유, 프로메테우스와 그 밖의 나머지 사람들을 향한 복수에 대해서도 알려주고 싶어 한다. 그린과 호손은 아동용으로 이야기를 단순화하는 과정에서 판도라를 헤시오도스가 의도한 것보다 더 악당처럼 느껴지도록 묘사했다.

19세기와 20세기의 신화 작가들이 이야기의 출처에 더 관심을 가졌다면 어떻게 되었을까? 만약 그들이 헤시오도스나 에라스뮈스가 그린 판도라의 서사뿐만 아니라 그녀에 대해 조금 덜 알려진 이야기들을 찾아보았다면? 만약 그들이 기원전 6세기부터 테오그니스의 애가Elegies에 일부 남아 있는 내용을 훑어보았더라면 그들은 판도라의 항아리가 나쁜 것보다는 좋은 것들로 가득 차 있음을 암시하는 짧은 구절을 발견했을지도 모른다. 항아리가 열리면 모든 선한 것들, 즉 자제력이나 신뢰감 등이 날아가 버리고 마는데 바로 이로 인해 인간들에게서 그와 같은 자질들을 거의 찾아볼 수 없게 되었다는 것이다. 그리고 오직 Elpis, 즉 희망만이 우리를 저버리지 않은 하나의 선으로 남게 되었다.[12]

물론, 동화 작가가 테오그니스의 모호한 글들까지 샅샅이 뒤지기를 기대하는 것 자체가 무리라고 생각할 수도 있다. 아이들 이야기가 주는 즐거움 중 하나가 단순함 아니겠는가. 그러나 어린아이들이 이런저런 형태로 몇천 년간 읽어온 작가가, 판도라에 관한 이야기를 들려주었다. 얼마나 많은 사람이 이솝 우화에 기여했는지는 알 수 없다. 다만, 다수의 작가가 그 덕분에 많은 단편을 썼다. 이솝 자신도 헤시오도스가 생존한 지 백여 년 만에 재치로 자유를 얻은 노예였을지도 모른다.[13] 혹은 아예 존재하지도 않았거나. 그러나 확실한 것은 그의 이야기가[14] 헤시오도스보다는 테오그니스에 더 가깝다는 것이다. 다시 말하지만, 항아리는 유용한 것들로 가득 차 있다. 그리고 또 뚜껑을 열면 날아간다. 하지만 책임을 져야 할 쪽은 판도라가 아니다. 오히려 그것은 lichnos anthropos, 바로 '호기심이 많거나 탐욕스러운 사람'이다. 이번에 책임을 짊어진 쪽은 에피메테우스일까? 우화는 그에게 이름을 지어주지 않는다. 그러나 그것은 확실히 여자보다는 남자이고, 재앙보다는 호기심이 많은 사람이다. 16세기에 이탈리아 조각가 줄리오 보나소네Giulio Bonasone는 이솝 판 판도라에서 영감을 받은 것 같다. 현재 뉴욕의 메트로폴리탄 미술관이 소장하고 있는 판화 〈판도라의 상자를 여는 에피메테우스의 판도라〉[15]는 흥미로운 작품이다. 판화의 제목에도 불구하고 에피메테우스가 확실히 거대한 그리스 항아리의 뚜껑을 열고 있으며 육중한 손잡이가 보는 이와 마주하고 있다. 여기에서 호손의 유치한 면모는 전혀 찾아볼 수 없다. 에피메테우스는 수염이 덥수룩한 성인이다. 이 항아리에서 달아나고 있는 것들은 미덕, 평화, 행운, 건강과 같은 좋은 것들이 여성으로 의인화된 것이다. 거의 모든 형태의 이야기에서 일관되게 묘사되고 있듯이 희망은 그대로 남아 있다.

시각 예술가들은 종종 판도라에서 영감을 받았는데, 이는 아마도 (로세티의 경우) 그녀가 전체 사회 집단과 불륜의 강렬함을 공유할 기회, 혹은 (장 쿠쟁Jean Cousin, 쥘 르페즈르Jules Lefebvre, 폴 세제르 가리오Paul Césaire Gariot, 윌리엄 에티William Etty, 존 윌리엄 워터하우스John William Waterhouse 등의 경우에는) 매력적인 여성을 거의 완전히 알몸으로 그릴 기회를 제공해서일 것이다. 그들이 헤시오도스가 좋아하는 은빛 로브를 떠올릴 때 헤시오도스와 상의하지는 않았을 테니 말이다. 이 화가들은 항아리나 상자를 여는 행위 혹은 막 열려는 순간, 아니면 그렇게 한 직후의 행동을 보여주곤 했다. 그들의 초점은 거의 항상 판도라가 초래했거나 임박한 파괴에 맞춰져 있다. 이는 판도라와 이브의 서사가 한데 뒤섞인 결과임이 분명하다.

수 세기 동안 판도라의 이야기에서 강조된 부분은 인간의 타락에서 그녀가 혼자 도맡은 역할이었다. 이브의 서사 전개 과정에서 아담과 뱀이 많은 비난을 피해갔듯이 제우스, 헤르메스, 에피메테우스 역시 이후 거의 모든 판도라와 관련된 서사에서 책임을 면죄 받았다. 이 세상에서 모든 잘못된 일의 원인을 찾을 때면 항상 지침이 되는 원칙은 지나치리만치 '여자를 조심하라 cherchez la femme'였다.

고대 그리스인들 역시 판도라를 시각적으로 묘사하는 데에는 흥미를 보였지만 항아리를 여는 데에는 그다지 관심이 없었다. 그건 아마도 항아리가 그들에게 그다지 중요하지 않았기 때문일 것이다(우리가 보았듯이, 헤시오도스는 두 번째 버전의 판도라 이야기에서만 그것을 언급했다). 혹은 서로 경쟁하는 (이솝에서 보았듯이) 전통들이 항아리 뚜껑과 내용물의 정체성을 바꾸어 놓았기 때문일 수도 있을 것이다. 반면 고대의 조각가와 화가는 신들이 다 같이 모든 것을 받고, 또한 모든 것을 주는 판도라를 창조하는 순간에 주의를 집중한다. 이 장면은 판도라를 묘사한 가장 훌륭한 크라테르(그리스인들이 포도주에 물을 넣는 용도로 사용한 믹싱볼)에서 볼 수 있는 장면으로 대영박물관[16]과 옥스퍼드의 애슈몰린 박물관[17]에 있는 것과도 비슷하다. 흥미롭게도, 상자를 든 판도라의 모습이 너무나 완벽하게 연상되어서인지 애슈몰린 웹사이트에 들어가 보면 크라테르가 '판도라의 상자'라는 제목으로 소개되어 있다. 그러나 시대착오적인 상자나 그 장면 어디에도 항아리의 흔적은 없다. 대신 진흙에서 판도라를 빚어내는 데 사용한 망치를 든 에피메테우스가 땅에서 일어서는 그녀에게 손을 내밀기에 앞서서, 지켜보고 있는 제우스와 돌아다보는 헤르메스의 모습이 묘사되어 있다. 에로스는 그들 위에 떠 있다. 아마도 그 부부가 빨리 사랑에 빠지도록 만들기 위해서인 듯하다.

아테네의 파르테논 신전에서 가장 눈에 띄는 자리를 차지한 것이 바로 이 장면이다. 이 거대한 사원의 중심에는 아테네인들의 수호 여신인 아테나의 거대한 조각상 아테나 파르테노스가 있다. 높이는 10m가 넘고 나무로 된 중심부에 1톤 이상의 상아와 금(그리스어로는 chryselephantine이다)[18]이 입혀져 있다. 아테네는 오래전에 사라졌으나 우리에게는 조각상과 - 특별히 그리스인들이 판도라를 어떻게 인식했는지에 대한 이해를 돕기 위해 - 그 조각된 맨 밑부분을 모두 본 고대 작가들이 남긴 글이 있다. 이것은 신전의 안쪽에 있는 신상 안치소를 찾는 방문객들의 대략적인 눈높이와 맞았을 것이다. 맨 아랫부분은 조각된 돋을새김으로 판도라의 창조를 보여주었다. 아테나의 거대한 조각상에 비하면 틀림없이 왜소해 보였을 것이다. 그러나 이 신전의 중심에 놓인 조각상에 판도라가 포함되었다는 사실 그 자체는 아테네인들이 그녀를 어떻게 생각했는지를 엿보게 한다. 아테나는 결국 판도라를 만드는 데 결정적인 역할을 했으며 그녀에게 드레스와 직조 기술을 제공했다(고대 그리스에서 이것은 사소한 기술이 아니다. 오히려 옷을 짜는 직조는 고결한 여성이 추구해야 할 이상이었다. 그리스와 로마 신화에서 가장 정숙한 여인으로 알려진 페넬로페Penelope가 《오딧세이아Odessey》에서 그토록 많은 수의를 짜고 풀기를 반복했던 이유이기도 하다). 2세기의 여행 작가인 파우사니아스Pausanias는 독자들에게 파르테논 신전을 설명할 때 이들의 연관성을 언급했다. 그는 아테나의 동상이 똑바로 서 있고 그녀의 가슴에 상아로 조각된 메두사가 있다고 말한다. 받침대에는 헤시오도스와 다른 사람들이 노래한 것과 마찬가지로 최초의 여성이었던 판도라의 탄생이 묘사되어 있다. 파우사니아스는 그녀가 존재하기 전에는 여성이 없었다고 재차 강조한다.[19] 다시 말하지만, 어떤 항아리나 내용물에 대한 언급은 없다. 고대인들에게 여성의 조상인 판도라의 역할은 세상에 끊임없는 재앙을 풀어 놓음으로써 논란의 중심에 선 역할보다 훨씬 더 중요했음을 넌지시 암시했다고 보는 게 타당할 것이다. 비록 헤시오도스에게 이 두 가지는 크게 다르지 않은 역할에 해당하더라도 말이다.

파르테논 신전의 돋을새김이 기원전 5세기 아테네에서 사라진 판도라에 대한 유일한 증거는 아니다. '판도라'또는 '망치'를 뜻하는 'Sphyrokopoi'라고 불리는 소포클레스Sophocles의 연극도 사라졌다. 우리는 일반적으로 소포클레스를 비극 작가로 생각한다. 그의 남아 있는 7편의 희곡이 전부 다 비극이라서 그렇다. 그렇긴 해도 그는 사티로스극을 포함하여 평생 150여 편의 희곡을 썼을 것으로 추정한다. 그리고 그중 하나가 〈망치The Hammerers〉다. 사티로스극은 비극적인 3부작 다음에 공연된 희극으로 부조리와 우스꽝스러운 농담, 사티로스들의 합창으로 가득했다. 소포클레스는 연극과 포도주의 신인 디오니소스를 기리기 위해 개최된 아테네의 연극 축제인 디오니소스 대제전에서 그의 연극이 처음 상연될 때마다 세 편의 비극과 풍자 연극을 무대에 올렸을 것이다. 소포클레스의 희곡 중 완전한 세트는 없다. 테바이(테베) 연극(희곡), 즉 〈오이디푸스 왕Oedipus the King〉, 〈콜로노스의 오이디푸스Oedipus at Colonus〉, 그리고 〈안티고네Antigone〉는 종종 함께 무대에 올려지거나 책으로 출판되곤 하지만 세 가지 모두 별도의 3부작에서 나온 것이다. 그리고 그의 사티로스극 중 하나인 〈추적자The Trackers〉(토니 해리슨이 그의 훌륭한 희곡인 〈Trackers of Oxyrhyncus〉로 틈새를 메웠기는 했지만)의 광범위한 단편들이 우리에게 전해진다. 여러 면에서 대단히 통렬한 시인으로 알려진 소포클레스가 가벼운 농담거리를 던졌다는 사실은 실로 엄청난 충격이 아닐 수 없다. 따라서 소포클레스 판(버전의) 판도라의 신화가 우리에게 거의 알려진 바가 없다는 사실은 적어도 두 가지 면에서 실망스럽다. 우리는 〈망치〉라는 기존과 다른 제목에서 그 희곡이 기원전 5세기 그리스 조각가들과 화병 화가들과 마찬가지로 판도라의 창조에 초점을 맞췄다는 것을 추측해볼 수 있다. 이 연극들은 보통 사티로스들(엄청나게 크게 발기하는 반인반수의 숲의 신) 합창단이 연기한 역할에서 제목을 따왔기 때문에 사티로스들이 망치를 들고 다녔다고 추측하는 것은 그럴듯해 보인다. 모든 문화적 전통이 온전하게 남아 있는 것은 아니지만 사티로스극은 풍자해학극에 더 가까웠을 것이다. 그 안에 노래하고 춤추는 성욕 넘치는 인간과 말의 교배종이 영구적으로 남아 있다면(의심할 여지 없이 이러한 틈새는 지금도 어딘가에서 충족되고 있다). 에피메테우스의 망치가 애슈몰린에 전시된 크라테르에 사용되듯이 이 망치들은 판도라를 조각할 진흙을 준비하거나, 혹은 그녀를 땅에서 벗어나게 하는 데 사용될 것이다. 연극에 대한 정보가 더 많거나 그 일부라도 남아 있다면 기원전 5세기 아테네인들이 판도라를 어떻게 인식했는지, 그리고 그녀가 파르테논 신전에 포함된 사실이 암시하듯 판도라가 특히 그들의 도시 국가와 관련이 있다고 여겼는지 여부에 관해서도 더 많은 추론을 할 수 있었을 것이다. 슬프게도 우리에게는 확실한 것이 없다.

그러나 알려진 사실을 바탕으로 조각을 맞춰보면 아테네인들은 판도라가 모든 여성의 후손인 최초의 여성이기에 신전에 판도라의 돋을새김을 포함했다고 제시하는 것이 합리적으로 보인다. 여성에 대한 아테네인들의 태도를 오늘날 우리가 이해하기란 쉬운 일이 아니다. polis, 즉 도시 국가와 이에 기여한 모든 민주적 제도는 남성들만의 집단 거주지였다. 오직 남자들만이 투표하거나 배심원단에 서거나 아테네 시민 생활에 참여할 수 있었다. 여성들은 계층과 돈에 따라 다소 격리되어 있었고, 가까운 친척이 아닌 남성들과는 대화하지 않고도 오랜 시간 지낼 수 있었다. 기원전 431년 페리클레스의 추도사[20]에서 채택된 아테네의 이상을 들여다보면 여성은 비난이든 칭찬이든 결코 입에 오르내리길 열망하지 않는 게 바람직하다. 다시 말해, 아테네 여성이 열망할 수 있는 가장 큰 미덕은 드러나지 않는 것, 거의 존재하지 않는 것이었다. 희극인에서 철학자에 이르기까지 모두가 언급하는 아테네에서 가장 유명한(또는 악명 높은) 여성인 아스파시아Aspasia와 함께 살면서 그가 이와 같은 추도사를 할 수 있었다는 것은 페리클레스만의 기발함을 보여주는 것이다. 정말 고맙게도 당신이 알고 있는 실제 여성들에게 완전히 다른 기준을 유지하는 한편 일반적으로 여성의 행동을 비난하는 위선은 사라졌다.

그리스 문법조차도 여성을 지워버렸다. 아테네 남성은 자신의 집단을 언급할 때 hoi Athenaoioi 즉, '아테네의 남자들The Athenian men'이라는 단어를 사용하는데 두 단어의 어미 모두 남성형이다. 남녀가 함께 모인 집단을 일컬을 때 사용되는 문구 역시 정확히 똑같을 것이다. 수십 명의 여성 중 한 사람이 남자더라도 그 집단을 설명하는 데 사용되는 어미는 남성형인 -oi이다. 여성으로만 구성된 아테네인 집단의 경우에는 hai Athenaaiai가 될 것이다. 내가 '그럴 것'이라고 말하는 이유는 현존하는 그리스 문헌[21] 어디에도 그 구절이 없기 때문이다. 아무도 아테네 여성 집단을 언급할 필요가 없어서였고, 그 이유는 그들은 중요한 사람들이 아니어서일 것이다.

그런데도 기원전 5세기 그리스에서 가장 웅장한 도시의 건축물인 파르테논 신전에 눈높이에서 바라볼 수 있는 판도라가 있다. 오로지 아테네의 정체성을 반영하고 강화하기 위한 목적으로 지어진 신전, 장엄한 전투와 종교 행렬의 장식 조각품들. (적어도 역사가 투키디데스Thucydides가 말했듯이) 우리는 헤시오도스의 글에서 여성을 비하하는 가혹한 말을 보게 된다. 페리클레스는 연설을 통해 여성들에게 남들 눈에 띄지 말라고 요구했다. 그럼에도, 다음과 같이 주장하기도 한다. 여성들은 우리가 생각하는 것보다 훨씬 드러나는 존재였다.

오늘날 우리의 조상 격인 판도라의 역할이 잊힌 것은 그리 놀라운 일이 아니다. 그 대신에 구약성경에 등장하는 그녀와 반쯤은 똑같은 모습이 우리의 집단의식에 먼저 자리를 잡았다. 데우칼리온Deucalion(그리스 신화에 나오는 대홍수의 생존자)이 노아와 방주가 구원을 향해 활기차게 항해하는 동안 대부분 잊힌 것처럼 판도라 역시 이브와 비슷해지거나 대체되었다. 그러나 그러나 왜 그녀가 단 한 번도 들고 다니지 않았던 상자에 그토록 많은 예술가와 작가들이 매혹되었던 걸까? '판도라의 상자'는 '이브의 사과'와는 완전히 다른 방식의 관용구다. 그리고 그것은 긍정적으로 사용되지 않는다. 무심코 손에서 놓치고 마는 이솝 우화의 보물상자들처럼 말이다. 기껏해야 예상치 못한 결과의 발생을 암시하는 데 사용되는 정도랄까. 대개는 누군가가 판도라의 상자를 열면 그것은 부정적이고 예상보다 약간 더 나쁘거나 혹은 그 규모가 훨씬 더 크고 더 해로운 경우가 많다. 가령, 벌집을 쑤셨는데 그 안에서 독사들이 튀어나오는 것과 같은 이치다.

모든 것을 에라스뮈스 탓으로 돌릴 수만도 없다. 셀 수 없이 많은 번역가가 여러 시대를 거쳐 행간에서 수많은 오류를 범한 것은 물론, 대부분은 에라스뮈스가 피토스pithos[흙으로 만든 입이 큰 항아리]와 픽시스pyxis[작은 상자]를 혼동한 사실로 어떤 반향이 일었다거나 영향을 미치지도 않았다. 그러나 어쩐 일인지 그는 수 세기에 걸쳐 메아리처럼 되풀이된 아이디어를 만들어 냈다. 모든 것이 괜찮았지만, 단 한 번 그가 내린 돌이킬 수 없는 잘못된 결정 때문에 우리는 그 결과를 영원히 떠안고 살아가는 것이다. 어떤 면에서는 안심이 된다. 이 문제는 우리가 판도라로 태어나기 훨씬 전에 발생했고, 우리가 죽은 후에도 계속될테니 우리가 실제로 할 수 있는 일은 아무것도 없을 것이다. 〈위험한 관계Dangerous Liaisons〉에서 발몽이 말한 불후의 명대사처럼 어쩔 도리가 없다. 그것은 우리를 다시 어린이로 돌아가게 할 수 있다. 불의, 잔인함, 질병 모두 다른 사람의 잘못이므로 그것을 시도하고 고치는 일은 우리의 문제가 아니라는 뜻이다.

또한 고대 그리스의 판도라 이야기에서 완전히 빠져 있는 질문이 있다. 바로 동기다. 헤시오도스조차 판도라가 왜 항아리를 열고 모든 재앙을 세상에 내보내는 것인지 알려주지 않는다. 그녀는 그냥 그렇게 할 뿐이다. 우리는 그 행위가 호기심에서 비롯된 것인지 악의에서 나오는 것인지 알지 못한다. 사실 판도라가 항아리 안에 무엇이 들어 있는지 깨달은 것인지조차 전혀 알 길이 없다. 우리는 그 항아리가 어디서 왔고, 어떻게 판도라의 손에 들어왔는지 모른다. 적어도 한두 줄의 대화로 자기 자신을 설명하는 이브와는 달리 판도라는 (헤르메스가 목소리를 주었음에도) 말을 하지 않는다. 우리가 그녀의 탓으로 돌린 동기가 무엇이었든 그것은 우리 몫이다.

그러나 일단 항아리가 상자가 되고 나서는 특히 상자가 거대한 피토스에서 들고 다닐 수 있는 작은 픽시스가 되고 나면, 충동적인 요소는 결코 부인할 수 없게 된다. 금지된 행위에 끌리는 심리가 우리 안에 있는가? 물론, 그렇지 않다면 아담과 이브가 에덴동산에서 쫓겨나는 이야기가 그토록 큰 공감을 불러오지 않았으리라. 그들에게는 원하는 모든 것이 있고, 계속 낙원과 같은 세상을 누리려면 단 하나의 (임의적인 뱀에 영향을 받지 않는) 규칙을 따르면 된다. 그러나 금지된 행위에 대한 유혹은 부인할 수 없다. 이브의 이야기에서 '판도라의 상자'에 버금가는 말은 아마도 '금단의 열매'일 것이다. 맛있는 과일이 금기시되는 것은 아니다. 다만 금단의 과일이기에 정확히 더 맛있다는 얘기다. 금기시하는 행위는 손댈 수 없는 대상을 더 매력적으로 만든다.

그리고 우리는 바로 이러한 금지가 우리에게 이익이 된다는 말을 듣고 철석같이 믿게 되면 확실히 더 그렇게 느낀다. 우리는 의식적이든 무의식적이든 평생 우리 자신을 위해 노력하며 살아간다. 우리 대부분은 불길 속으로 손을 집어넣는 일은 꿈도 꾸지 않을 것이다. 그렇게 하면 얼마나 아플지 아니까. 하지만 만약 웨이터가 손을 천으로 감싸고 우리 앞에 접시를 내려놓으면서 뜨겁다는 경고를 하지 않는다면 우리는 방심하는 순간 접시에 손을 댈 수 있다. 왜일까? 그 남자의 말을 믿지 않아서일까? 손이 델 수도 있다는 그의 판단이 우리의 판단과 일치하는지 시험해보고 싶어서? 우리의 손이 열에 강한 석면과 같은 물질로 만들어져서 아프지 않다는 것을 그에게 혹은 우리 자신에게 증명해 보이고 싶어서? 왜 우리는 단순히 그의 말을 믿고 안전에 더 신경 쓰지 않는 것일까? 어느 누가 자신의 피부가 벗겨질 위험을 감수하면서까지 사물이 뜨거운지 시험해보겠는가? 그것은 그야말로 부인하기 힘든 비뚤어진 반응이다. 그러나 내 마음 한곳에서는 '먹지 마세요'라고 찍힌 방습제만큼 먹고 싶었던 적이 없었다는 사실을 잘 안다.

이러한 강박은 그 자체로 영화와 TV 드라마가 될 만큼 아주 널리 퍼져 있다. 아마도 가장 완전한 예는 1970년 리처드 매드슨Richard Madson의 단편을 바탕으로 한 '버튼, 버튼Button, Button'이라는 〈환상특급The Twilight Zone〉의 1986년 에피소드일 것이다. 이 시리즈는 2009년 장편 영화 〈더 박스The Box〉로도 리메이크되었다. 노마와 아서는 아파트에서 살면서 늘 돈 걱정에 시달린다. 어느 날, 위에 버튼이 달린 수수께끼의 상자와 스튜어드 씨가 방문할 것이라는 쪽지가 함께 배달된다. 스튜어드는 아서가 없을 때 방문하여 (우리는 과연 그를 에피메티우스로 여기고 메모의 경고를 부주의하게 무시해야 할까?) 노마에게 거래의 내용을 전한다. 그녀와 아서가 버튼을 누르면 20만 달러를 받을 수 있다. 그러나 - 숨은 함정이 없다면 그게 어디 환상특급이겠는가 - 모르는 사람이 죽을 것이다. 부부는 이와 같은 제안에 열띤 토론을 벌인다. 모든 삶이 다른 모든 삶만큼 중요한 것인가? 이미 암으로 죽어갈 사람일 수도 있고, 누군가는 삶이 비참한 농부일 수도 있다. 아니면 순진한 아이일 수도 있다고 아서가 주장한다.

그런데 그들이 윤리학만큼 이해하기 어려운 것은 바로 거래의 물리적 특성이었다. 상자를 열었으나 그 안에서 어떠한 기계장치도 발견하지 못한 것이다. 그들이 버튼을 눌렀는지 안 눌렀는지를 과연 누가 알 수 있겠는가. 아서는 상자를 밖으로 내던지지만, 노마가 다시 가지고 돌아온다. 결국 유혹이 너무 커져 버린 탓에 버튼을 누르고 만다. 호손의 메피메테우스와 마찬가지로 노마의 남편 역시 그녀를 막지 못하지만, 똑같이 역정을 낸다. 다음 날, 스튜어드는 약속한 돈이 든 간단한 가방을 가지고 도착한다. 남자는 상자를 치우고 나서 다시 그것을 프로그래밍한 뒤 모르는 사람에게 건넬 것이라고 설명한다. 개운치 못한 결말이 더 명쾌한 설명을 달지는 않았더라도 우리는 어쩌면 노마의 삶이 이제 상자를 받아든 다음 사람의 선택에 달려 있다고 추론해 볼 수 있다. 옹졸한 사람이라면 아서가 이 거래에서 꽤 잘 해냈는지 궁금해 할 것이다. 왜냐하면 그는 아마도 현금을 보관하게 될 테고 이미 그에게 눈에 띄게 격한 반응을 보여서 그의 짜증을 유발한 아내를 잃을 수 있을지도 모르니 말이다. 아마도 그는 그녀를 그리워하지조차 않을 것이다.

〈환상특급〉의 다른 에피소드들과 마찬가지로 이 이야기는 인간 본성의 어두운 면을 파고든다. 만약 당신의 상황이 절박하다면 어떻게 하겠는가? 혹은 절박하지는 않지만, 그저 가난하거나 가난해지고 있다면? 당신은 모르는 사람의 생명을 얼마나 소중하게 생각하는가? 똑같은 제안에 다르게 반응할 것이리라 생각할지 모르겠으나 우리는 뉴스를 볼 때마다 낯선 이들의 트라우마를 남의 일로 무시해버리지 않았던가. 우리는 또 어떻게 살아남을 수 있을까? 우리는 사랑하는 사람을 돌보는 것만큼 살아 있는 모든 사람에게 관심을 기울일 수 없다. 그리고 도움이나 돈 혹은 신장이 필요한 낯선 사람을 도외시하는 행위와 살인을 저지르는 행위 사이에는 윤리적인 차이가 존재한다. 아닌가? 방치는 적대감과는 다르다. 하지만 도움을 받지 못하는 쪽(치료약도, 음식도, 신장도 없는) 사람에게 그들이 직면하는 죽음은 당신이 의도적으로 누군가를 암살했을 때 직면하게 될 죽음과 끔찍할 정도로 닮았다.

안에 무엇이 들었는지 알 수 없는 상자의 휴대성은 왠지 모를 편리함을 더한다. 헤시오도스의 운문에 등장하는 판도라의 커다란 항아리는 로세티의 그림에서 묘사된 보석으로 장식된 함보다 훨씬 덜 매력적이다. 상자를 열어 안에 든 내용물을 확인해보고 싶은 욕구는 상자의 크기가 작아질수록 더 커진다. BBC가 1984년에 존 메이스필드의 소설을 각색한 〈기쁨의 상자The Box of Delights〉에서는 인형극인 〈펀치와 주디Punch and Judy〉의 펀치 씨인 콜 홀링스Cole Hawlings가 케이 하커Kay Harker를 위해 상자를 열 때 위험하다는 느낌은 들지 않는다. 이 프로그램의 제목은 그 상자가 (모든 형태의 신비한 미지의 상자에 대해 믿기지 않을 만큼 이례적으로) 좋은 것이며, 그 안에는 두려워할 만한 것들이 들어 있지 않음을 넌지시 암시한다.

세상에는 무서운 것들이 수두룩하다. 몹시 사악한 애브너 브라운과 늑대나 여우로 변신하는 것처럼 보이는 그의 성직자-심복은 물론, 수백 년 전에 처음으로 상자를 만든 미쳐 날뛰는 토디의 아놀드도 있다. 하지만 상자 그 자체는 우리가 두려워할 대상이 아니다. 일시적인 상자의 분실이 우리를 잠깐 걱정스럽게 할 뿐이다. 그것은 바로 경이로움으로 안내하는 열쇠다. 케이가 기쁨의 상자에서 가장 먼저 보는 것은 이 세상에 존재하지도 않는 불사조다. 아이는 상자를 사용하여 시공간을 넘나들며 환상적인 모험을 즐긴다. 마지막 회의 마지막 순간 우리는 그 모든 환상적인 이야기가 크리스마스 휴가를 보내러 집으로 가는 동안 케이가 꾼 꿈이었음을 알게 된다. 잠자는 동안 아이의 상상은 같은 기차에 탄 사람들을 마법의 상자를 차지하려는 온갖 의도를 가진 악당으로 탈바꿈시켰다. 이 같은 사실은 아마도 신비로운 상자에 담긴 것처럼 미지의 대상들을 우리가 어떻게 바라보는지에 대해 중요한 진실을 드러내는 것일 수도 있다. 그것이 무엇인지 알고 싶어 하는 강박은 결국 우리가 원하는 것이 아님에도 조금도 줄어들지 않는다.

아마 랠프 미커Ralph Meeker가 주연을 맡은 1955년 누아르 영화 〈키스 미 데들리Kiss Me Deadly〉보다 더 사실적인 것은 없을 것이다. 이 영화의 도입부는 훌륭하다. 마이크 해머 탐정은 조용한 길을 따라 운전한다. 그때 정신병원에서 도망친 절박한 히치하이커가 모습을 드러내고 그는 그녀를 차에 태운다. 그들은 이내 쫓기는 신세가 된다. 그리고 끔찍한 위험에 처한다. 그 과정에서 그녀는 살아남지 못하고, 해머는 거의 죽다 살아난다. 마이크는 크리스티나가 어디서 왔으며 왜 쫓기고 있었는지 알아내기 위해 미스터리를 추적해 나간다. 반전에 반전을 거듭하는 줄거리야말로 우리가 누아르를 사랑하는 이유가 아니겠는가. 결국 모든 용의자는 죽은 것 같고, 모든 단서는 막다른 골목에 다다른다. 마침내, 마이크는 크리스티나가 자신에게 말하려던 비밀을 알아낸다. 그것은 러시아 인형의 형태인 판도라의 상자였다. 개인 컨트리클럽의 사물함 안에 있던 바로 그 상자. 마이크 해머가 상자를 만지자 그 안에서 전해지는 열로 맥박이 뛰는 것을 느꼈다. 이것은 누아르 영화의 예상 밖 전개다. 우리는 이 안에 다이아몬드나 달러 지폐 더미, 혹은 더할 나위 없이 완벽한 〈말타의 매The Maltese Falcon〉를 보게 되리라 예상했을 것이다. 갑자기 영화는 느와르적인 분위기에 어울리지 않는 초자연의 세계로 이동하는 듯하다. 그러나 우리는 곧 그 상자가 훨씬 더 세속적인 공포를 담고 있음을 발견하게 된다. 상자는 (영화가 만들어진 시대상을 반영하는) 폭발적인 방사성 물질로 가득 차 있다. 어쨌든 상자는 조만간 폭발했겠으나 해머가 굳이 찾기 힘든 상자를 찾아내서는 열어보고 싶은 유혹을 참았더라면 덜 위험했을 것이라는 결론은 피할 수 없을 것 같다.

판도라의 상자가 지닌 이상하고도 매력적인 예측불허의 특성은 음악가, 예술가 및 영화 제작자에게 영감을 주었다. 도나 서머의 1975년 앨범 《Love to Love You Baby》에는 〈판도라의 상자Pandora's Box〉라는 제목의 최고의 곡이 수록되어 있다. 서머는 '약속은 깨지기 위해 만들어졌어요'라고 노래한다. '그것이 내가 당신을 사랑하면서 배운 전부예요 / 내게 사랑을 활짝 열어서 보여준 순간 / 당신은 판도라의 상자를 열었던 거죠'라고. 밴드인 오케스트랄 맨웨브리스 인 더 다크Orchestral Manoeuvres in the Dark는 1929년 무성 영화 〈판도라의 상자〉에 나오는 루이스 브룩스의 클립으로 가득한 뮤직비디오와 함께 1991년 같은 제목의 다른 노래를 발표했다. 노래에서 판도라의 이름은 언급되지 않는다(열의가 넘치는 고대 그리스·로마 연구가라면 헤시오도스의 표현으로 쉽게 읽을 수 있는 '위험한 창조물'을 언급하긴 하겠지만). 같은 해 록밴드 에어로스미스Aerosmith는 컴필레이션 앨범인 《판도라의 상자Pandora's Box》를 발매했는데, 이 앨범의 타이틀 트랙은 1974년으로 거슬러 올라간다. 한 인터뷰에서 여성 해방이라는 주제가 가사에 영감을 주었다고 하는데, 비전문가의 귀에는 리드싱어인 스티븐 타일러가 판도라라는 이름의 여성에게 성적으로 끌리는 것처럼 들리고, 판도라의 상자 역시 은유적이라기보다는 그저 에둘러서 말하는 것 같다. 내가 공정하지 못한 것일 수도 있지만, '자랑스러운' 것과 운율이 맞는 것은 단순히 '(가슴이) 풍만한' 것 말고는 아무것도 없다.

판도라의 상자의 일례로 명쾌하게 이름을 붙이지 않은 경우에도 우리는 그것을 듣거나 볼 때 비유적으로 무엇을 의미하는지 안다. 1994년에는 쿠엔틴 타란티노의 컬트 히트작인 〈펄프 픽션Pulp Fiction〉에 수많은 영화 관객들이 몰렸다. 칸에서 황금종려상을 받은 영화치고 이례적으로 2억 달러 이상의 수익을 올렸다. 이 영화에는 많은 상징적인 순간들이 있는데 그중에서도 특히 맥거핀MacGuffin[소설이나 영화에서, 어떤 사실이나 사건이 매우 중요한 것처럼 꾸며 독자나 관객의 주의를 전혀 엉뚱한 곳으로 돌리게 하는 속임수-역자 주]과 같은 역할을 하는 서류 가방이 있다. 우리는 캐릭터가 왜 그것을 원하는지 결코 알지 못한다. 하지만 그 안에 무엇이 들었는지 알고 싶어 하는 우리의 욕망은 그것에 반응하는 다른 사람들을 통해 고조될 뿐이다. 그 가방은 우리가 믿는 캐릭터들에 의해 매우 높이 평가되어 결국 우리도 그것이 반드시 가치가 있는 물건이리라 굳게 믿게 된다. 그럼에도 우리는 결코 그 이유를 알지 못한다. 〈키스 미 데들리〉와 마찬가지로 상자를 열었을 때 빛을 내뿜는 무언가가 들어 있다는 사실만 알 뿐이다. 팬들은 이것이 무엇일지 추측해보지만, 이 영화는 우리에게 말해주지 않는다. 작가 겸 감독도 마찬가지다. 1995년 새뮤얼 L. 잭슨Samuel L. Jackson은 플레이보이 잡지와의 인터뷰에서 타란티노에게 이 서류 가방에 무엇이 들어있겠느냐고 묻자 '해석은 자유'[22]라는 답변이 돌아왔다고 말한 바 있다.

그리고 그것이야말로 확실히 판도라의 항아리 안에 숨겨진 진짜 비밀이다. 판도라 자신에 대한 훌륭한 설명이기도 하다. 이 장의 앞부분에서 나는 헤시오도스의 신통기: kalon kakon[23] 즉, '아름다운 재앙'에서 그녀에 대해 모순어법을 사용한 설명을 인용했다. 이 설명은 프로메테우스가 우리를 위해 훔친 불에 대한 대가로 제우스가 인간에게 주는 것이다. 이 구절은 일반적으로 그런 식으로 번역된다[옥스퍼드 월드 클래식Oxford World Classics에서는 '매력적인 악의 근원' 으로 설명한다-역자 주]. 그러나 두 단어 모두 형용사로 도덕적 혹은 육체적 의미를 가질 수 있다. kalos는 훌륭하고, 아름답고, 예쁘고, 또한 도덕적으로 선하며, 고귀하거나 유덕한 상태를 설명할 수 있다. Kakos는 똑같이 나쁘거나 사악할 수 있으며, 또한 부적절하고 추악하고 불행할 수 있다. 우리는 이 구절을 반대로 번역할 수도 있다. 그러니까 아름다운 악(재앙)이 아니라 추악한 선이 될 수도 있는 것이다. 하지만 우리는 굳이 이렇게 번역하지 않는다. 판도라의 전통적인 의미에 더 유리한 증거가 많이 축적되어 있어서다. 모든 신이 판도라에게 사랑스러운 자질을 부여했으니 그녀는 틀림없이 아름다울 것이다. 그리고 어쨌든, 제우스는 ant' agathoio, 즉 좋은 것(불)에 대한 대가로서 그녀의 창조를 명한다. agathos라는 단어는 모호하지 않다. 그것은 항상 바람직하거나 좋은 것을 의미한다. 하지만 anti라는 단어는 조금 더 유동적이다. '반대의', '이전의',

‘대가로’, ‘어떤 것을 위해서’라는 뜻일 수 있다. 번역가들은 항상 판도라가 아름답지만 악한 존재라고 추측해 왔는데, 그 이유는 제우스가 불법적으로 얻은 불에 대한 대가를 요구하기 때문이다. 그렇기는 해도 kakon이 도덕적 차원을 가질 필요는 전혀 없다. ‘상실’, ‘불운’, ‘상처’를 의미하는 것과 똑같이 정확하게 번역할 수 있다. 우리에게 나쁜 것이지만 그 자체로 악의가 있는 것은 아니다. 다시 말해서 제우스는 우리가 불행하기를 바랄지 모르지만, 그렇다고 해서 판도라 자신이 사악하다는 뜻은 아니다. 그건 마치 제우스가 자신의 심기를 건드린 누군가에게 내리친 번개에 대해 사악하다고 말하는 것과 매한가지다. 번개는 중립적이다. 우리가 아무리 번개를 두려워하더라도 그것은 좋은 것도 나쁜 것도 아니다. 아마도 우리는 판도라를 비슷하게 받아들일 수 있을 것이다. 한사코 그녀를 다르게 인식하기로 마음먹지 않는 한은 말이다.

II

이오카스테

Jocasta

우리가 이오카스테의 목소리를 충분히 들을 수 있을 때
오이디푸스 이야기에 대한 이해도 풍부해지고
그 반대의 경우도 마찬가지라는 사실은 두말할 필요도 없다.

기원전 4세기, 희극 시인이었던 안티파네스Antiphanes는 비극보다 희극을 쓰는 것이 상대적으로 어렵다는 점을 지적했다.[1] 그의 설명에 따르면 희극인은 줄거리를 짜내야 한다. 반면, 비극 작가는 오이디푸스를 언급해 주기만 하면 그만이다. 청중이 다 알아서 이해하기 때문이다. 그의 아버지는 라이오스Laius요 어머니는 이오카스테, 그의 딸들은 누구며 그가 무엇을 할 것인지, 아울러 그가 한 일을 모두 꿰고 있다.

안티파네스가 옳았고, 그 사실은 지금도 변함이 없는가? 오늘날 모든 사람이 오이디푸스가 누구인지 알고 있는가? (인정하건대 복잡한) 그의 가계도 말고 우리가 그에 대해 더 알고 있는 것은 무엇인가? 마찬가지로, 그와 함께 몰락하는 그의 어머니 이오카스테에 대해 우리는 무엇을 알고 있는가? 나아가, 모든 그리스 신화 중 가장 잘 알려진 테바이(테베)Thebes의 왕가를 다룬 여러 형태의 이야기에서 그녀의 캐릭터는 어떻게 바뀌는가? 이 캐릭터에게 부여된 현대의 악명 높은 평판은 적어도 부분적으로는 그 유명한 오이디푸스 콤플렉스를 통해 모든 소년이 아버지를 죽이고 어머니와 성관계를 맺고 싶어 하는 단계를 거친다고 가정한 프로이트 덕분이다.

현재까지 남아 있는 7편의 소포클레스 희곡 가운데 가장 유명한 작품은 〈오이디푸스 왕〉이었다. 물론, 오늘날에도 마찬가지다. 이 제목은 그리스어로는 〈오이디푸스 티라노스Oedipus Tyrannos〉인데, 상식과 전혀 맞지 않는 이유로 오늘날에는 로마인이 전혀 등장하지 않음에도 판에 박힌 듯이 〈오이디푸스 렉스Oedipus Rex〉(rex라는 단어는 라틴어로 '왕'을 의미함)라고 불린다. 여기서 끝이 아니다. 이 제목은 또 평범한 사람이라면 누구에게나 공룡을 떠올리게 만든다. 심지어 공룡은 나오지도 않는데도 말이다. 아무튼, 이 비극이 처음 만들어지고 나서 약 100년쯤 지나 아리스토텔레스는 그의 《시학》에서 이 작품에 대해 호의적으로 논평했으며, 그것은 여전히 정기적으로 공연되고 청중에게 잘 알려질 것임을 은연중에 풍겼다. 그는 그것이 완벽한 비극이라고 생각했다.

그 오랜 인기에 비추어볼 때 〈오이디푸스 티라노스〉가 초연되었을 당시(기원전 429년쯤으로 추정) 대회에서 겨우 2위를 차지했다는 사실은 놀라운 일이다. 소포클레스는 아이스킬로스Aeschylus의 조카 필로클레스Philocles에게 패했다. 고대 및 현대 학자들은 창작 경연에서 올바른 선택을 내리는 데 있어 심사위원들이 저지르는 끔찍하고도 어리석은 실수를 증명하기 위해 이 사실을 사용해 왔다. 인심이 후한 사람이라면 필로클레스가 〈오이디푸스〉를 물리친 작품을 만들어낼 수 있었다면 그렇게 형편없는 극작가는 아니었으리라 생각할지도 모른다. 그러나 확실히 그의 동시대 사람들은 그런 생각을 품지 않았다. 희극 작가인 아리스토파네스는 필로클레스의 작품이 뒷맛이 개운치가 않다고 언급했다.[2]

오이디푸스의 이야기는 전형적이며 거의 원형에 가깝다. 그러나 그 이야기에서 실제로 일어나는 일은 우리가 생각하는 것보다 더 명료하지 않다. 소포클레스의 이야기가 오늘날 가장 잘 알려져 있으므로 그 줄거리를 좀 더 자세히 살펴보겠다. 오이디푸스의 이야기는 대략 20여 년에 걸쳐 있으며 뚜렷이 구별되는 여러 장소(코린토스, 델포이, 델포이 외곽의 교차로, 키타이론 산 및 테바이)를 넘나든다. 그러나 단 하루 만에, 테바이(그리스 중부 보이오티아의 도시 국가) 왕가의 성문 밖에 있는 한 장소에서 일이 일어난다. 배경이 되는 너무나 많은 내용을 하나의 장소와 시간에 몰아넣는 것은 - 운문의 아름다움과 줄거리의 매혹적인 추진력은 제쳐두더라도 - 완전히 숨이 멎는 듯한 업적이다. 특히 〈오이디푸스 티라노스〉의 길이가 1,530줄에 불과하다는 점을 고려한다면 말이다. 〈햄릿Hamlet〉이나 〈리어왕King Lear〉을 보는 시간이면 무려 두 번은 볼 수 있다.

이 연극은 테바이의 왕 오이디푸스가 도시를 괴롭히는 역병에서 그의 백성들을 구하기 위해 무슨 일이든 하겠다고 제안하면서 시작된다. 한 사제가 백성들에게 그의 도움이 필요하다고 말한다. 어쨌든 수년 전 오이디푸스는 스핑크스가 테바이에 일으킨 재앙을 멈추었고, 따라서 그는 문제를 잘 해결하는 인물로 알려져 있었다. 오이디푸스는 그들보다 훨씬 앞서 나갔으니 이미 신탁에 조언을 구하고자 아내의 오라비 크레온을 델포이로 보낸 참이었다.

크레온이 무대에 올라 테바이에 역병이 창궐하게 된 이유는 선왕인 라이오스의 살인자가 숨어 있기 때문이라고 가까스로 설명을 마친다. 오이디푸스는 라이오스가 어디서 목숨을 잃었는지 묻는다. 델포이로 가는 여행길이었습니다, 크레온이 대답한다. 강도들의 습격을 받고 몹쓸 짓을 당했다고 하옵니다. 왜 그 당시에 왕을 죽인 자들을 추적하지 않았는가? 오이디푸스가 묻는다. 스핑크스가 놔두라고 했습니다, 그의 처남이 대답한다.

오이디푸스가 말하길, 내가 비록 그때 여기 없었지만, 범죄를 해결할 수 있을 것이네.

눈먼 예언자 테이레시아스Teiresias는 오이디푸스 앞에 나타나 그에게 긁어 부스럼을 만들지 말라고 말한다. 오이디푸스는 화가 났다. 감히 크레온과 공모하여 왕이 되려는 것인가? 내가 스핑크스의 수수께끼를 어떻게 풀었는지 기억하느냐? 정말 날 전복시키고 싶은 것인가? 테이레시아스는 지금 한 말을 후회하게 될 것이라고 오이디푸스에게 경고하며 물러섰고 오이디푸스의 혈통에 숨겨진 끔찍한 진실을 숨죽인 소리로 중얼거렸다. 오이디푸스와 크레온의 말다툼이 이어진다. 크레온은 자신이 반역자로 몰리고 있는 사실에 화가 난다. 오이디푸스가 대답한다. 테이레시아스를 모셔오자고 한 것은 그대의 생각이었네. 그런데 지금 그자가 나를 살인자로 몰고 있어. 난 아닐세. 그때 난 여기에 있지도 않았단 말이네. 서로 음모를 꾸민게 틀림없어. 아니옵니다, 크레온이 말한다. 저는 왕이 되고 싶지 않아요. 저는 감사하게도 폐하의 처남으로서 많은 권한을 가지고 있습니다.

그리고 마침내 극이 거의 중반에 치달았을 때 이오카스테가 등장한다. 그녀는 남편 오이디푸스와 오라비 크레온 사이에 끼어들어 오이디푸스가 처남을 의심하는 것이 잘못됐다고 말한다. 좋아, 오이디푸스가 대답한다. 처남은 아마도 나를 파멸시킬 테지만, 반드시 그를 내쫓아야겠소. 무슨 일로 그토록 화가 나셨습니까? 이오카스테가 묻는다. 테이레시아스의 말인즉 내가 그대의 첫 번째 남편인 라이오스의 살해자라는 것이오. 오이디푸스가 대답한다. 예언자들이 무얼 알겠어요? 그녀가 대답한다. 일찍이 신탁이 내리길, 라이오스가 자기 아들 손에 죽게 되리라는 것이었어요. 하지만 그렇지 않았죠. 그는 낯선 이들에게 죽임을 당했어요. 길이 세 갈래로 갈라진 곳에서 도적들에 의해 살해된 거예요. 그리고 그의 아들은, 우리 아들은 태어난 지 사흘도 안 되어서 산에 버려져 죽은 목숨이 되었죠.

잠깐, 오이디푸스가 말한다. 길이 세 갈래로 갈라진 곳이라고 했소? 라이오스, 그는 어떻게 생겼소? 그는 당신과 약간 닮았어요. 이오카스테가 말한다. 그가 도적들에게 공격당한 게 확실하오? 오이디푸스가 묻는다. 생존자가 있다고 하던가? 그를 부르리다. 이오카스테는 오이디푸스가 무엇을 두려워하는지 의아해한다. 이거 참, 오이디푸스가 대답한다. 내가 코린토스에서 자랐다는 것은 당신도 알고 있을 것이오. 한번은 연회 석상에서 술에 잔뜩 취한 어떤 사내가 내가 업둥이라고 말했던 것이오. 그래서 델포이에 가서 신탁에 물었더니 그녀가 말하길, 내가 아버지를 죽이고 어머니와 몸을 섞어 자식을 낳게 되리라는 것이었소. 이 끔찍한 운명을 피하려 나는 코린토스에 다시는 돌아가지 않겠노라 다짐을 하고서 델포이를 나와 여행하던 중에 길이 세 갈래로 갈라진 곳에서 무례한 노인을 만났고 말다툼 끝에 그를 죽였소. 나는 그의 수행원들도 죽였소. 그런데 이제 그 노인이 라이오스였고 나와 관련이 있는 인물인데 내가 끔찍한 일을 저지른 것 같아 몹시 두렵구려. 하지만 우리가 보낸 이 목격자는 분명히 그들이 한 무리의 도적 떼에게 공격을 받았다고 말했소. 그렇다면 그건 내가 아니오. 그러니 괜찮을 거요.

이오카스테는 목격자가 테바이로 돌아온 것을 기억한다고 말한다. 도적이 아니라 도적 떼였다고 분명히 말했어요. 걱정하지 말아요. 그리고 어쨌든, 예언은 아무 의미도 없어요[3] - 내 아들은 라이오스를 죽이기는커녕 이미 아기 때 죽임을 당했어요, 기억나시나요? 오이디푸스는 그렇다고 대답한다. 하지만 그렇다고 하더라도 그 남자를 데려오도록 사람을 보내주오. 이오카스테는 무대를 떠난다. 다시 나타났을 때 그녀는 아폴론에게 기도를 올린다. 조금 전까지만 해도 이오카스테는 신탁이 무의미하다고 말했기에 이는 과감한 태도 변화라고 볼 수 있다.

갑자기 코린토스에서 전령이 나타나 오이디푸스에게 코린토스의 왕이자 그의 아버지라고 믿어지는 폴리보스가 돌아가셨다고 전한다. 이오카스테와 오이디푸스는 기뻐한다. 폴리보스가 죽었다면 오이디푸스는 그를 죽이지 않은 것이다. 제가 걱정하지 말라고 말했잖아요, 이오카스테가 말한다. 모든 것은 그저 우연일 뿐이에요. 당신은 아버지를 죽이지 않았고 당신의 어머니와도 결혼하지 않을 거예요. 많은 남자가 어머니와 자는 꿈을 꾸죠. 그것은 아무 의미가 없어요.[4] 그리고 적어도 당신은 분명히 당신 아버지를 죽이지 않았어요.

하지만 그때 전령은 오이디푸스가 실제로 양자임을 밝힌다. 그는 결국 코린토스 땅을 피할 이유가 없었다. 그 전령이 폴리보스와 메로페에게 오이디푸스를 주었다. 오이디푸스가 핏덩이였을 때였고 발뒤꿈치에 핀이 꽂힌 채였다. 오이디푸스는 그리스어로 '부은 발'을 뜻한다. 오이디푸스가 겁에 질려 자신을 어디서 찾았는지 묻는다. 테바이의 양치기가 저에게 주었습니다. 그가 대답한다. 이 자가 바로 라이오스의 살해 현장을 목격하고 살아남은 남자입니다. 이오카스테는 문득 진실을 깨닫고 오이디푸스에게 누가 라이오스를 죽였는지, 그가 누구인지에 대한 수수께끼를 쫓지 말라고 간청한다. 그는 말을 듣지 않았고, 그녀는 그에게 해줄 수 있는 유일한 말은 '가련하신 분'이라고 울부짖으며 궁전 안으로 들어간다.[5]

우여곡절 끝에 오이디푸스 앞으로 불려온 양치기가 내키지 않는 듯 마지못해 전령의 이야기가 사실임을 확인해 주었다. 오이디푸스는 이오카스테가 이미 직감했던 것을 본다. 그들은 아내와 남편일 뿐만 아니라 어머니와 아들이다. 그는 궁전으로 뛰어 들어갔지만, 물론 우리는 그를 따라 들어갈 수 없다. 궁중의 신하가 황급히 나와 여왕이 직접 목숨을 끊었노라고 알릴 때까지 기다려야 한다. 모든 연극 가운데 가장 기억에 남는 한 장면에서 오이디푸스는 목을 매달고 있는 아내를 발견하고는 그녀의 드레스에서 브로치 핀을 꺼내 자신의 두 눈알을 푹 찌른다. 이제 그는 자신이 누구인지 진정으로 보았다. 다른 것들은 참고 볼 수가 없다. 눈을 멀게 해야만 가능한 일이다. 자신의 요청에 따라 왕위를 계승한 크레온은 그가 도시와 그의 자녀들에게서 스스로 떠날 수 있도록 한다.

극은 놀라운 기세로 흘러간다. 모든 폭로가 오이디푸스에게 너무 빠르게 쏟아지는 탓에 거의 우리는 숨 쉴 틈이 없다. 짧은 하루에 그는 왕, 남편, 아버지와 아들에서 홀아비, 살인자, 파멸, 떠돌이로 전락한다. 똑같이 모든 은총과 권력과 명예를 잃는 엄청난 추락이 이오카스테에게도 발생하지만 우리는 그녀를 거의 잊는다. 그러나 이오카스테의 운명 역시 적어도 아들의 운명 못지않게 끔찍하다. 애초에 오이디푸스보다 정보가 적었기에 그녀는 심적으로 추스를 시간이 없었을 것이다. 이오카스테가 오이디푸스에게 오래전 라이오스가 받은 예언에[6] 대해 이야기할 때 그녀의 말은 아주 또렷했다. 신은 라이오스가 그들의 아들 손에 죽임을 당할 것이라고 말했다. 이오카스테가 아는 한, 그녀의 설명에 따르면 남편은 도적 떼에게 살해당했고 그들 사이에 아들은 존재하지 않았다. 왜냐하면 그녀의 아들은 태어난 지 3일 만에 깊은 산속 인적이 없는 곳에 발에 핀이 꽂힌 채 내던져져 죽었기 때문이다. 이오카스테가 아기의 죽음을 너무나 직설적이고 활발하게 묘사하는 통에 그것이 플롯 포인트Plot point[이야기의 맥락을 바꾸어 놓는 사건-역자 주]에 불과하고, 특별히 참혹한 시련이 아니었다고 상상하기가 쉽다.

고대 세계에서는 아동을 유기하는 일이 결코 드문 일이 아니었을뿐더러 아동 사망률이 엄청나게 높았다. 소포클레스가 이 장면을 썼을 당시에는 아마도 유아의 3분의 1이 성인이 될 때까지 생존하지 못했을 것이다. 그러나 우리 중 누가 다른 사람의 자식이라고 해서 아이가 죽었는데 슬퍼하지 않겠는가? 이 신화를 다룬 소포클레스의 비극에서 이오카스테는 시간적 제약으로 불가피하게 라이오스의 아주 어린 신부였을 것이다. 오이디푸스와 4명의 자녀를 낳아 기른 것으로 봐서는 말이다. 오이디푸스가 태어났을 때 그녀는 열여섯 살이었고 오이디푸스가 스핑크스를 물리치고 테바이에 도착할 당시 나이도 열여섯 살이었다면, 이오카스테가 오이디푸스와 결혼할 때 나이는 서른두 살이었을 것이며, 이는 시기적으로 잘 들어맞는 것 같다. 그러니까 오이디푸스와 결혼할 때까지 그녀는 자신에게 건강한 아기가 있었으나 버려져 불구가 되어 죽었다고 믿으며 반평생을 보낸 셈이다. 이보다 더 잔인한 고문이 있을까?

그리고 라이오스가 그녀의 아이를 죽여야 한다고 주장했다면, 그녀는 또 다른 아이를 가질 가능성이 없다는 사실을 알았을 것이다(이 신화의 일부 다른 형태를 보면, 우리가 아래에서 자세히 살펴보겠지만, 라이오스가 절망적으로 술에 취해 욕망을 이기지 못하고 그녀를 임신하게 했다). 임신한 기간 내내 아기가 죽게 될 거라는 사실을 알고 있었을까? 아니면 그녀가 딸을 낳았다면 라이오스가 기르게 했을까? 그를 죽일 아들에[7] 대한 예언은 구체적이었다. 이오카스테의 이 짧은 대사 속에는 그녀의 오랜 슬픔이 담겨 있다. 그녀가 오이디푸스에게 예언에 귀를 기울이지 말라고 간청한 것도 그리 놀라운 일이 아니다. 그들이 그녀에게 무슨 도움을 주었는가? 오히려 이오카스테가 가슴을 에는 비탄에 고통받은 후에 라이오스는 불운한 여행자라면 누구나 당할 수 있듯이 도적들에게 살해되었다.

하지만 오이디푸스가 아는 것과 비교해 그녀가 이 이야기에 얽힌 신탁에 대해 알고 있는 내용을 생각해보자. 그녀는 단 한 가지 이야기를 전해들었을 뿐이다. 라이오스가 그의 - 그들의 - 아들 손에 죽음을 맞게 될 거라는 예언이다. 그녀는 아들이 죽은 지 오래라 이 같은 일이 불가능하다고 생각하지만, 비록 기적적으로 그 일이 일어났다고 해도, 그 한 가지만이 그녀가 가진 모든 정보이며, 그 중요성은 이미 사라진 지 오래다. 반면, 오이디푸스에게는 훨씬 유용한 정보가 더 많았다. 먼저, 연회장에서 자신이 부모님의 친아들이 아니라고 말한 술주정뱅이가 있다. 그는 부모님께 여쭤보지만, 그들은 그 사실을 부인한다. 그러나 부모의 말만으로는 확신이 서지 않아 오이디푸스는 델포이로 가서 신탁에 상의한다. 아폴론은 입양에 관한 질문에는 대답하지 않고 훨씬 더 끔찍한 계시를 내린다. 그가 아버지를 죽이고 어머니와 결혼할 운명이라는 것. 만약 당신이 아버지를 죽이고 어머니와 결혼할 운명이라고 예언되었다면, 당신이 양자라는 말을 듣는다면, 누군가는 당신이 아버지라고 생각될만한 나이의 남자를 죽이고 어머니라고 생각될법한 여성과의 결혼을 피하는 것이 바람직하지 않겠느냐며 사리에 맞는 제안을 할 수도 있다. 오이디푸스가 실제로 그렇게 하지 않는 것, 그리고 〈오이디푸스 티라노스〉의 제작 과정 중에 우리가 이 점을 외치고 싶은 충동을 전혀 느끼지 못한다는 사실은 바로 소포클레스의 기교 때문일 것이다. 이와 더불어 영원히 손에 잡힐 듯 잡히 않는 진실을 어떻게든 매단 채 오이디푸스가 자신이 저지른 범죄의 깨달음을 향해 맹렬하게 질주하도록 만드는 극의 속도의 대단함도 보여준다. 그렇기는 하더라도 오이디푸스는 이오카스테가 느낄 잠재적 공포에 대해 훨씬 더 많이 알고서 결혼생활을 시작했다. 그래서 의식을 했든 안했든 확실히 충격을 덜 받았다. 왜냐하면 그녀는 진실을 알게 된 당일 범죄의 가능성을 직감하기 때문이다.

그리고 마침내 심판의 날이 올 때 오이디푸스의 이름난 영리함이 극의 핵심에 자리를 잡는다. 코러스는 그의 뛰어난 지략을 익히 들어서 알고 있기에 라이오스를 죽인 범죄의 해결과 역병 퇴치를 도와달라고 그에게 간청한다. 극의 시작 부분에서 사제와 오이디푸스 자신 모두 스핑크스의 수수께끼를 푸는 데 뛰어났다고 언급한다. 그러나 아내와 남편, 어머니와 아들, 둘 다 누구인지에 대한 진실에 가까워지는 동안 깨달음의 순간은 오이디푸스보다 이오카스테에게 먼저 찾아왔다. 그녀가 그 공간에서 가장 영리한 사람이지만 우리는 오이디푸스에게 집중하느라 정신이 팔려서 거의 눈치채지 못한다. 오이디푸스가 이오카스테가 깨달은 사실을 자각하기 전에, 그녀에게는 궁전으로 돌아가 스스로 목숨을 끊기로 작정하고 그 행위를 실행할 시간이 있다.

그리고 이오카스테가 목을 매단 행위 그 자체에는 명백한 표현이 담겨 있다. 그리스 신화에서 목을 매는 것은 일반적으로 순결한 소녀들이 사용하는 자살 방법이다(예를 들어, 이오카스테와 오이디푸스의 딸인 안티고네가 소포클레스의 〈안티고네Antigone〉에서 사용하게 될 방법이기도 하다). 따라서 이오카스테가 목을 매는 행위는 그녀가 생각하는 저주받은 삶과 결혼생활을 끝내는 것만이 아니다. 오이디푸스가 잉태되기 전, 단 한 번도 결혼한 적 없었고, 아이를 낳지 않았으며, 성관계 역시 갖지 않았던 그 시절로 돌아가고 싶은 바람이 담긴 것이다.

왜 관객들은 이오카스테에게 닥친 끔찍한 운명을 그토록 쉽게 간과할

수 있는 것일까? 우리는 확실히 오이디푸스에게 집중하라는 부추김을 받는다. 오이디푸스는 극의 다른 어떤 캐릭터보다 대사가 5배 이상 많다. 그리고 두 번째로 많은 대사를 가진 캐릭터는 이오카스테가 아니라 크레온이다. 1,530줄짜리 대사를 가진 연극에서 이오카스테는 전체 분량의 10분의 1도 되지 않는 120줄의 대사를 조금 넘긴다. 그러니 오이디푸스가 처한 곤경에 우리가 더 많이 반응하게 되는 건 불가피한 측면이 있다. 그럴 뿐만 아니라, 그는 연극이 끝날 때까지 살아 있다. 그의 얼굴(또는 기원전 5세기 아테네에 있었던 연극 마스크)은 시커멓게 그을린 구멍과 고통으로 그야말로 산 송장의 모습을 하고 있다. 이오카스테가 목을 매는 행위는 무대 밖에서 이루어지므로 관객이 그녀에게 닥친 공포에 똑같이 직면할 수 있게끔 짜여 있지 않았다.

비록 그녀가 아들에게 엄습한 똑같은 운명에 무너졌어도, 무심코 지나칠 수 있는 이오카스테의 이상한 운명은 역사 속에서 계속 그녀를 따라다니는 것처럼 보인다. 하지만 운명이 그렇게 시작된 것은 아니었다. 우리는 그녀가 이미 죽었을 때 가장 오래된 화신을 만난다. 호메로스의 《오딧세이아Odyssey》 제11권에서 오딧세우스는 지하세계를 방문한다. 그는 집으로 돌아가는 가장 좋은 길을 찾아서 이제 망령이 된 테이레시아스와 상담해야 한다. 그리고 거기에서 그는 망령이 된 유명한 사람들의 행렬을 본다. 그들 중에는 오이디푸스의 어머니인 kalēn Epikastēn, 즉 아름다운 에피카스테가 있다.[8] 호메로스가 말하길, '그녀는 아무것도 모른 채 중대한 일을 저질렀다.' 그녀는 아들과 결혼했다. 호메로스는 10개의 짧은 구절을 빌어 전체 이야기를 설명한다. 오이디푸스는 그의 아버지를 죽이고 그녀와 결혼했다. 신들은 즉시 이 모든 사실을 사람들에게 알렸다. 오이디푸스는 테바이에서 카드모스의 후예들과 함께 살면서 신들의 손에 큰 고통을 받았다.

그녀는 비통함에 그에게 많은 슬픔을 남겨둔 채, 높은 지붕에 올가미를 걸고 하데스(저승세계)로 갔다.

현존하는 초기 판본의 신화와 소포클레스의 이야기 사이에서 드러나는 차이는 중요하다. 첫째, 이오카스테는 다른 이름을 가지고 있다. 에피카스테는 다른 철자가 아니다. 그녀에게 일어난 일을 보면 알 수 있겠지만 분명히 같은 여성이다. 하지만 그 이야기는 우리가 알고 있는 이야기에서 비껴간다. 신들은 aphar, 다시 말해 '즉시' 모든 것을 알려준다.[9] 소포클레스의 신화에서 오이디푸스와 이오카스테는 어머니와 아들이라는 사실이 밝혀지기 전에 4명의 자녀를 두었다. 신탁은 오이디푸스가 수년 전 델포이에 있는 아폴론과 상의하러 갔을 때 그에게 근친상간으로 후손을 낳을 것이라고 말했다. 그러나 이는 분명히 호메로스가 들려주는 이야기의 한 부분이 아니다. 여기에서는 깨달음이 오이디푸스와 에피카스테가 결혼하자마자 일어난다. 오이디푸스가 눈이 멀거나 추방되었다거나 하는 언급도 없다. 그는 여전히 카드모스의 후예들과 섞여 살고 있다(테바인: 사람들에 대한 시적 단어. 테바이는 카드모스에 의해 세워졌다). 에피카스테는 소포클레스의 비극에서와 마찬가지로 목을 매고, 오이디푸스는 슬픔의 떼목과 함께 남겨진다. 간단히 말해서 이야기는 두 가지 관점에서 거의 같은 분량으로 진행된다. 그야말로 에피카스테로 시작해서 에피카스테로 끝난다.

오이디푸스와 이오카스테/에피카스테가 아이를 가졌느냐에 대한 논쟁은 수천 년 동안 계속되었다. 파우사니아스는 《그리스 이야기Description of Greece》에서 오이디푸스와 이오카스테가 아이를 가졌다고는 믿어지지 않는다면서 호메로스의 위 구절을 인용하여 자신의 주장을 뒷받침한다.[10] 오히려, 아이의 어머니는 헵타에피테바스Hyperphas의 딸인 에우리가네이아Eurygeneia라는 여성이었다고 주장한다. 파우사니아스는 《오이디포디아Oedipodeia》의 저자가 이 사실을 분명히 밝혔다고도 한다. 안타깝게도, 이 이야기에 대해 더 알고 싶어 하는 우리에게, 《일리아스》와 《오딧세이아》가 집필되던 당시와 거의 비슷한 시기에 쓰인 오이디푸스에 관한 서사시 〈오이디포디아〉는 오늘날 남아 있지 않다. 그러나 여전히, 우리는 파우사니아스(2세기에 살았던 것으로 추정되며 아마 사본 한 부를 손에 넣었으리라 추측해본다)를 통해 오이디푸스와 이오카스테가 결혼하고 나서, 그들의 근친 관계가 즉시, 혹은 충분히 드러났고, 결국 오이디푸스는 재혼하여 아이들의 아버지가 되었다는 것을 알 수 있다.

호메로스와 소포클레스 사이에서 이야기가 변하는 것과 같이 내용이 달라진다면 그 사이에서도 온전하게 살아남게 될 요소들은 무엇일까? 아들이 아버지를 죽인다, 어머니와 아들이 결혼한다, 그들 관계의 실체가 드러나고, 어머니는 목을 매 자살한다. 하지만 그 극명한 세부 사항조차도 변형된 모든 신화에 딱 들어맞지 않는다. 기원전 409년 에우리피데스가 〈Phoinissai〉, 즉 〈포이니케 여인들The Phoenician Women〉에서 이오카스테의 이야기를 시작할 때, 그는 우리에게 또 다른 형태를 제시한다. 이 연극은 이오카스테와 오이디푸스가 어머니와 아들이라는 사실이 폭로된 직후 어느 날을 배경으로 하여 이오카스테의 긴 대사로 시작한다. 따라서 처음부터 분명하게 우리는 에우리피데스의 이야기와 소포클레스와 호메로스의 이야기 중 겹치는 부분에서 결정적인 차이를 볼 수 있다. 에우리피데스의 극에서, 이오카스테는 결혼에 대한 진실이 밝혀져도 목숨을 끊지 않는다. 그녀는 목을 매지 않았으며 테바이의 왕궁에서 계속 지낸다. 그녀의 아들 폴리네이케스Polynices와 에테오클레스Eteocles는 왕위 계승자다. 오이디푸스의 불명예와 그가 스스로 눈을 멀게 한 것에 대해 그들은 그를 죄인처럼 궁전에 가두고 모든 사람이 그를 잊기를 바란다. 반면, 그들의 어머니는 왕실의 소중한 일원으로 남아 있었다. 〈포이니케 여인들〉은 〈오이디푸스 티라노스〉가 디오니소스 연극제 무대에 올려진 지 약 20년 후에 제작된 것으로 이오카스테의 오프닝 독백은 이중 기능을 수행한다. 그것은 우리가 보려고 하는 연극의 장면을 설정하기도 하지만, 부지불식간에 우리가 지금 보고 있는 이야기가 관객의 생각과 다르게 흘러간다는 사실을 인정하도록 이끄는 기능도 있다(나중에 〈메데이아Medea〉에서도 살펴보겠지만, 에우리피데스는 종종 이렇게 한다).

이오카스테는 우리가 지금 어디에 있는지 알 수 있도록 배경 이야기를 들려주는 것으로 시작한다. 먼저, 라이오스 이야기다. 그녀와 그는 자식이 없어서 델포이에 있는 신탁의 조언을 구하러 갔다고 설명했다. 아폴론은 라이오스가 아버지가 될 가능성에 대해 매우 확실하고 구체적으로 언급했다. 아이를 가지면 자네를 죽일 걸세. 그러면 온 집안이 피로 물들 거야.[11] 꽤 명백한 조언인 것 같았다. 그러나 라이오스는 만취한 어느 날 그 예언을 간과했다. 아차 싶었던 그는 아이를 산에 내버리도록 명한다. 그러나 폴리보스(코린토스 왕)의 신하들이 아기를 발견하여 왕비에게 주었고, 왕비는 그 아이가 자신의 아이라고 믿게끔 속였다.

이전 형태의 그 어떤 대사들보다 이 독백에 얼마나 더 많은 초점이 여성들의 감정에 맞춰져 있는가 하는 점은 무척 흥미롭다. 에우리피데스는 여성을 묘사하는 데 탁월한 작가였다. 그는 지금까지 존재했던 그 어떤 남성 극작가보다 더 많은, 그리고 더 나은 여성 캐릭터를 창조했다. 이는 아테네 극장에서 여성의 역할을 연기하는 배우들이 젊은 남성들이었고, 적어도 이 연극들이 처음 공연되었을 당시 디오니소스 연극제에서 관객들 역시 모두 남성들이었으리라는 점을 기억한다면 더욱 주목할 만하다. 에우리피데스의 희곡에 등장하는 여성들이 극의 결과를 이끄는 힘과 플롯을 발전시키는 중요한 결정을 내릴 수 있는 것은 아니다(그렇게 하기도 하지만), 그는 남성의 삶에서 똑같은 방식으로 나타나지 않는 영역에 대한 극히 드문 통찰력으로 여성을 그린다. 소포클레스가 우리에게 들려주는 오이디푸스 이야기는 거의 남성 불안에 대한 우화로 읽힌다(이것은 확실히 여성은 알기 힘든 존재라는 인식 때문에 남성에 관하여 이론화하기를 좋아했던 프로이트에게 매혹적으로 다가온 이야기 중 하나다). 라이오스는 그의 아들에 의해 제압당하는 것을 두려워한다(우리가 이전 장에서 우라노스, 크로노스, 제우스와 함께 살펴보았듯이, 아들의 손에 말 그대로 혹은 은유적으로 거세되는 것에 대한 두려움은 그리스 신화 전체를 관통하는 주제다). 폴리버스는 남성 후계자가 없다는 것에 두려움을 느끼고 버려진 아이를 기꺼이 데려가 자기 아들이라고 부른다. 폴리버스와 메로페가 그의 입양을 비밀에 부침으로써 문제를 키우고 말았다. 만약 그들이 그의 출생에 대해 오이디푸스에게 정직했더라면 그는 굳이 코린토스를 떠나 신탁과 상의하지 않았을 테고, 결국 그의 끔찍한 운명을 완수하지 않았을 것이다. 오이디푸스의 편집증과 발끈하는 성미는 극 초반에 드러난다. 크레온과 테이레시아스는 오이디푸스가 처음 생각했던 것과는 달리 그에 대항하여 반란을 꾀하지 않았다. 하지만 그들이 자신의 권위를 약화하려 한다는 두려움은 진심이며 치명적이다. 우리는 오이디푸스와 라이오스가 세 갈림길에서 만났을 때 이 남자가 길을 비키라고 명령하는 라이오스의 고압적인 태도에 돌이킬 수 없을 정도로 격분했으리라 쉽게 믿어진다〈오이디푸스 티라노스〉는 도로 위 운전자 폭행 사건으로 인한 비극의 가장 초기 사례임에 틀림없다).

소포클레스의 이야기에서 오이디푸스가 피하려고 하는 운명은 모든 단계마다 선의로든 그렇지 않든 인간의 행동으로 더 가까이 다가온다. 그의 아버지가 되었으나 그를 죽이지 못한 라이오스, 결코 그를 죽이지 않는 양치기, 그를 구한 코린토스의 전령, 오이디푸스에게 그가 업둥이라고 말하는 술주정뱅이, 친아들이라고 거짓말하는 폴리보스, 또다시 그를 적대시하고 공격하는 라이오스, 언제나 진실을 알고 있으면서도 그 사실을 밝히기 꺼리던 테이레시아스. 여성의 행동거지와 움직임을 제한하는 법률에서 알 수 있듯이 고대 세계에 만연한 불안은 이 모든 것을 뒷받침한다. 이 아이의 아버지는 누구인가? 어머니 외에는 정말 아무도 모른다.

그리고 에우리피데스가 나타나 〈포이니케 여인들〉의 이오카스테에게 첫 독백을 주기 전까지 그 누구도 어머니의 기분이 어떨지 물어볼 생각조차 하지 않는다. 그녀가 경험한 날것과 같은 고통은 사건이 벌어진 뒤 몇 년이 지난 후에도 생생하다. 코가 삐뚤어지게 취해 아들의 아버지가 된 라이오스는 아폴론의 충고를 뒤늦게 깨닫고는 금속 핀으로 아기의 발목을 뚫어 하인들에게 넘겨주며 산에 버리라고 명했다. 이것이 우리가 이야기를 이해하는 데 필요한 모든 정보다(소포클레스에게서 얻은 정보와 거의 비슷하다). 그러나 에우리피데스는 이오카스테의 대사를 빌어 더 많은 이야기를 한다. 양치기들은 그녀의 아이를 폴리보스 왕에게 주지 않는다. 그녀가 말하길, 그들은 오히려 아기를 여왕에게 데려가고, 여왕은 아기를 자기 아들인 양 행세한다(에우리피데스는 메로페라고 부르지 않았으나 그렇게 부르자). 이 작은 세부사항만으로도 메로페의 삶에 대해 커다란 통찰력을 얻을 수 있다. 그녀와 남편은 아기를 가지려고 노력했으나 임신에 실패했다. 그녀는 아기를 원하고, 그 아기가 자신의 아이로 받아들여지기를 원한다. 추측해보건대, 그녀와 폴리보스는 잠자리를 가졌을 것이다 - 그가 오이디푸스를 자신의 아이로 믿는 걸로 봐서는 - 그러나 그녀가 아무런 임신의 징후도 없이 아이를 출산했다고 주장하는데도 매우 놀라지 않는 걸 보면 친밀한 관계는 아니었던 듯하다. 그들 사이에는 육체적 거리감이 존재할 뿐만 아니라(대부분 사람은 임신 9개월로 보이지 않던 한 여성이 갑자기 아이를 낳는다면, 특히 그들이 그 여성과 결혼한 남성들이라면 더더욱 알아차릴 것이다) 정서적인 거리감도 존재한다. 메로페와 폴리보스 둘 다 아이를 원했던 것 같긴 하지만 거짓말을 해야만 아이를 가질 수 있다. 아마도 소포클레스의 비극과 달리 그는 양자를 들이고 싶지 않았던 것 같다.

그리고 이오카스테가 벌어진 일을 묘사하는 데 사용하는 언어를 보자.[12] 두 여성의 육체적 적응력은 대단히 인상적이다. 이오카스테의 몸은 고통으로 비틀어지고, 메로페의 몸은 자신이 출산하지 않은 아이에게 젖을 생산한다. 핏덩이 같은 아들을 빼앗긴 고통, 이오카스테의 끔찍한 상실감은 수십 년이 지난 지금도 잊히지 않는다. 어떻게 그럴 수 있겠는가? 그렇다고 뜻밖에 얻은 아이를 그녀의 온몸이 간절히 바라고 있는데 어떻게 메로페를 탓할 수 있겠는가? 코린토스의 하인들은 그녀의 절박함을 알고 있었을까? 그래서 폴리보스 대신 아이를 데려온 것인가?

이오카스테는 오이디푸스가 라이오스를 죽인 사건을 서둘러 마친다. 뭐하러 질질 끌겠는가? Pais patera kainei. '아들이 아버지를 죽였다.'[13] 그런 다음 그녀는 계속해서 자기 오빠인 크레온이(테바이 밖에서 성가신 존재인)스핑크스를 없애고 싶은 마음이 너무나 간절했던 나머지 이오카스테에게 스핑크스의 수수께끼를 푼 자와 결혼하는 것을 제안했다고 말한다. 이런 종류의 전면적 제안은 말리지 않겠다. 다만 당신은 누이를 훨씬 더 어린(그리고 알고 보니 근친 관계인) 남자와 결혼시킬 수도 있는 위험을 감수해야 할 것이다. 크레온은 좋은 이유든 나쁜 이유든 이오카스테와 오이디푸스에게 이루 말할 수 없는 슬픔을 안겨준 이들의 목록에 이름이 오른 인물이다.

그러나 에우리피데스의 이오카스테 이야기에서 이 목록에 추가해야 할 이름은 두 개가 더 있다. 그녀가 오이디푸스와의 사이에서 낳은 두 아들, 폴뤼네이케스와 에테오클레스다. 그들은 충분히 나이가 들자 아버지의 범죄에 수치심을 느끼고 오이디푸스를 궁전에 포로로 가두기로 한다. 오이디푸스는 이 결정에 너무 화가 나서 아들들에게 가장 거룩하지 못한 저주를 내려 그들이 서로에게 등을 돌리도록 기도한다. 이 저주를 피하려고(이 두 아들은 아버지가 자신의 운명을 피하려는 그 모든 시도에서 아무것도 배우지 못한 것 같다), 두 젊은이는 에테오클레스가 왕위에 있는 동안은 폴뤼네이케스가 1년간 자발적으로 유배를 하러 가는 게 좋으리라는 결정을 내린다. 한 해가 끝날 무렵 그들은 서로 자리를 바꿀 것이다.

물론, 그들은 그 합의를 지키지 않는다. 에테오클레스는 왕좌를 내려놓기를 거부하고 폴뤼네이케스는 테바이에 전쟁을 선포한다. 테바이는 7개의 성문을 지켜야 하므로, 일곱 명의 영웅들이 성문을 향해 행진한다. 이오카스테가 전면전으로 도시가 파괴되기 전에 난국을 해결하기 위해 몸소 나섰고 서로 만나 이야기를 나눠보라고 아들들을 설득했다. 그녀는 제우스에게 두 남자 사이의 중재와 평화를 간청하며 오프닝 독백을 마무리한다.

그러나 제우스는 그녀의 기도와 폴뤼니케스와 에테오클레스 사이의 설전이 결렬되는 것을 듣지 못했다. 이오카스테는 마침내 자포자기하면서 다음과 같이 말한다. 나는 많은 슬픔을 낳았도다.[14] 여기에 담긴 이중적인 의미는 명백하다. 이오카스테는 딸 안티고네와 전쟁 중인 아들들을 설득한다. 하지만 너무 늦었다. 두 남자는 단 한 번의 전투로 서로를 죽이고, 이오카스테는 그들 사이에 놓인 검을 집어 들고 자신의 목구멍에 찔러 넣는다.

에우리피데스의 이오카스테는 소포클레스의 비극보다 대사가 더 많다(호메로스의 이야기에서는 아무 말도 하지 않는다). 게다가 할 일도 많다. 여기에서 이오카스테는 오이디푸스의 어머니라는 사실이 알려진 시점에서 죽음을 선택하지 않으며, 오이디푸스가 테바이에 있으나 닫힌 문 뒤에 갇혀 있기에 정치적 역할을 획득한다. 그녀는 고위 외교관처럼 아들과 협상한다. 그들의 어머니 역할이 이오카스테가 쥔 유일한 카드가 아니다(그녀는 에테오클레스에게 간청한다. 가령, 그와 폴뤼네이케스가 불사한 전쟁에서 도시가 패한다면 젊은 여성들에게 무슨 일이 일어날지 생각해 달라고 호소한다). 그리고 그녀는 아들들을 구할 수 없게 되자 남성적인 방식으로 스스로 목숨을 끊는다. 그녀는 전장에서 두 아들 사이에 놓인 칼을 사용해 자결한다. 이러한 이오카스테는 우리가 익히 알고 있다고 생각했던 인물과는 매우 다른 여성이다.

그런데 이러한 관점에서 이오카스테를 제시한 사람은 에우리피데스만이 아니다. 그와 소포클레스는 서정 시인 스테시코로스Stesichorus의 작품을 알고 있었을 것이다. 이 작품은 테바이의 이야기에서 다른 부분에 초점을 맞췄다. 이 시는 슬프게도 살아남지 못한다. 아니, 적어도 믿어지지 않는 (그리고 비교적 최근에) 행운이 찾아오기 전까지는. 20세기로 접어들면서 유럽 전역의 이집트학을 연구하는 학자들은 유물을 수집해 이집트에서 척출하는 데 열광적이었다. 영국에서는 하워드 카터Howard Carter가 가장 잘 알려진 인물이지만, 프랑스에서는 피에르 쥬게Pierre Jouguet와 구스타브 르페브르Gustave Lefebvre가 릴 대학의 새로운 이집트학 연구소에서 발견된 유물들을 축적하고 있었다. 그들이 입수한 물건 중 하나는 미라였다. 그것은 관에 상자가 손상되지 않도록 두꺼운 파피루스로 포장되어 있었다. 당연히 모든 관심은 미라에 집중되었으며 포장 재료에는 전혀 관심이 없었다. 그러다가

1974년에 이르러 연구자들이 파피루스 조각을 들여다보면서 읽기 시작했는데, 일부 시를 포함한 그리스 문자가 뒤덮여 있었다. 그 가운데 학자들이 확인한 120행은 소포클레스가 〈오이디푸스 티라노스〉를 쓰기 약 150년 전에 서정 시인으로 활동했던 히메라의 스테시코로스가 지은 이야기를 각색한 내용이라고 한다.[15] 더욱 흥미를 끄는 것은 이오카스테의 어조로 보이는 대사들이다. 그녀가 70년 이상 누구나 훤히 볼 수 있는 곳에 그러나 누구에게도 들키지않고 숨어 있었다는 사실은 지극히 타당해 보인다.

여기에서 이오카스테는 - 우리가 에우리피데스에서 분명히 알아보겠지만 - 예언이 실현되지 않기를 바란다. 그러나 소포클레스보다는 에우리피데스에 훨씬 가까운 줄거리인 것 같다. 말하자면, 이오카스테는 그들의 결혼이 근친상간으로 밝혀진 후에도 여전히 살아있고, 그녀의 아들들은 테바이의 왕좌를 놓고 서로 싸우고 있다. 그녀는 예언이 이루어지기만 한다면, 두 아들의 어두운 운명이 현실로 실현되기 전에 죽을 것이리라 기도한다. 그녀는 심지어 에테오클레스와 폴뤼네이케스 문제에 대한 외교적 해결책을 제시한다. 이오카스테는 한 명은 왕좌를 지키고, 다른 한 명은 오이디푸스의 모든 금과 재산을 들고 부자로 망명하라고 제안한다.[16]

여기에서 우리가 주목해야 할 두 가지 사항이 있다. 첫 번째, 그녀가 등장하는 여러 형태의 이야기에서 이오카스테는 그녀가 던지는 모든 대사에서 더 복잡하고 완성된 인격으로 변모해간다는 점이다. 〈오이디푸스 티라노스〉에서 우리는 삶이 전적으로 남성의 결정에 크게 좌우되는 여성에 관한 상당히 빈약한 초상화를 얻는다. 〈포이니케 여인들〉에서 우리는 마침내 그것이 무엇을 의미하고 또 어떤 느낌인지 그녀의 입을 통해 직접 이야기를 듣는다. 그리고 여기, 릴 스테시코로스의 초창기 부분에서 우리는 어쩌다 전쟁 당사자들이 된 아들들과 협상하는 강력한 정치 지도자를 본다.

(에우리피데스 극의 많은 부분과 비슷한) 이 판본은 몇 편의 그리스 서사시를 모델로 기원전 1세기 후반에 스타티우스Statius에 의해 쓰인 라틴어 서사시 〈테바이 주변의 지방Thebaid〉에서 볼 수 있는 이오카스테와 유사한 모습을 담고 있다.

두 번째로 우리가 알아차릴 수 있는 사실은 오이디푸스가 결과적으로 무의미하게 그려진다는 것이다. 소포클레스의 무대를 차지한 인물은 스테시코로스의 더 앞선 대사에서는 그저 중요하지 않다. 오이디푸스가 부재한 상황에서 그의 부와 왕좌는 전쟁을 막기 위해 그의 아들들에게 나누어졌다. 이오카스테는 오이디푸스의 감정이나 의견을 고려하는 것 같지 않다. 그녀의 왕권, 그리고 정치 및 군사적 비상사태가 굳이 그럴 필요가 없음을 의미하기 때문이다. 아마도 오이디푸스가 〈포이니케 여인들〉에서 결말 전 200행까지 나오지 않는 이유도 바로 이 때문이리라. 여성이 무대를 장악하면 남성이 설 공간은 줄어든다. 그러나 이는 우리가 이야기의 절반이 아닌 전체를 그릴 수 있게 된다는 것을 의미한다. 우리가 이오카스테의 목소리를 충분히 들을 수 있을 때 오이디푸스 이야기에 대한 이해도 풍부해지고 그 반대의 경우도 마찬가지라는 사실은 두말할 필요도 없다.

그러나 이오카스테의 모습은 찾아보기 어려울 수도 있다. 그녀의 비가시성 때문에 단순히 시각 예술에 그녀의 모습이 담기지 않은 탓이다. 우리는 신화에서 가장 악명 높은 어머니들의 모습이 그려진 화병 그림이나 조각품에서 그녀의 모습을 찾을 수 있으리라 예상했었으나 이오카스테의 어떤 특정한 이미지는 고대 세계에서 전혀 남아 있지 않다. 학자들이 〈오이디푸스 티라노스〉의 한 장면과 연관을 지으려고 시도했던 화병은 단 하나 뿐이다.

그 연극은 기원전 5세기와 4세기에 엄청난 인기를 누렸다. 그렇기에 꽃병 화가들이 그 극의 한 장면을 재현하고 싶어 하지 않았으리라는 생각은 사실상 불가능하다. 그럼에도 소포클레스의 걸작에서 확실한 이미지를 얻을 수 있는 잔이나 화병은 없다. 오이디푸스의 가장 흔한 이미지는 그가 스핑크스의 수수께끼를 풀던 장면으로 연극 속에서 벌어진 사건 이전의 그의 삶이다. 바티칸 박물관에 있는 기원전 470년경으로 추정되는 아름다운 잔은 이 장면을 보여준다.[17] 오이디푸스는 깊은 생각에 잠겨 앉아 있다. 턱을 양손으로 괴고 다리를 꼬고 있으며 해를 가리는 뾰족한 모자가 바쁘게 돌아가는 머릿속을 감추고 있다. 그의 앞에 놓인 작은 받침대 위로 꼬리를 감고 날개를 펼친 스핑크스가 앉아 있다. 그녀는 그의 대답을 기다리며 오이디푸스를 내려다본다. 일부 신화에서 그녀는 결국 그의 대답을 듣고 절벽에서 몸을 던진다. 오이디푸스는 함께 게임을 하기에는 위험한 사람이다.

자, 우리에게 이오카스테의 확실한 이미지가 없다면 모호한 이미지는 어떤가? 시칠리아 시라쿠사의 고고학 박물관에 커다란 크라테르의 파편들이 있다.[18] 그것들은 진중하며 검은 머리에 턱수염을 기른 남자와 얼굴까지 가운을 두르고 그의 뒤에 서 있는 한 여성을 보여준다. 그녀는 심각한 표정을 짓고 있다. 그들은 검은 곱슬머리에 긴 예복을 입은 두 어린아이의 부모임이 틀림없어 보인다. 아이 하나는 아버지 앞에, 다른 하나는 어머니 옆에 서 있다. 어른들이 우리 왼쪽에 있는 백발 아저씨에게서 어떤 소식을 전해 듣는 듯한데, 무슨 소식이든 좋은 내용은 아닌 것 같다. 가운을 입은 여인 뒤로 기둥이 보이고, 그 뒤에는 두 번째 여인이 반대쪽을 향해 서 있다. 그녀의 손은 뺨까지 들어 올려져 있고 손가락은 벌어져 있다. 그녀가 주요 장면을 엿듣고 있는 걸까?

전문 독자들은 이 장면이 소포클레스의 희곡에서 나온 것이라고 제안했다. 이 장면은 코린토스의 전령이 오이디푸스가 입양되었음을 밝히고 이오카스테가 그녀의 남편이 곧 밝혀낼 끔찍한 진실을 깨닫는 순간을 나타낸다. 가운을 높이 치켜 올려 얼굴을 가린 모습은 시각적 충격을 주면서 그녀의 목에 감길 천을 떠올리게 한다. 가운을 제자리에 고정하고 있는 핀은 오이디푸스가 그의 눈을 후벼파는 데 사용될 것이다. 부부의 딸들인 안티고네와 이스메네는 소포클레스 극의 전령 장면에서는 등장하지 않지만 연극의 마지막 부분에서 아버지에게 작별 인사를 고하기 위해 나온다. 아마도 화병 화가는 연민을 더 얻으려고 이후 이 장면에 해당 요소를 포함했을 것이다. 하지만 이 기발한 해석 중 그 어떤 것도 다른 여자, 즉 듣는 사람이 누구인지에 대해서는 말해주지 않는다. 소포클레스의 연극에는 이오카스테와 아이들 외에 다른 여성 캐릭터가 없다. 그 아이들은 소녀들이 확실한가? 그들의 두 딸이 그리스 신화에 나오는 어린 자매들을 떠올릴 때 가장 기억하기 쉬운 소녀들이어서 그 화분은 오이디푸스와 이오카스테로 추정되어왔다. 그 장면의 나머지 부분 - 나이 든 남자, 젊은 남자, 여자 - 은 꽤 구체적이지 않다. 하지만 에디스 홀 교수가 제시한 대로[19] 소녀들이 실제로 남자아이들이라면 이것은 완전히 다른 극에서 따온 장면일 수 있다. 여자아이들은 긴 머리에 긴 드레스를 입을 거로 생각해서 아이들을 여자아이들로 추정해왔던 걸까? 홀이 에우리피데스의 알케스티스Alcestis의 한 장면을 그린 꽃병 그림과 유사하다고 지적하기 전까지는 당연히 그럴듯하게 들린다.[20] 알케스티스에게는 아들과 딸이 있었고, 그 아들은 시라쿠스 화분에 있던 아이들처럼 긴 가운을 입고 있는 듯이 보인다. 어쩌면

이 화분에 있는 커플은 오이디푸스와 이오카스테일 수도 있지만, 아닐 수도 있다.

이오카스테는 후대의 예술가들로부터도 똑같이 푸대접을 받았다. 다시 말하지만, 오이디푸스는 종종 스핑크스의 수수께끼를 푸는 모습으로 드러나지만(이는 그 자체로도 흔치 않은 이미지다. 과연 '남자가 마구잡이로 던지는 질문의 답을 생각하다.'로 가장 잘 설명될 수 있을 이 그림을 누가 자주 보겠는가?) 그의 아내와 함께 보이는 경우는 거의 없다. 그녀의 모습이 담긴 두 개의 흥미로운 19세기 프랑스 그림이 있다. 하나는 알렉상드르 카바넬Alexandre Cabanel이 그린 그림이고, 다른 하나는 에두아르 투두즈Édouard Toudouze가 그렸다. 카바넬의 〈이오카스테와 이별하는 오이디푸스Oedipus Separating from Jocasta(1843)〉[21]는 오이디푸스가 그의 딸 중 한 명, 아마도 안티고네를 품에 안은 듯한 모습을 보여준다. 또 한 명의 딸인 이스메네는 의식을 잃은 어머니의 시신을 붙들고 있다. 녹색 가운을 둘둘 두르고 공포라는 가면을 쓴 듯한 얼굴의 노파는 이스메네가 이오카스테의 체중을 지탱하는 데 도움을 준다. 이오카스테는 남편에게서 떨어져 뒤로 넘어지고 있다. 뒤로 넘어가면서 그녀의 왼손 손가락 끝이 오이디푸스의 손을 스친다.

28년 후, 에두아르 투두주는[22]는 우리가 에우리피데스의 〈포이니케 여인들〉에서 보았던 그 장면을 그렸다. 오이디푸스는 아내의 하얀 손을 잡고 앉아 있다. 검은 천으로 덮인 그녀는 그의 발밑에서 숨을 거둔 뒤였다. 괴물에 맞선 그의 위대한 승리를 기념하는 스핑크스 장식이 달린 오래된 투구가 옆 계단에 놓여 있다. 붉은 머리의 안티고네는 아버지를 위로하면서 가련한 어머니를 지그시 내려다본다. 그녀의 뒤로 폴뤼네이케스와 에테오클레스가 눕혀져 있다. 두 형제는 살아서는 적대적이었다가 마침내 죽음으로 하나가 되었다. 죽어 있든 살아 있든 다른 모든 캐릭터는 오이디푸스의 존재로 흐릿해진다. 그들의 이름조차 사라졌다. 그림은 〈아내와 아들들의 주검에 보내는 오이디푸스의 작별Farewell of Oedipus to the Corpses of his Wife and Sons〉로 불린다.

이것이 우리에게 이오카스테는 어디로 사라진 것일까에 대한 질문의 답을 주고 있는가? 이렇게 오이디푸스에게 지나치게 집착하는 풍조는 《테바이권 서사시Theban Cycle》[테바이를 배경으로 하는 4편의 서사시로 기원전 750년과 5001년 사이에 쓰인 것으로 추정되며 우리에게 직접적으로 전해지고 있지는 않으나 소포클레스와 에우리피데스를 비롯한 많은 극작가에 의해 이야기가 전해짐-역자 주]의 나머지 이야기에서 모든 생기를 빨아들인다. 이것은 소포클레스를 받든 프로이트의 반응으로 가장 상징적으로 나타나는데, 바로 오이디푸스 콤플렉스다. 오이디푸스의 직계 가족인 다른 등장인물들은 완전한 인물로 형성된 것으로 보이지 않는다. 왜냐하면 거의 모든 형태의 이야기에서 그들과 그들의 이야기는 각기 다르기 때문이다. 아마도 현대의 관객인 우리는 단순히 캐릭터가 확실한 오이디푸스를 선호하는 걸 수도 있다. 무슨 일이 있어도, 그는 항상 자기 아버지를 죽이고 어머니와 결혼한다. 테바이 영웅 전설의 일부 버전에서는 폴뤼니케스가 침략자이고 에테오클레스는 희생자다. 그러나 때로는 그 반대일 때도 있다. 소포클레스의 〈안티고네〉에서 그녀는 사촌인 하이몬과 약혼하지만 외삼촌인 크레온의 잔혹한 정권에 의해 자결을 강요당한 언니로 그려진다. 그러나 에우리피데스의 단편인 〈안티고네〉에서 그녀는 격노한 외삼촌의 형벌에서 살아남아 하이몬과 결혼해 삶을 이어나간다. 그들은 이후 아들을 낳는다. 에우리피데스의 〈포이니케 여인들〉에서는 상황이 또 달라진다. 하이몬은 살아남아 그녀와 결혼하지 못한다. 그리고 프랑스 극작가 장 아누이Jean Anouilh는 1944년 안티고네의 이야기를 창의적으로 받아들여 이스메네와 안티고네의 출생 순서를 뒤집었다. 기원전 5세기 아테네에서 보여준 언니의 온당하며 종교적인 열정은 제2차 세계 대전 중의 동생이 보여준 반항적인 행동으로 바뀌어 있다. 우리가 변하듯이 캐릭터들도 마치 우리와 어울리게 하려는 듯이 변했다.

우리는 이오카스테에 대해 더 많은 것을 알아낼 수 있다. 한겹 한겹 벗겨 내면 드러나는 것들을 발견할 수 있다. 그러려면 열심히 살펴봐야 한다. 시인들과 극작가들의 작품 속에서 우리가 그녀를 완전히 하나의 모습으로 고정할 수 없도록 그녀는 끊임없이 변화한다. 이 여성은 아들과 결혼하고 스스로 목숨을 끊거나 혹은 살아남으며, 네 명의 자녀를 더 낳거나 낳지 않는다. 또한 스스로 외교에 능한 정치 세력이 되거나 혹은 되지 않으며, 그녀의 아들들이 서로를 파괴할 때 목숨을 끊거나, 또는 살아남는다. 그리고 시각 예술에서 그녀는 거의 완전히 시야에서 사라진다. 우리가 그녀를 그림에서 찾을 수 없는 이유는 그녀가 예술 세계 안에서 최악의 죄를 저질렀기 때문이다. 바로 그녀가 나이 든 여성이라는 죄다. 화가들은 우리에게 20대나 10대의 여성과 소녀들을 보여줄 때는 결코 지치는 법이 없으나 우리에게 40대나 50대의 여성을 보여주는 것에는 그다지 관심을 두지 않는 경향이 있다.

이오카스테에게는 우리가 잘 이해하지 못하는 힘을 가진 여성이라는 또 다른 위험이 도사리고 있다. 다시 말하지만, 이것은 부분적으로 힘이 이동하고 그녀 또한 그에 따라 변하기 때문이다. 〈포이니케 여인들〉에서 그녀는 중요한 제왕적 인물이지만, 그녀가 극 초반 우리에게 들려주는 어린 시절 - 자신의 아기를 강탈당하고, 오빠의 변덕으로 스핑크스의 수수께끼를 푸는 사람과 결혼하는 것 - 에 대해 이야기한다. 그녀는 소유물에 불과했다. 그리고 오이디푸스는 어머니와의 성적 관계에 대해 미리 경고를 받았음에도 어째서 그녀와 결혼을 하는 것인가? 그녀가 그에게 매우 매력적이라는 결론을 내려볼까? 이 생각은 고대 세계에서도 킬킬거리게 했다. 아리스토파네스는 희극 〈개구리〉에서, 비극 작가인 아이스킬로스의 입을 빌어 오이디푸스를 가장 불운한 남자라고 읊는다.[23] 그는 추위에 버려지고, 두 개의 부은 발을 가진 채, 어머니뻘 되는 나이 든 여성과 결혼했노라. 그 말을 다 믿으라고?

어쩌면 오이디푸스는 이오카스테에게 끌린 게 아니라 단지 테바이 왕가 집안으로 장가들고 싶어 한 것일 수도 있다(그가 코린토스 왕의 아들이자 후계자였던 건 맞지만, 이오카스테를 만나기 전에는 지위가 없었다). 그러나 대부분의 이야기에서 그들이 4명의 자녀를 낳은 걸로 봐서는 정략결혼은 아닌 것 같다. 그러나 사랑의 하나가 아마 욕정일 것이다. 우리는 성관계를 갖지 않거나, 혹은 냉담한 결혼이라는 대안이 완벽하게 가능하다는 것을 알고 있다(메로페의 남편 폴리보스는 그녀가 아들을 낳은 게 아니라 양자로 삼았다는 사실조차 깨닫지 못했다). 그러나 오이디푸스와 이오카스테에게는 그런 면이 없었다. 그녀는 가장 드물고 또 가장 위험한 존재다. 나이가 들어도 남성의 눈에 들어오는 여성. 우리는 그런 여성에 맞서 어떻게 대처해야 할까? 하루에도 열두 번, 우리는 그녀를 무시하라는 말을 듣는다.

비록 몇몇 작가들과 예술가들이 그녀를 드러내지 않기로 했지만 바로 그 점이 이오카스테의 핵심이다. 그녀는 젊은 시절 라이오스의 손아귀에 있던 완전한 수동성에서 시간이 지나며 점차 더 복잡하고, 하나의 모습으로 규정하기 훨씬 더 어렵게 변모하는 성적 능력을 지닌다. 에우리피데스의 천재성이 그녀에게 목소리를 내도록 한 것은 전혀 놀라운 일이 아니다.

III

헬레네

Helen

사실, 우리가 그녀를 이해하려고 하면 할수록
그녀는 우리에게서 달아나는 것같다.
그녀는 트로이아의 헬레네, 스파르타의 헬레네, 기쁨의 헬레네,
그리고 살육의 헬레네다.

트로이아의 헬레네, 스파르타의 헬레네. 우리가 그녀를 어느 도시와 연관 짓든, 그녀는 위협이자 약속이다: 사이먼 아미티지Simon Armitage의 〈트로이의 마지막 나날들The Last Days of Troy〉에서 프리아모스는 그녀를 기쁨의 헬레네, 살육의 헬레네라고 부른다. 그녀는 수천 척의 배를 '띄운' 그리고 말로Marlowe가 그의 작중 인물인 포스터스(파우스트) 박사의 입을 빌어 그녀를 묘사했듯이 '일리움Ilium(고대 트로이아의 라틴어명)의 저 끝도 없이 높은 탑을 불태운' 얼굴이다. '사랑스러운 헬레네,' 그가 이어서 말했다. '키스로 나를 불멸의 존재로 만들어줘.' 말로의 헬레네는 포스터스에게 아무런 대답을 하지 않는다. 사실, 그녀는 전혀 말을 하지 않는다. 근본적으로 꿀 먹은 벙어리라서 남자들이 더 매력적으로 생각하는 미녀인 걸까? 다 안다, 나도 늘 충격으로 쓰러질 지경이다.

1,000여 척의 배라는 개념은 말로가 만든 게 아니다. 이 문구는 아이스킬로스의 〈아가멤논Agamemnon〉과 에우리피데스의 희곡에 여러 번 나온

다. 예를 들어, 안드로마케는 동명의 희곡에서 그리스를 '1,000여 척의 배를 가진' chilionaus로 묘사한다.[1] 그 숫자는 이제 헬레네의 신화에 빠져서는 안 될 요소가 되어 버렸다(호메로스의 《일리아스Iliad》에는 1,000여 척이 넘는 배가 열거되어 있지만 실제로는 거의 1,200척이다). 헬레네의 이름은 농담의 측정 단위로도 사용되었다. 한 명의 헬레네가 너무나 아름다운 나머지 그녀가 1,000척의 배를 진수했다면, 밀리헬레네millihelen는 배 한 척을 진수하는 데 필요한 아름다움의 단위다. 아이작 아시모프Isaac Asimov가 이 용어를 만들었다고 피력했다.[2]

하지만 그 모든 배와 그 엄청난 파괴가 오로지 한 여자를 위한 것이라고? 헬레네가 근본적으로 파멸을 불러왔을까? 혹시라도 그녀가 편리한 변명거리를 제공했을 가능성은 없는가? 그것이 에우리피데스가 〈트로이아 여인들The Trojan Women〉에서 그녀의 주장을 펼치도록 한 것이다. 헬레네에 대한 옹호는 그녀에 대한 비난만큼이나 오래되었다. 하지만 우리가 진정으로 헬레네를 이해하려면 처음으로 돌아가서 시작해야 할 것이다. 이 경우, 다소 놀랍게도, 알에서 시작된다.

헬레네에 관한 거의 모든 것은 그녀의 혈통을 시작으로 하나같이 논쟁거리다. 그녀는 스파르타의 왕 틴다레오스Tindareus와 그의 아내 레다Leda의 딸로 길러졌다. 그러나 적어도 호메로스 이후부터 대부분 출처가 되는 문헌에서는 그녀를 제우스의 딸로 칭한다.[3] 에우리피데스의 희곡 〈헬레네〉에서 그녀는 틴다레오스를 자신의 아버지로 소개하지만 제우스가 독수리에게서 도망치는 백조로 변신했다는 이야기에 대해 서로 설명한다. 이 속임수를 사용하여 레다를 침대로 끌어들일 수 있었다는 것이다. 이 내용은 그리스 신화의 기이함에 익숙한 우리에게도 많은 질문을 던진다. 레다가 매혹적인 인간보다 매혹적인 백조에게 몸을 허락했다는 말인가? 그것은 틈새

포르노의 카테고리에 속할 수도 있고 그렇지 않을 수도 있다. 레다와 그녀의 백조/사랑에 빠진 청년swain에 대한 이미지는 역사 전반에 걸쳐 시각 예술에서 엄청난 인기를 구가했다. 틴토레토Tintoretto, 레오나르도 다 빈치Leonardo da Vinci, 그리고 미켈란젤로Michelangelo 모두 이 헬레네 이야기의 여러 버전을 그렸지만, 현재는 틴토레토와 미켈란젤로의 그림만 남아 있다. 틴토레토의 백조는 레다가 하녀에게 자신의 버드맨스birdmance[bird+romance를 합쳐 만든 신조어로 새와 인간과의 사랑을 뜻함- 역주]를 숨기려는 시도가 허사로 돌아갈 때 특히 만족스러워 보인다. 그녀는 백조의 날개에 손을 얹고 있다. 마치 백조의 나머지 부분은 정교한 쿠션인 양 행세하려는 듯이 보인다. 레오나르도의 레다는 그녀의 발밑에 있는 두 개의 깨진 알껍데기에서 나온 네 명의 아기(그중 한 명인 헬레네)를 내려다보고 있다. 그녀의 표정은 이제 그녀가 이 모든 통정을 후회한다고 전달하려는 것 같다. 미켈란젤로만이 그림의 장면에 실제 성적 흥분을 느끼고 있는 듯한 친밀함을 담아냈다. 백조의 목이 레다가 껴안은 허벅지 사이에서 빠져나오며 부리와 입을 맞대고 서로를 사랑스럽게 쳐다보고 있다.

똑같은 장면을 담은 아름다운 프레스코화가 2018년 폼페이의 비아 델 베수비오Via del Vesuvio에서 발견되었다. 이 이야기는 사실 로마인들 사이에서 매우 인기가 많아서 그들은 대량 생산된 램프를 장식하는 데 사용했다. 폼페이 프레스코화는 갈색 눈을 크게 뜨고 다소 걱정스러워하는 레다 옆에 포근히 자리를 잡은 다소 엉큼해 보이는 백조를 보여준다. 그의 물갈퀴가 있는 발은 벌거벗은 왼쪽 허벅지와 균형을 이루고 있다. 고고학자들은 이 그림이 침실 벽을 장식했을 것이라고 믿고 있다. 흠, 거기가 아니라면 어디에 두겠는가?

그러나 헬레네조차 자신의 출생에 관한 이야기에 전적으로 확신하지 못하고 있는 것 같다. 그 이야기가 사실이라면, 제우스는 어머니 레다를 꾀어 침대에 눕힌 것이다.[4] 그러나 그녀의 다음 말은 모든 게 그다지 중요하지 않은 듯이 보인다. '나는 헬레네라고 합니다.' 알, 백조, 그녀의 부모에 대해 믿고 싶은 건 뭐든 믿어라. 그녀는 헬레네고 당신은 그게 누구인지 알고 있다. 그러나 어떤 이야기에서는 레다의 역할이 다르다. 전편이 전해 내려오지 않는 잃어버린 서사시 〈퀴프리아Cypria〉에서 헬레네는 제우스와 여신 네메시스의 딸이라고-아폴로도로스Pseudo-Apolodorus(기원전 2세기에 이 시에 관해 쓴 아테네 학자)로부터 들었다.[5] 네메시스는 목전에 다가온 제우스와 원치 않는 성관계에 대한 가능성을 떨쳐내려고 거위로 변신했다. 이에 대한 대응책으로, 제우스는 백조가 되었고 어쨌든 그녀와 성관계를 했다. 네메시스는 배아 상태의 헬레네가 든 알을 버렸는데 양치기가 그것을 발견하여 레다에게 건넸고, 레다는 부화할 때까지 알을 상자에 넣어 보관했다. 헬레네가 알에서 나오자 레다는 그녀를 딸로 키웠다. 에우리피데스의 희곡에서 헬레네는 자신이 항상 teras 취급을 받았다고 말하는데, 이는 괴짜, (불길한) 전조 혹은 괴물로 해석될 수 있다.[6]

우리가 어떤 버전의 신화를 선호하든 제우스는 백조의 모습으로 헬레네의 아버지가 되었고, 헬레네는 알에서 태어난 것으로 보인다. 그녀는 스파르타의 왕과 왕비인 틴다레오스와 레다에 의해 길러진다. 헬레네는 여러 형제자매 중 한 명이며, 아마도 모두 알에서 태어났을 것이다. 그녀의 가장 악명 높은 자매로는 클리타임네스트라Clytemnestra(두 자매는 메넬라오스와 아가멤논이라는 두 형제와 혼인했다)가 있다. 그리고 그들의 가장 유명한 형제들로는 카스토르Castor와 폴뤼데우케스Polydeuces가 있는데, 그들의 정확한 혈통은 헬레네의 혈통만큼이나 의견이 분분하다. 그들은 모두 틴다레오스의 아들이거나 제우스의 아들, 혹은 그들 중 한 명(폴뤼데우케스, 이후 폴룩스Pollux로 알려짐)만이 제우스의 아들이다. 그들은 종종 그리스 문헌에서 제우스의 아들인 디오스쿠로이Dioscouri로 불린다.

헬레네의 출생이 조금 특이한 정도라면 오늘날 관객들의 화를 돋우는 것은 헬레네가 납치되었던 어린 시절이다. 미궁 속의 미노타우로스 살해로 가장 잘 알려진 테세우스는 더는 젊은 영웅이 아니었다. 헬레네가 어렸을 때 그는 거의 50세가 다 된 남자였다.[7] 테세우스와 그의 친구인 페이리토스Pirithoos는 둘 다 아내가 죽자 제우스의 딸들과 결혼하고 싶어 한다. 페이리토스는 하데스에서 페르세포네를 납치하려 드는데, 이는 쓸데없이 위험한 시도로 규정지을 수 있다. 테세우스는 헬레네를 아내로 삼기로 한다. 그가 그녀를 납치할 당시 그녀는 고작 7살이었다. 심지어 성적 관념이 항상 우리와는 일치하지 않는 고대의 작가들조차 거슬려했다. 플루타르코스는[8] 대부분의 초기 작가들이 다음과 같은 방식으로 이야기를 들려준다고 말한다. 테세우스와 페이리토스는 스파르타의 아르테미스 신전에서 헬레네를 납치했다(이 세부 묘사에는 연민마저 담겨있다. 헬레네는 당시 순결의 여신 아르테미스를 기리기 위해 춤을 추고 있었다). 일단 탈출에 성공하자 그들은 누가 헬레네를 아내로 맞이해야 할지를 놓고 제비뽑기를 한다. 테세우스가 뽑기에서 이겼고, 그들은 헬레네를 아테네 근처의 다른 친구에게 신변 보호를 맡긴 뒤 모든 일을 비밀에 부치라고 지침을 내린다.

헬레네의 형제들인 디오스쿠로이는 헬레네의 귀환을 요구했다. 아테네(아테나이) 사람들은 그녀가 어디에 숨겨져 있는지 몰랐으므로 그녀를 돌려보낼 수 없었다. 결국 헬레네의 형제들은 아테네에 전쟁을 선포했다. 치열한 전투 끝에 형제들과 그들의 군대가 승리했다. 그러고 난 뒤에 그들은 헬레네를 스파르타로 데려갔고, 테세우스가 헬레네의 벗으로 남겨둔 테세우스의 어머니 아이트라Aithra를 노예로 삼았다. 테세우스의 삶에 등장하는 여성들은 대체로 잘 살지 못했다. 테세우스의 연인으로 가장 유명한 아리아드네는 버려지고, 그의 아내 파이드라Phaedra는 스스로 목숨을 끊고, 테세우스의 어머니는 그의 행동으로 노예가 되어 대가를 치른다.

그리스 역사가 디오도로스 시켈로스Diodorus Siculus는 기원전 1세기에 헬레네가 납치될 당시 10살이었지만[9] 아름다움만큼은 그녀를 넘어설 자가 없었다고 썼다. 헬레네의 나이에 3년을 더 보태면 이야기는 더는 입맛에 맞지 않는다. 아이가 다른 모든 여자나 소녀들보다 더 예쁘다는 생각, 그리고 이것이 아이를 납치하는 타당한 이유가 된다는 생각은 받아들이기 매우 힘들다. 왜냐하면, 이 이야기의 일부 버전에서는 헬레네가 집으로 돌아가기 전에 테세우스의 딸을 낳았다고 되어 있기 때문이다.[10] 그러나 이 버전을 다룬 고대 역사가들조차 이 이야기가 몹시 불쾌했던 모양이다. 이 이야기를 어떻게 해서든지 덜 역겨워 보이게 하려는 서투른 시도가 보인다(예를 들어, 그녀가 어린애였음에도 미모가 남달랐다고 설명함).

그래서, 심지어 어린 시절에도, 헬레네는 분명히 전쟁의 도화선이 되었다. 하지만 우리 대부분은 이것이 위에서 언급한 사건들에 대해 매우 공평하지 못한 설명이라고 느낄 것이다. 유괴사건을 놓고 아이 탓을 할 것인가? 사실 이는 결과를 전혀 고려하지 않은 채 헬레네를 아내로 삼기로 한 테세우스와 페이리토스의 행동, 그리고 피를 부른 카스토르와 폴뤼데우케스의 대응 탓이다. 헬레네는 아름다운 노리개에 불과하다.

그렇다면 헬레네를 놓고 벌인 두 번째 전쟁은 어떻게 되었는가? 트로이아 전쟁은 2500년 이상 서구 세계에서 스토리텔링을 형성해 온 대표적인 영웅 서사시이자 가장 위대한 문학의 하나로 꼽힌다. 가장 초기의 두 걸작은 이 갈등에 관한 이야기를 어떤 식으로든 알려준다. 호메로스의 《일리아스》는 전쟁의 마지막 10년을 배경으로 하고, 그의 《오딧세이아》는 그 이후의 이야기를 다루고 있다. 여기에서 그리스와 트로이아는 막대한 인명 손실에 대해 누구를 비난할까?

물론, 헬레네다. 에우리피데스의 〈트로이아의 여인들The Trojan Women〉에서 트로이아의 여왕 헤카베는 헬레네를 되찾기 위해 10년간 전쟁을 벌인 헬레네의 그리스인 남편 메넬라오스와 만난다. 그녀의 모든 것 - 남편, 아들들, 그리고 그녀의 도시 - 을 희생시킨 데 대해 그녀가 던지는 첫 마디는 잔인하다. 당신의 아내를 죽일 수만 있다면, 내가 당신을 위해 기도하리다, 메넬라오스. 그녀를 피하게. 안 그랬다간 그녀가 자네를 갈망으로 가득 채울 걸세. 헬레네에게는 남자들의 눈을 사로잡고, 도시를 파괴하고, 집을 불태워버리는 마법의 힘이 있네. 난 그녀를 알아, 자네도 잘 알 걸세. 고통받은 모든 이들도 마찬가지라네.[11]

이것은 곧 무대에 오를 여성에 대한 정신을 바짝 차리게 만드는 소개다. 헬레네의 반응을 보기 전에 전쟁 초기로 돌아가 보겠다. 사실, 헤카베의 분노가 얼마나 정당한지 알아보려면 좀 더 앞으로 돌아가야 한다. 무엇 때문에 모든 그리스인이 트로이아를 향해 출항하고, 그들이 살면서 단 한 번도 만나 본 적 없는 남자의 아내를 되찾기 위해 그토록 열심히 싸운 것일까? 그런데 애초에 헬레네는 어떻게 메넬라오스와 결혼하게 된 거지?

표면상으로는 헬레네의 의붓아버지인 틴다레오스가 그녀의 이야기에서 작은 역할을 맡고 있다. 하지만 트로이아 전쟁을 일으킨 책임을 단 한 인간에게 전가해야 한다면 정당하게 틴다레오스라고 말할 수 있다. 그의 아름다운 의붓딸을 신붓감으로 데려가겠다는 남자들이 몰려들자, 그는 여러 구혼자 중에서 한 명을 선택하는 문제에 몹시 난처함을 느낀다. 헬레네가 결혼 적령기에 이르러 한창 물이 오르자 그리스 전역에서 온 왕들은 - 어떤 버전이냐에 따라 직접 또는 전령을 통해 - 그녀에게 청혼하였다. 그들 모두 선물을 들고 와서 구혼했는데, 그것은 구혼에 필요한 여러 행정적 고통을 조금이나마 줄여주었을 것이다. 그러나 틴다레오스는 이 일에 도사리고 있는 위험성을 알아차렸다. 행운의 신랑으로 누구를 점찍든 그는 동맹보다는 훨씬 더 많은 적을 만들게 될 것이다. 그런데 구혼자들 사이의 권력 격차, 즉 어떤 이들은 대규모 군대를 지휘할 수 있고, 누군가는 그렇지 못하다는 차이를 고려하여 어떻게 다른 강력한 후보들이 전쟁을 선포하거나 헬레네를 납치하지 못 하게 하면서 딱 한 명을 선택할 수 있을까? 우리가 이미 보았듯이, 이는 쓸데없는 걱정이 아니었다. 가령, 테세우스와 페이리토스와 같은 영웅들은 자신들이 세상에서 가장 아름다운 여성을 가질 자격이 있다고 믿었을지도 모를 일 아닌가.

그래서 틴다레오스는 계획을 세웠다. 헬레네의 잠재적인 남편으로 후보에 오르려면 구혼자들은 맹세를 선언해야 했다. 호메로스는 이 이야기를 《일리아스》나 《오딧세이아》에서 언급하지 않았지만, 기원전 6세기 중반에 스테시코로스가 거의 확실하게 관련지었고, 이후 아폴로도로스와 같은 작가들도 구혼자들의 숫자와 이름을 다양하게 언급하였다.[12] 모든 남자는 설령 그가 헬레네의 사윗감으로 선택되지 않더라도 행여 그녀가 잡혀간다면, 납치한 자가 누구든, 그녀가 남편의 품에 안전하게 돌아갈 수 있도록 싸우겠다고 맹세했다.

이 단순한 계획은 제대로 먹혔다. 그 모든 경쟁자의 주장과 이글거리는 질투심이 단숨에 사라진 것이다. 헬레네와 결혼할 기회를 얻기 위해 치러야 할 대가는 헬레네와 결혼한 남자를 돕는 것뿐이다. 아폴로도로스는 또한 오딧세우스가 이 명안을 귀띔해주었다고 말하며, 오딧세우스의 책략이 담겨 있다고도 이야기한다. 즉, 단순하고, 영리하지만, 끝부분이 영 꺼림칙하다는 것이다. 모두가 동의하자, 틴다레오스가 메넬라오스를 선택하거나, 혹은 에우리피데스 및 다른 작가들이 말한 대로[13] 헬레네가 직접 자신의 신랑을 고른다. 모든 구혼자가 기뻐할 수는 없더라도 적어도 그들은 테세우스가 디오스쿠리와 벌인 전쟁만큼은 피한 것으로 만족할 수 있을 것이다. 제아무리 잘난 그리스 영웅이라도 다른 모든 그리스인이 똘똘 뭉쳐 거대한 힘을 발휘하면 감당할 수 없으리라는 것을 모를 리 없을 테니까. 두뇌가 명석한 오딧세우스를 포함해서 모든 이에게 떠오르지 않았던 유일한 상황은 맹세하지 않은 남자가 헬레네를 데려가는 것이었다. 심지어 그는 그리스인도 아니다.

파리스Paris 또는 (일부 그리스 작가들이 선호하는 이름으로 언급하자면) 알렉산드로스Alexandros는 트로이아의 왕자였다. 트로이아의 왕과 여왕인 프리아모스와 헤카베의 아들인 그는 당신이 선호하는 신화의 버전에 따라 스파르타에 있는 헬레네의 궁전에서 그녀를 유혹하거나, 혹은 납치한다. 《일리아스》에서 호메로스는 헬레네가 파리스와 눈 맞아 도망친 것에 대해 자신을 질책하며[14], 그와 함께 트로이아에 도착하기 전에 바다에 몸을 던졌어야 했다고 읊는다. 헬레네는 파리스가 더 나은 사람이었다면 얼마나 좋을지 후회하지만 정작 죽기를 바라는 대상은 바로 자기 자신이다. 그녀는 트로이아가 처한 곤경에 대해 두 사람 모두를 비난하면서도 먼저 자신의 이름을 언급한다. '나와 알렉산드로스로 인해…' 그리고 이 버전의 이야기, 즉 잘생긴 왕자가 아름다운 여왕을 만나고, 여왕이 제 남편을 버리고 그와 함께 도망간다는 이 이야기에서는 헤카베가 〈트로이아의 여인들〉에서 헬레네의 캐릭터를 냉소적으로 평가하는 데 필요한 탄약을 제공한다. 실제로, 그것은 수많은 작가에게 전쟁의 원인을 놓고 헬레네에게 모든 비난의 화살을 돌릴 기회를 제공했다. 그녀는 결국 1,000여 척의 배를 띄운 얼굴이 되었다. 파리스의 사랑스러운 얼굴은 보아하니 언급 자체가 타당하다고 보지도 않는 분위기다.

그러나 헤카베가 메넬라오스에게 헬레네를 죽이라고 요구한 직후 에우리피데스가 헬레네를 무대에 등장시켰을 때 그녀는 전쟁에 대한 자신의 단독 책임이나 주요 책임에 대해 어느 한쪽도 받아들이지 않았다. 비록 어느 정도 사후이긴 하지만 그녀의 목숨이 달린 심판이 진행 중이었다. 전체 그리스군은 이미 헬레네는 죽어 마땅하다고 결정을 내렸다. 메넬라오스가 그녀에게 말했다.[15] '그들이 당신을 죽이라고 내게 넘겼소.' 헬레네는 자신이 부재한 상태에서 내려진 사형선고인 만큼 우리가 알고 있는 사실들을 변론 삼아 대사를 읊는다. 참으로 수려한 대사다. 시에 담긴 법적 변론을 보고 있자면 에우리피데스가 공연 비수기에 법률을 파고든 게 아닐까 싶은 생각이 들 정도다.

헬레네는 메넬라오스가 자신을 적으로 보고 있었기에 그녀가 아무리 청산유수라고 한들 자신의 요구를 들어주지 않으리라는 말로 포문을 연다.[16] 따라서 그녀는 남편이 자신에게 퍼부을 것으로 의심되는 혐의에 답변하고, 대신 몇 가지 반론을 제시할 것이다. 첫째, 그녀는 헤카베가 파리스를 낳은 장본인이므로 전쟁의 책임이 있다고 주장한다. 프리아모스는 파리스가 태어날 당시 아들에 대해 불길하게 예언하는 꿈을 꾸었음에도 그를 죽이지 않았다. 오이디푸스 신화에서 이미 살펴보았듯이 이 주장은 우리에게는 무척 불합리하게 들릴 수 있더라도 청동기 시대 신화의 세계에서는 다양한 이유로 부모에게 살해되는 아이들은 넘쳐났다. 에우리피데스의 희곡이 공연되던 기원전 5세기에도 원치 않는 아이들이 버려지는 일은 흔한 일이었다. 현대인의 귀에 '당신은 아이에 대한 예언을 무시하고 그를 죽이지 않았다'는 주장은 아무런 힘을 발휘하지 않겠지만, 에우리피데스의 관객은 엇갈리는 감정을 느꼈을 수 있다고 의심하는 게 합리적일 것이다.

그리고 실제로 헤카베에게 던진 질문은 구체적이며 수학적이다. 그녀와 프리아모스가 어린 시절 파리스를 죽였다면 그들의 다른 많은 아들들은 파리스가 시작한 전쟁에서 죽지 않았을 것이다. 이는 단순히 그녀가 나머지 트로이아 시민들의 목숨보다 자기 아이의 목숨을 더 우선시했다는 말이 아니다. 그것은 다른 많은 아이의 목숨보다 한 아이의 목숨(이제는 전쟁에서 죽었지만)을 선택한 것에 관한 문제다. 에우리피데스가 이 장면 바로 앞에 배치한 장면에서 헤카베는 그녀의 손자 아스티아낙스Astyanax(그녀의 아들 헥토르Hector와 그의 아내 안드로마케의 아들)가 그리스인들에게 끌려가 살해되는 것을 지켜보았다. 그가 성장하여 가장 위대한 트로이아의 전사였던 작고한 아버지의 원한을 풀어줄까 봐 선수를 친 것이었다. 헤카베의 선택이 가져온 결과는 그녀와 연극을 보는 관객 모두에게 고통스러우리만치 현실적이며 생생하다.

그런 다음 헬레네는 트로이아 전쟁의 신성한 원인으로 돌아가 다시 파리스와 그에게 도움을 준 여신 아프로디테에게 책임을 떠넘긴다. 그녀는 파리스가 내린 판결을 설명하는데, 그는 아프로디테, 아테나, 혹은 헤라Hera 중 어느 여신이 가장 예쁜지 선택하라는 분부를 받들어 '가장 아름다운 여신께'라고 새겨진 황금 사과를 건네받는다(호메로스는 이 전쟁의 원인을 거의 언급하지 않는다. 이후 《일리아스》의 마지막 부분에 이르러서야 드러난다).[17] 헬레네는 여신들이 저마다 서로 자신을 선택하라며 그에게 뇌물을 주려고 했다고 이야기한다. 아테나는 그에게 전쟁에서 그리스인들을 멸망시킬 수 있는 무력을 선사하겠다고 제안했고, 헤라는 아시아와 유럽을 아우르는 왕국을 만들어주겠노라고 장담했다. 그러나 헬레네가 말하길, 아프로디테는 자기 외모를 극찬하면서 그녀가 가장 아름답다고 말해주면 자신을 그의 품에 안길 수 있도록 해주겠노라고 속삭였다고 말한다. 다시 말해, 파리스는 그의 선택에 책임이 있고, 여신들은 그에게 뇌물을 제안한 책임이 있으며, 아프로디테는 결국 헬레네를 아무 생각 없이 파리스에게 안겨준 장본인이다(에우리피데스의 희곡에서 신들은 종종 생각 없는 사기꾼으로 묘사된다). 헬레네는 일종의 민간인 피해인 셈이다. 사실, 그녀는 더 나아가 파리스가 다른 여신의 제안에 더 끌렸더라면 메넬라오스는 야만인의 군대에 정복당하거나 야만인들의 왕, 즉 파리스의 통치를 받았을 것이라며 목소리를 높인다. 그리스에는 행운이 따랐어요, 헬레네가 말한다. 나는 파괴되었죠. 내 미모로 팔려나갔어요. 이제 나는 당신에게 책망을 받고 있습니다. 하지만 당신은 내 머리에 왕관을 씌워야 할 거예요.[18]

헬레네는 계속해서 주요 혐의를 요목조목 따져본다. 여기쯤 이르면 그 어떤 버전의 메넬라오스도 지략이 출중한 여성과 붙어서 설전을 벌일 만큼의 지적 능력이 없었다고 말해도 전혀 이상하지 않다. 오딧세우스라면 그녀와 겨뤄볼 만했겠으나 메넬라오스는 상대가 되지 않았다. 에우리피데스는 영리한 여성을 묘사하고 싶어 했다. 그리고 그 작업을 끊임없이 계속한다. 바로 이 점이 그가 해낸 수많은 놀라운 일 중 하나다.

그렇다면 헬레네는 왜 파리스와 함께 신혼집에서 몰래 빠져나왔을까? 다시, 그녀는 그 원인으로 아프로디테를 소환한다. 그녀는 파리스가 결코 그 힘이 미약하지 않은 여신과 동행했다고 말한다. 그리스인들은 종종 법적 발언에서 의도적으로 절제된 표현을 사용하는 완서법緩敍法, litotes[곡언법曲言法이라고도 하며 반의어를 써서 강한 긍정을 나타내는 표현법-역자 주]을 사용했는데, 헬레네는 여기에서 그 표현법을 완벽하게 구사한다. 아프로디테는 현존하는 가장 강력한 신 중 하나이므로 그녀를 결코 '만만하지 않은' 여신으로 묘사하면서 우리에게 그녀가 얼마나 무시무시한 존재인지를 상기시켜준다. 메넬라오스 역시 비난을 피하지 못한다. O kakiste, 헬레네가 말한다. 당신이 가장 나빠요. 당신은 크레타섬으로 떠나면서 그를, 그러니까 파리스를 스파르타의 당신 집에 남겨 두었어요.[19] 이는 기원전 5세기 관객들에게는 어느 정도 반향을 일으켰을 것이다. 아테네의 아내(분명 부유한 아테네인의 아내)라면 낯선 남자와 함께 집에 혼자 남겨진 적이 없었을 테니까. 아테네 법은 외간 남자가 어떻게든 당신의 아내를 임신시킬 수도 있다는 거의 신경증적인 두려움을 표출했다. 헬레네의 요점이 현대의 관객들에게는 그다지 중요하지 않을 수도 있겠지만 에우리피데스의 관객들에게는 분명히 의미가 있었다. 존경 받는 남성 시민이라면 남자 형제도, 아버지도 아닌 어떤 남자와도 절대 아내를 혼자 두지 않을 것이다.

마지막으로 헬레네는 파리스에게 반한 자신의 약점을 제기한다. 나는 왜 이방인을 위해 조국을 저버린 걸까요? 그녀가 묻는다. 아마, 제우스신조차 아프로디테에 저항할 수는 없었으리라. 제우스신께서 다른 신들에게 권력을 휘두르고는 있어도 그분은 그녀의 노예입니다. 그러니 부디 저를 관대히 여기소서.[20] 그리고 이 사실은 확실히 우리가 이야기 대부분의 출처가 되는 문헌에서 아프로디테에 대해 받는 인상이다. 그녀는 모든 신에게 유혹적이다. 하물며, 인간(또는 반신)은 말해 무엇하랴.

마지막으로 대답할 혐의가 남았다. 헬레네가 말하길, 파리스가 죽은 후에 왜 저는 당신에게 돌아가지 않았을까요, 메넬라오스? 실은, 돌아가려고 했어요. 트로이를 탈출해서 당신에게 돌아가려다 pollakis, '여러 번' 붙잡혔죠. 데이포보스가 bia, '강제로' 나를 그의 아내로 삼았어요. bia라는 단어의 사용은 명확하지 않다. 어쨌든 헬레네는 파리스가 죽은 이후 결혼생활을 했었다. 이 마지막 관계에 대해 그녀가 다시 한번 자기 자신을 묘사한다. pikrōs edouleus. 비통하게 노예가 되었나니.

이 남다른 변론으로 헬레네를 바라보던 우리의 시선이 바뀌지 않았는가? 말로의 〈포스터스 박사의 비극〉에서 말 못 하던 여성이 에우리피데스의 〈트로이아의 여인들〉에서 빼어난 미모 못지않게 영리할 뿐만 아니라 또렷하게 자기 목소리를 낸다. 그녀에게 들씌워진 죄명들은 놀라울 정도다. 아마도 우리는 모든 사건을 둘러싼 그녀의 해석에 전부 다 동의하지는 않을 것이다(헤카베는 확실히 그럴 테고. 지략 싸움에서는 메넬라오스보다는 분명히 잘 준비되어 있을 테니 헬레네의 변론에 반론할 것이다). 그러나 헬레네의 주장에는 설득력이 있다. 아프로디테가 매우 강력한 여신임에도 메넬라오스는 그녀를 파리스와 함께 남겨두었다. 헤카베는 헬레네의 반복되는 탈출 시도에 대해서는 침묵하다가 왜 헬레네가 마땅히 감행했어야 할 자결을 시도하지 않았느냐며 따져 묻는다(그녀는 파리스 역시 자기 본국과 가족에 전쟁을 불러온 수치심에 똑같이 자결했으리라는 말은 하지 않는다. 혹은 파리스를 살려 두면 그들의 도시를 멸할 전조라는 예언에 따라 행동하지 않은 프리아모스와 자신이 그렇게 했을 수도 있다는 말 역시 없다.) 헤카베의 마지막 지푸라기는 트로이아가 함락된 후 다른 모든 사람이 누더기를 걸치고 있을 헬레네가 완벽하게 차려입고 나타났다는 것이다.[21]

이 보기 드문 논쟁을 끝마칠 무렵 메넬라오스는 자신이 헤카베의 의견에 동의한다고 선언한다. 그러나 그는 헬레네를 죽이지 않고 스파르타로 향하는 배에 태우라고 부하들에게 명령한다. 에우리피데스의 관객(우리가 곧 다룰 《오딧세이아》에서 그녀가 맡은 역할을 확실히 알았을 것이다)은 헤카베가 즉시 깨닫는 것을 알고 있다. 바로 그들이 집에 돌아가면 메넬라오스는 헬레네를 죽일 방법이 없으리라는 것이다.

그녀가 묻지는 않아도 헬레네의 변론에서 제기된 흥미로운 물음이 있다. 왜 파리스가 여신들 사이에서 심판을 내리도록 선택받은 것인가? 그리고 아무도 그의 선택이 불러올 파국적 결과에는 관심을 두지 않은 걸까?

파리스는 어떤 여신이 탐나는 트로피를 집으로 가져갈지 결정하는 임무를 맡았을 뿐이다. 황금 사과에는 tē kallistē - '가장 아름다운 여신께' - 라는 글자가 새겨져 있다. 사과는 아킬레우스의 어머니가 될 바다의 요정 테티스의 결혼식에서 여신들 사이에 툭 떨어졌다. 그들은 사과 하나를 두고 다들 제 것이라며 옥신각신 다투었으나 누가 그것을 떨어트렸는지 묻지 않았다. 만약 그랬더라면 그들은 사과를 떨어트린 자가 분쟁과 불화의 여신인 에리스Eris임을 알게 되었을 것이다. 다시 말해, 사과는 본질에서 분란을 일으키는 것이었고 실제로도 분란의 불씨가 되었다.

그렇다면 파리스는 어쩌다 남의 미움을 살만한 심판이 되었을까? 그가 세 여신 중 한 명을 선택하면 나머지 두 여신의 원성을 살 게 불을 보듯 뻔한데도? 그가 그런 부담스러운 임무를 수행하는 데 동의할까? 해답은 제우스, 그가 파리스 앞에 세 여신을 데려갔다(제우스는 바보가 아니다. 까딱하다간 그가 아내이자 누이인 헤라, 딸 아테나, 그리고 그에게 온갖 문제를 일으킬 아프로디테 중에서 고르게 생겼으니 말이다. 제우스가 헤르메스에게 명해 불운한 인간에게 그 결정을 대신 맡기도록 한 것은 어찌 보면 당연한 일이다). 그리하여 파리스가 선택을 내린 순간부터 트로이아는 위기에 빠졌다. 그리스 신화 전반에 걸쳐 헤라는 아무리 사소한 일이라도 그냥 넘어가지 않는다(제우스에게 유혹당한 여성은 대개 대가를 치른다).

이것은 처음 우리가 던졌던 물음으로 되돌아가게 한다. 왜 신들은 특히 파리스에게 결정을 내맡긴 것일까? 이에 대한 대답은 신들이 트로이아에 강력한 적이 생기길 원하거나 (파리스가 헤라나 아테나를 선택했더라면 메넬라오스와 그리스인들에게 일어났으리라 예측한 헬레네의 예언이 맞다면) 트로이가 그리스인들에게 강력한 위협이 될 수 있기를 바라서다. 신들은 의도적으로 그리스인들과 트로이아 사람들 사이에 분란을 일으켰고, 그들은 그렇게 하려는 의도로 파리스와 헬레네를 이용했다.

전쟁의 원인을 차근차근 따라가다 보면 결국 다음과 같은 결론에 이른다. 전쟁은 파리스가 메넬라오스에게서 헬레네를 빼앗아감으로써 그 서막을 열었고, 헬레네는 황금사과를 받는 대가로 아프로디테가 파리스에게 약속한 선물이다. 사과는 에리스가 여신들 사이에 내던진 것인데, 그렇다면 그녀는 과연 그것을 어디에서 손에 넣은 것일까? 고대 그리스의 잃어버린 서사시 〈퀴프리아〉에서는 테미스(법과 질서의 여신)와 제우스가 트로이아 전쟁을 계획했다고 전해진다. 《일리아스》에 관한 고대의 한 주석자가 그 이유가 무엇인지 들려준다. 대지는 감당할 수 없을 정도로 불어난 인간들의 무게로 신음하고 있었다. 제우스가 나서서 앞서 벌어진 전쟁(이오카스테의 삶을 황폐화한 테바이전쟁)을 일으켰다. 하지만 그 후로도 몇 년 동안 인간들의 폭주는 계속되었다. 결국 또 다른 전쟁이 필요했다. 이는 강력한 은유라고 볼 수 있다. 그렇지만 지구에 너무 많은 인구가 산다는 개념이 세계 인구가 수십억에 이르러서야 생긴 게 아니라니 흥미롭지 않을 수 없다. 오히려, 이 개념은 지구에 수천만 명이 있을 때 시작되었다.[22]

다시 헬레네로 돌아가 보자. 신들이 전쟁을 일으키기로 의기투합했다면 우리가 정말로 그녀와 파리스를 비난할 것인가? 헬레네가 직접 메넬라오스에게 질문을 던졌다. 아프로디테가 그녀와 파리스가 함께할 수 있도록 해주겠다고 약속했을 때 그녀가 과연 무엇을 할 수 있었을까? 그러나 어쨌든 전쟁의 뒷이야기는 신의 자만보다 더 큰 뭔가가 있었음을 암시하고 있다. 그러나 헬레네와 파리스가 아프로디테의 힘(제우스마저 감당할 수 없을 만큼 강력함)에 저항했다고 하더라도 신들이 전쟁의 필요성에 공감하고 있었던 터라 동쪽과 서쪽, 그리스와 트로이아 사이에서의 전쟁은 불가피했을 것이다.

그리고 전쟁은 헬레네와 무관하게 발발했다는 이러한 생각은 고대 작가들이 시도했던 아이디어다. 특히, 에우리피데스가 가장 두드러졌다. 그는 자신의 희곡 〈헬레네〉에서 우리가 〈트로이아의 여인들〉에서 보았던 것과는 매우 다른 헬레네의 이야기를 펼쳐 보인다. 전쟁의 본질, 그리고 전쟁이 희생자와 승자 모두의 삶에 가하는 황폐함에 대하여 많은 불편한 질문을 던졌던 〈트로이아의 여인들〉 이후 3년만인 기원전 412년에[23] 〈헬레네〉는 처음 무대에 올려졌다. 에우리피데스의 많은 희곡은 아테네가 거의 항시 전쟁 중이던 시대에 창작되었다. 펠로폰네소스 전쟁은 한때 동맹국이었던 스파르타에 대항하여 기원전 431년에 시작되어 기원전 404년까지 계속되었다. 〈트로이아의 여인들〉이 집필될 당시 에우리피데스와 그의 관객들은 의회에서 늘 전쟁에 찬성하거나 반대하는 연설을 수도 없이 들었을 것이다. 만일 에우리피데스가 그의 희곡을 통해 군사적인 경계 태세를 옹호하려 했다면(이것은 노골적인 선전이라기보다는 믿을 수 없을 정도로 미묘하고 정교한 전쟁 비판이다), 효과가 없었을 것이다. 기원전 415년, 아테네는 시칠리아에 맞서 파괴적인 추가 원정을 펼쳤고, 기원전 413년에 원정이 끝날 때까지 한 세대의 사람들 대부분을 몰살시켰다. 아테네는 스파르타와 9년 동안 더 싸우게 되지만, 그토록 큰 패배를 겪은 후에는, 전쟁에서 승리할 수 없었다.

그래서 아마도 그가 기원전 412년에 무대에 올릴 목적으로 〈헬레네〉를 쓰고 있었을 때, 에우리피데스는 잠시나마 전쟁에 관한 생각에서 벗어나기를 원했을 것이다. 아니면 아마도 가장 어려운 질문을 던지고 싶었던 것일지도 모르겠다. 만약 당신이 참전한 전쟁의 목적이 부당하거나 허울만 그럴듯한 것이라면? 이 물음이 이집트를 배경으로 한 이 연극의 전제라서 그렇다. 막이 열리면 헬레네가 관객들에게 자신이 어디에 있는지 이야기한다. 극의 첫 단어는 '나일강'이다. 헬레네는 (알에서 태어난) 자신의 기원을 설명하고 계속해서 파리스의 심판에 관한 이야기를 요약한다. 그러나 여기에는 결정적인 차이가 있다. 헤라는 아테나와 아프로디테를 상대로 승리를 빼앗긴 것에 치를 떨었고 파리스에게 주어지는 보상에 마법을 부린다. 그는 헬레네를 트로이아로 데려간 것이 아니라 실제로는 그녀의 숨 쉬는 허상을 데리고 갔다.[24] 헬레네는 계속해서 우리가 《일리아스》 고전학자의 논평에서 본 사례를 설명한다. 헬레네가 말한다. 그런데 제우스신의 계획이 제 불행에 또 다른 불행을 보태 사태를 악화했어요. 그는 그리스인들과 가련한 트로이아 사람들 간에 전쟁을 일으켜 어머니 대지를 짓누르는 수많은 사람의 수를 줄이고 싶어 했지요. 트로이아를 지킨 트로이아인들과 승리한 그리스인들에게 주어질 상으로 결정된 그 여자는 내 이름을 가지고 있었어요. 하지만 그녀는 제가 아니었어요.[25] 그러나 제우스는 헬레네를 잊지 않았다. 헤르메스는 그녀를 구름 속에 숨겨 놓았다가 이집트로 데려가 전쟁터를 떠나 프로테우스의 궁전에서 살게 해주었다. 헬레네는 프로테우스가 정말로 절제된 남자였기에 메넬라오스에게 정절을 지킬 수 있었다고 덧붙인다. 에우리피데스의 환상적인 마무리다. 헬레네는 절개가 없는 여자로 비난받았고 수많은 죽음에 책임이 있다고 여겨졌지만 지난 10년간 더럽혀지지 않은 채 이집트에서 살고 있다. 그리스의 영웅이자 트로이아 전쟁에서 살아남은 테우크로스가 잠시 후 무대에 올라 '모든 그리스인이 제우스의 딸을 미워하고 있소.'[26]라고 말할 것이다.

에우리피데스가 그리스 신화의 대단한 혁신가이자 재창조자였던 것은 맞지만, 헬레네 이야기의 대안을 만들어낸 작가는 그가 아니다. 잘 찾기 힘든 스테시코로스를 비롯하여 비슷한 이야기를 다룬 이전의 고대 작가들의 단편들이 다수 있다.[27] 헬레네의 실체가 대개 이집트 어딘가에서 전쟁이 끝나기를 기다리고 있는 동안 트로이아로 도망친 것은 그녀의 이미지에 불과한 허상이라고 말한다. 우리는 플라톤의 《국가》에서 오늘날 남아 있지 않은 스테시코로스의 헬레네 이야기를 읽을 수 있는데, '스테시코로스는 진실을 모르는 자들이 트로이아에서 헬레네의 허상을 취하려고 싸웠다'라고 말하듯 딱 인간은 환영과 같은 쾌락과 고통을 두고 싸운다는 이야기를 들려준다.[28] 이 말이 플라톤이 인용할 정도로 충분히 좋은 예시라면(물론 꽤 고급스러운 대화에서), 거의 알려지지 않았을 리도 없고, 혹은 에우리피데스의 희곡을 본 사람들만 알았을 리 만무하다. 그것은 구체적으로 스테시코로스가 언급한 형태다. 그러므로 기원전 7세기 말이나 6세기 초에 헬레네에게 덧씌워진 혐의가 부당함을 알리는 대안적인 서사가 존재했다고 볼 수 있다. 그리고 그 서사는 기원전 4세기의 플라톤과 그의 독자들에게 여전히 잘 알려져 있었다. 어떻게 한 사람이 여기와 트로이아에 동시에 있을 수 있지? 메넬라오스가 헬레네에게 묻는다. 에우리피데스의 연극에서 두 사람이 남편과 아내로 재회할 때다. 이름이야 한 번에 여러 곳에 존재할 수 있지요. 그녀가 대답한다. 사람은 그렇게 할 수 없습니다.[29]

이 버전의 헬레네 이야기는 이제 사람들 기억 속에서 거의 사라졌다. 프랭크 맥기네스Frank McGuinness의 뛰어난 각색으로 2009년 런던 글로브 극장의 무대에 올려지긴 했으나 요즘에는 에우리피데스의 연극조차도 자주 보기 힘든 시대다. 대부분 우리가 가장 잘 알고 있는 형태의 이야기로 완전히 대체되었다. 헬레네는 파리스와 함께 트로이아를 향해 출항하고 잇달아 남편 메넬라오스와 그리스의 대규모 군대가 움직인다. 우리는 〈트로이아의 여인들〉에서 헤카베가 헬레네를 대하는 태도를 통해 그녀가 트로이아에서 환영받지 못한 방문객임을 확인했다. 헬레네는 전쟁을 일으킨 그리스인들에게 미움을 받는 것처럼 그리스 군대를 트로이아 해안으로 몰려들게 만든 트로이아 사람들에게도 미움을 산다. 그러나 헬레네와 파리스 가족의 관계는 헤카베의 살인적인 분노가 암시하는 것보다 더 복잡하다. 파리스의 형제인 헥토르는 《일리아스》 제6권에서 성벽 뒤에 몰래 숨어 있는 그를 찾아내 그리스의 창칼에 맞서 싸우라고 촉구한다. 결국 전쟁이 시작된다. 다소 투덜대는 파리스의 모습과는 달리 헥토르와 헬레네의 관계는 공손하고 애틋해 보인다. 트로이아가 파괴된 후 헬레네에 대한 헤카베의 분노는 이 같은 처참한 결과를 막고자 나가서 싸우는 그녀의 아들에게는 전해지지 않는다. 물론, 헤카베가 헬레네에 대해 품게 된 생각은 그녀의 사랑하는 아들 헥토르가 그리스 최고의 전사 아킬레우스와 맞붙은 단 한 번의 전투에서 목숨을 잃음으로써 굳어진 것이었다고 볼 수 있을 것이다.

이 전투는 《일리아스》의 마지막 부분에 생명을 불어넣는다. 헥토르는 아킬레우스의 가장 친한 친구인 파트로클로스Patroclus를 죽이고 갑옷을 벗겨낸다. 아킬레우스는 억누를 수 없는 깊은 분노에 휩싸였다. 두 남자가 창을 들고 맞선다. 그리고 아킬레우스의 칼끝에 헥토르가 쓰러진다. 아킬레우스는 분이 풀리지 않았는지 헥토르의 시신을 모독한다. 트로이아의 위대한 전사가 아킬레우스의 전차에 발이 묶인 채 트로이아의 성벽 주위로 질질 끌려다닌다. 전쟁의 폭력이 난무하는 가운데서도 주검을 모독하는 행위는 누구에게나 충격적인 일이다.

전장에서 숨진 자들을 제대로 잘 묻어주는 것은 종교적인 의무다. 죽음에 이르게 된 방법은 아무래도 상관없다(안티고네가 테바이 전쟁에서 전사한 형제들에 대한 예를 주장했듯이 한 형제가 테바이를 공격하고 다른 한 형제가 그것을 지키기 위해 싸웠다는 것은 중요하지 않다. 그녀는 자신의 형제가 배신자든 영웅이든 상관없이 예를 다해 묻어주는 종교적, 가족적 의무를 지키고자 했다). 아킬레우스는 헥토르의 시신을 자신의 진영으로 가져가 땅에 묻기는커녕 아무렇게나 방치한다. 며칠 후 헥토르의 아버지이자 트로이아의 왕인 프리아모스가 죽은 아들의 몸값을 치르고 시신을 되찾기 위해 그리스 진영으로 몰래 잠입한다. 늙은 왕이 아들을 죽인 자의 발밑에 엎드린 채 시신을 돌려달라고 애원하는 장면은 거의 참기 힘들 만큼 비극적인 순간이다. 아킬레우스는 트로이아의 왕이 헥토르의 시신을 인도받아 그리스 진영을 무사히 떠날 수 있도록 배려해준다. 트로이아인들은 마침내 그들의 가장 위대한 영웅을 땅에 묻을 수 있었고 《일리아스》는 뒤늦게 치러진 헥토르의 장례식으로 끝을 맺는다. 첫 번째 책의 첫 줄은 '여신이시여, 아킬레스의 분노를 노래해주오'이고 마지막 줄은 '이렇게 그들은 말의 명수인 헥토르의 장례식을 올렸다'로 끝을 맺는다.[30]

청동기 신화의 장례에서 의복을 찢고 피부를 벗기는 것은 여성들이 하는 일이었다. 시체를 씻고 염을 하는 일 역시 여성들의 몫이었다. 우리의 예상대로 장례식에서 헥토르의 아내 안드로마케가 가장 먼저 자신과 어린 아들 아스티아낙스를 두고 떠난 남편을 부르며 울부짖는다. 헥토르의 어머니 헤카베가 애처로운 통곡을 이어받는다. 그러나 놀랍게도 세 번째로 한탄하는 사람은 헥토르의 누이가 아니라 그의 계수인 헬레네다.[31] 안드로마케와 헤카베 모두 헥토르가 보여준 전쟁터에서의 용맹함을 이야기한다. 이 장면은 트로이아의 왕자인 동시에 전사의 장례식이다. 하지만 헬레네는 헥토르의 이런 면을 전혀 언급하지 않는다. 대신 그녀는 그가 베푼 친절에 대해 자신의 심정을 감동적으로 토로한다. 헬레네는 스파르타를 떠난 이후 그녀가 보낸 20년 세월을 더듬어본다(호메로스의 연대기가 말이 되려면 그리스인들이 그녀의 귀환을 위해 싸우기 전, 그녀와 파리스가 트로이아로 가는 도중에, 그리고 트로이아에서 함께 10년을 보냈다고 가정해야 한다), 그렇지만 그 나날들이 꽃노래는 아니었던 듯하다. 헬레네는 파리스의 형제, 자매, 시누이, 혹은 시어머니가 자신에게 퍼부었던 거친 언사에 대해 말한다(프리아모스는 항상 그녀에게 친절했노라고 말하긴 했지만). 그러나 헥토르는 그녀에게 친절함을 베풀었을 뿐, 그 어떤 모욕적인 언사를 하지 않았다고 이야기한다. 그리고 그가 듣기에 다른 사람들이 불친절하다고 생각되면 그들을 나무라며 언사를 삼가라고 요청했다. 헬레네는 자기 자신과 그녀의 유일한 친구였던 헥토르를 위해 탄식하며 통곡한다.

물론, 우리는 이 내용을 〈트로이아의 여인들〉에서 헤카베의 노여움을 산 헬레네와 전적으로 일치하는 구절로 읽을지 모른다. 흔히 말하듯 자기중심적인 헬레네는 헥토르가 그녀에게 보여준 자질만을 높이 평가했다. 그리고 그가 그녀로 인해 촉발된 전쟁으로 죽음을 맞게 된 사실에 슬픔을 가누지 못한다. 또한 헬레네는 그녀에게 사로잡힌 수많은 남자 중 한 명을 잃은 것에 대해서도 원통함을 느낀다(적어도 불쌍한 헥토르의 늙은 아버지는 여전히 그 역할을 다하는 중이다). 하지만 이런 이유로 그녀의 말은 다소 과소평가되는 경향이 있다. 그리스 애가는 종종 산 자들이 죽은 자 없이 어떻게 삶을 헤쳐갈 것인지에 초점을 맞춤으로써 죽은 자들을 추모한다. 헬레네는 이 맥락에서 특별히 자기중심적이지 않다. 10년이라는 긴 시간 적군에 맞서 치열하게 싸우다 전사한 사람의 군사력이야 누구든 말할 수 있다. 그럼, 왜 누군가가 그의 친절하고 관대한 면모를 드러내서는 안 된다는 것인가? 헬레네는 우리에게 헥토르가 위대한 전사였다는 사실 못지않게 성벽 너머에서는 그 역시 그저 한 인간이었음을 떠올리게 해준다. 이것은 프리아모스만이 죽은 아들의 시신에 대고 이야기하도록 남겨놓은 채 시를 마무리를 지을 수 있는 완벽한 방법이다.

그리고 호메로스는 우리에게 《오딧세이아》에서 헬레네의 성격을 드러내는 한 가지 더, 어쩌면 예상하지 못한 전개를 보여준다. 오딧세우스의 아들 텔레마코스Telemachus는 여러 나라를 돌아다니는 그의 아버지에게 무슨 일이 일어났는지 알아보기 위해 스파르타를 방문한다 (오딧세우스는 트로이아에서 이타카로 돌아오는 데 꼬박 10년이 걸린다. 그 이유는 중간에 온갖 여자들, 괴물, 식인종, 소, 날씨, 그리고 짧은 지하세계(저승)의 방문 등으로 돌아오는 데 걸리는 속도가 현저히 떨어져서다). 텔레마코스는 메넬라오스와 헬레네의 환영을 받는다. 메넬라오스는 과거 파리스가 방문하여 그의 아내와 달아난 이후 확실히 대접이 공손해졌다. 비록 그의 충실한 시종인 에테오네우스Eteoneus가 아무런 연락도 없이 궁전을 방문한 한 젊은이를 의심의 눈초리로 바라보긴 했어도. 그는 궁전 안으로 들어가 메넬라오스에게 낯선 청년의 수상한 방문을 전했고, 메넬라오스는 손님을 더 극진히 모시지 않는다며 시종을 나무랐다. 이번에는 손님과 가까이서 저녁을 들었다. 그렇긴 해도 그는 교훈을 얻었을 것이다.

그들은 모두 한자리에 앉아 식사를 들면서 전쟁, 특히 오딧세우스의 영웅적인 용단으로 이야기꽃을 피운다. 그러나 메넬라오스는 전장에서 숨진 전사들에 대해 이야기하면서 감정이 북받쳐 눈물을 흘린다. 문득 헬레네에게 어떤 생각이 떠올랐다. 이집트에서 만난 친구 폴리담나Polydamna에게서 받은 약인데,[32] 기분을 전환해 분노를 가라앉혀주는 효과가 강력하다고 한다. 그리스어로는 nepenthes, 즉 고통과 슬픔을 사라지게 해준다는 의미가 있다. 그녀는 그 진귀한 약을 포도주에 섞기로 마음을 먹는다. 호메로스는 누군가 그 약을 먹으면, 설령 부모나 형제가 죽는 걸 봤어도, 심지어 그들의 아이가 살해되는 참상을 목격했더라도 슬픔을 모르게 될 것이라고 전한다. 헬레네는 아무에게도 말하지 않고 약물을 포도주에 섞은 뒤 노예에게 술을 따르라고 말한다. 그들이 스파르타로 돌아왔을 때 메넬라오스가 그녀를 죽이지 않은 게 어쩐지 당연해 보인다. 절세의 미모에 현혹돼서 그런가, 아니면 약에 정신이 팔려서 그런가?

수많은 남성의 마음을 사로잡아 쟁탈전을 벌이게 만드는 절세미인의 이야기는 민속과 신화에 흔히 등장한다. 반면, 여성과 남성이 쫓아다니는 파멸적으로 아름다운 남성에 관한 사례도 있다. 도리언 그레이Dorian Gray와 발몽Valmont이 바로 그들이다. 또 다른 사례로는 술레이카Zuleikha(또는 선호하는 종교서에 따라 보디발Potiphar의 아내)를 유혹하는 요셉Joseph이 있다. 《야살의 책Book of Jasher or Sefer ha-Yashar》에 나오는 한 이야기에서 술레이카는 요셉에게 푹 빠져 건강마저 위협받는다.[33] 다른 여자들은 그녀가 사랑의 열병에 들떠 있다며 비웃었다. 그래서 그녀는 요셉을 방에 초대했고, 그들이 칼로 오렌지 껍질을 벗기는 동안 그가 방안으로 걸어 들어오도록 했다. 그의 아름다움에 넋이 나간 여자들은 과일 껍질을 벗기려다가 칼로 손을 여기저기 베었다. 그들은 술레이카가 내려다보라고 말하기 전까지 손이 온통 피범벅인 줄도 몰랐다. 술레이카는 매일 이 아름다운 남자를 보겠노라고, 그녀들에게 상기시킨다.

하지만 전쟁마저 불사하게 만드는 능력, 소수의 개인이 아닌 군대를 파괴할 수 있는 능력은 무척이나 드문 자질이다. 그것은 헬레네가 에우리피데스의 동명의 희곡에서 자신을 괴짜 혹은 괴물이라고 부를 때 지칭한 세속성과는 다른 종류다. 전쟁의 도화선이 될 욕망을 자극할 정도로 아름다운 남자의 이야기는 흔치 않다. 아르메니아 민담에서는 기원전 8세기(헬레네가 트로이아 혹은 이집트로 여행을 떠난 지 400여 년 후)에 수려한 미모로 여심을 흔든 아르메니아의 신화적인 왕, 아라에 관한 이야기가 전해진다.[34] 아시리아의 여왕 세미라미스Semiramis는 아라Ara와 사랑에 빠진다. 그녀의 병사들은 아라를 생포하라는 명에 따라 아르메니아를 침공한다. 그러나 그가 전투에서 목숨을 잃자 세미라미스는 시신을 자신의 방에 눕혀 신들이 그를 다시 소생토록 한다. 그 이야기의 일부 버전에서는 신들이 그녀에게 은혜를 베풀었으나 다른 버전에서는 아라를 영원히 잃는다. 그러나 이 이야기는 헬레네처럼 수많은 시인, 작곡가, 예술가, 또는 극작가의 상상력을 사로잡은 것 같지는 않다. 이는 단순히 여성의 아름다움에 대한 파괴적인 본성을 받아들이려는 문화적 수용력을 반영하고 있는 것인지도 모르겠다. 반면, 우리는 남성의 아름다움에 대해서는 그런 식으로 생각하지 않는 경향이 있다. 브리타니아Roman Britain에도 타키투스Tacitus의 브리간테스Brigantes 여왕 카르티만두아Cartimandua의 이야기가 있다. 그녀는 남편 베누티우스Venutius와 이혼하고 벨로카투스Vellocatus라는 기사의 갑옷 시종과 결혼했다. 베노티우스는 우리 모두의 예상대로 이를 거부하고 자신의 전처와 그녀의 새 남편에게 전쟁을 선포한다.[35] 결국 그가 승리했고, 카르티만두아에 대해 우리가 알 수 있는 증거는 여기까지다. 그러나 이 전투 중 얼마나 많은 부분이 정치 때문인지, 그리고 얼마나 많은 부분이 욕정 때문인지는 구별하기 어렵다. 왜냐하면 여성이 비천한 기사의 갑옷 시종을 위해 왕을 배신하는 일은 확실히 드문 일이기 때문이다. 타키투스는 그녀에 대한 글에서 거의 관대함을 보여주지 않지만, 그렇다고 이것이 타키투스에게 특별히 드문 일도 아니다. 그는 여성에 대해 관대하지 않았다. 특히나 모든 종류의 정치적 맥락에서는 더더욱.

헬레네는 리처드 버튼Richard Burton의 영화 〈파우스트Doctor Faustus〉에서 온통 은빛으로 칠한 엘리자베스 테일러Elizabeth Taylor를 비롯하여 그녀의 이야기를 기이하게 개작한 몇 편의 작품에 영감을 주었다. 〈심슨 가족The Simpsons〉에서는 마지를 그리스 풍으로 표현한 머리모양과 나이 든 홀리 글리이틀리Holly Golightly를 연상시키는 홀더에 꽂은 담배로 훌륭하게 묘사한다. 애거서 크리스티Agatha Christie조차도 《신비의 사나이 할리 퀸Mysterious Mr Quin》에 수록된 〈헬렌의 얼굴The Face of Helen〉이라는 단편을 썼다.

대부분 이런 이야기들이 그렇듯이 이 소설 역시 다소 특이하다. 퀸과 그의 친구 새터스웨이트는 오페라를 관람 중이다. 그때 그들 바로 아래 좌석에 앉아 있는 금발 머리 여성을 보게 된다. '그리스 풍의 머리모양'은 새터스웨이트가 그녀를 묘사하기 위해 표현한 방식이다. '완벽한 그리스 풍'.[36] 두 사람은 여성의 머리모양에 감탄하지만 얼굴은 볼 수 없다. 새터스웨이트는 얼굴과 머리모양이 똑같이 아름답지 않으리라 확신한다. 그런 일은 천분의 일 확률이다. 그리고 마침내 앞쪽에서 그녀의 얼굴을 봤을 때 남자들은 숨이 탁 막힌다. 새터스웨이트는 즉시 말로가 노래한 1,000척의 전함을 출범시킨 것에 관한 구절을 인용하고, 뒤이어 그 아가씨를 '헬레네, 클레오파트라, 메리 스튜어트Mary Stuarts[1542~1587년 재위한 스코틀랜드 여왕으로 사촌인 잉글랜드 엘리자베스 1세 여왕을 암살하려는 음모죄로 처형됨-역자 주] 같은 사람들이라고 말한다.

애거서 크리스티의 현대판 헬레네인 질리언 웨스트는 아름답지만 순진한 여성, 재능은 있으나 대단한 가수는 아닌, 두 남자의 애정의 대상임이 드러난다. 그녀는 찰리와 약혼을 하게 된다. 따라서 다른 한 남자 필립이 차였다. 그가 불길한 복수를 꾀하는 동안엔 모든 고통을 참아내는 듯이 보인다. 필립은 질리언에게 약혼 선물로 라디오와 섬세한 구가 달린 복잡한 유리 꽃병을 만들어 준다. 그의 다소 난해한 계획은 질리언이 라디오로 오페라를 듣는 중에 찢어질 듯한 고음이 구체 모양의 유리 꽃병을 깨면 유독 가스가 거실로 새어 나와 그녀는 그저 숨만 한 번 쉬면 세상과 작별하는 것이다. 필립에게는 안 됐지만 새터스웨이트가 퍼즐 조각을 맞추었고(필립의 유리 불기 기술, 전쟁 중 화학 무기 분야에서 일한 경력) 촉박한 시간에도 질리언을 구한다. 아파트 안으로 들어간 길 잃은 고양이 한 마리는 안 됐지만 새터스웨이트에게 편리한 사후 증거를 제공할 것이다. 자신의 계획이 실패했음을 깨달은 필립은 템스강에 몸을 던지고 런던의 가장 무심한 경찰관은 물이 첨벙 튀는 소리를 듣고서 자살이 틀림없다고 생각한다. 그러고 나서는 아마도 더 중요한 일을 위해 움직일 것이다(아마도 길 잃은 고양이들을 붙잡으러 다닐 것이다. 더 많은 고양이가 독가스에 중독되면 안 되니까). "여자들이 항상 나쁘다는 얘긴 아닙니다." 호기심이라곤 눈곱만큼도 찾아볼 수 없는 경찰관이 필립을 구하기 위해 물에 뛰어들기 전에 새터스웨이트에게 말한다. "하지만 심각한 문제를 일으키는 여자가 간혹 있지요." 새터스웨이트는 그의 말에 수긍하며, 트로이아의 헬레네도 '아름다운 얼굴로 축복받았거나 저주받은 착하고 평범한 여성'이었는지 궁금해한다.

애거서 크리스티의 헬레네에 관한 이야기는 분명 그녀의 아름다움에 필적할 만한 다른 자질이 없는 아름다운 여성을 동정적으로 묘사한 것이다. 질리언이 새터스웨이트에게 자신이 찰리와 약혼했다고 말하는 부분에서 우리는 왜 그녀가 필립보다 찰리를 더 좋아하는지, 약혼자에게서 무엇을 원하는지 전혀 알 수 없다. 그뿐만이 아니다. 질리언이 왜 새터스웨이트 - 그녀가 방금 만난 남자 - 에게 마음을 열고 자기 삶의 비교적 내밀한 부분까지 털어놓는지조차 이해가 되지 않는다. 오페라에서 알게 된 후, 새터스웨이트는 큐 왕립 식물원Kew Gardens에서 그녀와 찰리를 우연히 만나게 된다. 흔히 우연의 일치가 그러하듯이 서사적으로는 불만족스럽다. 게다가, 우리는 질리언이 왜 필립이 아닌 찰리를 선택했는지, 심지어 그녀가 선인장을 좋아하는지 관목을 좋아하는지도 전혀 모르고 있다.

헬레네의 열정이 질리언에게서는 조금도 보이지 않는다. 아름다움에 이끌려 열정을 불러오지만 정작 그녀는 그 열정을 온몸으로 경험하는 것 같지 않다. 우리는 이 여자가 잘생긴 이방인을 위해 남편과 아이를 버리거나, 서로 눈 맞아 달아난 도시의 왕을 유혹하거나, 또렷한 말투로 자신의 결백을 주장하거나, 아무튼 뭐든 하겠다는 의지 있는 모습은 딱히 그려지지 않는다. 그냥 너무 예뻐서 그녀를 죽이려는 한 남자가 세운 살인 계획에서 또 다른 남자의 도움을 받는 것 말고는.

그리스와 로마에서 적극적으로 아이디어를 가져온 〈스타 트렉Star Trek〉의 오리지널 시리즈는 헬레네를 훨씬 더 이국적으로 들리게 하는 '트로이우스의 엘란Elaan of Troyius'으로 재탄생시켰다. 1968년의 이 에피소드에서 USS 엔터프라이즈USS Enterprise호의 승무원은 외교 임무를 수행하고 있다. 엘라스Elas와 트로이우스라는 두 행성은 전쟁 중인데 이 행성의 귀족 위원회는 엘란과 트로이우스 통치자와의 결혼이 오랫동안 기다려온 평화를 보장할 수 있다는 결정을 내렸다. 커크 선장과 그의 부하들은 마지못해 경멸에 찬 엘란을 트로이우스까지 호위하는 일을 맡고, 트로이우스 대사는 그녀에게 새로운 행성의 관습을 가르치려고 한다. 50년이 지난 지금, 엘란(프랑스 누엔이 연기)의 이국적인 모습은 더는 맞지 않는 옷을 입은 듯이 불편해 보인다. 우리는 이 여성을 아름답지만 폭력과 눈물에 쉽게 의지하는 미개한 야만인으로 바라보게끔 이끈다.

이는 헬레네 이야기에서 여전히 매력적인 반전이다. 엘란의 임박한 결혼은 전쟁을 일으키는 게 아니라 막을 것으로 예상되기에 《일리아스》에서 볼 수 있는 헬레네와 파리스의 이야기를 완전히 뒤집어 놓는다. 여기서, 전쟁 중인 두 문화 간 결혼 이면의 외교적 중요성은 결혼을 잠재적으로 긍정적인 것으로 바꾸어 놓았고, 따라서 모든 사람은 결혼식이 진행될 수 있도록 고군분투한다. 단 한 사람, 신부만 빼고.

그녀가 결혼을 주저하는 이유 - 트로이우스의 남편이 자신보다 아래에 있다는 확신 - 는 이 이야기가 흥미롭게 변형된 부분이다. 우리는 오비디우스Ovid의 〈여인들의 편지Heroides〉에 담긴 헬레네가 파리스에게 보낸 편지에서도 이와 같은 맥락을 엿볼 수 있다. 신화 속 인물(대부분 여성)이 부재한 연인에게 쓴 이 시집은 그리스 신화를 훌륭하고 놀라운 방식으로 재해석한다. 헬레네의 편지는 그녀가 파리스에게서 받은 편지에 대한 답장이다. 그는 자신의 부와 가능성을 부각하면서 그녀에게 깊은 인상을 주려고 노력하지만, 그녀의 입장은 훨씬 더 실용적이다. 그 이유는 트로이아의 연인을 위해 고국을 등지면 자신이 누리던 지위와 평판을 유지할 수 없기 때문인데 헬레네는 그 사실을 무시하기 무척 힘들었을 것이다. 오비디우스의 청중들에게 트로이아 사람인 파리스는 이국적인 동쪽에서 온 야만인으로 비칠 것이다. 헬레네는 그리스인으로, 기원전 1세기의 로마인보다는 덜 존중받았으나 야만인이 되는 것보다는 확실히 더 낫다.

〈스타 트렉〉의 시청자들에게, 엘란은 단순히 야만인이 아니다(엔터프라이즈호와 선원들은 이 시리즈 전체 에피소드에서 문명화된 세력이다). 그녀는 전사이기도 하다. 엘란의 트로이우스인 예비 신랑은 등장하지 않지만 그가 파견한 대사는 다소 거만하고 샌님 같은 모습이다. 엘란이 인내심을 잃고 그를 찌른 걸로 봐서 그는 확실히 그녀의 적수가 되지 못한다. 엔터프라이즈호의료팀의 신속한 행동만이 그의 생명을 구할 수 있었으니 말이다. 당연히, 엘란에게 예의범절을 가르치는 사람은 커크 선장이다. 어떤 면에서 이는 문명화다. 첫 방송 후 50년이 지난 지금, 우리는 그녀가 그의 따귀를 사정없이 올려붙이자 그가 다시 그녀의 뺨을 때리는 장면에서 움찔한다.

헬레네 신화를 더 친밀하게 고쳐 쓴 이야기의 요소들도 마찬가지로 흥미롭다. 엘란이 엔터프라이즈호에 탑승했을 때 그녀의 아름다움과 카리스마에 기가 눌린 선원들이 자발적으로 무릎을 꿇는다. 반쯤은 감정이 없는 것으로 유명한 스팍조차도 비록 한쪽 눈썹을 치켜뜨긴 했지만 그녀 앞에 무릎을 꿇는다. 로맨틱 코미디의 유서 깊은 전통에 따라 엘란과 커크는 서로를 미워하다가 사랑에 빠진다. 우리는 이것이 우리가 알고 있는 이야기의 또 다른 반전이 될 수 있을지 궁금할 것이다. 어쩌면 이는 헬레네/엘란이 맺어서는 안 되는 금지된 관계일지도 모르기에 그렇다. 그녀의 부재중인 트로이아인 남편은 간통을 범한 파리스가 아니라 사실상 메넬라오스다. 그는 그녀가 자기 여자라고 주장하지만, 어리석게도 그녀를 역사의(혹은 오히려 미래의) 바람둥이들과 함께 남겨둔 남자는 메넬라오스 자신 아닌가. 엔터프라이즈호가 트로이우스로 향하는 중에 사보타주와 클링언 전함의 공격이 이어지고 마지막 순간에 지칠 줄 모르는 스캇이 워프 드라이브를 수리한다. 그들이 목적지에 도착할 때쯤 우리는 커크 사령관을 진심으로 걱정하기에 이르는데 바로 엘란의 눈물이 닿았기 때문이다. 이는 그가 평생 노예가 될 것임을 의미한다. 맥코이 박사는 이 생화학적 반응에 대한 해독제를 만들기 위해 영웅적으로 노력하지만, 이 에피소드는 결국 커크에게 더는 해독제가 필요하지 않은 것으로 끝이 난다. 그는 완벽하게 만족한 상태로 함선의 다리에 앉아 있으니까. 어떻게 된 거지? 아마, 스팍이 지적했듯이 커크의 위대한 사랑은 엘란보다 이미 오래전에 그를 감염

시킨 엔터프라이즈호일 것이다. 헬레네 신화에 대한 또 다른 멋진 반전이다. 파리스와의 관계가 끝난 후 그녀는 첫 번째 남편인 메넬라오스에게 돌아간다. 〈스타트렉〉에서 엘란에게는 첫 남편이 없다. 오히려 첫사랑에게 돌아온 쪽은 커크 선장이다. 그래서 헬레네, 파리스, 메넬라우스의 이야기는 전쟁에서 승리하는 대신 우주선을 얻는 것으로 교묘하게 분해되고 재구성된다.

헬레네의 이야기의 색다른 재구성이 공상과학 소설의 전유물은 아니다. 심지어 〈스타 트렉〉 조차 우리가 잘 모르는 고대 작가 프톨레마이오스 첸누스Ptolemaeus Chennos 또는 프톨레미Ptolemy the Quail의 잘 알려지지 않은 작품에서 볼 수 있는 헬레네에 비하면 약과다. 프톨레미라는 이 작가는 2세기 초에 이집트의 알렉산드리아에서 살았다. 그는 그리스 신화에 바탕을 둔 독특한 이야기를 모은 《이상한 역사Strange History》를 편찬했는데, 이 책에는 그가 다른 신화학자들로부터 수집한 것으로 추정되는 헬레네의 이야기가 다수 수록되어 있다.[37] 오레스테스에게 죽임을 당한 클리타임네스트라의 딸로 나오는 헬레네도 있고, 파리스(알렉산드로스)에게 딸을 주고 남의 목소리를 흉내 내는 기이한 재주가 있는 레다의 딸 헬레네(호메로스의 시에도 이 믿기 힘든 정보가 있다)가 있는가 하면[38] 트로이 전쟁이 끝난 후에도, 여러 명의 헬레네가 등장하는데, 그중에는 오레스테스 손에 죽는 클리타임네스트라의 딸인 헬레네, 아프로디테와 손잡는 헬레네, 로물루스Romulus와 레무스Remus를 키운 헬레네도 있다. 그는 하루에 세 마리의 어린 염소를 먹은 한 여성을 언급하면서 그녀가 헬레네로 불렸다고 말한다(아마도 그녀는 염소를 소화하느라 그녀의 이름에 대답하지 못했을 것이다). 그리고 호메로스가 등장하기 전인 기원전 8세기에 트로이아 전쟁에 관한 이야기를 쓴 시인 무사이오스Musaeus의 딸이 있다. 이 버전에서 헬레네라는 여성은 diglosson arnion, 즉 '2개 언어를 할 줄 아는 양'을 소유하고 있었다.[39] 2개 언어를 할 줄 아는 양과 우연히 마주치기가 무척이나 드물었을 고대 세계에서 어떻게 이 헬레네가 가장 유명한 여성이 아닌지 확인하기란 불가능하다. 프톨레마이오스는 또한 시인 스테시코로스의 사랑을 받았던 히메라Himera의 헬레네에 대해서도 이야기한다. 고대인들이 스테시코로스에 대해 들려준 이야기 가운데 하나는 그가 트로이아의 헬레네에 대해 박하게 서술했다가 시력을 잃었다는 것이었는데 이점이 특히나 귀여운 포인트다. 그의 시력은 그가 그녀에 대해 좀 더 너그럽게 이야기하자 비로소 회복되었다고 한다. 우리 모두 이 사실을 교훈으로 삼자.

아마도 가장 비범한 헬레네는 생을 마감한 여성일 것이다. 〈The Demand for Helen's Return〉라는 소포클레스의 잃어버린 비극이 있다.[40] 오늘날에는 몇 가지 단편적인 내용만 남아 있어서 전체적인 줄거리를 이해하기란 쉽지 않다. 하지만 그 속에 묘사된 헬레네는 우리가 호메로스와 에우리피데스에서 본 모습과는 달리 놀랍게 변형되어 있다. 이 헬레네는 자신의 잘못으로 빚어진 상황이 너무나 고통스러운 나머지 독약인 황소의 피를 마셔 자살하려는 생각을 품고 있다. 두 번째 일부 내용을 보면 그녀의 뺨에 필기구인 연필을 가져다 대고 있는 모습이 그려진다. 테세우스 이야기의 어린 신부부터 호메로스의 간음한 여자, 에우리피데스의 강렬한 능변가에서 오비디우스의 자만심에 가득 찬 아내에 이르기까지 우리가 만난 헬레네 중 그 누구도 이 소포클레스가 창조한 인물만큼 가련하지 않다. 그녀는 오로지 아름다움만으로 정의된 자신의 일생을 자해로써 흔적 없이 없애려고 한다. 그런데 이는 단순하게 상처를 입히는 차원이 아니라 가장 끔찍하게 뚜렷이 알아볼 수 있는 형태다. 헬레네는 수많은 남자가 차지하고 싶어 했던 자신의 얼굴을 망가뜨린다. 시인과 필경사들이 자신의 신화를 창조하기 위해, 때로는 친절하게 그리고 불친절하게, 또 때로는 공정하게 혹은 불공평하게 그녀의 이야기를 들려주기 위해 사용했던 바로 그 도구를 써서 자해한다는 점이 특히나 가슴 아프다. 세상에 알려진 가장 위대한 미인이 그녀에 대해 쓰인 모든 글의 원인을 제거하려고 했다. 아마도 이것은 우리가 헬레네에 대해 생각할 때, 고통스럽더라도, 마음속에 새길 필요가 있는 이미지일 것이다. 그녀가 촉발한 전쟁(또는 두 번의 전쟁)에 책임이 있다고 생각하는지 아닌지는 그녀의 믿음만큼 중요하지 않다.

수없이 많은 예술가가 헬레네를 포착하려고 노력했다. 〈스타 트렉〉의 (꼬불꼬불한 검은 레게 머리에 보라색의 반짝이는 레오타드를 입은) 엘란에서 로세티Rossetti의 〈트로이아의 헬레네〉에 이르기까지 수도 없다. 로세티의 그림에서 모델로 나선 눈이 큰 금발의 애니 밀러[41]는 목걸이를 꽉 움켜쥐고 있지만 얼굴에는 표정이 거의 없다. 프톨레마이오스의 호기심 많은 목록에서 알 수 있듯이 우리에게는 수많은 헬레네가 남겨졌다. 그중 누구 하나 헬레네처럼 보이는 모습은 없고 모두 다 창작자의 욕망이 표출된 것처럼 보인다. 아킬레우스를 보라. 모든 게 명확하다. 속도, 분노, 파트로클로스에 대한 사랑, 명성을 통한 영예 및 불사의 신에 대한 헌신. 그는 자신이 원하는 것에 의해 정의되고, 노력하며, 또한 잃는다. 그런 다음 헬레네를 생각해보자. 혼란스러운 혈통, 다툼의 여지가 많은 어린 시절, 여러 번의 결혼생활 등 그녀가 정확히 파악해내기 얼마나 더 어려운지를 생각해보라. 초기의 서사적 전통 중 하나인 그녀에 대한 가장 악명 높은 사실, 즉 그녀가 파리스와 도망쳤다는 내용은 사실상 거짓말이라고 한다. 진짜 헬레네는 다른 곳에 있다. 반면, 전쟁은 비현실적인 존재, 즉 이미지를 놓고 싸운다. 사실, 우리가 그녀를 이해하려고 하면 할수록 그녀는 우리에게서 달아나는 것 같다. 그녀는 트로이아의 헬레네, 스파르타의 헬레네, 기쁨의 헬레네, 그리고 살육의 헬레네다.

IV

메두사

Medusa

실제로 메두사에게는 양면성이 존재한다.
그녀는 아름답지만 흉측하고,
또 자매가 둘이 있어도 여전히 외롭다.

니체는 괴물과 싸우는 자는 스스로 괴물이 되지 않도록 주의해야 한다고 말했다.[1] 그러나 이 충고를 다른 각도에서 보면 어떻게 될까? 이렇게 해서 괴물이 된다는 말인가? 모든 괴물은 길을 잃은 영웅들이란 말인가? 물론 그리스 신화에서만큼은 아니다. 어떤 괴물들은 그렇게 태어나기도 하지만, 다른 괴물들, 특히 여성 괴물들은 신과의 격렬한 접촉 이후 괴물로 변한다. 메두사의 경우 누가 그녀의 이야기를 하느냐에 따라 두 종류의 계보를 모두 인용할 수 있다.

대부분의 고대 작가들은 헤시오도스가 표현한 방식으로 고르곤Gorgon 세 자매, 즉 스테노Sthenno, 에우리알레Euryale, 메두사를 묘사한다.[2] 그들은 가이아의 아들인 바다의 신 포르키스Phorcys와 그의 누이 케토Cēto의 딸로, 에키드나Echidna(무서운 바다뱀)를 포함한 엄청난 종류의 바다 괴물 자손을 낳았는데, 때로는 오딧세우스의 선원들 몇 명을 어적어적 먹어 치운다. 헤시오도스는 메두사의 흔치 않은 상태에 주목한다. 그가 메두사의 노화를 강조하지는 않지만, 그 상관관계는 분명히 함축되어 있다. 헤시오도스는 또한 메두사의 부모가 신이고 자매들 역시 불사의 신인데 그녀 자신만은 어떻게 불사의 존재가 되지 못한 것인지 설명하지 않는다.[3] 그는 단순히 그것이 사실이라고만 밝힌다. 늙고 죽는 것은 충분히 비참한 것으로 여겨질 수 있다. 만약 당신의 모든 혈연이 영원히 늙지 않고 살 수 있다면 말이다. 하지만 메두사에게 있어, 불멸이 아니라는 사실은 너무 빨리 끔찍한 운명으로 귀결될 것이다.

그리고 그녀는 우리가 그 삶의 끝을 사료해보기도 전에 꽤 불행한 삶을 산다. 메두사가 처음부터 괴물이라는 사실이 언제나 명확히 드러나진 않지만 누군가는 바다신과 바다 괴물의 자손에게는 항상 괴물 같은 성향이 있다고 주장할 수도 있을 것이다. 헤시오도스에서부터 오비디우스에 이르는 몇몇 고대 작가들은 다른 사실을 제시한다. 바로 메두사가 아름다운 여인으로 그녀의 삶을 시작했다는 것이다. 헤시오도스가 이야기하듯이 바다의 신 포세이돈이 메두사를 '부드럽고 축축한 풀밭'에서 유혹한 후 상황이 바뀐다.[4] 이 구절은 그리스어로 영어와 정확히 똑같은 이중적 의미를 지닌다. 즉 헤시오도스가 축축한 풀밭에서 이루어진 신과 고르곤의 실제 성관계를 의미한 것일 수도 있고, 혹은 축축한 풀밭이 메두사의 질을 완곡하게 표현한 것일 수도 있다는 뜻이다. 신들은 보통 그들이 선택한 사람을 유혹할 수 있다(몇몇 예외는 제외하고). 그리고 적어도 메두사의 삶에서 이 시기는 아름다웠으리라. 확실히, 그녀는 서정 시인 핀다로스Pindar의 12번째 피시아 송가Pythian Ode에 등장한다. 그는 그녀를 euparaou, 즉 '아름다운 뺨을 가졌다'라고 묘사한다.[5]

포세이돈과의 성적인 접촉은 메두사의 이야기에서 되풀이하여 반복되지만, 그들 만남의 분위기와 장소는 그 행위의 결과처럼 다양하다. 헤시오도스가 합의로 이루어진 목가적인 분위기로 제시한 사랑의 행위는 오비디우스에 의해 훨씬 더 어둡게 바뀐다. 그의 대표작인 대서사시 〈변신 이야기 Metamorphoses〉에서 메두사는 clarissima forma, 즉 '외모가 가장 아름다운' 여성으로 묘사된다. 그녀에게 구혼하려는 구혼자들 역시 많다. 이는 우리가 기대하던 교활한 괴물이 아니다. 눈이 부시게 아름다운 이 여성의 탐스러운 머리카락은 무엇보다 가장 눈길을 끄는 특징이다(오비디우스의 서술자는 그 머리칼을 봤다고 말한 사람에게서 이 사실을 알게 되었다고 한다). 그러나 메두사는 아테나의 신전에서 포세이돈에게 성폭행을 당한다.[6] 오비디우스는 '상처입히다', 혹은 '더럽히다'와 같은 잔인한 뜻이 담긴 vitiasse[7]라는 단어를 사용한다. 아테나는 자신의 신성한 신전이 더럽혀지는 꼴을 피하려고 눈을 가린다. 여성보다는 거의 남성 편을 드는 여신이라는 점에서 예상할 수 있듯이 아테나는 엉뚱한 사람에게 복수를 결심한다. 포세이돈(그녀를 능가할 수 있음. 왜냐하면 그는 최소한 아테나만큼 강력하니까)을 처벌하는 대신 그녀는 메두사를 벌하여 고르곤의 머리카락을 뱀으로 만들어 버린다. 메두사에게 크나큰 자부심을 안겼을 특징을 파괴하는 것은 아테나의 교묘한 잔인성을 완벽하게 보여주는 행위다. 현대의 독자들에게 이러한 훼손은 2차 세계대전 직후 나치와 협력했다고 인식되어 삭발당한 프랑스 여성들을 떠올리게 할 수 있다. 적에게 아름답게 여겨진 것을 처벌하는 행위는 덜 아름다운 것으로, 가능한 한 악랄하게 변형되었다.

메두사의 이야기 중 이 부분과 관련하여 흥미로운 페미니스트적 관점이 있는데, 여기에서는 메두사의 변형이 일종의 자매결연 행위임을 암시한다. 이 해석에 따르면 아테나는 언제든 메두사를 겁탈할 수 있는 남성 신들에게 달갑지 않은 존재로 만들어 버림으로써 더 나아가 미래의 성폭력에서 그녀를 구한 것이다. 또한 메두사는 공격자들에 대해서도 무장되었다. 보는 이를 돌로 만들어 버리는 힘이 생겼기 때문이다.

그러나 오비디우스의 이야기에서 메두사의 무시무시한 모습이 아테나의 선물인지, 아니면 그 모습이 실은 머리카락이 뱀으로 변한 이후에 발생한 것인지는 분명하게 드러나 있지 않다. 오비디우스가 언급하는 유일한 변신은 메두사의 머리카락이 뱀으로 변한 것이다. 메두사는 항상 살아있는 생명체를 돌로 바꿀 수 있었다. 다만, 그녀의 불사의 자매들이 이러한 능력에 영향을 받지 않은 것으로 보이는 걸로 봐서는 아마도 포세이돈 역시 비슷하리라 짐작된다. 두 번째로 이 해석에는 더 큰 어려움이 존재한다. 거의 모든 이야기에서 아테나와 함께 시간을 보내는 자가 누구든 그녀를 다른 여성들의 지지자로 보지 않을 것이다. 아테나가 지속해서 애정을 기울인 대상은 여성이 아니다. 바로 오딧세우스다. 그런데 그는 어떤 영웅인가? 당신에게 자매가 있다면 절대 엮이지 않기를 바라는, 결혼하겠다고 하면 그야말로 뜯어말리고 싶은 남자다. 물론, 언니나 여동생이 어려서 당신을 징글징글하게 괴롭힌 게 아니라는 가정하에.

이 변형에서 오비디우스가 보여주는 관심의 초점은 - 우리의 관심도 마찬가지다 - 고르곤의 머리에 있다. 그녀의 몸이 괴물처럼 변했다는 얘기는 없다. 심지어 메두사가 페르세우스에게 목이 잘려 나가기 직전에도 우리는 그녀의 전체 모습보다는 머리에 더 끌린다. 물론 그녀의 머리가 그녀의 전부라면 모를까.

우리가 곧 살펴볼 고르곤의 초기 시각적 표상은 고도로 양식화된 이미지다. 그럼에도 더 앞서 발견된 괴물의 머리, 고르고네이아Gorgoneia는 아마도 그들을 만든 사회의 두려움을 반영한 것이 아닐까 생각된다. 그것들은 또한 초기 메소포타미아 신화에 나오는 신성한 괴물 훔바바와도 관련이 있는 것으로 보인다. 이 괴물은 처음에는 사람들을 공포에 떨게 하지만 길가 메시에게 목이 잘린다.[8] 고르고네이아는 믿기 힘들 만큼 기이하다. 이빨이 가득한 거대한 입에 혀와 엄니는 툭 튀어나온 데다가 종종 수염이 생기기도 한다. 그들은 신전의 페디먼트Pediment[고대 그리스 건축에서 발견되는 건물 입구 위의 삼각형 모양의 장식물-역자 주], 갑옷 장식, 또는 동전의 한쪽 면에 새겨져 있는 것을 볼 수 있다. 《일리아스》에서 호메로스는 아테나가 그녀의 적을 불안에 떨게 하려고 그녀의 아이기스 방패 혹은 흉갑에 끔찍한 고르곤 머리를 장식해 달고 다녔다고 말한다.[9] 아가멤논의 방패에도 험상스러운 얼굴의 고르곤 머리가 장식되어 있다.[10] 인간과 여신 모두 상대에게 두려움을 불러일으키기 위해 고르곤 머리를 사용했다. 그리고 그것은 분명히 효과가 있다. 호메로스는 《오딧세이아》에서도 고르곤 머리를 언급한다. 그런데 이 고르곤은 단순히 방패의 장식이 아니라 페르세포네의 명령을 따르며 지하세계(황천)에 사는 (혹은 '서식하는' 이 더 적절한 동사인 듯하다) 실제 생물이다. 죽은 자와 교감하는 오딧세우스는 페르세포네가 이 머리를 보내 자신의 뒤를 쫓을지도 모른다는 두려움에 서둘러 후퇴한다.[11] 오딧세우스는 지하세계를 여행했을 정도로 강심장임에도 불구하고 이 육체가 없는 머리를 보게 될 가능성이 있다는 사실만으로도 두려움에 떨었다고 한다. 하긴, 누군들 허공을 맴도는 고르곤의 머리를 두려워하지 않겠는가? 가공할 명성에 그 위력은 엄청나게 광범위하다. 올림피아의 고고학 박물관에 가면 기원전 6세기 전반대로 추정되는 고르고네이온의 훌륭한 본보기를 볼 수 있다. 이 방패에는 세 개의 커다란 날개로 둘러싸인 원이 새겨져 있는데 그 한가운데에는 무시무시한 얼굴이 있다. 크게 벌어진 입 위로는 동글납작한 코가, 그리고 두꺼운 혀가 쭉 뻗어 있다. 그리고 머리는 꼬불꼬불한 뱀으로 만들어진 화환에 둘러싸여 있다.

이 고르곤의 머리, 더 정확하게는 고르곤의 얼굴이나 가면에서 결정적인 의미를 도출하려는 시도는 많이 있었다. 고고학자, 인류학자, 심리학자들은 그것들을 다양한 자연 현상, 이를테면 폭풍과 같은 자연 현상과 연결하려고 노력했다. 고르곤은 귀에 거슬리는 거친 소리로 유명하다. 핀다로스는 아테나가 메두사의 자매 중 한 명인 에우리알레의 입에서 나오는 eriklanktan goön,[12] 즉, '귀청이 터질듯한 울부짖음'을 모방하려고 여러 목소리의 플루트를 만들었다고 한다. 따라서 천둥과 먹구름과의 연결성은 솔깃한 측면이 있다. 고르곤은 우리가 두려움을 느끼는, 특히 우리가 밖에서 잠을 청할 때 가장 공포감을 조성하는 동물들의 표상이라는 주장에 더 설득력이 실린다. 그녀의 뱀 같은 머리카락은 (그리스 신화에서 종종 등장하는 독성이 있는) 뱀이나 사자의 갈기를 상징하는 것일 수도 있다. 올림피아 방패 장식을 에워싸고 있는 뱀들은 확실히 갈기를 연상시킨다. 그리고 어둠 속에서 사자가 으르렁거리는 소리나 보이지 않는 뱀의 쉭 하는 소리는 확실히 우리 중 많은 이들에게 악몽과 같은 대상임이 분명하다. 고르곤의 머리가 우리의 막연한 공포감을 줄여주는 방법이었을까? 실제로 우리가 만지거나 잡을 수 있는 금속이나 돌로 만들어진 단단한 물건에 새겨 넣어서? 그렇게 하면 우리에게 도움이 될까?

고르고네이온의 무시무시한 모습이야말로 장식 디자인을 강력하게 만들어주는 요소다. 그것은 위험, 특히 초자연적인 현상을 피하고자 하는 일종의 액막이와 같은 역할을 한다. 당신을 두렵게 하고, 더 나아가 당신의 적에게 공포감을 안길만 한 것으로 이보다 더 나은 방패 장식이 뭐가 있을까? 그리고 싸워야 할 대상이 누구든 마주하려면 직접 두려움에 직면하고 그것을 떨쳐냄으로써 스스로 갈고닦는 것 말고 더 좋은 방법이 있을까? 호메로스의 설명에 따르면, 고르곤은 공포와 두려움을 동반한다.[13] 이와 같은 의인화는 분명히 전투를 치를 때 당신의 편에 필요한 존재다. 그것들이 당신의 고르고네이온 양쪽에서 발견된다면 당신에게는 훨씬 더 좋고, 당신의 적에게는 훨씬 더 두려울 것이다.

만약 고르곤들이 (호메로스와 일부 초기 작품에서 드러나는 것처럼) 머리로 출발한 것이라면, 그것들은 언제 그리고 어떻게 몸을 얻게 되는가? 그리고 가장 중요한 건 왜일까? 왜? 고르고네이아는 모든 종류의 장소에 등장한다. 아마도 이것은 민간전승의 기원을 암시하는 것으로 보이는데, 이를테면, 적을 겁주는 것은 물론이고 두려움에 맞서는 등 여러 가지 기능을 담당하는 둥근 괴물 머리가 대표적이다. 그리스 사람들은 - 언제나 이야기꾼들이지만 - 이 이상한 생물체의 존재를 이야기하고 싶어 했다. 그래서 헤시오도스와 핀다로스는 그들의 이야기에 그것들에 관한 내용을 추가하였다. 그래서 우리에게 세 개의 고르곤에 대해 들려주고, 이름도 지어주고, 그들의 생김새와 괴상한 소리를 낼 수 있는 능력을 설명해 주었다. 괴물 머리 장식은 어느새 하나의 캐릭터로 발전하였다. 하긴 이 작가들과 관객들에게는 주변에서 흔히 볼 수 있었던 이 육체에서 분리된 모든 고르곤의 머리에 대한 설명이 필요했을 것이다. 이제 모든 고르곤에게 머리와 몸통이 생겼다면 말이다. 그러다 보니 이번에는 모든 고르곤의 몸에서 분리된 머리를 설명해줄 것이 필요해졌다. 그러다가 페르세우스를 찾아낸다. 그는 메두사의 머리를 자르는데, 우리는 그 이유를 계속 탐구해 볼 것이다. 그녀의 고르곤 자매들은 존재한 것 같고, 고르고네이아가 그들을 정복하는 영웅이 등장하기 전부터 이미 존재한 것은 확실하다. 다시 말하면, 메두사가 페르세우스의 영웅 서사에 그가 처단해야 할 괴물로 등장했다기보다는 메두사의 존재 그 자체와 그녀의 잘려 나간 머리에 우리가 보여준 흥미를 반영하기 위해 오히려 페르세우스가 메두사의 이야기에 추가되었을 가능성이 크다.

놀랄 것도 없이, 고르곤은 무시무시한 얼굴에 제격인 괴물 같은 몸을 얻는다. 그들의 이름은 '끔찍한' 또는 '사나운' 것을 뜻하는데 고대 작가들은 이를 기꺼이 받아들인다. 비록 구체적인 시기나 작가를 놓고 여전히 의견이 분분하긴 하지만, 아이스킬로스의 작품으로 여겨지는 기원전 5세기의 비극 〈사슬에 묶인 프로메테우스Prometheus Bound〉에서 고르곤의 모습은 종종 이런 식으로 묘사된다. 여기서 고르곤은 drakontomalloi, 즉 '뱀으로 된 머리카락을 가진' katapteroi, 즉 '날개 달린' 괴물이다.[14] 그들은 또한 brotostugeis, 즉 '인간이 싫어하거나' 또는 '인간을 싫어한다' (단어의 뜻은 능동형이거나 수동형일 수 있다). 이 설명은 동시대의 화병 그림에 의해 뒷받침되고 있다. 독일 뮌헨에 있는 국립 고미술전시관State Collection of Antiquities에 전시된 기원전 5세기 아테네의 암포라Amphora[고대 그리스나 로마 시대에 쓰던 큰 항아리로 양 손잡이가 달려 있으며 목이 좁다-역자 주]에 바로 그와 같은 고르곤의 모습이 묘사되어 있기 때문이다.[15] 팔과 이마 주위의 뱀, 그리고 목과 어깨를 휘감은 긴 곱슬머리에 날개도 달렸다. 입은 고르고네이아처럼 크게 벌어져 있으며, 길게 늘어뜨린 혓바닥에 양쪽으로 위아래를 향하고 있는 엄니가 보인다. 날개는 그녀가 날고 있음을, 다리는 그녀가 달리고 있음을 암시한다. 그녀는 달음박질하던 중에 포착되었고 발은 꽉 끼는 장화가 감싸고 있다. 점박이 치마는 무릎까지 내려오고 맨살이 드러난 종아리에 탄탄한 근육이 붙어 있다. 양팔은 달리기 자세를 취한 채 한쪽 팔은 앞으로, 다른 한쪽 팔은 뒤로 뻗어 있다. 아마도 빠른 속도로 움직이고 있는 모양이다. 두 손목은 팔찌로 장식되어 있다. 비록 괴물일지라도 장신구를 즐기는 취향마저 잃은 것같지는 않다. 그녀에게서 인간적인 듯 비인간적인 운동 능력과 힘도 엿보인다.

하지만 이 강력한 생명체는 페르세우스에 의해 목이 달아날 것이다. 비록 그가 성공하기 위해서는 여러 신의 도움이 필요하겠지만. 다행한 일은 그가 제우스의 아들이라서 이 괴물을 처단하는 데 유리한 위치에 있다는 점이다. 제우스는 페르세우스의 어머니인 다나에Danae를 레다보다 더 창의적인 방법으로 임신시켰다. 다나에의 아버지 아크리시오스Acrisius는 딸이 아들을 낳으면 그 아들 손에 할아버지가 죽임을 당할 것이라는 신탁을 받았다. 아크리시오스는 위험을 감수하는 사람이 아니었으므로 다나에를 돌로 지어진 지하 골방에 가둬버린다. 제우스는 이 뚫기 힘들어 보이는 상황에도 단념하지 않고 황금비로 변신하여 지붕 틈으로 다나에의 몸 위에 떨어졌다. 지하 골방에 갇힌 지루함을 달래려 다나에가 어떤 특이한 자세로 잠이 들었는지에 대한 언급은 없으나 중력과 황금비가 만나더라도 그녀는 임신하게 된다는 정도면 충분하리라. 그 결과 태어난 아기가 페르세우스다. 오비디우스는 이 아이를 aurigenae[16] 라고 부르는데 바로 황금에서 태어났다는 뜻이다. 그토록 애를 썼음에도 딸이 아들을 낳은 사실을 알게 된 아크리시오스는 딸과 손자를 나무 궤짝에 넣어 바다에 떠내려 보낸다. 제우스는 궤짝이 물에 실려 안전하게 섬에 이를 수 있도록 한다. 마침내 한 어부가 두 사람을 발견하고는 자신의 형제인 폴리덱테스라는 왕에게 데려간다.

폴리덱테스는 다나에를 보자마자 한눈에 반해 방해받지 않고 자신의 목표를 이루고 싶어 한다.[17] 그래서 그는 페르세우스가 메두사의 목을 베오라는 명에 따라 메두사를 찾아 원정을 떠나게 한다. 우리는 아폴로도로스의 이야기에서 페르세우스가 제우스의 아들이라는 사실로 누리는 이점을 즉시 확인할 수 있다.[18] 아테나와 헤르메스가 그의 고르곤 퇴치 원정에 나타나 이런저런 도움을 주니 아무래도 그렇지 않았을 때보다야 상황은 훨씬 쉽게 풀린다. 그들은 그를 세 자매인 그라이아이Graiai에게 데려가 주었는데, 이들은 눈이 하나밖에 없어서 (아폴로도로스에 따르면 이빨 역시 마찬가지로 한 개였으므로) 셋이서 번갈아 가며 사용했다. 페르세우스는 눈과 이를 슬쩍하고는 이것들을 돌려주는 대신, 그라이아이가 그에게 날개 달린 샌들(보통 헤르메스가 신는 신발)과 키비시스kibisis라는 자루 혹은 주머니를 빌려줄 수 있는 님프들의 행방을 알려달라고 을러댔다.

아폴로도로스 사본의 문장은 이 부분에서 훼손되었으나 헤시오도스의 〈헤라클레스 방패Shield of Heracles〉에서 자세한 정보를 제공한다. 그는 메두사의 목을 베고 도망치는 페르세우스를 묘사한다. 페르세우스는 (날개 달린 샌들 덕분에) 매우 빠른 속도로 날고 있다.[19] 그는 또한 청동 벨트가 달린 검은색 칼집에 꽂힌 검을 어깨에 걸치고 있다. 고르곤의 머리는 은빛의 키비시스에 넣어 등에 짊어졌다. 그러나 이것은 평범한 자루가 아니다. 강력한 파괴력을 지닌 고르곤의 머리를 운반하도록 고안된 주머니다. 헤시오도스는 thauma idesthai, 즉 '경이로운 모습'으로 표현한다.[20] 그것은 황금빛 술 장식이 달린 은빛 자루였다. 머리와 뱀처럼 무거운 것을 담기 위해서는 틀림없이 튼튼하고, 보는 이를 돌로 만드는 메두사의 시선까지 막을 만큼 두꺼운 소재여야 한다. 가방과 장식 모두 실제로 순은과 순금으로 만들어진 것일까? 그렇다면 엄청나게 무거울 테지만 페르세우스는 황금비에서 태어난 것은 기본이요, 그의 샌들은 헤르메스의 신발이니 뭐든 실어나르는 데 도가 텄을 것이고, 몸도 아주 다부졌을 것이다. 어디 이뿐이겠는가. 페르세우스는 하데스의 투명 투구도 빌릴 수 있었는데, 헤시오도스는 이것이 밤의 음산한 어둠을 지켜준다고 설명한다.[21] 달리 말하면, 그것은 머리에 쓰면 모습을 투명하게 감춰준다는 이야기다.

페르세우스가 메두사의 목을 가져오는 데 얼마나 많은 도움이 필요한지 눈여겨보라. 두 명의 올림포스 신들은 그가 그라이아이에게 데려가 님프를 찾는 데 도움을 주고, 그에게 날개 달린 신발이며 신기한 자루며 투명 투구를 제공한다. 하지만 이 장비 대부분은 그가 메두사의 자매들에게서 달아날 때를 대비한 것이다. 메두사는 잠들어 있는 동안 목이 잘려 나가기 때문에 사실상 페르세우스와 싸우지 않는다.

아폴로도로스에 따르면 페르세우스가 통상적으로 뱀이나 멧돼지처럼 커다란 엄니에 청동 손, 그리고 황금 날개로 묘사된 고르곤 자매 중 메두사를 노린 이유는 그녀만이 불사가 아닌 필멸의 존재였기 때문이다. 페르세우스는 고르곤 세 자매가 모두 잠들어 있을 때 그들을 발견하고 다시 한번 신의 조력을 받는다. 아테나는 그의 오른손이 메두사의 잠든 목을 향해 검을 겨누도록 이끈다. 페르세우스는 메두사가 잠든 틈을 타서 방패에 비친 상을 보며 목을 벤다.

아폴로도로스가 묘사한 것처럼 그 행동은 그다지 영웅적인 모습이 아니다. 그리고 고대 그리스 화병에 담긴 살해 장면은 특히나 잔혹해 보인다. 뉴욕 메트로폴리탄 미술관[22]에 가면 고대 그리스의 붉은 그림 펠리케pelike, 즉 양손잡이가 달린 높이가 거의 0.5m에 달하는 항아리를 볼 수 있는데, 여기에 폴리그노토스Polygnotos라는 고대 그리스 화가의 그림이 그려져 있다. 기원전 5세기 중반으로 거슬러 올라가는 이 그림은 페르세우스가 메두사를 공격하는 장면을 보여준다. 그는 그녀에게서 눈을 돌리고 그의 뒤로 우리 왼편에 침착하게 서 있는 아테나를 바라보고 있다. 창을 든 그녀의 표정은 차분해 보인다. 페르세우스는 날개 달린 신발과 날개 달린 투구를 쓰고 있다. 메두사는 잠들어 있고 그녀의 날개는 뒤로 뻗어 있다. 그녀의 얼굴은 양쪽 눈썹과 감은 눈에 각각 한 줄씩, 코와 입은 두 줄씩 그어서 간단한 선으로 그려졌다. 메두사의 모습은 파울 클레Paul Klee의 선화 〈Forgetful Angel〉을 떠올리게 한다. 메두사는 특이하게도 그녀의 이야기가운데 바로 이 지점에서 부분적으로 괴물이라기보다는 아름다운 여인으로 등장하는데 이 장면에서는 뱀도 보이지 않는다. 그녀는 정면에 사각형과 솔기를 따라 지그재그 무늬가 있는 드레스를 입고 있다. 사랑스러운 얼굴이 한 손에 얹힌 상태로 흘러내리는 곱슬머리는 턱에 눌려 있다. 그리고 페르세우스는 구부러진 칼로 그녀의 목 뒤를 베고 있다.

이 항아리는 솔직히 특별하다. 그것은 어느 모로 보나 메두사를 가장 동정적으로 묘사한 그림일 것이다. 이는 신화의 많은 부분에서 드러나는 모호성을 느끼게 한다. 괴물과 영웅이라는 역동성을 제거하면 우리 눈에 들어오는 것은 한 남자가 한 여자의 목을 베는 장면일 뿐이다.

목을 자른 직후의 결과는 대영박물관의 작은 휘드리아hydria, 즉 물동이에서 볼 수 있다.[23] 아테나, 페르세우스, 메두사가 모두 다시 등장하는 이 장면에는 움직임이 가득하다. 왼쪽으로 페르세우스가 메두사의 몸에서 슬금슬금 도망치는 모습이 보이는데 오른쪽 다리를 앞으로 쭉 내밀고 있다. 왼쪽 다리도 뒤질세라 발뒤꿈치는 이미 땅에서 들어 올려져 있다. 그는 날개처럼 발목에서 벌어지는 종아리 길이의 부츠와 날개 달린 투구를 착용하고 있다. 그의 왼손에는 낫 모양의 검인 하프harpe의 구부러진 날이 들려 있다. 그리고 오른팔을 쭉 뻗은 상태로 손바닥은 위로 향하고 있다. 균형을 잡으려는 것일까? 아니면 의기양양한 것인가? 오른쪽에서 아테나가 페르세우스를 따라 서두르고 있다. 아테나는 물방울 무늬가 있는 얇은 드레스를 입고 있는데 달리는 동안 얇은 천에 왼쪽 다리가 비친다. 그녀는 움직임을 편하게 하려든 듯 왼손으로 치마를 위로 들치고 오른쪽 어깨에 창을 메고 있다.

페르세우스는 뒤를 보고 있지만 아테나를 향하고 있지는 않다. 대신 그는 이 장면의 중심을 채우고 있는 메두사의 몸을 내려다본다. 페르세우스의 왼쪽 어깨 위로 대충 처박힌 메두사의 머리가 담긴 키비시스가 걸려있다. 우리는 여전히 그 위로 메두사의 눈을 볼 수 있는데 양쪽 눈이 다 감겨 있다. 머리띠 아래로 깔끔한 웨이브를 그리고 있는 머리카락도 보인다. 다시 말하지만 이건 괴물의 얼굴이 아니라 여자의 머리다. 그녀의 몸은 주목할 만하다. 오른쪽 엉덩이를 대고 반쯤 누운 상태에서 다리가 뒤로 구부러져 있다. 그녀는 어깨에 느슨하게 걸쳐져 있는, 소매가 거의 없는 키톤chiton, 즉 튜닉 스타일의 드레스를 입고 있다. 팔은 뻗어 있고, 손가락은 길고 우아하며, 여전히 몸의 무게를 지탱하면서 땅을 가볍게 누르고 있다. 그녀의 창백한 날개가 뒤에서 펄럭인다. 그리고 잘린 목에서 드레스 앞쪽으로 피가 흐른다.

이 두 개의 화병에 담긴 메두사의 목이 잘려 나가는 장면은 상당히 양면적인 감정을 보여준다. 이 고르곤 퇴치 원정은 페르세우스의 영웅 서사에서 필수적인 부분으로, 그는 논란의 여지가 없는 영웅이며 제우스의 아들이기까지 하다. 그의 영웅적 지위는 의심의 여지가 없다. 두 화병 모두 페르세우스가 신성한 물건들과 선물을 착용하고 있고, 그 옆에서 아테나가 지원하는 모습을 보여주기 때문이다. 그러나 날개 달린 신발과 투구, 그리고 신기한 자루는 또 다른 상반된 감정을 드러내는 것 같다. 페르세우스가 신들의 사랑을 한 몸에 받고 있기는 하지만, 그 사실만으로는 충분하지 않으며, 결국 고르곤 퇴치 원정을 끝마치려면 많은 신의 조력이 필요한 영웅이라는 것. 키클롭스의 눈을 멀게 하는 오딧세우스의 모습에서 볼 수 있는 독창성이나 히드라를 죽이는 헤라클레스의 모습에서 보이는 강력한 힘은 그에게서는 찾아보기 힘들다.

가장 잘 알려진 메두사와 페르세우스의 이야기는 - 전 세계 박물관 큐레이터들의 노력에도 불구하고 - 아마도 〈타이탄 족의 멸망Clash of the Titans〉에 담긴 내용일 것이다(1981년에 제작되었으며 이후 공휴일인 월요일에 법적으로 상영됨). 해리 햄린이 연기한 페르세우스는 그의 방패를 보호용 거울로 삼아 당장이라도 그를 돌로 만들어 버릴 수 있는 완전히 깨어 있는 메두사를 상대한다. 방패에 반사된 메두사의 상이 온전한 시선만큼 치명적이지는 않더라도. 영화에서 이 장면은 아폴로도로스의 이야기, 혹은 잠들어 있거나 이미 목이 달아난 고르곤의 모습을 보여주는 화병에서는 찾아볼 수 없는 극적인 긴장감이 흐른다. 페르세우스는 바로 뒤에서 그를 추적하고 있는 괴물을 뒤쫓는다. 그는 검으로 치명적인 눈에 맞서 무장하고 있다.

그런데 페르세우스가 메두사의 머리를 반드시 손에 넣어야 하는 이유는 무엇일까? 비록 더 영웅적인 내용도 있을 수 있겠지만, 고대의 문헌에 따르면 단순히 폴리덱테스의 명령을 따랐을 뿐이다(폴리덱테스는 페르세우스의 어머니인 다나에를 더 쉽게 유혹하기 위해 페르세우스를 제거하려고 했다). 하지만 영웅 서사를 둘러싼 현대적인 취향은 이런 이유보다는 좀 더 흥미진진한 명분이 필요하다. 그래서 〈타이탄 족의 멸망〉에서 페르세우스는 크라켄에게 위협받고 있는 아름다운 안드로메다의 목숨을 구하기 위해 고르곤의 머리를 쟁취한다(크라켄은 특별히 무시무시한 바다 괴물이다. 적어도 13세기 노르웨이 신화에서 저 멀리 남쪽 해안까지 - 무려 2000년의 세월을 거스르면서 - 헤엄쳐왔으니 말이다. 〈타이탄 족의 멸망〉에서 '크라켄'이라는 이름은 순전히 제우스를 연기한 로렌스 올리비에Laurence Olivier가 '크라켄을 풀어주게.'라고 할 때 관객들이 즐거워하라고 그렇게 이름 붙였다는 결론을 피하기 어렵다. 분명히 말해서, 나는 이것이 신화의 연대와 지리를 무시해버린 더할 나위 없이 정당한 이유라고 생각한다). 메두사 이야기에서 바다 괴물은 설령 크라켄이 아니더라도 그리스 문헌에도 나와 있다. 그리고 메두사의 머리로 괴물을 돌로 만드는 것은 애초에 페르세우스가 그녀의 목을 벤 이유라기보다는 페르세우스가 그것을 손에 넣은 후 나중에 든 생각이긴 하지만.

이 장면과 관련된 아폴로도로스의 설명에 보면 그는 오히려 안드로메다를 boran thalassiō ketēi[24], '바다 괴물에게 바치는 음식'으로 꽤 만족스럽게 지칭한다. kētos, 즉 바다 괴물을 의미하는 이 단어는 이 이야기에서 특히 공감이 가는 말이다. 고대 그리스의 바다 괴물이 고르곤들의 어머니인 Cēto(그리스어로는 Kēto)와 이 이름을 공유하기 때문인데, 실제로 그라이아이의 어머니도 해당한다. 사실, 같은 뿌리에서 출발하였으니 분류체계상 고래류Cetacea인 현대의 고래와 돌고래와 비슷하다.

우리는 부모와 자녀 사이의 분열된 관계를 연구하기 위해 그리스 신화를 읽곤 하지만, 우리는 종종 이 신화를 간과하는 경향이 있으며, 딸이 어머니의 표상 혹은 어머니와 닮은 형질을 없애는 데 익숙한 방식을 못 본 척한다. 아마도 괴물이라는 요소가 우리의 관심을 흩트려놓은 것 같다. 그러나 확실히 메두사가 (최소한) 자기 어머니와 닮은 데다 이름을 공유하는 바다 괴물에 대항하여 사후에 무기화되는 방식은 오이디푸스가 자신의 아버지 라이오스를 죽인 것과 유사하다. 오이디푸스가 살아 있는 반면에 메두사는 죽었다. 하지만 둘 다 자신도 모르게 부모를 죽인 것은 매한가지다. 아무리 그렇더라도 사람을 죽이는 것은 바다 괴물을 죽이는 것보다 용서하기가 더 힘든가? 그렇다면 한 예로, 지금은 전해지지 않는 에우리피데스의 희곡 〈크리시포스Chrysippos〉[25]에 나오는 라이오스의 이야기를 떠올려보자. 그는 한 미소년에게 그릇된 욕정을 품고 소년을 유괴하여 겁탈했다.

훗날 이 크리시포스라는 젊은이는 끝내 수치심을 견디지 못하고 칼로 찔러 스스로 생을 마감했다. 어떤가? 이 세상에는 괴물이 단 한 종류만 있는 게 아니다.

〈타이탄 족의 멸망〉은 이야기에 등장하는 또 다른 신화적 생물의 연대기를 바꿔놓는다. 바로 날개 달린 말인 페가소스Pegasus다. 영화에서, 페가소스는 제우스가 소유한 마법의 말로 나오는데, 매혹적인 시계 장치인 올빼미 부보와 더불어 페르세우스에게 그의 탐험을 돕기 위해 빌려주는 것으로 설정되어 있다. 페가소스는 메두사의 잘린 목에서 (그의 형제인 크리사오르Chrysaor와 함께 완전한 형태로) 튀어나왔기 때문에 그리스인들에게는 무척이나 당혹스러운 전개였을 것이다. 아폴로도로스에 따르면 날아다니는 말과 거인은 모두 다 포세이돈이 메두사와 관계를 맺었을 때 생긴 자손이다.[26] 메두사가 흘린 피에도 번식력이 있다. 오비디우스는 페르세우스가 리비아 상공으로 잘린 머리를 옮길 때도 그녀의 피가 사막의 모래에 떨어진다고 이야기한다.[27] 이 핏방울은 다양한 뱀으로 변하는데, 이는 우리가 herpetohaematogenesis, 즉 혈액에서 뱀을 만드는 드문 행위로 설명할 수 있다. 오비디우스는 리비아에 뱀이 들끓고 있다고 이야기한다.

메두사를 그녀의 가족, 즉 고르곤 자매들, 바다 괴물 부모, 그녀의 아들인 천마와 거인으로부터 분리함으로써, 두말할 나위 없이 우리가 메두사를 더 처리하기 쉬운 존재로 보이게 만들었다. 괴물 가족은 가족처럼 보이지 않을 수도 있으나 (추측건대, 가족도 가족 나름이겠지만, 내 말장난을 용서해 주시길 바라며) 그것들은 그녀의 일부분이다. 현대판 메두사 이야기는 대체로 페르세우스에 초점을 맞추는 경향이 있다. 가령, 그녀는 릭 라이어던Rick Riordan의 베스트셀러 소설 《퍼시 잭슨과 번개 도둑Percy Jackson and the Lightning Thief》에서 (적어도 2010년에 원작을 각색한 영화에서 우마 서먼Uma Thurman이 메두사 역을 맡기는 했지만) 상대적으로 비중이 작은 괴물이다. 이렇듯이 초점의 이동과 함께 우리는 메두사가 누구이며, 그녀가 가장 가까운 이들에게 어떤 의미인지 잊어버리고 말았다.

메두사는 그녀의 자매들에게 괴물이 아니다. 스테노와 에우리알레는 페르세우스가 메두사의 목을 자른 이후 그를 찾아 헤맸다. 페르세우스는 단지 하데스의 투명한 투구를 쓰고 있었기에 그들에게 들키지 않았을 뿐이다. 아무도 메두사를 그리워하거나 애통해하지 않았고, 그녀가 종종 혼자 있기를 좋아하는 은둔자 같은 존재로 그려진다는 점을 고려하면 이러한 사실은 우리가 얼마든지 주목해볼 만하다.

애가(또는 핀다로스가 사용했듯이 oulion thrēnon - '참기 힘든/치명적인 만가')는[28] 고르곤을 이야기할 때 대체로 잘 떠올리지 않는 또 다른 측면이다. 우리가 고르곤과 고르고네이아의 전형적인 모습에서 주로 볼 수 있는 그 거대한 입과 축 늘어진 혓바닥은 단지 가공할 크기의 동물적인 입의 효과를 노린 것만은 아니다. 그것들은 또한 소리를 낼 수 있는 능력과 그에 따른 불협화음을 전달한다. 핀다로스에 따르면 메두사의 두 자매는 아테나가 페르세우스를 구출하기 전까지 그를 쫓는다. 위에서 언급했듯이 핀다로스는 아테나가 에우리알레의 날랜 턱이 만들어내는 소리를 모방하기 위해 플루트(현대의 플루트보다 팬파이프에 더 가까운 악기)를 만들었다고 이야기했다. 그리고 후대의 저자들은 이 내용을 되풀이한다. 고르곤은 귀에 거슬리는 소리를 낸다. 그리고 역사가 우리에게 가르쳐 준 것이 있다면, 여성은, 말을 하든 소리를 지르든, 시끄러운 소리를 내든 본질적으로 파괴적이라고 간주하는 경향이 있다. 남성은 다르게 취급된다. 예를 들어, 그리스의 영웅 디오메데스는 호메로스의 《일리아스》에서 트로이아에 맞서 싸운다. 대부분의 호메로스 영웅과 마찬가지로 그 역시 여러 별칭 중 하나로 묘사된다. 이러한 문구 중 하나가 boēn agathos Diomedes다.[29] 이것은 일반적으로 '우렁찬 함성(고함)의 명장 디오메데스/함성의 역군 디오메데스'로 번역된다. 하지만 문자 그대로는 '소리를 지르는 데 도가 튼 디오메데스'를 의미하지만 덜 시적이다. 우리가 아무리 그 구절을 번역해도 비난의 어조는 담겨 있지 않다. '날랜 발 아킬레스'의 기술에서 속도가 중요한 요소인 것처럼, 함성/고함은 디오메데스의 영웅적 특성에서 인상적인 부분이다. 하지만 고르곤의 울부짖음은 항상 치명적이고, 악의적이며, 죽음을 부르는 장송곡 같다는 둥 언제나 부정적으로 묘사된다. 그게 귀에 거슬려서 그런가? 아니면 여자인데 시끄러운 소리를 내서 그런 것인가? 디오메데스의 외침 역시 그와 마주할 불행한 트로이아인들에게는 악몽이 따로 없을 것이다. 그런데도 그의 고함은 항상 긍정적이고 용맹하지만 고르곤의 울부짖음은 늘 이상하고 끔찍하단다.

메두사와 신의 손을 거쳐 변신한 또 다른 필멸의 존재, 미다스Midas의 상대적인 운명을 비교해 보는 것도 흥미로울 것이다. 그는 프리기아(현재의 터키)의 왕으로 메두사처럼 신의 혈통임을 주장할 수 있다. 민간전승으로 전해져 온 이야기에 따르면, 그의 어머니 역시 키베레 여신이기 때문이다. 어느 날, 미다스는 디오니소스 신의 가장 친한 벗이었던 사티로스 실레노스Silenus에게 친절을 베풀었다. 이 친절에 대한 보답으로, 디오니소스는 미다스의 소원을 들어주기로 한다. 미다스가 자신의 손이 닿는 것마다 금으로 바꾸게 해달라고 하자 좀 더 나은 선택을 기대했던 디오니소스는 다소 애석해했다고 한다. 오비디우스가 이야기한 대로 《변신이야기》 제11권에서[30]

미다스는 처음에는 자신의 새로운 능력에 뛸 듯이 기뻐했다. 그는 나뭇가지, 돌, 흙 한 줌, 옥수수 한 알, 사과 한 개를 금으로 바꿨다. 아직까진 좋다. 그런데 어처구니없게도 그가 먹으려고 한 순간 일이 발생했다. 그가 손을 대는 빵이며, 고기며, 포도주 역시 딱딱한 금으로 바뀌는 것이 아닌가. 미다스는 디오니소스에게 그의 새로운 능력을 없애달라고 간청했다. 수많은 이야기 속의 수많은 소원처럼 얼마 전까지 좋은 생각처럼 보였던 것이 알고 보니 단순한 축복과는 거리가 멀다는 것을 깨달았기 때문이다. 디오니소스는 평소와 다르게 자비를 베풀어 미다스에게 강물이 발원하는 원천지로 가서 그 강에서 목욕하라고 일러준다. 왕은 신의 말을 따라 그의 몸을 강물에 던진다. 그러자 미다스의 몸에서 금이 흘러나와 물에 스며들었다. 오비디우스는 독자들에게 지금도 강이 범람하면 근처 들판에 여전히 작은 금 조각들이 보인다고 상기시킨다. 한술 더 떠 너새니엘 호손은 미다스의 이야기에 그가 품에 안은 딸이 금으로 변하는 신파를 더 추가한다. 그러나 오비디우스의 경우, 미다스가 디오니소스의 선물을 다시 되돌려줄 방도를 찾는 것은 아버지로서의 죄책감이라기보다는 (오히려 황금 숭배라고 해야 맞을 테지만) 단순히 살아남기 위해서였다.

미다스는 이처럼 모든 것을 번쩍거리게 하는 능력을 오래 누리지는 못했다. 그러나 그는 그 힘을 지닌 채 사르디스Sardis라는 도시 근처의 팍톨로스Pactolus강으로 여행을 떠나야 한다. 그러므로 여러 사정에 밝으면서도 도덕관념이 없는 모험가라면 미다스의 힘을 탐낼 수도 있다. 오비디우스의 말을 빌리자면 포도주가 목구멍에서 녹은 금으로 변한다고 하니 차라리 손이나 신체 일부분을 소유하는 게 직접 힘을 가지는 것보다 덜 위험할 것이다.[31] 키비시스나 그 밖의 다른 신성한 물건을 가지고 있기만 하다면야. 짐작건대 황금 장갑이라면 그렇게 할 수 있을지도 모르겠다. 미다스조차 이미 금인 물체는 더는 금으로 바꿀 수가 없으니. 그런데도 강으로 가는 미다스를 죽이거나, 하다못해 손가락이든 발가락이든 자르겠다고 협박하는 사람이 없단다. 심지어 무일푼인 영웅들에게조차 그런 생각이 들지 않은 모양이다. 이 일을 달성하기 위해 요구되는 신성한 도움이 확실히 페르세우스가 메두사의 목을 베는 데 필요한 조력보다는 더 수월해 보이는데 말이다. 게다가 신체의 황금 부위를 찾아 떠나는 탐험은 그리스 신화에서도 알려진 내용이다. 황금 양피를 구해 오기 위해 아르고호Argo 원정대를 이끌고 항해한 이아손Jason에게 물어보라(이것은 양의 원래 주인이 이미 벗겨 놓은 것이긴 하지만). 그러나 메두사가 겁탈을 당하여 아테나를 불쾌하게 한 것처럼, 미다스 역시 자신의 형편없는 결정으로 신을 못마땅하게 했다. 그러나 메두사의 목은 잘려 나가고, 그는 아무런 공격을 받지 않는다. 비록 나중에 두 번째 신인 아폴론의 노여움을 사는 바람에 귀가 쭈욱 늘어나 당나귀 귀로 바뀌는 형벌을 받기는 하지만, 그의 몸은 여전히 온전한 상태를 유지한다. 정말이지, 그 귀 덕분에 청력이 향상될 수도 있고, 확실히 파리를 쫓는 데는 더 효율적일지도 모른다. 반면 메두사는 머리가 한낱 도구에 불과할 정도로 물건 취급을 당한다. 둘 다 신의 자손이건만 대접이 이렇게나 다를 수 있다니.

결정적인 차이점은 관점에 있다. 미다스의 이야기는 우리가 그의 관점에서 상상하도록 만든다. 〈변신 이야기〉에서 들려주는 그의 경험을 따라가는 동안 우리는 이런저런 상상을 하게 된다. 손에 닿는 모든 것이 황금으로 변한다면 어떤 모습일까? 황금으로 변한 빵에 이가 갈라진다면 그 느낌은 어떨까? 액체 상태의 금이 목구멍으로 넘어가면 어떤 맛이 날까? 우리는 안에서 밖으로 경험을 상상한다. 그러나 메두사의 경우에는 밖에서 그녀를 바라보는 편이 좋다. 메두사를 어떻게 공격할까? 저 치명적인 시선을 피하려면 어떻게 해야 하지? 메두사의 잘린 머리를 어떤 식으로 활용할까? 우리는 미다스의 치명적인 손길과 비슷하게 치명적인 시선을 가진 메두사가 어떤 모습일지 자문해보기 위해 행간에서 멈추지 않는다. 하지만, 미다스가 일시적으로나마 능력을 부여받은 뒤에 깨달았듯이, 그것은 믿을 수 없을 정도로 세상에서 고립된 기분이었을 것이다. 메두사는 친구도, 사람도, 하다못해 동물도 죽이지 않고는 바라볼 수 없다. 아마도 아이스킬로스의 희곡 〈포르키데스The Porcides〉의 일부 남아 있는 내용에서 들려주듯 그녀가 동굴에서 사는 이유는 바로 이 때문일 것이다.[32] 메두사의 자매들은 그녀의 시선에 영향을 받지 않거나, 아니면 동굴의 어둠에 의해 보호를 받고 있거나 둘 중 하나일 것이다. 왜냐하면 그들은 세 자매 모두 돌로 변할 위험 없이 함께 살기 때문이다. 그러나 그녀의 힘은 죽은 후에도 바다 괴물의 앞길을 막고, 힘센 거인 아틀라스를 거대한 산으로 만들기에 충분하다(페르세우스는 아틀라스가 옛날 자기에게 내려진 신탁에서 주피터(그리스 신화의 제우스)의 아들이 해를 입힐지도 모른다는 끔찍한 경고를 받아들었던 터라 하룻밤 쉴 곳을 정해주지 않으려고 했을 때 격분하여 그를 돌로 변하게 만든다. 신탁은 종종 속임수로 가득 차 있지만 이 경우에는 핵심이 있다). 그러므로 제아무리 거대하고 강력하더라도 필멸의 존재와 메두사의 시각적 접촉은, 그녀가 파괴할 준비만 되어 있다면, 결코 막을 수 없을 것이다. 그녀의 세계는 어둠과 조각상들 가운데 있다.

메두사를 물건으로 취급하는 대상화는 그녀가 죽고 나서 그녀의 머리가 어떻게 되었는지를 곰곰이 떠올려보면 가장 명확해진다. 페르세우스

는 거인과 괴물, 그리고 온갖 거슬리는 인간들에 맞서 그를 도와주는 용도로 그녀를 사용한다. 메두사의 치명적인 시선은 그녀가 살아 있을 때보다 죽고 나서 훨씬 더 많은 대학살을 불러왔다. 페르세우스는 자신이 초래하는 피해를 최소화하려던 메두사의 갈망을 공유하지 않으려는 듯이 보인다. 그는 바다 괴물을 물리치고 안드로메다를 구출하고 나서야 잠시 해안가에 멈춰 휴식을 취한다. 페르세우스는 손을 씻지만(자고로 청결은 '반인반신(데미갓)'의 경건함에 버금가는 미덕이니라), 잠시 멈추고 메두사의 머리를 행여 다칠세라 dura harena[33], 즉 '단단한 모래' 위에 내려놓는다. 그는 나뭇잎으로 작은 방석도 만든다. 이 이야기에서 가장 끔찍한 순간이 아닐 수 없다. 페르세우스가 그 유용함이 입증된 메두사의 머리를 조심스럽게 다루는 모습은 메두사가 살아있을 때와는 완전히 딴판이다. 그에게 그녀는 살아있는 생명체였을 때보다 무기로서 더 가치가 있다.

하지만 페르세우스를 분노하게 한 모든 사람을 죽이는 데 메두사가 이용되고 나면 그녀는 그 이후 어떻게 될까? 메두사는 그녀의 예술적 선조, 즉 고르고니온이 된다. 이는 단지 머리만 있어서가 아니라 그녀의 머리를 페르세우스가 아테나에게 바쳤기 때문이다. 우리는 보스턴 미술관에 소장된 기원전 4세기 초반 남부 이탈리아에서 만들어진 타폴리Tarporley 화가의[34] 것으로 추정되는 한 화병을 통해 이 일이 일어나는 순간의 정확한 장면을 볼 수 있다. 장면의 왼쪽에는 여전히 날개 달린 부츠와 화려한 투구를 뽐내고 있는 페르세우스가 보인다. 그는 방금 메두사의 머리를 아테나에게 건넸다. 그녀는 그것을 오른손에 들고 있다. 오른쪽으로는 헤르메스가 다리를 꼬고 한가로이 나무둥치에 기대고 있는 모습이 보인다. 그러나 우리는 그의 태평스러운 몸짓에 속아 넘어가서는 안 된다. 아테나가 메두사의 머리를 위로 쳐들고 있는 동안 세 사람 모두 땅을 내려다보고 있어서다.

그들은 메두사의 시선이, 신이든 아니든, 자신들을 돌로 만들어 버릴 것으로 믿고 있는 게 틀림없다. 아테나가 왼손에 들고 있는 창은 그 끝이 그림을 벗어날 정도로 길게 뻗어 있다.

그녀는 오른쪽 허리께에 둥근 방패를 기대 세워놓았는데 비스듬히 놓인 방패에 메두사의 머리가 비친다. 화가가 방패 앞면에 비친 메두사의 머리를 거꾸로 그린 걸로 봐서 그는 반사된 상을 자세히 관찰한 것으로 보인다. 아폴로도로스는 아테나가 고르곤의 머리를 방패의 정중앙에 매달았다고 말하는데,[35] 그렇다면 이 방패에 비친 상이 정확히 다음에 일어날 일을 보여주는 것이다.

이 이야기는 우리를 호메로스의 《일리아스》에서 고르곤에 관한 가장 초기의 묘사가 - 문학적 용어로 - 처음 시작된 바로 그 지점으로 데리고 간다. 그 서사시에서 아테나는 고르곤의 머리를 그녀의 아이기스에 쓰고 있었다(호메로스는 특별히 메두사의 이름을 지칭하지 않았으며, 고르곤의 목을 베는 것과 관련해서도 페르세우스를 언급하지는 않았다). 그러나 페르세우스의 전체 영웅담이 왜 항상 고르곤은 머리로만, 즉 고르고네이아로만 표현되는지 그 이유를 설명하기 위해 창작되었을 가능성은 없을까? 그렇게 이해해 볼 수는 없는가? 그리스의 이야기꾼들이 괴물을 만들어낸 것이라고. 여신들이 자주 그렇듯이(계절의 세 여신Seasons, 복수의 세 여신Furies, 그라이아이Graiai 세 자매, 삼미신三美神, Graces …), 그녀도 두 명의 자매를 얻어 셋이 된다. 그 이후 그들은 고르곤이 오로지 머리로만 표현되는 이유를 찾았을 테고 마침내 목이 잘리는 이야기가 전개된다.

레이 해리하우젠의 역동적인 메두사가 우리 대부분이 어릴 때 본 가장 익숙한 (상대적으로) 현대적인 메두사의 화신이라면, 한 쌍의 밈Meme[모방을 통한 문화 요소 혹은 트렌드의 유행을 의미하며, 특정 메시지를 전하는 그림, 사진, 또는 짧은 영상으로 재미를 주는 것을 목적으로 한다-역자 주] 덕분에 최근 몇 년간 그 모습이 바뀌었을 수도 있다. 메두사와 페르세우스의 잘 알려진 이미지 중 하나는 1800년 말에 안토니오 카노바가 조각한 〈승리한 페르세우스Perseus Triumphant〉 조각상이다. 이 작품은 바티칸에 있는 피오클레멘티노 박물관Pio Clementino Museum에서 소장하고 있는데,[36] 뉴욕 메트로폴리탄 미술관에도 복제품이 있다.[37] 페르세우스는 굉장히 잘생긴 영웅의 모습이다. 나체인 그는 체중을 왼쪽 다리에 싣고 무용수처럼 오른쪽 다리를 살짝 뒤로 빼고 있다. 오른손에는 단검이 들려져 있는데 끝부분에 위쪽으로 휘어진 칼날이 달린 게 보인다. 그는 우리가 예상해왔던 날개 달린 모자를 쓰고 발에는 공들여 만든 샌들을 신고 있다. 왼팔에 망토를 느슨하게 걸친 채 왼손으로는 뱀과 곱슬머리가 뒤섞인 메두사의 머리카락을 움켜잡고 있다. 그녀의 입은 약간 벌어져 있고 우리는 가지런한 치아 뒤의 혀를 분간할 수 있다. 바로 거대한 입에 혀를 길게 늘어뜨린 초창기 고르곤의 표시다. 페르세우스는 자신의 전리품을 침착하게 자랑하는 것처럼 보인다.

조각상은 페르세우스의 이러한 모습을 보여주는 오랜 전통의 일부다. 현재 피렌체의 시뇨리아 광장에 있는 1550년경에 제작된 벤베누토 첼리니Benvenuto Cellini의 예사롭지 않은 청동상 〈메두사의 머리를 든 페르세우스Perseus with the Head of Medusa〉는 카노바의 대리석보다 훨씬 더 잔인하다. 얼룩덜룩한 녹색 근육을 뽐내는 이 페르세우스는 마치 마지막 숨을 내쉬듯 눈과 입을 힘없이 벌리고 있는 메두사의 머리를 높이 쳐들고 있다. 메두사의 머리는 뱀과 곱슬곱슬한 머리카락 뭉치가 잘린 목 아래로 떨어지는 살덩이와 뒤

섞여 있다. 메두사의 머리 없는 시체를 밟고 선 페르세우스의 모습은 혐오스러울 정도로 의기양양하다. 그의 날개 달린 발이 메두사의 결딴난 몸통을 짓밟고 있다. 그녀의 오른팔은 동상의 대좌 위로 축 늘어져 있으며 왼손은 자기 발을 붙들고 있는데 발바닥이 보는 이의 정면을 향하고 있다. 송장이 된 메두사의 맨발을 보고 있노라면 이상하게 낯익은 느낌이 든다. 이 이미지는 2016년 미국 대통령 선거에 출마한 두 후보를 내세워 악의적으로 패러디하여 처음에는 보기 흉한 만화였다가 이후 큰 성공을 거둔 밈이 되었다. 심지어 티셔츠와 토트백에 인쇄되어 팔려 나갔다. 어떤 사람들에게는 힘 있고 당당한 목소리를 내는 여성이 항상 괴물이다. 그리고 이들 중 일부는 죽음과 형태를 훼손하는 행위가 그러한 여성들에 대한 적절한 대응이 된다.

두 번째 메두사 관련 밈은 2년 후에 나타났는데 처음의 발단이 다소 복잡하다. 표면적으로는 이탈리아의 피렌체에서 어린 시절을 보낸 아르헨티나 조각가 루치아노 가르바티Luciano Garbati가 2008년에 만든 조각상 사진이다. 그러나 크리스틴 블레이시 포드Christine Blasey Ford 교수가 미국 상원 사법위원회에서 성폭행 증언을 한 시기와 맞물려 밈이 등장하기 전까지는 조각상의 흔적을 찾기가 무척 어려웠다. 이 사진은 매우 인상적이며 상당히 공유할만하다. 새까만 배경에 메두사의 조각상이 홀로 서 있다. 그녀는 카노바와 첼리니의 페르세우스처럼 벌거벗었고, 젊고, 강력하다. 머리카락은 뱀이 뒤엉킨 형태지만 기괴하지는 않다. 어떻게 보면 곱슬곱슬한 레게 머리에 더 가깝다. 그녀의 표정은 차분하고, 두 눈은 미안해하는 기색 없이 우리를 응시한다. 두 팔을 양옆에 내려놓은 채 왼손에는 칼을 들고, 오른손에는 목이 잘린 페르세우스의 머리를 움켜잡고 있다. 그것은 카노바의 모습과 정반대다. 일부 버전에서는 짧은 글귀가 담겨 있다. 메두사의 머리 옆에는 '우리가 평등을 원하는 것에 감사하라'고 적혀있다. 목이 잘린 페르세우스의 목 아래에서 문장이 계속 이어진다. '보복이 아니라.'[38]

이 밈은 많은 여성이 일부 남성들의 손에 그들이 경험한 폭력에서 무엇을 느꼈고, 또 무엇을 계속 느끼고 있는지를 완벽하게 보여주는 그림이었다. 이 여성들은 일상생활에서 그와 같은 폭력에 직면해 있는 것은 물론이고, 신문의 머리기사에서부터 미술관과 박물관 벽에 이르기까지 그 어디에서나 그것이 하나의 표준으로 제시되는 모습을 본다. 매일 수천 명의 사람이 피렌체에 있는 첼리니 동상을 지나쳐 가고, 수천 명의 사람이 뉴욕과 로마에서 카노바의 작품을 본다. 메두사는 머리카락이 뱀으로 돋아나 있지만, 여전히 여성의 얼굴과 몸을 지니고 있다. 카노바는 빛나는 흰 대리석으로 이것을 정상적이며 온전하게 보이도록 했다. 조각상의 이름이 〈승리한 페르세우스〉일지는 모르겠으나 그것은 단지 승리한 이미지에 불과하다. 첼리니는 페르세우스가 메두사의 몸을 잔혹하게 모욕하는 모습을 보여주는데 이는 분노나 경멸, 혹은 그 두 가지의 조합에서 비롯된 것이 분명하다. 이는 아킬레우스가 《일리아스》의 제22권과 제23권에서 헥토르에게 똑같은 짓을 저지를 때만큼 충격적이다. 아킬레우스는 트로이아의 성벽 주위에서 헥토르의 주검을 땅바닥에 질질 끌고 다니며 헥토르를 능멸했다. 제24권에서 신들은 차마 더는 눈 뜨고 볼 수 없어서 개입하기로 한다. 그러나 첼리니의 페르세우스는 메두사의 머리를 높이 들어 올린 상태에서도 땅을 내려다보고 있다. 그가 뜻하지 않게 그녀의 눈에 돌로 변할 가능성은 거의 없다. 그런데도 그녀의 목을 베고 몸을 짓밟고 나서도 여전히 그녀가 두려운가 보다. 지독한 여성혐오를 드러낸 더 나은 은유를 찾고 있다면, 유감스럽게도 나는 이보다 더한 것은 못 찾겠다.

우리는 이 이미지를 보는 것에 너무 익숙해서 이야기의 밑바탕에 깔린 잔혹함을 거의 알아차리지 못한다. 왜일까? 그건 그저 영웅과 전리품에 불과하니까. 우리는 마치 성 게오르기우스와 용St George and a dragon의 이미지를 보는 것처럼 무심결에 스치듯이 그것을 보고 지나쳐 간다. 그냥 용일 뿐인데 무슨 상관이지? 하지만 메두사는 용과 같은 괴물이 아니다. 그녀는 강간당하고 그 죄로 머리카락이 뱀으로 변하는 끔찍한 형벌을 받은 여성이다. 죽음을 불러오는 그녀의 시선은 그 피해가 지극히 제한적이다. 그녀는 인간들에게서 멀리 떨어져 살고 있기에 누구든 근처에 가지 않는 한 위험에 처할 일이 없다. 메두사는 처음 신에 의해, 그다음에는 여신에 의해, 그리고 마지막으로 페르세우스가 그녀를 찾아와 또 다른 남자의 변덕을 들어주기 위해 그녀를 죽이고 시체를 훼손한다. 그녀가 누구를 만나든 - 언니들을 제외하고 - 그들은 단지 그녀를 해치고 싶어 한다.

메두사의 머리를 든 페르세우스를 거꾸로 메두사의 손에 페르세우스의 머리가 들려 있는 모습으로 바꿔놓은 가르바티의 놀라운 반전은 보는 이에게 굉장한 충격을 준다. 그것은 관객들에게 이중 잣대를 인정하도록 만든다. 예술에서 남성이 물건으로 객관화되는 경우는 매우 드물거니와 더욱이 객관화한 장본인이 여성인 경우는 더더욱 찾아보기 힘들어서다. 그 모습은 넷플릭스 시리즈 〈오렌지 이즈 더 뉴 블랙Orange is New Black〉시즌 3의 한 장면을 떠오르게 했다.[39] 여기에서는 두 명의 여성 수감자가 그들 중 한 명을 강간한 남성 교도관을 강간할 계획을 세우고 준비한다. 그 장면 역시 똑같이 당혹스럽고 충격적이다. 드라마가 정말 우리가 좋아하거나, 심지어는 사랑하게 된 두 명의 캐릭터가 그런 끔찍한 방식으로 계획을 감행하도록 내버려 둘까? 의식이 없는 남자를 막대기로 강간하겠다고? 결국 그들은 보복 공격을 계속 진행하지 못한다. 이는 등장인물과 시청자 모두에게 커다란 위안을 안긴다. 그렇긴 하더라도 우리는 남성에 의한 여성의 강간 장면을 보았다. 그들이 평등을 원하는 것에 감사하라, 보복이 아니라.

그러나 가르바티 밈 이전에도 페르세우스가 메두사의 목을 베는 것과 관련하여 성별 뒤집기가 존재했다. 유딧Judith과 홀로페르네스Holofernes의 이야기는 대략 기원전 2세기로 거슬러 올라가는데, 구약의 일부 버전에 수록된 〈유딧서The Book of Judith〉에서 찾아 볼 수 있다. 아시리아 장군인 홀로페르네스는 베툴리아라는 히브리 땅의 도시를 봉쇄한다.[40] 음식과 물 공급이 막혀 버린 베툴리아 사람들은 어떻게든 버티고 있지만 먹을 것이 점차 바닥을 드러내는 상황에서 몇 주를 버티긴 힘들 것이다. 유딧은 홀로페르네스의 막사로 걸어 들어가 자신을 과부라고 소개하면서 친구를 자청했다. 그녀의 아름다운 모습에 그의 병사들은 그녀를 막사에 들여보냈고 홀로페르네스는 그녀를 저녁 식사에 초대한다. 식사 도중 술에 거나하게 취한 홀로페르네스는 곯아떨어지고, 이 틈을 타 유딧은 신께 자신을 도와달라는 기도를 올린 후 그의 목을 자른다. 그녀는 홀로페르네스의 머리를 베툴리아로 가져갔고, 아시리아 사람들은 장군의 목이 달아난 것을 알고는 베툴리아에서 물러난다.

이 이야기와 메두사와 페르세우스의 이야기 사이에는 차이점 못지않게 유사점도 발견된다. 먼저, 유딧 역시 홀로페르네스를 찾아야 한다는 점이다. 비록 그녀의 원정이 페르세우스에 비하면 다소 길지 않더라도 목표물을 찾아 나서야 한다는 점에서는 다르지 않다. 둘째로, 그녀는 홀로페르네스가 자신의 공간에서 안전하다는 느낌을 이용해야 한다. 그러니까 두 이야기에서 적대자들을 죽이는 장소는 모두 전쟁터가 아니라는 사실을 말하는 것이다. 다음으로 홀로페르네스는 메두사와 마찬가지로 살해당할 때 의식이 없었다. 그렇지 않았다면 적장의 우월한 힘에 제압당한 채 다른 결과를 낳았을지도 모른다. 그리고 마지막으로 유딧은 페르세우스와 마찬가지로 실제 이 같은 임무를 완수하기 위해 전적으로 신의 도움에 기댄다.

그러나 차이점 또한 매우 중요하다. 홀로페르네스는 이 이야기에서 침략자다(물론 당신이 아시리아인들에게서 해명을 들을 수 없는 한은 말이다). 그는 도시 전체에 식량과 마실 물의 공급을 차단했다. 게다가 유딧은 도시가 어쩔 수 없이 무릎을 꿇기 며칠 전, 절박한 상황에서 적장의 목을 끊었다. 물론, 페르세우스도 마찬가지로 고르곤 퇴치 원정에 내몰렸다고 생각할 수도 있으나 왕을 위해 예상 밖의 물체를 가져오라는 요청을 받는 것은 (비록 그 왕이 당신의 어머니와 결혼하려고 하는 악당일지라도) 남성과 여성, 그리고 아이들을 목마름과 굶주림으로부터 구하려고 하는 목적보다는 도덕적이지 않을 것이다. 유딧은 살인으로 오히려 수많은 사람의 터전인 도시를 구할 수 있기를 바랐다. 페르세우스는 어떤가? 그는 메두사를 죽인 다음 수백 건에 달하는 살인을 더 저지른다. 핀다로스의 10번째 〈피티아 송가Pythian Ode〉에서[41] 그는 섬에 사는 사람들 전체를 돌로 만들어 버리는가 하면, 오비디우스는 페르세우스가 자기 결혼식에서 시비가 붙어 싸우다가 200명을 돌로 만들어버렸다고 말했다.[42] 결혼식 케이크가 하객들에게 다 돌아갈 만큼 충분하다고 알려주고 싶을 때 이 방법을 써먹어도 괜찮겠다.

피렌체에서 메두사의 머리가 있는 첼리니의 페르세우스에서 불과 몇 미터 떨어진 곳에는 도나텔로Donatello의 〈유딧과 홀로페르네스〉의 청동상을 복제한 조각상이 있다. 1460년경에 만들어진 진본은 인근의 베키오궁에 있다. 검을 들어 올리는 유딧의 턱에 놀라울 정도로 힘이 들어가 있다. 다음 공격에 대비해 마음을 다잡는 동안 앙다문 턱이 앞으로 튀어나와 있다. 두 인물 모두 보기에 점잖은 천을 걸치고 있는데 홀로페르네스의 맨 가슴을 드러내는 청동은 근육의 세밀한 묘사 없이 표현되었다. 첼리니가 보여준 페르세우스의 탄탄한 몸놀림은 그 어디에도 없다. 아르테미시아 젠

틸레스키Artemisia Gentileschi의 〈홀로페르네스의 목을 자르는 유딧Judith Beheading Holofernes〉도 비슷하다. 이 작품은 1611년~1612년에 그려진 그림으로 현재 나폴리에 있는 카포디몬테 국립미술관Museo Nazionale di Capodimonte이 소장하고 있다. 여기에서 유딧과 그녀의 하녀는 가사일을 하며 자연스레 몸에 밴 효율성을 바탕으로 이 적장의 목을 끊어 놓는 과업을 착수한다. 이 끔찍한 장면에서 그 어떤 것도 에로틱하게 표현되지 않는다. 유딧은 남편이 먼저 세상을 떠났지만 온전히 순결을 지키며 살아가고 있다.[43]

반대로, 메두사의 목을 자르는 행위에는 항상 성적인 요소가 있는 것 같다. 프로이트는 그것을 거세 신화로 여겼다. 뭐든지 남성의 경험에 비추어 생각하려고만 하니 목이 잘린 쪽이 메두사고, 따라서 그녀가 남성보다는 여성의 전형에 더 적합할 수 있다는 사실을 알아차리지 못하는 모양이다. 이 또한 프로이트식 오류가 아닐는지. 메두사 이야기에 담긴 성적 특징에 관한 심리학적 해석을 찾고 있다면 여성의 눈길이 지닌 위력에 대한 지속적인 두려움을 나타낸다고 제안하는 편이 확실히 더 타당할 것이다.

성적인 분위기로 가득한 메두사의 표현 방식은 오늘날까지 계속되고 있다. 그녀를 연기하거나 화보를 찍은 여성들을 보자. 영화 〈퍼시 잭슨과 번개도둑〉의 우마 서먼. 남성 잡지인 GQ의 표지에 실린 (데미안 허스트가 연출한) 알몸의 메두사 리한나는 풍성한 뱀 머리카락에 뱀의 눈을 연상케 하는 콘택트렌즈를 끼고 부츠를 신었다.[44] 이 아름다운 여성들은 메두사의 이중성(또는 적어도 하나의 이중성)을 여러모로 활용한다. 그녀는 괴물인 동시에 성적 매력이 뛰어난 여성이다. 사실, 현대 문화에서 메두사를 성적으로 묘사하지 않은 표현을 찾기가 더 힘든 지경이다. 〈레고 무비The Lego movie〉가 그것을 잘 만들어내긴 했지만.[45] 물론, 짧게 말하자면, 그녀의 레고 뱀 머리카락은 특별히 마음에 든다.

고대 작가가 메두사를 괴물로 보지 않을 때조차 메두사의 매력은 분명히 그녀의 이야기에서 밑바탕에 깔린 요소다. 2세기의 지리학자 파우사니아스는 메두사의 이야기에서 환상적인 요소들을 걷어내고 논리에 부합하는 사실들만 취해 설명하겠다고 제안한다.[46] 파우사니아스에게 메두사는 트리톤 호수 근처에 사는 리비아인들을 다스린 전사의 여왕이자 사냥을 즐기며, 리비아인들을 전투로 이끈 사람이다. 어느 날, 메두사는 그녀의 군대와 진을 치고 머무르던 중에 한밤중 페르세우스(적진의 지도자)의 손에 목숨을 잃는다. 파우사니아스는 심지어 죽는 순간에도 그녀의 아름다움에 감탄하면서 페르세우스는 머리를 떼어 그리스인들에게 보여주었다고 전했다. 이 이야기가 환상적인 요소를 걷어냈다고는 하지만 여성에 대한 성적 공포와 대상화만큼은 잃지 않고 살아남았다.

메두사를 묘사한 초기의 여러 모습 중 하나로 돌아가서 결론을 내보자. 여기에서 메두사는 (대부분 신화가 우리에게 들려주었듯이) 그녀의 잘린 목에서 완전한 모습으로 태어난 자손들, 즉 날개 달린 말 페가소스와 거인 크리사오르와 함께 있다. 그럼에도 불구하고 이 조각품은 - 원래 케르키라 섬(오늘날 그리스 서해안의 섬과 그 항구 도시인 코르푸)에 있는 아르테미스 신전의 페디먼트에 세워져 있었으나 현재는 코르푸의 고고학 박물관에 전시되어 있다 - 여전히 머리가 상당히 달라붙어 있는 메두사의 모습을 보여준다.

고대 신전과 페디먼트에 있는 조각상들은 기원전 6세기 초로 거슬러 올라간다. 여기에서 우리는 가장 이상하고 기괴한 메두사의 모습을 볼 수 있다. 삐죽 내민 보기 싫게 둥글납작한 혓바닥이며 머리카락에서 미끄러지듯이 기어 나오는 뱀, 그리고 짧은 드레스에는 한 쌍의 뱀이 벨트처럼 그녀의 허리를 휘감고 있다. 뱀의 몸은 서로 뒤엉켜 있고, 뱀 머리는 메두사의 가운데 몸통을 가로질러 마주 보고 있다. 그녀의 머리와 몸은 똑바로 보는 이들을 향하고 있으나 옆으로 질주하는 듯한 그녀의 다리는 마치 살인범을 피해 도망치고 있는 것 같다. 메두사 옆에는 두 자녀가 있는데 그녀보다는 조각의 상태가 온전하지 않다(이 조각상은 다공성 석회암으로 만들어졌다). 페가소스와 크리사오르의 뒤에는 커다란 고양이, 사자 혹은 표범이 보인다. 이는 메두사를 potnia therōn, 즉 야생 동물의 여왕인 아르테미스 여신의 역할과 결부되게 한다. 우리가 이를 야생 동물에 대한 두려움을 없애기 위한 일종의 액막이 장치로 해석한다면 초기 고르고네이아에서 보이던 메두사의 얼굴이 기분 좋게 떠오를 것이다. 아르테미스는 야생 생물을 통제한다. 그리고 여기 뱀과 큰 고양이에게 둘러싸인, 아르테미스 신전에서 당당하게 자리를 지키고 있는 메두사가 있다. 이미 미지의 야생에 대한 우리의 두려움이 조금 더 다루기 쉬어진 것 같다.

메두사라는 이름에 '지배자' 혹은 '수호자'라는 뜻이 담긴 것 역시 조금도 이상하지 않다.[47] 그녀는 본래 괴물이자 보호자다(내가 이 글을 쓰는 동안 작은 적갈색 고르고네이온이 내 책상에서 나를 올려다본다). 나는 항상 그녀를 위협으로 바라보기보다는 보호해주는 존재로 바라본다. 실제로 메두사에게는 양면성이 존재한다. 그녀는 아름답지만 흉측하고, 또 자매가 둘이 있어도 여전히 외롭다. 그녀는 신화 속 두 생명체의 어머니이자 한 생명을 살해한 장본인이기도 하다. 잠이 들어 잠시 무력해진 순간에 맞이한 죽음, 그러나 그녀는 죽어서도 강력하다. 그녀는 죽어가면서 생명을 탄생시킨다.

메두사의 양면적 본성을 마지막 실례로 들어보겠다. 아스클레피오스Asclepius 신은 치료술을 익히고 난 뒤에 죽어가는 사람을 구하고, 심지어는 죽은 자마저 일으켜 세운다. 아폴로도로스는 (페르세우스의 이야기를 끝내고 한 참 뒤에) 이것이 아테나 여신이 아스클레피오스에게 건넨 고르곤의 몸에서 흘러나온 두 방울의 혈액에서 비롯했다고 이야기한다.[48] 메두사의 몸의 왼쪽에서 흘러나오는 피는 생명을 앗아가지만, 몸의 오른쪽에서 흘러나오는 피는 sōtērian, 즉 구원과도 같다. 메두사는 항상 우리를 구해줄 괴물이었고, 지금도 변함없다.

V

아마존 전사들

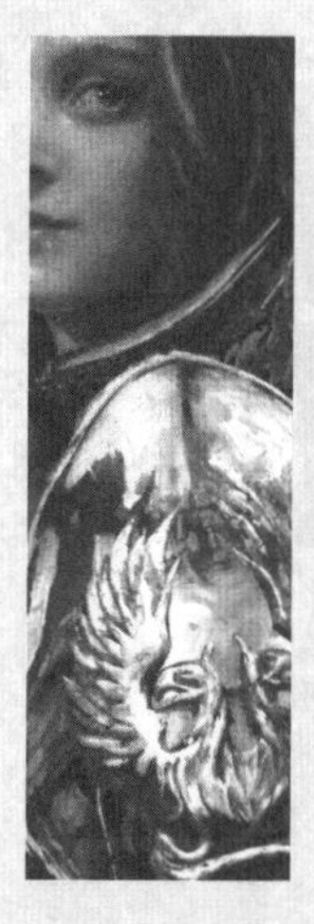

The Amazons

그 메시지는 간단하다.
여성들은 떨어져 있을 때보다
뭉치면 더 강하다는 것이다.

아마존은 '황금 방패로 몸을 가리고, 은도끼를 휘두르며, 남자를 사랑하고, 사내아이를 죽이는 여성 종족'이었다.[1] 기원전 5세기 레스보스의 역사가 헬라니코스Hellanikos가 과연 이들을 칭송하려고 이 단어들을 열거한 것은 아닐 것이고, 확실히 그의 말을 들으니 나는 그들과 결속하고 싶은 기분이 들었다. 헬라니코스가 아마존 여성들의 무예와 야만적인 습성에 한정하여 이야기하려는 것이라면 굳이 남자를 사랑하는 종족이라는 요소를 언급할 필요가 있을까? 남자를 사랑하는 것이 그 자체로 비정상적이고 야만스러운 여성의 표시가 아닌 한은 말이다. 사내아이를 죽이는 풍습은 아마존족이 어떻게 여자만 남게 되었는지에 대한 그의 설명이다. 그들은 어떤 식으로든 남자아이를 없앤 것이 틀림없다. 하지만, 위에서 언급했듯이, 많은 고대 사회는 그들이 힘없고 나약하다고 판단한 남자 아기 (혹은 여자 아기)를 죽이거나 내다 버리는 데 전혀 문제가 없었으므로 선택적 유아 살해에 대한 그의 반감이 아마도 우리가 바라던 것만큼 그렇게 뚜렷하지는 않을 것이다.

그리스인들은 종종 야만족인 이 여성들에게 매료되었다. 그리스인과는 대조적으로 이들이 그리스인들과 싸웠기 때문일 것이다. 아마존 부족은 고대 그리스 화병 그림에서 (헤라클레스 다음으로) 두 번째로 자주 나오는 인기 있는 신화적 인물이다.[2] 1,000명 이상의 아마존족들이 화병에 등장한다. 실제로[3], 60개 이상의 아마존 종족 이름이 그 화병에 그려져 있다. 그렇다면 남성성과 여성성, 문명과 야생, 현실과 환상 사이에서 존재하는 이 여성들이 고대 작가들, 특히 예술가들에게 그토록 강렬한 인상을 준 것은 무엇일까? 그리고 또 우리는 어떻게 그들을 놓치게 되었을까? 사람들 대부분은 헤라클레스, 테세우스 혹은 아킬레우스라는 이름은 잘 읊는다. 하지만 각각의 영웅과 관련이 있는 아마존 여성들(히폴리테, 안티오페, 펜테실레이아)은 잘 떠올리지 못한다. 그리고 그럴 때 정당한 이유가 있는 경우는 거의 없었다.

그러나 우리는 아마존을 하나의 부족 또는 집단으로 생각해야 한다. 이 여성들에게서 가장 눈에 띄는 점 가운데 하나가 그들의 집단적 본성이기 때문이다. 그들은 대개 함께 발견된다. 예를 들어 트로이아 전쟁에서 보이는 남성 영웅들에게 만연한 승자 독식 정신과 극명한 대조를 이룬다. 호메로스의 《일리아스》 제1권에 등장하는 아킬레우스를 보자. 그는 아가멤논이 자신의 공적을 무시했다고 여겨서 어머니(바다 요정 테티스)에게 제우스신께 선처를 구하여 적대적인 트로이아를 도와주라고 간청한다. 아주 잠깐 그의 동료였던 그리스 병사들은 이제 개인의 영광을 위한 그의 원정에서 부수적인 피해에 불과하다. 아이아스(라틴어로는 Ajax, 아약스)는 또 어떤가? 그리스의 영웅 아이아스는 오딧세우스에게 아킬레우스의 갑옷을 빼앗기자 분한 나머지 미친 듯이 날뛰며 자신의 예전 전우들을 죽이려 들었다(그들은 전우인 아킬레우스가 죽은 후 갑옷을 놓고 겨루자고 제안했고, 그리스인들이 오딧세우스의 손을 들어주었다). 그의 끔찍한 범죄는 아테나만이 막을 수 있다. 그녀는 아이아스의 혼을 빼놓고 그가 전우들을 학살하는 것으로 믿고 있을 때 실은 가축을 도륙하게 한다. 한참 후 자신이 한 일을 깨닫고 아이아스는 결국 수치심에 스스로 목숨을 끊고 말았다.

다시 말해서, 트로이아에서 싸우는 그리스인들의 영웅적 사고방식은 본질적으로 이기적이고 자기중심적이다. 예외가 있긴 하더라도(가령, 파트로클로스에게 보여준 아킬레우스의 헌신이나 다친 동료를 치료하려는 파트로클로스의 갈망처럼) 《일리아스》와 소포클레스의 아이아스는 개인주의적인 영웅의 전형을 보여준다. 이뿐만이 아니다. 만약 당신이 사람 위에 서 있는 위대한 지도자 오딧세우스가 어떤 인물인지 알고 싶다면 그가 트로이아에서 항해를 시작한 이타카인 중 얼마나 많은 이타카인이 그와 함께 집으로 돌아왔는지 세어 보면 된다. 정답은 0명이다. 오딧세우스는 자기 자신만의 모험, 괴물과 작은 불상사를 경험한 것으로 영웅이 된다. 그러나 그는 당신이 죽고 싶지 않다면 절대 옆에 붙어 있어서는 안 될 사람이다. 오히려 그는 여행 중에 동지를 잃어도 그 불쌍한 사람이 없어졌는지도 모르고, 따라서 땅에 묻어줘야 한다는 사실조차 알아차리지 못하는 남자다. 엘페노르Elpenor는 그의 혼령이 오딧세우스의 지하세계 여행을 포착하고 늦게라도 오딧세우스를 만나 그의 운명을 한탄하지 않았더라면 영원히 땅에 묻히지 못했을 것이다.

이 남자들과는 달리, 아마존 부족은 서로 함께 싸운다. 코인토스 스미르나이오스Quintus Smyrnaeus의 〈트로이아 함락Fall of Troy〉에서[4] 펜테실레이아는 트로이아 전쟁 후반기에 아킬레우스와 싸우기로 하고 열두 명의 아마존 전사들과 함께 길을 나선다. 코인토스는 이들 열두 명의 이름을 모두 열거한다. 아마존의 전사들이 전투에서 계속 살아남도록 도와주는 것은 극도의 부족적 본성이다 - 아마존은 일반적으로 우리가 가지고 있는 화병 그림과 조각품에서 함께 맞서 싸우는 모습을 보여준다 - 하지만 이러한 충성심은 또한 그들의 안전을 위태롭게 할 수 있다. 화병 화가들이 수십 명의 아마존 여성들의 이름을 나열하고 있기는 하지만, 우리는 보통 한 커플의 이야기에 주목하는 경향이 있다. 이 중 오늘날 가장 잘 알려진 것은 아마도 히폴리테Hippolyta일 것이다. 히폴리테는 아마존의 여왕이자 전쟁의 신 아레스의 딸이었다. 히폴리테는 아버지에게서 뛰어난 무예뿐만 아니라(로도스섬의 서사 시인 아폴로니우스는 그녀를 philoptolemoio, 즉 '호전적'이라고 묘사했다)[5], 그 유명한 허리띠도 물려받았다. 아폴로도로스는 그것을 Areos zōstēra[6] 즉, 아레스의 허리띠라고 부른다. 헤라클레스(그의 이름은 로마인들에게 붙들리기 전까지 헤라클레스가 아니었다)가 아홉 번째 과업에서 찾으려고 하는 것이 바로 이 허리띠다. 그런데 이 단어를 히폴리테의 거들로 표현하는 번역가들이 있어서 여간 거슬리는 게 아니다.

이 번역은 우리가 〈한여름 밤의 꿈〉에 등장하는 40분 안에 지구 한 바퀴를 돌고 오는 퍽Puck[영국 민화에 나오는 작은 요정-역자 주]처럼 성별 구분이 없는 거들을 생각한다고 해도 기이한 선택이다[7](오늘날 많은 사람에게 '거들'이라는 단어는 속옷을 의미한다. 나의 할머니 세대의 여성들이 그 속옷을 입었다. 내가 어렸을 때 가끔 빨랫줄에서 그것들을 본 적이 있다. 그 축축한 고문 도구를). 이렇듯이 언어를 옮기는 과정에서 히폴리테가 왜곡되고 폄하되는 것은 정말이지 유감스러운 일이다. 그녀는 여성을 구속하는 속옷이나 허리에 차는 단순한 매듭을 매고 있는 게 아니다. 그녀가 착용하고 있는 것은 전투용 벨트war belt(워 벨트)다. 그녀의 허리띠를 설명하는 데 사용된 그리스어 단어는 zōstēr인데, 이는 남성 전사가 무기를 들고 있을 때 착용하는 전투용 벨트를 설명할 때

쓰는 단어와 똑같다. 여성용 벨트를 지칭할 때 사용하는 zōnē라는 단어는 전쟁이나 전투와 같은 의미가 함축되어 있지 않다. 처음으로 우리는 그리스어보다 영어로 좀 순화해서 표현하기 위해 정확한 번역이 희생되었음을 알게 되었다. 에우리페데스, 아폴로도로스, 로데스의 아폴로니오스, 디오도로스 시켈로스Diodorus Siculus 및 파우사니아스 모두 조스테르zōstēr라는 단어를 사용한다.[8] 이 모든 이들에게 히폴리테는 전사였다. 따져볼 것도 없이 분명했다.

오히려 따져봐야 할 것은 따로 있다. 바로 화려하고 장식적인 요소다. 아마존 부족은 의복 선택, 여성으로만 구성된 사회, 전투 기술로 점잖은 그리스 규범에서 자신들을 분리했다. 맨발에 다양한 길이의 튜닉과 커튼을 입는 그리스 남성이나 여성과는 달리 아마존 사람들은 바지나 레깅스 위에 튜닉 상의를 입었다.

대영박물관에는 기원전 480년경[9]에 만들어진 약 15cm 높이의 가느다란 도자기 향수병이 있다. 그 병은 아름다운 흑백의 여인상으로 장식되어 있는데, 여성이 고개를 돌리고 있어서 우리는 그녀의 길고 곱슬곱슬한 머리가 뒤로 묶여 있음을 알 수 있다. 그녀는 아마도 아마존 여성일 것이다. 왜냐하면 그녀는 우리가 곧 보게 될 아마존 여성으로 확인된 인물이 입는 스타일로 옷을 입고 있기 때문이다. 여성은 허리를 단단히 조이는 튜닉 상의 아래에 다리가 곧게 뻗은 검은색 레깅스를 입고 있다. 그것은 선과 점으로 이루어진 흑백의 패턴으로 표현되는 linothorax (접착제 붙인 아마 섬유나 가죽으로 만든 보호복)이다. 오른손에는 아마존이 애용하는 무기인 도끼가 들려져 있고 허리에 묶인 화살통도 보인다. 그녀의 옷 스타일이 한창 시대에 뒤떨어졌다는 건 누가 봐도 자명한데, 이 작은 병을 감상하기 위해 박물관으로 걸어들어오는 사람과 그녀를 구별하는 유일한 것은 무기들 뿐이다.

당신이 그녀를 공격한다면 튜닉 상의가 그녀를 보호할 것이라는 사실과 더불어서.

다리에 딱 붙은 천이 (때로는 튜닉의 긴 소매도 있음) 붉은 그림 화병에 놀라운 기하학적 디테일로 표현되어 있다. 뉴욕 메트로폴리탄 미술관에 있는 크라테르(기원전 5세기 중반에 영광스럽게 명명된 울리 사티로스Woolly Satyrs의 것으로 생각됨)는[10] 아마조노마키Amazonomachy - 고대 그리스인과 아마존 부족 사이의 전투를 보여준다. 아마존 사람들은 복잡한 디자인이 그려진 레깅스를 입고 있다. 바둑판 모양의 정사각형, 촘촘한 지그재그, 마름모꼴 격자 안에 있는 할로우 다이아몬드 무늬 등 모양도 가지가지다. 갑옷 튜닉을 착용하고 있는 사람도 있고 장식된 모자를 쓴 사람도 있는가 하면 큰 고양이 가죽 망토를 두르고 있는 사람도 있다. 그의 손이 그녀의 허벅지에 매달려 있다. 두 그리스 남자가 이 여성들과 싸우고 있다. 그들은 반대 방향을 바라본다. 보는 이의 왼쪽에서 가장 가까운 곳에 있는 전사가 막 내려왔다. 그는 말을 탄 아마존 여성이 그에게 던지는 창을 피하려 둥근 방패 뒤에 숨었다. 우리는 맨발인 그의 발바닥을 볼 수 있다. 반면, 아마존 여성은 끈으로 묶는 발목까지 오는 부츠를 신고 있다. 다른 그리스인은 창을 뒤로 당겨 앞에 있는 두 아마존 여성을 공격한다. 두 여성 모두 팔을 들어 올리고 커다란 도끼를 휘두르고 있다. 항아리 주변을 따라가면 동료들을 돕기 위해 전차를 타고 질주하는 남자들의 모습도 보인다.

이 장면에서 몇 가지 눈에 띄는 것을 살펴보자. 첫 번째는 아마존 여성들이 그리스인들보다 훨씬 더 화려하게 옷을 입었다는 점이다. 남성용 일반 튜닉이 정교하게 장식된 방패와 대조를 이루긴 하지만 아마존 사람들의 패턴과 질감이 훨씬 다채롭다. 두 번째는 이 전투가 꽤 대등해 보인다는 점이다. 누가 이겼을까? 결과가 궁금해진다. 비록 한 사람이 쓰러져 있고 한 사람은 수적으로 열세지만 더 많은 전사가 전투에 참여하기 위해 달려오고 있다. 아마존 여성이 말을 탄 것처럼 남자들은 홀로 싸운다. 걸어온 두 여성은 동지들과 함께 팔짱을 끼고 싸운다. 이것이 디오도로스 시켈루스가 아마존 여성들은 '힘이 뛰어나고 전쟁을 간절히 바란다'고 말할 수 있는 이유다.[11] 이 여성들은 공격을 받았기 때문에 싸우는 것이 아니라, 타고난 전사이기에 싸우는 것이다. 이 그림의 또 다른 흥미로운 특징은 두 명의 아마존 여성이 휘두르고 있는 도끼의 형태다. 손잡이는 길고 가느다랗고, 칼날은 날카롭게 뾰족하다. 아마존은 이 특정 유형의 무기(라틴 이름으로는 securis)와 매우 밀접한 관련이 있다. 가이우스 플리니우스 세쿤두스Pliny the Elder는 트로이아에서 싸운 아마존 여왕 펜테실레이아가 그것을 발명했다고 알려준다.[12] 아마존 부족은 존경받는 전사들일 뿐만 아니라, 전쟁 기술의 혁신가였다. 호메로스가 그들을 antianeirai[13], 즉 '남성과 동등하다'라고 칭한 것도 놀라운 일이 아니다. 호메로스는 또한 트로이아 전쟁의 위대한 전사들이 착용했던 가죽과 금속 벨트와 같은 전쟁 벨트를 설명하면서 다른 작가들이 히폴리테의 허리띠에 사용하던 것과 같은 단어인 zōstēr라는 단어를 쓴다.

그러니까 헤라클레스가 히폴리테의 허리띠를 가져와야 하는 과업을 받아들고 그가 찾아 나선 것은 바로 이 물건이다. 여기에서 한 남성, 특히 다중적이고 복잡하며 때로는 폭력적인 관계로 정평이 난 한 남성에게 특정한 여성의 옷, 특히 허리나 엉덩이에 두르는 옷을 벗겨 내려는 데에는 성적인 은유가 다분하다. 그러나 zōstēr라는 단어를 '전쟁 벨트'가 아닌 다른 단어로 번역함으로써 그것을 전달하려는 시도가 더 혹독한 대가를 치르게 한다. 히폴리테는 더 나은 대접을 받을 가치가 있다. 게다가, 헤라클레스의 모험에는 종종 성적인, 실제로 언외로도 성적으로 매우 공격적인 의미가 내포되어 있다. 우리는 헤라클레스가 잠시 실성하여 그의 아내와 아이들을 죽인 대죄에 대한 속죄로 그의 과업을 수행하고 있다는 점을 기억해야 할 것이다(이 부분은 디즈니 애니메이션 영화 〈헤라클레스Hercules〉에서는 신중하게 생략되었다. 중요 내용을 생략했음에도 그리스 신화를 영화로 각색한 것 중에서는 이 영화가 가장 마음에 든다.)

헤라클레스는 아마존 여전사들의 고향에 도착한다. 리비아에 있다고 말하는 이들도 있으나 보통은 흑해 남쪽 해안의 테미스키라Themiscyra에 있었던 왕국으로 가장 잘 알려져 있다. 아마존 여성들이 그를 따뜻하게 맞아준 것은 아마도 의외일 수 있다. 전사인 여성들은 그를 공격하지 않는다. 그 대신, 메트로폴리탄 미술관이 소장하고 있는 기원전 4세기 도기류 파편에 묘사된 장면에서 우리는 히폴리테와 그녀의 여전사들이 몸소 나와 그를 환영해주는 모습을 볼 수 있다.[14] 어딘지 거북해 보이는 헤라클레스가 서서 히폴리테에게 그의 불편한 심기를 드러내 보인다. 그의 치켜올린 눈썹과 휘둥그레진 눈을 보면 그가 불안해하고 있음을 알 수 있다. 아마존 여전사들이 도끼로 무장한 채 그를 둘러싸고 있어서 그가 놀란 것 같다. 히폴리테는 손님 앞에 조용히 앉아 있다. 그녀는 허리띠를 착용하고 있다(동글납작한 금속이 박힌 가죽 벨트처럼 보인다). 아마도 이것이 그가 차지하고 싶은 바로 그 물건일 것이다.

우리는 아폴로도로스의 《도서관Bibliotheca》에서 이 이야기의 더 자세한 내용을 볼 수 있다. 에우리스테우스Eurystheus는 헤라클레스에게 딸 아드메테Admete를 위해 히폴리테의 허리띠를 가져오라고 명령한다. 우리는 여기에서 히폴리테에 대한 몇 가지 정보를 더 알 수 있다. 그녀는 테르모돈Thermodon강 주변에 사는 전쟁에 능한 아마존 부족을 다스리고 있다.[15] 아폴로도로스는 그들의 삶을 andrian, 즉 '남성적'이라고 묘사하는데, 나아가 그는 아마존 부족 이야기에 등장하는 더 이상한 신화 중 하나를 다시 끄집어낸다. 바로 그들이 창을 던지거나 화살을 쏘는 데 방해가 된다며 한쪽 가슴을 다림질했다는 것이다(때로는 더 극적으로 잘라냈다고도 함). 이는 일찍이 문헌(아폴로도로스는 서기 1세기 또는 2세기에 글을 썼다) 상에서 혹은 시각적 표현에서 드러난 관례가 아니다. 위에 언급된 화병 그림 중 어느 것도 가슴이 하나인 아마존 여전사의 모습은 찾아볼 수도 없을뿐더러 아마존 여전사 중 누구도 각자 무기를 다루는 데 고군분투하는 것처럼 보이지 않는다. 실제로 화병 그림은 종종 남다른 사냥 기술로 유명한 아르테미스 여신이 활과 화살을 들고 있는 모습을 보여주는데 그녀는 몸통에서 팔을 쭉 뻗은 채 활을 잡고 있다. 가슴이 매우 풍만하더라도 방해가 되지 않는다.[16]

그렇다면 이 기이한 유방 절제 아이디어는 도대체 어디에서 비롯되었을까? 그리스인들은 우리가 민속 어원이라고 부르는 것을 열렬히 신봉했지만 때로 아량이 부족한 사람이 말도 안 되는 단어로 이상하게 설명할 수도 있다. 그들은 숨어 있는 듯이 보이는 단어를 통해 이름에서 의미를 찾는 데 열심이었다(희극 작가인 아리스토파네스는 그의 연극 〈구름The Clouds〉에서 기원전 5세기 일부 지식인들의 이와 같은 어원에 대한 집착을 훌륭하게 조롱했다). 그들은 'Amazon(아마존)'이 부정 접두사 'a-'와 '유방'을 의미하는 단어 mastos에서 파생된 것으로 믿었다. 그러나 'Amazon'이라는 이름은 그리스어가 아니었다. 어떤 언어에서 차용했는지를 놓고 몇 가지 제안을 하긴 했으나 그 기원은 확실하지 않다. 우리가 알고 있는 한 가지는 그 단어가 그리스인들에게는 외래어였으며 다른 언어에서 가져온 단어라는 사실뿐이다. 그 차용어에 그리스어 의미를 부여하려는 시도는 시간이 남아도는 지식인들에게야 기분 전환이 될 수도 있었겠으나 그 이상도 그 이하도 아니다.

아드메테가 히폴리테의 전쟁 벨트를 원하는 이유에 대한 설명은 없다.

단지 그 허리띠가 그녀의 마음에 불을 질렀기 때문이다. 아마도 그녀는 아폴로도로스가 묘사하듯이 아레스의 선물이라서, 그리고 모든 아마존 전사들을 휘어잡은 히폴리테의 패권에 대한 상징이라서 그것을 열망하는 것일 수도 있다. 어쩌면 아드메테 자신도 선명한 색상의 레깅스를 입고 전투용 도끼를 맘껏 휘두를 수 있기를 바랐던 것일지도 모르겠다. 그래서 헤라클레스는 배를 마련해 항해하던 도중에 사람들과 전쟁을 벌이고 수많은 병사를 죽이고 난 뒤에야 마침내 테미스키라 항구에 도착한다. 헤라클레스에게 따라다녔을 무자비한 학살자라는 꼬리표를 고려해 볼 때 히폴리테의 행동은 지나치게 관대하다. 그녀는 무장도 하지 않은 채 몸소 마중 나와 평온하게 이 위험한 모험가에게 그가 온 이유를 묻는다.

헤라클레스가 히폴리테의 벨트를 가져가야 한다고 설명하자 그녀는 그의 말에 이의를 제기하거나 물물교환조차 하지 않고, 단지 그것을 그에게 주기로 약속한다. 이것은 우리가 예상했던 호전적인 야만족 여성의 행동이 아니다. 히폴리테가 자신의 귀중한 허리띠를 굳이 생면부지의 남자에게 내주어야 하는 이유는 무엇일까? 게다가 헤라클레스는 그녀의 허리띠를 그저 자질구레한 장신구나 한 여성의 지위를 상징하는 정도로 알고 있다. 허리띠는 아레스의 선물이었고 다른 이야기에서 알 수 있듯이 신의 선물은 영웅에게 엄청나게 가치가 있다. 페르세우스는 메두사를 상대하기 위해 여러 신에게서 선물을 받았다. 하지만 히폴리테는 아무런 논쟁 없이 아버지의 허리띠를 흔쾌히 넘겨준다. 후세의 작가들은 두 영웅이 한눈에 반했으리라는 암시를 준다. 그래야 히폴리테의 아낌없는 호의가 말이 되지 않겠는가. 이 야만족 여성이 일말의 거리낌도 없이 자신의 전투 장비를 내준다는 건 아무리 생각해도 너무 이상해서 참을 수가 없다. 그러니까 틀림없이 저 둘 사이에는 로맨스가 감돌고 있었을 것이다. 그러나 이 기록보다

400~500년 더 오래된 메트로폴리탄 미술관 도기류 파편을 보면 우리 눈에는 그저 관대한 모습만 들어올 뿐이다.

이 상서로운 시작에도 불구하고 아마존과 그리스인은 결국 싸우게 된다. 가해자 측은 (그리스 신화에 단골로 등장하는) 헤라 여신으로, 그녀의 악의는 끝이 없으며 무척 다각적이다. 헤라클레스에 대한 그녀의 증오는 흔들림이 없다. 제우스가 인간 여성인 알크메네Alcmene를 품어 그의 아버지가 되었기 때문이다. 남편의 외도로 생긴 자손들보다 헤라의 심사를 뒤틀리게 하는 것은 거의 없을 것이다. 이번에는 헤라클레스에 맞서 분란을 일으키기 위해 헤라는 자신을 아마존 전사로 변장하고 다른 여성들에게 xenoi(외국인 혐오증, 'xenophobia'라는 단어의 어원), 즉 이방인들이 그들의 여왕을 볼모로 잡고 있다고 소문을 냈다. 아마존 여전사들은 부리나케 무장하고 헤라클레스의 배에서 그와 대화를 나누고 있던 여왕에게 무슨 일이 벌어졌는지 확인하기 위해 서두른다. 말을 타고 배로 들이닥치는 한 무리의 아마존 전사들을 본 헤라클레스는 자신이 덫에 걸렸다고 추측한다. 의례적인 방문 이유를 설명하고 나서 그는 히폴리테에게 아무것도 물어보지 않고 그저 히폴리테를 죽이고는 벨트를 챙긴다. 플루타르코스Plutarch는 이에 그치지 않고 그에게 그녀의 도끼를 빼앗도록 한다[17](허리띠를 순수하게 성적 상징물로만 이해하려는 사람들은 이 부분을 간과하는 경향이 있다. 여성의 격투용 도끼가 무엇을 나타내는지 상상하기 꺼리는 사람도 있을 것이다. 당연히 프로이트는 전혀 도움이 되지 않으리라 확신한다). 헤라클레스와 그의 부하들은 아마존 여전사들과 한바탕 싸움을 벌이고 나서 트로이아를 향해 다시 기나긴 항해를 떠난다. 히폴리테의 관대함은 살인자의 편집증 앞에서 한낱 무가치한 일이었을 뿐이다.

파우사니아스는 《그리스 이야기Description of Greece》에서 헤라클레스의 과업이 올림피아의 제우스 신전에 새겨져 있다고 알려준다. 히폴리테의 허리띠를 가져오는 것은 문 위쪽에 새겨져 있다. 또한, 제우스 조각상(금과 상아로 장식된 거대한 인물)의 왕좌 바닥에는 아마조노마키, 즉 고대 그리스인과 아마존 사이의 전투 장면이 있다. 파우사니아스는 헤라클레스가 아마존과 싸우는 이 장면을 보고 양쪽에 있는 병사의 수를 세었다. 29명. 아울러 그는 테세우스가 헤라클레스와 함께 싸우고 있다고 언급한다.

각 신화의 일부 버전에서 테세우스와 헤라클레스는 파우사니아스가 감탄하며 바라보는 돋을새김에서처럼 아마존 부족에 맞서 협력한다. 다른 버전에서 테세우스는 헤라클레스가 아마존족과 싸운 이후에 따로 아마존을 향해 항해를 떠난다. 전기 작가인 플루타르코스는 《테세우스의 생애 Life of Theseus》에서 이러한 이야기의 변형에 대해 논한다.[18] 그가 발견한 이 이야기의 가장 초기 판형에서 테세우스는 아마존족의 안티오페Antiope를 선물로 받는데, 이는 그녀의 자매들과 벌인 싸움에서 그가 보여준 용맹함에 대한 보상이었다. 그러나 플루타르코스는 이것이 설득력이 없음을 알아냈다. 그는 헤라클레스 원정대에 있는 그 누구도 아마존족을 포로로 잡지 않았다고 설명한다. 그러면서 플루타르코스는 다른 설명이 더 이치에 맞는다고 한다. 그는 테세우스가 속임수로 아마존을 빼앗았다고 주장한 작가 비온Bion을 언급한다(이것은 여성을 대하는 테세우스의 태도와도 잘 맞는다. 플루타르코스가 담담하게 말했듯이, 딱히 좋은 시작도 행복한 결말도 없었던 테세우스의 결혼에 관한 이야기들은 더 있다).[19] 비온은 아마존족이 천성적으로 philandrous, 남자를 좋아하기에 테세우스에게서 달아나지 않고 오히려 손님을 환영하는 뜻에서 그에게 선물을 보냈다고 이야기한다. 그는 선물을 배로 가져온 바로 그 아마존 여성을 초대하고 그녀를 여전히 배에 태운 채로 항해를 시작했다. 그 후 이것은 두 번째 아마조노마키의 원인을 제공한다. 아마존족이 잃어버린 자매 안티오페를 되찾기 위해 아테네를 침공했을 때다. 플루타르코스는 이 아마존 전쟁은 테세우스에게 절대 사소한 일이 아니었다고 말한다. 그는 이 무시무시한 전사들과 싸우는 위험을 과소평가하지 않았으며, 우리도 그렇게 해서는 안 된다. 플루타르크는 아마존족이 주변 국가를 정복하는 데 두려움을 모르지 않았더라면 Pnyx와 Museion(아테네 중심부에서 멀지 않은 두 개의 언덕) 사이에 진을 치고 백병전을 벌이지 않았을 것이라고 덧붙였다. 즉, 아마존족의 침략은 인상적이다. 그들은 도시를 차지하기 전에 주변 지역을 확실히 통제한다. 테세우스가 도시 전체를 마음대로 쓸 수 있음에도 불구하고, 전쟁은 3개월 동안 지속된다. 플루타르코스의 문헌 중 하나인 클레이데모스는 히폴리테가 양측의 조약을 맺으면서 교전이 끝났다고 말한다(클레이데모스는 안티오페에게 히폴리테라는 이름을 주었다). 비극 시인인 아이스킬로스는 아테네에서 싸우는 아마존족의 모습을 묘사하면서 테세우스가 세운 성채에 대항하기 위해 아레스 언덕에 그들만의 요새를 지었다고 상상한다.[20] 다시 말해, 이 아마존족의 전투는 단순한 싸움이나 게릴라 유격전이 아니라 전면적인 포위전이었다.

우리가 아마존 신화의 다른 부분에서 보았듯이, 이 이야기에는 다양한 버전이 있다. 일부 출처에서는 테세우스와 함께 싸웠던 여성(플루타르코스는 확실한 이름에 대해 단념한 듯이 보인다)이 몰파디아Molpadia라는 또 다른 아마존 여전사에 의해 죽음을 맞았다고 전한다. 다시 말해, 이 버전의 안티오페는 그녀를 되찾으러 온 아마존 종족에 맞서 싸운다. 하지만 플루타르코스는 우리에게 이 이야기가 아주 오래되었다는 사실을 상기시킨다. 그러니 떠도는 온갖 이야기에 놀랄 필요가 없다며 우리를 안심시킨다. 하여, 또 떠도는 이야기는 이렇다. 테세우스는 파이드라Phaedra라는 여자와 다시 결혼한다. 때때로 이것은 아마존과의 전쟁을 도발한다. 왜냐하면 그가 다른 여자 때문에 안티오페를 버렸기 때문이다. 테세우스는 안티오페(히폴리테)와의 사이에서 히폴리토스Hippolytus 혹은 데모폰Demophoön이라고 불리는 아들을 낳았다. 아마존족에 관한 상반된 이야기가 많다는 사실은 아마존이 고대 세계에서 얼마나 인기가 있었는지를 보여주는 증거다. 이는 여러 이야기꾼이 오랜 기간에 걸쳐 그리스의 여러 지역에서 신화를 창조했다는 것을 의미한다. 아마도 아테네인들은 헤라클레스 이야기에서 소외되었다고 느꼈을지도 모른다. 그래서 자신들의 지역 출신의 영웅 테세우스를 어중이떠중이처럼 떠도는 이야기에 끼워 넣었을지도 모른다. 테세우스가 안티오페를 납치한 게 아니라 테세우스가 테미스키라를 포위했을 때 그녀와 사랑에 빠졌고, 테세우스가 헤라클레스에게 투항했다는 이야기가 귀에 더 솔깃했을 것이다.[21] 좋아하는 아테네의 남자 영웅을 등장시켜 안티오페의 이야기에 로맨스를 더하는 것은 물론, 그녀를 한 남자의 사랑을 위해 자매애마저 저버리는 나약한 전사로 만드는 것도 흥미롭다. 대부분의 아마존 전사들은 화병에 그림으로 표현되든, 신전에 조각되든, 역사, 전기, 시로 전해지든 서로 간의 연대가 강조된다. 그래서 안티오페의 이야기는 여성이 다른 여성을 지지한다고 생각하는 사람에게 실망감을 주는 특별한 반례를 제공한다. 즉, 아마존의 여전사라도 사랑에 눈이 멀면 그녀의 본성에서 멀어질 수 있다는 것이다. 그렇다, 이 여전사들은 강력한 전투 부대였다. 하지만 적어도 그런 방식으로 여전사 한 명을 유혹(혹은 납치)할 가능성은 있었다.

또는 단일 전투에서 한 명의 아마존 여전사와 전투를 벌일 수 있으나 그리스 세계에서 알려진 가장 위대한 전사라야 도움이 될 것이다. 그리고

그 일을 벌이기에 가장 좋은 곳은 트로이아 전쟁의 마지막 해에 일어난 아마존과 그리스의 3차 대전투일 것이다. 헤로도토스Herodotus가 말했듯이, 아마존 전사들은 트로이아 전투에서 조금도 부족함을 드러내지 않았다.[22] 파우사니아스는 이 트로이아 원정에 조금 더 당혹감을 느꼈다. 테세우스와 싸우는 아마존 전사들의 모습을 표현한 조각품을 보면서 그는 그들이 일찍이 격퇴를 당한 이후에도 열정을 잃지 않았다는 사실이 의아했다.[23] 그들은 테미스키라를 헤라클레스에게 빼앗겼고, 테세우스에게 대항하기 위해 아테네로 보낸 병사들을 잃었다. 그럼에도 불구하고 그는 그들이 트로이아에 와서 아테네인, 실은 모든 그리스인과 싸우기 위해 온 게 아닐까 곰곰이 생각해본다. 그것은 흥미로운 질문이다. 아마존 종족이 전투에서 지고도 계속 싸우는 게 그렇게 놀라운 일인가? 그것은 전사들이 하는 일이다. 이기든 지든 그들은 계속 싸운다. 그리스인은 트로이아 전쟁에서 승리하지 못한 채 9년을 보냈고, 《일리아스》 제2권에서 호메로스는 얼마나 많은 사람이 포기하고 집으로 돌아가고 싶어하는지를 보여준다. 그러나 그들은 여전히 남아 계속 싸운다. 우리는 고대 세계에서 쓰인 문헌 대부분을 잃어버렸다. 90%도 넘을 것이다. 그리고 소실된 작품 중에 〈아이티오피스Aethiopis〉라고 불리는 서사시가 있다. 그것은 《일리아스》에 이어 트로이아 전쟁 후반부의 이야기를 이어갔다. 우리가 보았듯이 《일리아스》는 짧고 격렬한 전투에서 아킬레우스의 손에 죽은 트로이아의 가장 위대한 전사인 헥토르의 장례식으로 끝이 난다. 《일리아스》의 결말은 '이렇게 트로이아인들은 말의 명수 헥토르를 땅에 묻어주었다'이다. 현대의 독자들에게 이 시는 간접적으로나마 도시의 몰락이라는 앞날을 내다보면서 끝을 맺는다. 그녀의 가장 강력한 수호자는 죽었고, 우리는 이 도시가 침략군에 맞서 그리 오래 버틸 수 없다는 것을 알기 때문이다. 그러나 《일리아스》와 〈아이티오피스〉 사이의 연결에 관한 매우 놀라운 사실을 우리에게 들려주는 호메로스 주석학자(고대 세계의 원문 대조 비평가)가 있다. 그가 손에 넣은 《일리아스》의 몇몇 판본은 다음과 같이 끝을 맺는다. '그리고 이렇게 그들은 헥토르를 땅에 묻어주었다. 그 후 남자를 죽이는 자, 마음이 넓은 아레스의 딸 아마존이 나왔다.[24] 또 다른 이문異文은 이름으로 아마존을 구별하며, 그녀의 어머니도 언급한다. '그 후 우아한 펜테실레이아, 즉 오트레라Otrera의 딸 아마존이 나타났다.

라틴과 그리스 문학에서 소실된 단편들 대부분에 대해 슬퍼해야 하는 데에는 그만한 이유가 있다. 그러나 나는 펜테실레이아와 트로이아에서 그리스인들과 싸웠던 위대한 에티오피아 왕자 멤논의 이야기를 다룬 〈아이티오피스〉에 대해 특별한 아픔을 느낀다. 우리가 트로이아 전쟁에 대해 알고 있는 대부분은 《일리아스》를 통해서다. 그런데 《일리아스》는 이 두 인물이 나타나기 전에 끝을 맺는다. 이뿐만이 아니다. 고전들은 종종 그 범위가 제한되어 있다는 비난을 받는다(부분적으로는 교육과정을 통해 고전을 가르치는 학교 수가 매우 제한적인데다 그리스-로마 시대의 거의 모든 작가가 부유하고 교육받은 소수의 엘리트 출신이었다는 부인할 수 없는 사실로부터 비롯된 것이다). 그렇다 보니 우리에게 남아 있는 문헌에서 제대로 조명하지 않은 인물들에게 초점을 맞춘 시를 잃어버렸다는 것은 특별히 고통스러운 일이다. 따라서 《일리아스》와는 다른 결말에서 펜테실레이아 이름을 언급하고, 그녀의 신성한 혈통을 우리에게 말해주는 것은 그만큼 특별한 의미가 있다. 호메로스의 전통에서 남성 영웅들은 우리에게 정확히 이렇게 소개된다. 가령, 아킬레우스는 펠레우스와 테티스의 아들로, 아가멤논과 메넬라오스는 아트레우스의 아들로 자주 언급된다. 가족 관계는 우리가 영웅을 정의하는 중요한 방법의 하나고, 그 영웅에게 (아프로디테의 아들 아이네이아스 또는 제우스의 아들 사르페돈처럼) 신성한 친족이 있을 때 영웅으로서 그들의 지위가 훨씬 더 인상적이다. 《일리아스》[25]에서 헤라가 헥토르는 필멸의 존재, 즉 인간이며, 그런 필멸자인 여인의 젖을 먹고 자랐는데 왜 신들이 그를 보살펴야 하느냐고 묻는 순간이 나온다. 그녀는 헥토르를 어머니가 여신인 아킬레우스와 불리하게 대비시킨다. 순수하게 인간의 혈통을 이어받은 영웅도 있을 수 있다. 그렇지만 신성한 부모를 둔 영웅이 훨씬 더 나은 대접을 받는다. 그렇기에 펜테실레이아가 우리에게 아레스의 딸로 소개되는 것은 그녀의 혈통을 단순히 알고 있다는 사실을 넘어 그녀의 영웅적 위상을 높여준다는 점에서 의미가 있다. 다른 신들이 다 헤라처럼 편파적이진 않을 것이다. 제우스는 헥토르를 신들이 가장 좋아하는 트로이아인으로 꼽는다. 왜냐하면 헥토르가 신들에게 가장 흡족할 만한 희생을 바쳤기 때문이다. 신들의 왕은 영웅이 누구의 자식인지에 덜 영향을 받는다. 심지어 영웅이 얼마나 헌신적이고 관대했는지조차 덜 관심을 둔다. 특성상 자기 자신에게만 몰두하는 일종의 자아도취형 평등주의라고나 할까. 그렇긴 해도 신들은 보통 자기 자손을 돌보는 경향이 있다. 예를 들어, 트로이아의 아이네이아스는 전장에서 그의 어머니 아프로디테에 의해 구출된다.

트로이아 전쟁의 영웅을 정의하기 위해 우리가 사용할 수 있는 그 어떤 척도를 기준으로 하더라도 펜테실레이아는 높은 점수를 받는다. 그녀는 전사이며, 우리가 봤듯이, 아마존족이 전투에서 사용한 바로 그 도끼를 발명했다. 그녀는 신, 그중에서도 전쟁의 신 아레스의 딸이다. 전사에게 이보다 더 좋은 혈통이 어디 있겠는가. 펜테실레이아는 그리스 최고의 전사 아킬레우스와 싸운다. 이뿐만 아니라, 그녀는 《일리아스》 제22권에서 아킬레우스가 거칠게 날뛰는 모습에 퇴각하는 헥토르와는 달리 이 전투를 직접 찾아낸다. 펜테실레이아는 아킬레우스처럼 영예를 위해 싸우고 있다.

그리고 헥토르와 마찬가지로 도시를 지키기 위해서 싸운다. 그녀가 싸우는 도시 트로이아가 그녀의 도시가 아니라는 것만 빼면. 그녀는 이 전투를 선택했고, 트로이아군이 그들에게 가장 굳건한 적수인 헥토르를 잃었을 때 그들의 동맹이 되기로 마음을 먹었다. 호메로스의 영웅들은 보통 자기 자신만을 생각하지만, 우리에게 펜테실레이아는 아마도 더 동정심이 많은 인물, 즉 약자를 옹호하는 인물로 다가올 것이다. 그렇다면 왜 펜테실레이아는 다른 사람의 전쟁에 참여하기로 한 걸까? 아폴로도로스가 우리에게 답을 준다.[26] 그녀는 실수로 자매인 히폴리테를 죽였다. 분명히, 우리는 히폴리테가 헤라클레스의 손에 죽는 것을 보았지만(아마존은 일반적으로 안티오페라고 부르는데, 그녀의 이름은 테세우스 신화와 관련이 많다), 여기에 그녀에 관한 이야기의 다른 버전이 존재한다. 위에서 언급한 바와 같이, 히폴리테의 다양한 운명은 그녀가 엄청나게 인기 있는 인물이었음을 시사하며, 따라서 그녀의 이야기는 그리스 전역에 걸쳐 많은 이야기꾼에 의해 전해졌을 것이다. 비슷하게 아킬레우스의 이야기에서도 여러 가지 모순된 버전을 찾을 수 있다. 펜테실레이아의 비극에 관한 자세한 내용은 코인토스 스미르나이오스의 시에 담겨 있다.[27] 그는 펜테실레이아가 실수로 여동생을 죽였기 때문에 슬픔으로 가득 차 있다고 설명한다. 사슴에게 창을 겨누었는데 빗나가 잘못하여 여동생이 죽은 것이다. 우리가 볼 수 있듯이 그녀의 이름에는 마치 비극이 일어나기를 기다리고 있는 것처럼 슬픔이라는 단어가 있다. 피붙이를 죽인 끔찍한 범죄에 대한 복수의 세 여신Furies의 추적을 두려워한 펜테실레이아는 싸우다가 궁극적으로는 죽음을 맞이함으로써, 그리고 목숨에 목숨을 대가로 인간 제물을 바침으로써 자기 자신을 정화하려고 한다.

다시 한번 말하지만, 이것은 누구에게나 하기 힘든 결정이다. 아이아스가 가축을 그의 동료들로 착각하고 마구 도륙했을 때(아테나는 아이아스의 그리스 동지들을 구하기 위해 그를 실성시켰다), 그는 뒤늦게 자신의 잘못을 깨닫고 수치스러움에 자살한다. 오레스테스Orestes는 어머니 클리타임네스트라를 살해한 죄로 복수의 세 여신에게 쫓기자 그들을 따돌리려 한다. 그들은 그리스 구석구석을 뒤져 결국 오레스테스를 찾아내 아테네의 법정에 세운다. 이 두 사람 모두 자신들이 저지른 살인에 대해 덜 자기중심적인 행위를 할 수 있는 선택안이 있었다. 아이아스는 자신의 옛 동료들을 죽이기로 하는 대신 수적으로 열세인 동맹국을 방어함으로써 속죄할 수 있었다. 오레스테스는 비슷하게 자신의 범죄에 대해 복수의 세 여신을 달래보려고 노력할 수도 있었다. 그러나 아이아스는 지나치게 수치스러워했고, 오레스테스는 지나치게 아폴로와 아테나(모든 불운한 그리스 남성을 도와줄 것 같은)의 도움에 의지했다.

펜테실레이아는 자신의 우발적인 범죄에 다른 책임을 느낀다. 그녀는 냉혹하게 자기 어머니를 죽인 오레스테스보다 훨씬 더 자기 자신을 책망한다. 복수의 세 자매가 펜테실레이아를 더 집요하게 쫓았을까, 아니면 그녀가 다른 살인자보다 더 자책하는 것일까? 이유가 무엇이든 그녀는 자기 죽음을 트로이아를 지키겠다는 다른 누군가의 이익을 위해 사용하기로 한다. 아폴로도로스에 따르면, 트로이아의 왕 프리아모스는 그녀에게 죄의 사면을 제안한다.[28] 여기에서 그가 사용하는 단어는 '깨끗하게 하다'를 의미하는 kathartheisa이며, 여기서 우리에게 익숙한 '카타르시스'라는 단어가 파생된다.

코인토스에 따르면 펜테실레이아는 12명의 아마존 여전사와 함께한다. 아마존족이 항상 그렇듯이, 그녀는 혼자 싸우지 않는다. 다시 말하지만, 이는 매우 흥미로운 차이점이다. 오레스테스는 복수의 세 여신에 의해 쫓기고, 결국 아폴론 신과 아테나 여신의 도움을 받지만 결국 혼자 재판을 받는다. 아이아스는 홀로 죽어간다. 그의 아내 테크멧사Tecmessa는 그를 구할 수 없었고, 그의 형제인 테우크로스Teucer는 그렇게 하기에는 너무 늦게 도착했다.[29] 펜테실레이아도 죄를 저질렀지만 어디까지나 실수였다(오이디푸스의 이야기는 신의 응징에 관한 한, 무지는 변명의 여지가 없음을 말해준다). 하지만 그녀는 아마존 자매들에게 외면당하지도 않았고, 혼자 용서를 구하도록 버려지지도 않았다. 그들은 모두 테르모돈에서 트로이아까지 그녀와 함께 말을 타고 왔다. 그들은 모두 함께 싸운다. 죽을 때까지.

아폴로도로스는 펜테실레이아가 마카온Machaon을 포함한 많은 그리스인을 처치한다고 말한다. 그리고 코인토스는 그녀의 전투에 대해 더 자세히 들려준다. 그에게 있어 펜테실레이아는 웬만한 남자 못지않은 영웅이며, 자신이 집필한 이야기에서 그녀를 그에 걸맞게 대우한다. 그녀와 12명의 아마존 전사들이 도착했을 때 트로이아 사람들은 뛸 듯이 기뻐했다. 코인토스는 그들을 가뭄으로 버썩 말라 버린 대지를 적신 한 줄기 단비에 비유했다. 트로이아의 왕 프리아모스는 다시 빛을 보게 되는 장님과 비교한다. 이것은 그와 그의 백성들이 기다려온 구원이다. 열세 명의 노련한 여전사들은 어쩌면 전쟁의 승산을 트로이아에 유리하게 뒤집기 충분해 보였다. 펜테실레이아는 자신을 그리스의 남성 무사들과 대등하게 인식한다. 그녀는 프리아모스에게 자신이 아킬레우스에게 달려들어 그를 해치우겠노라고 약속한다. 코인토스는 그녀를 nēpiē, 즉 '너무도 생각이 없는, '어리석은 자'라고 부른다.[30] 흥미롭게도, 《일리아스》 제16권에서 파트로클로스가 아킬레우스에게 그의 갑옷을 입고 대신 싸우게 해달라고 간청하는 장면에서 호메로스가 사용하는 것과 똑같은 단어다. 파트로클로스 역시 그에게 마지막 죽음의 운명을 초래할 애원을 하고 있으면서도 그걸 알지 못하는 너무도 생각이 없는 자였다. 코인토스가 일부러 호메로스를 떠올리게 한 것일까? 그럴 공산이 크다. 파트로클로스가 너무도 생각이 없는 이유는 아킬레우스의 갑옷을 대신 걸치게 해달라는 그의 애원이 그의 죽음을 초래할 것이라서 그렇다. 헥토르가 자신이 상대하고 있는 자가 더 노련한 아킬레우스가 아닌 파트로클로스라는 사실을 깨닫고 나면 그는 헥토르의 손에 죽음을 맞게 될 것이다. 펜테실레이아는 이 단어를 선택함으로써, 그리고 그녀와 파트로클로스 사이의 유사점을 드러냄으로써 제 죽음에 복선을 드리우고 있는 셈이다. 그들은 자신의 능력에 어울리는 자신감이 있었고, 그 크기는 상당했다. 비록 그렇더라도 그 자신감은 상황에 적절하지 못했던 탓에 두 사람 모두 뛰어난 무사의 칼끝에 무너질 것이다. 이것은 우리가 펜타실레이아가 남성 전사들과 어깨를 나란히 했다는 사실을 전해 듣는 또 다른 방법이다. 바로 남성 전사를 묘사할 때 쓰던 그 말을 그대로 사용해 똑같이 벌어질 상황을 나타낸 것이다.

헥토르의 미망인 안드로마케만이 감정에 휘둘리지 않는다. 그녀는 펜테실레이가 헥토르는 뛰어난 전사였으며, 그가 아킬레우스의 손에 죽었음을 알기를 바란다. 그러니까 아마존 전사인 펜테실레이아는 감히 꿈도 못 꿀 일인 것이다. 그것은 남편이 죽은 후 헥토르가 트로이아를 위해 싸운 가장 위대한 전사라는 확신만이 유일한 위안이 된 한 여성의 분노와 슬픔으로 가득 찬 한탄이다. 아킬레우스를 물리치고 승리를 거머쥘 새로운 영웅의 등장은 분명히 안드로마케를 위협한다. 그녀는 틀림없이 트로이아의 가장 강력한 적이 패배하고 그리스인들이 쫓겨나 자신의 도시가 전쟁에서 승리하는 것을 더 바랄 것이다. 그렇더라도 그 성과가 죽은 남편이 트로이아를 지킨 가장 위대한 전사가 아니었음을 받아들이는 대가라면 결국엔 무척이나 씁쓸한 감정을 느낄 것이다. 안드로마케의 지위는 남편이 세상을 떠난 후에도 그가 어떤 평가를 받느냐에 따라 달라진다. 이제 그는 죽었으니 그의 위상은 그를 뛰어넘는 새로운 전사들에게 쉽게 묻힐 것이다. 펜테실레이아 이야기의 다음 부분은 그리스 신화에서 특별히 유일한 것은 아니지만 한 여성을 파괴할 작정으로 일에 개입하는 한 여신의 모습을 보여준다. 심지어 그 여성의 아버지가 전쟁의 신이더라도 말이다. 전투가 시작되기 바로 전날 밤 펜테실레이아가 잠든 사이 팔라스Pallas가 개입한다. 팔라스는 종종 아테나를 지칭하곤 하는데 바다의 신 트리톤의 딸인 수양 자매의 이름이기도 하다.[31] 그리하여 펜테실레이아에게 거짓 꿈을 보내 그녀에게 아킬레우스를 상대로 싸울 것을 강력히 권고하고, 또 그녀가 승자가 될 것임을 암시한 자는 팔라스(아테나 또는 그녀의 자매)다. 불행하게도 펜테실레이아는 꿈을 굳게 믿고서 그와 싸울 결심을 한다.

그런 다음 코인토스는 우리에게 서사시의 독자들에게 익숙한 장면을 제공한다. 전투를 준비하는 (모두 아레스가 선사해준) 그녀의 무기와 갑옷에 대한 상세한 설명과 함께 전투를 준비하는 영웅에 대한 긴 묘사가 이어진다. 코인토스는 금으로 만든 갑옷의 정강이받이, 눈부신 갑옷, 상아와 은으로 장식된 칼집, 방패, 투구, 창에 대해 들려준다. 반짝이는 갑옷으로 뒤덮인 그녀는 번개와 같다.[32] 우리가 이 은유의 파괴적인 본질을 놓칠세라 코인토스는 그것이 제우스가 땅에 내리치는 번개와 같다고 강조한다. 그녀는 또한 소가 쓰러질 정도의 양날 도끼를 가지고 있다.[33] 흥미롭게도, 이것은 불화(분쟁)의 여신 에리스의 선물이었다. 그래서 우리가 페르세우스와 같은 남자 영웅들에게서 본 것처럼, 펜테실레이아는 한 명의 신과 천륜을 맺지만 다른 신들에게서도 선물을 받는다. 그녀는 아킬레우스가 《일리아스》에서 전장으로 돌아갈 때 입었던 것처럼 전투에 대비할 장비를 갖추고 있다. 헥토르가 파트로클로스의 몸에서 아킬레우스의 첫 갑옷 세트를 벗겨 내자 아킬레우스의 어머니 테티스는 헤파이스토스를 설득하여 특별히 장식된 방패가 달린 새 갑옷을 만들어 달라고 요청한다. 불사의 신인 한 부모는 그들의 인간 자손을 위해 더 많은 신의 도움을 얻는다. 또 다른 여신인 네레이드 오레이티야nereid Oreithyia는 펜테실레이아에게 그녀의 말을 제공했는데, 그의 발은 하피Harpy[고대 그리스·로마 신화에 나오는, 여자의 머리와 몸에 새의 날개와 발을 가진 괴물의 날개-역자 주]처럼 빨랐다. 코인토스는 그녀가 thoē, 즉 '날쌔게' 전투로 뛰어든다고 말한다. 이번에 그녀의 닮은 꼴은 아킬레우스, 바로 스피드가 뛰어난 영웅이다. 펜테실레이아가 전장을 향하자 프리아모스는 제우스에게 승리를 기원한다. 아들 헥토르를 위해서도 매일 이 기도를 올렸으리라. 그러나 그가 신들로부터 받은 메시지 - 비둘기를 발톱으로 움켜쥔 독수리 - 는 그를 슬픔으로 가득 채운다. 이때 프리아모스는 펜테실레이아가 전쟁터에서 살아 돌아오지 못하리라는 것을 깨닫는다.

그리스인들은 이 새로운 전사가 전장에 뛰어드는 것을 보고 혼란에 빠졌다. 헥토르가 죽었으므로 그들은 아무도 트로이아를 위해 싸워주지 않으리라 생각했다. 과연 누가 그럴 수 있을까? 아마도 신일 지도 모른다고 말한다.[34] 그들은 자신들도 신들의 지지를 받고 있었다는 것을 알고 싸울 용기를 낸다. 새로 전열을 가다듬은 트로이아인들이 전진한다, 새로이 놀란 그리스인들이 그들을 맞으러 온다. 코인토스가 말한다,[35] 트로이아 땅은 빨갛게 물들어가노라고.

그리고 전장에서 펜테실레이아의 기량은 우리가 《일리아스》에서 읽은 가장 위대한 영웅들과 맞먹는다. 코인토스는 그녀가 죽인 모든 남자 - 몰리온Molion, Persinous, Eilissus 등 - 와 그녀의 아마존 자매가 죽인 남자를 일일이 열거한다. 전투는 일방적으로 흘러가지 않는다. 그리스인 포다르케스Podarces는 아마존 전사인 Clonie를 죽인다. 이 죽음은 펜타실레이아를 분노케 하고,[36] 그녀의 창이 그에게 꽂힌다. 그는 잠시 후 동료들의 품에서 숨을 거둔다. 다시 말하지만, 이는 분명히 우리가 펜타실레이아를 영웅적인 관점에서 생각하도록 하려는 시도다. 전우의 죽음에 끓어오르는 분노와 원수를 갚기 위한 복수 살인은 서사시 전반에 걸쳐 영웅들에게 동기를 제공한다. 그것은 본질적으로 영웅적인 감정이며, 펜테실레이아는 내적 및 외적으로 영웅으로서의 자신을 드러내고 있다. 코인토스는 전투가 맹렬하게 격렬해진 이 날 그리스인들과 트로이아인들의 무수히 많은 심장이 멈춘다고 말한다. 그는 펜테실레이아를 암사자에 비유하며,[37] 《일리아스》와 아가멤논, 메넬라오스, 그리고 무엇보다도 아킬레우스에 대한 책 속의 묘사를 다시 한번 되풀이한다. 암사자 은유는 남성 영웅을 묘사하는 서사시에서 거의 30번 가까이 나온다.[38] 펜테실레이아는 전장을 누비며 왜 그리스에서 내로라하는 디오메데스와 아이아스와 같은 영웅들이 감히 그녀와 맞설 엄두를 내지 못하는 것인지 알고 싶어 한다. 이 행복한 순간에 그녀를 본 한 트로이아인은 그녀가 틀림없이 아테나, 에리스, 혹은 아르테미스일 것으로 생각한다. 암사자, 여신 펜테실레이아는 싸울 때 인간을 초월한 것처럼 보이며 그녀의 힘과 기술을 자랑한다.

트로이아의 여인 티시포네가 트로이아의 다른 여자들에게 남자들처럼 전투에 참여하라고 크게 외친 것은 고무적인 일이다.[39] 이 여성들은 기본적으로 10년 동안 인질로 잡혀 있었다. 그들은 형제, 남편, 아버지와 아들이 그리스인들과 싸우러 나가는 것을 지켜봤지만 항상 살아서 돌아오는 것은 아니었다. 하지만 그들과 함께 싸우는 여성들에 대해 한치의 의구심도 갖지 않는다. 전투에서 싸우는 여성들은 매우 충격적일 것이다. 하지만 그것은 강력한 아마존 전사가 할 수 있는 일이다. 펜테실레이아는 - 평범한 필멸의 - 다른 여성들이 그들의 행동을 제한하는 엄청난 무게의 기대치를 무너뜨릴 만큼 충분히 강하다고 느끼게 해준다. 많은 트로이아 여성 집단이 전투에 참여할 준비를 하고 무기를 들지만 마지막 순간에 나이 많은 여사제 테아노Theano가 만류한다. 그녀는 펜테실레이아는 아레스의 딸이지만 그들은 아니기 때문에 펜테실레이아와 그들 자신을 비교해서는 안 된다고 한다. 그들은 그녀처럼 싸울 수 없다.

그럴 필요도 없고. 왜냐하면 펜테실레이아는 지원군이 없어도 얼마든지 전장을 누빌 수 있으니까. 그녀는 계속해서 그리스인들을 추풍낙엽처럼 쓰러트리며 앞으로 치고 나갔다. 그들의 외침과 비명은 결국 아이아스와 아킬레우스를 전장으로 이끌었다. 두 명의 위대한 전사가 갑옷을 입자, 그들도 사자에 비유되곤 하지만, 이번에는 마치 양치기가 없는 양 떼를 도륙하는 사자와 같다. 아킬레우스는 다섯 명의 아마존 여전사들을 순식간에 한 명씩 해치운다. 하지만 펜테실레이아는 이 무시무시한 상황에 겁먹지 않는다. 오히려 그녀는 아이아스를 향해 힘껏 창을 던졌으나 신성한 힘의 손길이 닿은 아이아스의 방패와 갑옷에 부딪혀 박살이 난다. 운명은 지금까지 아이아스가 전쟁 중에 다치는 것을 허용하지 않았고, 오늘도 마찬가지다. 그는 트로이아 전사들을 추격한다. 그리고 아킬레우스가 홀로 펜테실레이아와 맞붙어 싸운다.

아킬레우스는 펜테실레이아의 자신감을 질책하고, 그녀에게 정신이 나간 게 틀림없다고 말하며, 모든 사람, 심지어 헥토르조차 자신의 일격에 속절없이 스러져갔음을 일깨웠다. 그가 시체로 강을 가득 채웠다는 소문을 듣지 못한 것인가? 이것은 아킬레우스가 닥치는 대로 트로이아 병사들의 목숨을 마구 끊어 놓는데 어찌나 참혹하고 날래던지 거의 숨을 쉴 수 없을 지경이 된 강이 신들에게 올림피아의 상대편 신들에게 그를 막아달라고 간청한 《일리아스》의 내용을 한 번 더 언급하는 것이다. 그것은 실로 엄청나게 충격적인 이미지다. 아킬레우스는 펜테실레이아를 향해 창을 던졌다. 그녀는 아이아스만큼 운이 따르지는 못했던지 피가 흐르기 시작한다. 그때까지도 그녀는 칼을 뽑아 들고 그에게 달려들어야 할지, 아니면 무릎을 꿇고 살려달라고 애원해야 할지(《일리아스》 등에서 남자 영웅들이 일반적으로 하는 행위) 크게 고민한다. 그녀는 어느새 죽기를 바랐던 소망을 잃은 듯이 보이지만, 이제 죽음이 임박한 것 같다.

아킬레우스는 그의 남은 창을 먼저 그녀의 말에 박고 난 뒤에 그녀에게 내리꽂았다. 코인토스는 펜테실레이아가 마치 큰 소나무가 거센 바람에 꺾이듯 넘어졌다고 말한다.[40] 그녀는 쓰러진다. 그녀의 맹렬한 힘도 서서히 빠져나간다. 트로이아인들은 펜테실레이아가 나동그라진 것을 보고 공포에 휩싸인다. 그녀는 전사이자 영험한 존재였다. 그녀에 앞서 헥토르가 그랬던 것처럼. 아킬레우스는 그녀가 남자들조차 겁을 집어먹고 몸을 움츠리게 하는 전쟁에 뛰어들었다면서 죽어가는 그녀를 조롱한다. 하지만 그녀의 숨이 끊어지자 놀라운 일이 벌어진다. 아프로디테가 그녀를 잠자는 아르테미스의 모습으로 바꿔놓은 것이다.[41] 죽은 모습조차 너무나 아름다운 모습을 본 아킬레우스는 갑자기 자신이 저지른 일에 회한이 가득 찼다. 한편 아레스는 딸이 죽어간다는 소식에 미르미돈(아킬레스의 동료)을 무너뜨리기 위해 전장으로 달려간다. 그러나 제우스가 벼락을 쳐서 경고하자 아레스는 어쩔 수 없이 물러난다.

그러더니 코인토스는 아주 특별한 말을 꺼낸다. 아킬레우스는 펜타실레이아에게서 눈을 떼지 못한 채 그의 벗이었던 파트로클로스가 죽었을 때만큼이나 깊은 사랑과 슬픔을 느꼈다고 한다. 파트로클로스의 죽음은 트로이아 전쟁의 중요한 전환점을 가져왔다. 바로 그의 죽음이 아킬레우스에게 불러일으킨 분노로 인해 이 위대한 영웅의 무시무시한 살육이 시작되었기 때문이다. 하지만 그 전에, 한 동지가 그에게 파트로클로스의 전사 소식을 전해주는 순간이 나온다. 그는 땅에 주저앉았고, 그의 동지는 그가 행여 자기 목을 그을까 봐 두려워했었다.

그런데 이 사랑, 동료애, 강렬한 슬픔은 바로 아킬레우스가 조금 전까지 그토록 조롱하던 여전사 펜테실레이아의 주검을 내려다보면서 느끼고 있는 감정이었다. 전쟁에 들이는 모든 노력을 비판하고 틈만 나면 지휘관들에게 트집을 일삼는 테르시테스Thersites가 곁에 서 있었다. 그는 이 아마존의 여인에게 보여주는 아킬레우스의 감정을 조롱하고, gunaimanes, 즉 '여자한테 환장'했다며 그를 나무란다.[42] 아킬레우스는 대답 대신 그 자리에서 손을 뻗어 테르시테스를 세게 후려갈겼고, 그는 땅에 고꾸라져 죽었다.

테르시테스의 반응은 지극히 극단적이고 이례적이다. 왜냐하면 그리스인들은 펜테실레이아에 대한 일종의 사랑을 계속해서 드러내기 때문이다. 그들이 장례식을 치를 수 있도록 트로이아에 그녀의 시신을 돌려주는 것만 봐도 알 수 있다. 이것은 또 하나의 놀라운 순간이다. 사실, 그리스인이든 트로이아인이든 죽은 자의 시신이 전쟁 중에 이런 식으로 존중을 받는 경우는 거의 드문 일이라서 그렇다. 메넬라오스는 헥토르가 파트로클로스에게서 아킬레우스의 갑옷을 벗긴 후에도 그리스 진영으로 옮겨 장례를 치르기 위해 파트로클로스의 시신을 지키고 서 있어야만 했다. 그러나 메넬라오스와 아가멤논은 의문의 여지 없이 펜테실레이아를 넘겨준다. 전사한 아마존 여성은 적들의 도움으로 전장에서 고이 옮겨진다.

아킬레우스와 펜테실레이아의 장면은 고대 화병의 흔한 주제였다. 확실히 가장 아름다운 것은 기원전 6세기로 거슬러 올라가 흑화식 기법black figure의 대가인 엑세키아스Exekias가 그린 그림으로 대영박물관에서 볼 수 있다.[43] 왼쪽에 (아킬레우스가 얼마나 강인한지를 보여주는 거대한 허벅지가 돋보이는) 아킬레우스의 검은 형체가 있다. 그의 깃털 달린 투구는 얼굴을 가리고 있으며 그 사이로 한쪽 눈만 보인다. 그는 펜테실레이아의 목에 긴 창을 대고 있고, 그녀는 아킬레우스 앞에서 한쪽 무릎을 꿇고 있다. 펜테실레이아의 왼쪽 어깨에 매달려 있는 방패는 무용지물처럼 보인다. 그녀의 피부는 하얗다 (이런 종류의 항아리에 보통 남자는 검은색으로, 여자는 흰색으로 칠해져 있다). 그녀의 투구는 머리와 정수리 부분만 덮고 있어서 얼굴이 보인다. 펜테실레이아의 눈은 까만 점으로, 입술은 작고 곧은 선으로 표현되었다. 하지만 투구에 장식된 깃털은 아킬레우스의 투구와 잘 어울린다. 그들 방패의 선명한 빨간색 안쪽도 함께 잘 어우러진다. 뱀이 투구를 장식했는데, 그 모습은 필연적으로 메두사를 생각나게 한다. 또한 펜테실레이아는 pardalis, 즉 표범 가죽을 튜닉 위에 걸치고 빨간 벨트로 고정한 상태다. 표범의 발이 그녀의 허벅지까지 닿는다. 그녀의 목에서는 피가 뿜어져 나온다. 펜테실레이아와 아킬레우스의 이름이 각각 그림 옆에 새겨져 있다.

박물관에는 이 전투의 여파를 보여주는 물병인 휘드리아hydria도 있다.[44] 턱수염을 기른 아킬레우스가 오른손에 두 개의 창을 들고 약간 앞으로 몸을 기울이며 왼쪽에서 오른쪽으로 걷고 있다. 그 가운데 어느 하나라도 놓칠 정도로 불편해 보이지는 않는다. 왼쪽 어깨에는 펜테실레이아의 시체를 짊어지고 있다. 이번에도, 그녀는 흰색으로 칠해져 있다. 그녀의 눈은 감겨 있고 팔다리는 축 늘어졌다. 전장에서 전사한 동료를 둘러업은 그리스 병사의 이미지는 많이 볼 수 있지만, 이 휘드리아는 그리스인이 적을 안고 있는 모습을 보여주어서 독특하다.[45] 펜테실레이아는 죽어서도 비범한 영웅이다.

우리는 아킬레우스가 앞서서 트로이아의 수호자 헥토르를 죽인 후 어떻게 행동했는지 기억하기만 하면 된다. 그의 시체를 마차 뒤에 매달고 질질 끌고 다니면서 그의 매장을 허용하지 않음으로써 그의 주검을 욕되게 했다. 이와는 대조적으로 펜테실레이아에 대한 아킬레우스의 예우는 참으로 존경받을만한 본보기다. 아킬레우스는 그녀가 자신의 전우인 듯이 품에 안았고, 그리스인들은 그녀를 망설임 없이 프리아모스에게 돌려보냈다. 프리아모스와 그의 부하들은 그녀를 장작불에 태운다. 장례식은 비용이 많이 드는 의례적인 의식이다. 그러나 펜테실레이아는 사랑받는 딸처럼 대접받는다.[46] 그들은 그녀의 뼈를 정성스럽게 모아 손궤에 넣고 프리아모스의 아버지이자 한때 트로이아의 왕이었던 라오메돈Laomedon의 옆에 묻어준다. 펜테실레이아보다 친구와 적 모두에게서 더 칭송을 받았거나 그들이 더 애통해한 전사는 상상조차 어렵다. 결국 펜테실레이아는 아킬레우스의 손에 질질 끌리지 않고 빠르게 죽음을 맞이했기에 진정한 전사로 남았다. 아무리 무용이 뛰어나더라도 아킬레우스는 항상 더 뛰어나고 더 빠르며 피에 굶주려 있다. 그의 비범한 무예와 용맹을 생각할 때 그와 맞붙어 싸우려고 하는 행위 그 자체가 진정한 전사의 표시인 셈이다. 그리고 펜테실레이아는 《일리아스》를 관통하는 전체 서사에서 전사들이 이루고자 하는 것, 즉 개인적인 명성과 영예로운 죽음을 달성한다. 이것들은 우리에게 그저 환상에 불과한 목표처럼 보일 수 있다. 어떤 죽음도 가까이에서 보면, 적어도 전투에서만큼은, 영예롭지 않은 것 같다. 그리고 영예는, 우리 동료들이 내리는 평가인데, 결국 무슨 가치가 있는 것일까? 지하세계에서 죽은 아킬레우스는 오딧세우스에게 죽은 자들의 왕이 되느니 미천하더라도 살아있는 농노가 더 낫다고 말한다. 그가 《일리아스》에서 그토록 격렬하게 추구했던 영예는 결국 죽을 만큼의 가치가 없었던 것일지도 모른다.

하지만 그것은 전혀 다른 시다. 오딧세우스가 죽은 자들을 방문하려면 몇 해는 더 기다려야 한다. 아킬레우스는 여전히 살아 숨 쉬고 있다. 따라서 전쟁 중에 적용되는 영웅적 규범의 기준에 따르면 적어도(아킬레우스는 죽을 때까지 마음을 바꾸지 않는다. 모든 의미에서 분명히 너무 늦었다) 펜테실레이아는 온전히 살았고 온전히 숨을 거두었다. 그녀는 여동생을 우발적으로 죽음에 이르게 한 것을 정화하고자 했고, (목마의 묘책에 속아 넘어갈 때까지 그리스인들과 계속 맞서 싸워나갈) 트로이아인들에게 희망과 영감을 주었다. 그녀는 파괴된 도시의 동맹으로 싸웠고, 그녀가 닮은 신들의 도움을 받았다. 그녀는 스스로 구하려고 했던 도시의 왕 옆에 명예롭게 묻힌다. 어떻게 이보다 더 나은 영웅이 될 수 있다는 건가?

21세기로 빠르게 이동하면 아마도 그 질문에 답할 수 있을는지도 모르겠다. 패티 젠킨스Patty Jenkins 감독이 연출한 영화에서 갤 가돗Gal Gadot이 연기한 원더우먼은 최고의 전사다. (원더우먼의 실제 이름으로 이야기하자면) 다이애나는 히폴리테(코니 닐슨)의 딸이자 안티오페(로빈 라이트)의 조카다. 펜테실레이아는 영화에서 이름은 언급되지만 (사소한) 캐릭터다. 이 아마존 여성 종족은 테미스키라에 살고 있다. 고대 그리스의 아마존족의 고향과 이름은 거의 동일하지만 확실하지는 않다. 다이애나는 이모처럼 위대한 전사가 되고 싶다. 그러나 다이애나의 어머니는 어떤 종류의 전투에서든 딸의 훈련을 금지한다. 아니나 다를까, 다이애나는 히폴리테가 알아낼 때까지 안티오페와 비밀리에 훈련을 받는다. 그녀는 다이애나가 최고의 아마존 전사가 되기 위한 훈련에 집중하는 경우에만 계속하도록 허락한다. 히폴리테는 다이애나에게 아마존의 역사를 잠잘 때 동화처럼 들려준다. 이야기는 이렇다. 아레스가 지휘하는 전쟁의 참화로부터 인류를 보호하기 위해 제우스가 아마존을 창조했다는 것이다. 단, 아레스가 돌아올 때를 대비해서 갓킬러Godkiller로 알려진 비밀 무기를 남겨두었다고 한다. 다이애나는 이것이 그녀가 익히고 있는 검이라고 믿는다. 히폴리테는 다이애나에게 그녀는 태어난 것이 아니라 점토로 빚어졌고, 제우스가 숨결을 불어 넣어 살아나게 했다고 이야기한다.

이 영화는 익숙한 이야기를 흥미롭게 재해석한 작품이다. 첫째, 다이애나는 판도라와 공통점이 있다. 그녀 역시 진흙으로 빚어졌으나 신에 의해 살아 움직이는 존재가 되었다. 더 중요한 변화는 아레스가 아마존 종족의 아버지(그리고 그가 펜테실레이아에게 갑옷을 주는 측면에서 수호자이기도 함)에서 아마존과 인간 모두의 적으로 바뀌었다는 점이다. 전쟁을 전적으로 악으로 인식하는 것은 오늘날 우리 시대의 특징이다. 전쟁에 능한 사람이 되고 싶다는 생각이나(황금 사과를 차지하고 싶은 마음에 파리스에게 무적의 무예를 전수해주겠다고 한 제안에도 담겨 있듯이) 방어전의 기술에 높은 가치를 부여하는 고대의 생각은 많이 사라졌다. 이제 전쟁의 본질과 결과에 대해 더 잘 알게 되면서(비교적 전쟁을 직접 경험한 사람은 적지만), 전쟁의 기술보다는 평화를 열망하게 되었다. 이러한 경향은 특히 이 영화의 배경으로 설정된 1차 세계 대전에 대해 두드러진다. 다이애나는 연합군 첩보원 스티브 트레버(크리스 파인)가 적군의 추격에 휘말려 테미스키라 바로 앞바다에 추락한다. 그녀는 그의 생명을 구했고, 그는 테미스키라의 마법의 국경 밖에서 일어나는 분쟁에 대해 알려주었다. 다이애나는 그가 묘사한 수많은 사망자 수는 인간의 잔혹함 이상의 결과임이 틀림없다고 깨달았다. 그녀는 아레스가 돌아왔고 그녀와 갓킬러 검만이 그를 파괴할 수 있다는 결론을 내렸다. 다이애나는 스티브와 함께 런던으로 돌아가 전쟁의 신을 끝까지 찾아다니기로 한다. 그녀의 어머니 히폴리테는 만약 그녀가 떠난다면 다시는 아마존으로 돌아올 수 없을 것이라고 말한다. 하지만 다이애나에게 자신이 떠안아야 할 책임은 분명했다. 그녀는 개인적인 희생을 치르더라도 전쟁에서 죽어 나가고 있는 사람들을 보호하고 구해야 한다.

또다시, 우리는 아마존의 역할에 변화가 있음을 본다. 그들은 여전히 우리가 고대 자료에서 보았던 전사들이다. 하지만 반은 신적인 존재로서 수호자의 역할을 맡았음에도 의도적으로 인간사에서 자신들을 분리했다. 인간들도 그들을 찾지 않는 걸로 봐서 아마존의 존재를 모르고 있는 것 같다. 그리고 아마존 종족이 잘못 알고 있는 것을 바로잡기 위해 공격할 수 있는 침략자라는 암시도 없다(고대 출처에서 때때로 묘사됨). 현대의 아마존 여전사들은 전쟁을 원하지 않는다. 전쟁을 피하려 전력을 다한다. 불사의 적과 싸워야 한다고 결심한 것은 외로운 한 명의 아마존 전사다. 이 점에서, 다이애나는 아마존의 다른 여자 조상들과는 다르다. 그녀는 아킬레우스와 싸우기 위해 열두 명의 전사들을 이끌고 전쟁터로 향하는 펜테실레이아를 닮은 것처럼 보일지도 모르지만 다이애나는 혼자 간다. 물론 런던에 도착하면 한 패거리의 사람들과 함께하겠지만 그들 중 누구도 아마존 여전사는 아니다. 아마도 돋보이게 하기 위해서였을 것이다. 그녀와 똑같이 싸울 수 있는 능력의 여성이 많다면 원더우먼은 그렇게 경이롭게 보이지 않을 수도 있다. 혹은, 남자들이 떼거리로 나오는 모험 영화에서 여자 한 명을 캐스팅하는 것은 20세기 후반과 21세기 초반 영화 제작의 안타까운 경향이 두드러진 또 다른 예일 수도 있다(정통 스타워즈 영화가 훌륭한 예가 되겠다, 이런 현상은 조그만 파란색 벨기에 캐릭터인 스머페티Smurfette[유일한 여자 스머프-역자 주] 이후 알려지는 경향이 있긴 하지만).

약자를 보호하기 위해 전쟁에 뛰어들기로 한 다이애나의 결정이 펜테실레이아를 연상시킨다면, 스티브 트레버가 테미스키라에 도착한 것도 고대 아마존 이야기 중 하나를 떠올리게 한다. 히폴리테의 전쟁 벨트를 차지하기 위해 아마존 섬에 도착한 헤라클레스를 우리에게 상기시킬 수도 있으나 이 역시 현대적으로 각색되어 물건을 찾아 섬에 고의로 상륙하지 않고 인근 바다에 추락한다. 그의 생명을 구할 방법은 오로지 다이애나의 개입뿐이다. 그렇지 않으면 그는 익사할 것이다. 아울러 힘의 이동이 발생한다. 스티브가 전투에서 다이애나와 맞붙어 싸우리라는 암시는 없다. 그리고 주안점 역시 뒤바뀌었다. 스티브가 아마존 종족의 지원을 얻기 위한 탐험에 착수할 때 우리는 그를 따라가지 않는다. 이것은 궁극적으로 그의 이야기가 아니다. 대신, 우리는 위험에 처한 한 남자의 도착으로 기존의 삶이 중단된 아마존의 다이애나를 따라간다. 자신이 개입해서 그를 구하는 것, 그와 함께 런던까지, 그리고 참호까지 가는 것은 전부 다 그녀의 선택이며, 아레스를 추적하여 무고한 생명을 구하는 것 역시 그녀의 선택이다. 그녀는 펜테실레이아가 그랬던 것처럼 신이 만들었거나 강력한 힘을 가진 장비로 보호받으며, 전쟁에 휘말린 인간들을 위해 자신의 안전을 위태롭게 하는 상황을 주저하지 않는다.

그러나 고대 버전의 안티오페, 펜테실레이아, 히폴리테와 달리 다이애나(완전히 현대적인 아마존)는 죽지 않는다. 그녀는 전쟁과 영화 모두에서 살아남았을 뿐만 아니라 예상되는 서사에 현대적인 반전이 더 있다. 바로 그녀 자신이 갓킬러라는 사실. 그러니까 그녀가 휘두르는 검은 검에 지나지 않았던 것이었다. 그리고 그녀의 마지막 전투가 진행되는 동안 누군가는 수많은 민간인을 죽일 수 있는 막대한 독가스를 처리해야만 한다는 것이 명백해졌다. 이 아마존 이야기에서는 남자 영웅 스티브가 다른 사람들을 구하기 위해 자신의 목숨을 희생하는 장면이 나온다. 고대 그녀의 상대역들처럼, 다이애나는 테미스키라에 온 남자와 사랑에 빠졌고, 그 역시 그녀를 사랑한다. 그러나 그들의 관계는 그녀의 목숨을 앗아가지 않았다. 그들은 둘 다 인류를 구하기 위해 기꺼이 그들의 행복을 희생하지만, 그는 죽고, 그녀는 산다.

아마존의 역할에서 나타난 이러한 발전(그녀는 자신의 영웅 서사를 가짐으로써 남성 영웅 서사와 더불어 살아남을 수 있음)은 현저한 변화다. 그리고 (고대 문헌에서 거의 예외가 없음) 그것은 매우 최근에 일어난 일이기도 하다. 1955년 로버트 그레이브스Robert Graves는 〈펜테실레이아〉라는 시를 발표했다. 같은 해에 《그리스 신화The Greek Myths》를 출간했으므로 확실히 로버트 그레이브스는 그의 연구에 쓰인 원原자료에 몰입했을 것이다. 그의 펜테실레이아는 시가 시작되는 부분에서 이미 죽음을 맞았다. 그녀의 다친 몸은 4행을 지나는 동안 시체 성애의 대상이 된다. 아킬레우스의 행동은 구경꾼들로부터 숨이 막히는 듯 '헉' 내뱉는 소리며 불만스러움에 끙 앓는 소리, 그리고 분노를 유발하지만, 보아하니 그는 전혀 개의치 않는다. 왜냐하면 그는 '슬픔에 사로잡혀' 있기 때문이다.[47] 그 슬픔은 아마도 그의 '저 몹시도 창백한 벌거벗은 시체를 향한 사랑' 때문일 것이다. 구경꾼이었던 테르시테스가 음흉하게 키득거리자 아킬레우스가 복수심에 그의 턱을 후려갈겨서 죽인다. 그의 분노 자체도 이해가 되지 않지만, 펜테실레이아는 '그녀의 모욕당한 여성성에 대해 희생으로 복수해줘서 그에게 감사의 마음을 전하기 위해 잠시 멈췄다.' 이것은 약간은 시라고 볼 수 있지만, 그렇더라도 상당히 불쾌하다. 펜테실레이아는 그녀를 영웅으로, 전사로, 강하게 만들어주었던 모든 것을 잃었다. 그녀는 그저 누군가가 욕보이는 시체일 뿐이고, 이 역겨운 행동은 사랑으로 묘사된다. 그런데도, 적어도 그녀의 유령은 이 행위를 조롱했다는 이유로 죽은 한 남자에게 감사하게 된다. 진정으로, 우리

중 누가 낄낄거리던 한 남자가 우리의 모욕당한 여성성에 대해 앙갚음을 해주었다고 느끼겠는가?

이 시는 그리스 신화의 여성 등장인물들이 현대 세계의 작가들에 의해 어떻게 소외되었는지를 간결하게 보여준다. 말하자면, 고대의 작가들과 예술가들은 전쟁터에서 싸우고, 남성을 죽이는 전사 여왕에 대해 아무런 거리낌이 없었다. 전사 여왕의 뛰어난 무용은 남성과 동등하거나 오히려 더 우월했다. 아킬레우스와 펜타실레이아 사이에 흐르는 사랑의 기류는 오직 후대의 자료에서만 드러날 뿐이다. 그렇더라도, 그것은 그들의 전투에 낭만적인 분위기를 더하는 요소에 지나지 않는다. 이를테면, 아마도 히폴리테와 헤라클레스, 안티오페와 테세우스의 이야기와 연결할 수 있을 것이다.

이 이야기에서 사랑을 성적으로 비하하여 변질시키는 것은 최근의 현상이며, 그들의 삶과 인격의 완전한 제거 역시 우울할 정도로 현대에 들어 생긴 변화다. 시의 제목은 펜테실레이아인데 내용을 들여다보면 인간적인 면모를 거의 찾아볼 수가 없다. 고대 자료에서 펜테실레이아에 대해 읽어보면 그녀가 어떤 사람일지, 어떻게 싸울지, 또 무엇을 입고 싶어 할지 등등 그녀의 기본적인 성격에 대해 엿볼 수 있다. 그레이브스의 시에서 그녀에 대해 읽어보면 그녀는 그저 창백한 알몸을 드러낸 성적으로 매도된 시체일 뿐이다. 20세기 혹은 21세기 작가가 그리스 신화에서 여성의 이야기를 다룬다고 주장하면서 실제로는 남성 인물의 이야기를 그려내는 것은 이번이 유일한 경우도 아니지만, 그중에서도 더 지독한 사례 중 하나다.

아마존 여전사를 현대적으로 재현한 작품에는 원더우먼의 용기와 힘은 물론, 기량면에서 그녀와 여러모로 닮은 꼴인 캘리포니아의 〈버피와 뱀파이어/미녀와 뱀파이어Buffy the Vampire Slayer〉가 있다. 조스 휘던Joss Whedon의 버피는 남성이나 여성에 상관없이 모든 뱀파이어와 신체적으로나 정신적으로 완벽하게 일치할 뿐만 아니라 전통적인 싸움꾼에게는 매우 드문 특성을 보인다. 바로 그녀가 매우 재미있다는 사실이다. 재치는 전통적으로 전사들 사이에서 높이 평가되는 특성은 아니다. 그들은 힘, 속도 또는 용맹함으로 평가되는 경향이 있다. 기지가 넘치는 파이터는 슈퍼히어로 영화의 등장과 함께 그 진가를 인정받게 된 현대적인 현상이다. 영화 속 파이터는 한때 강하고 조용하거나(클린트 이스트우드, 존 웨인) 간혹 자신이 더 큰 이익을 위해 농담의 대상이 되는 것을 허용했다(서툴고 어설픈 크리스토퍼 리브의 괴짜 클라크 켄트).

대다수의 액션 영웅은 남성이며, 스크루볼 코미디Screwball comedy[등장인물들이 바보스럽고 우스꽝스러운 행동을 하는 코미디 영화나 시트콤 등을 가리킨다-역자 주]가 사라진 후 거의 모든 장르의 영화에서 재미있는 대사를 꿰찬 등장인물 대부분 역시 남성이다. 버피는 세상을 구하기 위해, 그리고 치어리더팀에 지원하기 위해 '선택받은 자'로 캘리포니아의 서니데일에 왔을 때 많은 규칙을 어겼다.

버피는 LA의 작은 동네인 (가상의) 서니데일로 이사 온 외지인이라서 처음에는 함께 어울리는 집단이나 떼거리가 없다. 그러나 첫 회가 끝날 무렵 그녀는 스쿠비 갱을 찾아낸다. 남성과 여성으로 구성된 버피의 조연들은 원더우먼의 성장 과정을 지켜본 아마존 종족과는 다르다. 버피는 윌로우, 잰더, 자일스, 엔젤, 코델리아, 그리고 페이스, 스파이크, 아냐, 타라와 함께 싸운다. 그녀의 수많은 팬에게 버피의 강점은 그녀가 일반인보다는 더 강력할 수 있어도 그에 못지않은 인간이라는 점이다. 아마존의 이전 전사들과 마찬가지로 버피 역시 항상 최고의 전사 복장을 한다. 물론 패턴이 있는 레깅스와 큰 고양이 가죽은 안 걸치겠지만 세련된 미니 드레스와 멋진

팔뚝을 돋보이게 해주는 조끼 상의와 나무 말뚝을 보관할 편리한 가방이나 주머니가 훌륭히 제 역할을 해낸다. 그녀의 전투력은 펜테실레이아와 마찬가지로 적수가 없을 정도다. 단 한 번의 전투에서 크게 패하지만 극히 예외적인 전사(경이로운 나이와 힘을 지닌 흡혈귀 마스터와 글로리 신)만이 그녀를 이길 수 있다. 시즌 1에서 마스터와의 마지막 전투에서 그녀는 익사했으나 다시 살아났다. 다시 능력을 얻게 되는 순간, 버피는 다시 싸우러 가는데, 이번에는 그를 말뚝으로 찌르는 데 성공한다.

시즌 5에서 버피의 두 번째 죽음은 특히 가슴이 저민다. 자신이 죽거나 아니면 여동생 던이 죽는 것을 목격해야 한다는 것을 깨닫고 그녀는 궁극적으로 희생을 하기로 한다. 바로 사랑을 위해 죽음을 선택하는 것이다. 그것은 - 우리가 화병 그림에 그려진 아마존에 대한 수많은 묘사에서 볼 수 있듯이 - 바로 아마존의 죽음이다. 다시 말해, 다른 여성을 위해 자신의 삶을 내려놓는 여전사의 죽음이다. 그것은 시즌 6에서 볼 수 있듯이 버피가 사후세계에서 강력한 마법으로 부활하여 서니데일로 돌아오는 버피 신화의 중요한 부분이다. 스쿠비 갱은 중요한 뮤지컬 에피소드인 〈느낌으로 한 번 더 Once More With Feeling〉에서 '죽기 아니면 까무러치기야'를 노래한다. '이봐, 나는 두 번 죽었어' 버피가 대답한다. 우리는 이제 죽음이 그녀를 두려워하지 않는다는 결론을 내릴 수 있다. 그녀는 더욱 펜테실레이아처럼 되었다.

아마존의 조상들이 시, 산문, 예술에 등장한 것처럼 버피는 영화, 텔레비전, 뮤지컬, 비디오 게임, 만화책 등 대중 매체의 현상이다. 시리즈가 끝난 후 몇 년이 지나도 계속 반향을 불러일으키는 데에는 여러 가지 이유가 있다. 특히 마지막 시즌의 아마존을 연상케 하는 이야기가 그렇다. 버피는 시즌 7까지 여러 번 세상을 구했고 그녀와 그녀의 무리는 대안이 있다고 결정을 내린다. 희귀한 인공물과 마법 주문을 통해 세상의 모든 잠재적 슬레이어Slayer[영화 속에서는 뱀파이어, 즉 흡혈귀를 처단하기 위해 태어난 존재로 설정되었으며 한국어로는 '해결사' 혹은 '사냥꾼'으로 번역되었음-역자 주] 실제로 슬레이어가 될 수 있는 권한을 부여받는다. '선택받은 자'는 이제 '선택받은 다수'다. 버피는 자신을 대신해서 싸울 수 있는 더 많은 젊은 여성들을 훈련하는 것을 돕기 때문에 계속되는 끊임없는 악마 처단에서 한 발짝 물러나 있을 수 있다. 그 메시지는 간단하다: 여성들은 떨어져 있을 때보다 뭉치면 더 강하다는 것이다. 심지어 초능력을 가진 사람들조차도.

그리고 이것이 바로 버피를 현대의 아마존으로 만드는 것이다. 그녀는 펜테실레이아처럼 고유하게 타고났으나 개인의 영예는 멀리하고 있다. 그녀의 지위는 더 많은 영웅적인 여성들을 창조함으로써 위협받는 것이 아니라, 오히려 그 반대다. 비록 한 사람이 특출나게 뛰어나더라도, 아마존은 팀, 무리, 집단이며, 이것이 버피가 매우 완벽하게 포착한 바로 우리 모두를 구하기 위해 싸우는 여성들의 앙상블이다.

VI

클리타임네스트라

Clytemnestra

클리타임네스트라는 부당한 취급을 받고,
침묵을 강요당하며,
하찮은 대접을 받은 딸들에게 영웅과도 같은 존재다.

기원전 5세기 후반, 아테네에서 가장 오래된 법정인 아레오파고스에서 한 청년이 일어나 아버지를 살해한 의붓어머니를 비난한다. 원고의 아버지는 몇 년 전 어느 날 밤 친구인 필로네우스Philoneus를 방문하여 함께 저녁 식사를 했다. 저녁 식사 후 두 사람은 병이 들었다. 필로네우스는 거의 즉시 사망했으나 원고의 아버지는 3주 동안 간신히 목숨을 부지했다. 필로네우스의 노예는 그녀가 그들에게 제공한 포도주에 독을 넣었다는 혐의로 고문을 받고 죽임을 당했다. 이 사건이 벌어졌을 때 이 청년은 아직 어린애였다. 그러나 배심원들에게 그는 언젠가는 범죄에 가담한 것으로 확신하는 자신의 의붓어머니를 상대로 소송을 제기하겠노라고 아버지에게 약속했다며 배심원들을 설득한다. 그의 계모는 재판 중에 원고의 이복형제인 그녀의 아들에게서 변호를 받았다.

이번 사건은 이 여성이 현재 죽은 노예 여성과 살인을 공모한 것이었다. 이 젊은 남자는 자신의 주장을 뒷받침할 증거는 없지만, 그렇다고 노예 여성이 음식을 먹은 후 독살하는 순간을 상상하는 것조차 막을 수는 없다. 그리고 그는 그것이 노예만의 생각이었다고 말하지 않는다. 오히려 노예 여성은 tēs Klutaimnēstras tautēs, 즉 '여기 있는 클리타임네스트라'의 계획을 수행하고 있었다고 주장한다.[1]

우리는 평결을 알지 못할뿐더러 그 여인의 아들이 변호하는 연설 또한 모른다. 우리는 아들의 변호가 독살이라는 혐의에 대한 증거 부족, 동기 부족, 의붓어머니와 죽임을 당한 노예 여성 사이의 긴밀한 연결의 부재에 초점을 맞추었을 것으로 추측해볼 수 있다. 살인은 우리가 다른 사람을 대신해 대수롭지 않게 자행하는 일이 아니다. 퍼트리샤 하이스미스Patricia Highsmith의 《열차 안의 낯선 자들Strangers on A Train》의 전체 줄거리는 이와 같은 행동이 일어날 가능성이 얼마나 희박한지를 잘 보여준다. 아버지가 죽은 지 몇 년이 지났고, 그의 이복형제가 이 사건을 변호하고 있는 것을 볼 때, 원고는 계모의 가족과 재산권 분쟁에 연루되어 있었고, 그의 주장을 계속 펼칠 의도로 살인 혐의를 사용했거나, 그의 가족에게 돈을 지급하도록 압력을 가했을 가능성이 더 커 보인다.

그 젊은이가 제공하는 유일한 증거는 - '증거'는 문맥에서 강력한 단어다 - 그의 의붓어머니가 이전에 아버지에게 독살을 시도했다는 주장뿐이다. 그의 계모는 당시 아버지에게 준 물질이 독이 아니라 사랑의 묘약이라고 반박했다(소포클레스의 희곡 〈트라키스의 여인들The Women of Trachis〉에서 헤라클레스의 마지막 아내인 데이아네이라도 실수를 저질렀다). 여성에게 자유가 거의 주어지지 않고, 남편은 다른 여성과 잠자리를 할 권리가 법적으로 허용된 사회에서 남편(그리고 남편과 함께, 집과 자녀까지)을 잃는 것에 대한 두려움은 실로 엄청났을 것이다. 사랑의 묘약을 사용하려는 동기는 다분했다. 따라서 청년은 계모를 실수로 헤라클레스를 독살한 데이아네이라에 비유했을지도 모른다. 또한 독을 다루는 마법의 기술로 그리스 신화에서 가장 무시무시한 여성 중 한 명으로 등극하게 된 메데이아Medea에 비유했을지도 모를 일이고. 그럼에도 그는 그녀를 클리타임네스트라에 비유했다. 실제 독살은 다른 여자가 했으므로 데이아네이라나 메데이아와의 비교는 직접적이지 않았을 것이다. 아니면 아테네 법정의 배심원들이 모두 남성이었다는 점을 고려할 때, 클리타임네스트라를 언급한 이유는 좀 더 직관적이었을 수 있다. 클리타임네스트라는 메데이아가 나쁜 엄마의 극치인 것과 마찬가지로 나쁜 아내의 극치라는 점 때문이다. 클리타임네스트라는 남자들이 집에 돌아가 얼굴 보기 가장 두려워하는 여자였다. 그녀가 욕망에 사로잡혀 있었나? 복수심에 불타오르고 있었나? 가정에서뿐만 아니라 polis, 즉, 도시에서도 권력을 휘두르기로 했을까? 어떤 형태의 클라타임네스트라의 이야기를 남자들이 읽고, 보고, 들었든 간에, 그들은 똑같이 골치 아프고 경이로운 인물과 맞닥뜨린다. 바로 분수를 모르는 여자라는 것.

배심원단이 가장 친숙하게 느꼈을 클리타임네스트라의 이야기는 기원전 458년에 처음 공연된 아이스킬로스의 희곡 〈아가멤논〉에서 우리가 만나게 되는 권력에 굶주린 클리타임네스트라일 터, 이 연극은 한 파수꾼이 봉화를 찾으려고 애쓰는 장면으로 시작된다. 이 봉화는 마침내 트로이아가 그의 왕 아가멤논과 동지인 그리스인들에 의해 함락되었다는 소식을 알려줄 타오르는 횃불이다. 그러나 이 남자는 아가멤논의 아내이자 아르고스 그리스인의 여왕인 클리타임네스트라의 명을 받들어 봉화가 올랐는지 지켜보던 중이었다. 그녀는 아가멤논이 10년 동안 왕국을 비운 사이 그들을 지배했다.

그런데 이것은 그 자체로 매우 비정상적인 상황이다. 남성이 자리를 비운 사이에 일어날지도 모를 여성의 활동을 둘러싼 불안이야말로 법률 시스템보다 더 명백하게 아테네 사회를 관통하는 주제다. 상류층 여성들은 격리되어 가까운 친척을 제외하고는 어떤 남성들과도 거의 말을 섞지 않았을 것이다. 여자가 집 밖을 돌아다니다가 남편이 아닌 다른 남자의 눈에 들까 봐 두려워하는 정도가 거의 집단적 신경증을 방불케 했으니까. 간음으로 인한 처벌이 강간으로 인한 처벌보다 더 가혹했으니 말이다. 세상에서 격리된 여성의 은둔생활은 그들이 언제 어디로 가는지 더욱 알기 어렵게 만든다. 심지어 여성이 남편을 동반한다고 해도 말이다. 그런데도 아이스킬로스, 소포클레스, 특히 에우리피데스의 희곡이 살인, 고문, 영아 살해를 자행한 무서운 여성으로 가득 차 있다는 사실은 기원전 5세기 연극의 매혹적인 기이함이 아닐까 싶다. 그러나 앞서 언급했듯이, 여성은 신화적인 여성의 이러한 묘사를 보러 오는 디오니소스 연극제의 관객이 아니었을 가능성이 더 크다. 등장인물 자체는 그리스 연극의 모든 등장인물이 그랬듯이 가면을 쓰고 남자들이 연기했다. 그리고, 똑같이 이상하게도, 남성들은 그들이 매우 사악한 행동을 일삼은 여성들을 등장시켰음에도 불구하고 (혹은 아마도 그 때문에) 이 연극을 보고 즐기기 위해 모였다. 이 특별한 연극이 처음 등장한 이후에는 자주 무대에 올려지지 않았으리라는 조짐은 있다.[2] 그렇다면 아이스킬로스의 클리타임네스트라는 극장에서도 강심장인 남자들을 제외하고는 모두에게 감당하기가 너무나 벅찼을 것이다.

파수꾼은 트로이가 함락되었다는 신호를 보내는 불빛을 보고 매우 기뻐한다. 마침내 그의 오랜 기다림은 끝이 났다. 그는 왕비에게 아가멤논이 트로이아에서 승리했으며 집으로 돌아올 것이라는 소식을 전하기 위해 황급히 안으로 들어간다. 코러스가 이제 무대의 중심을 차지한다. 그들은 너무 늙어서 왕과 함께 싸우러 나갈 수도 없었다. 그들은 아직 전쟁에서 승리했다는 것을 알지 못한다. 클리타임네스트라가 무대에 등장하여 신들을 기리기 위해 불을 붙이기 시작하자 무엇이 그녀에게 이토록 독실한 신심을 불러왔는지 물어본다. 그녀는 아무런 대답을 내놓지 않고, 자연스레 그들의 관심은 과거로 흘러간다. 특히 그들은 클리타임네스트라의 딸 이피게네이아의 죽음에 대해 노래한다. 그들은 제물로 올려진 희생자, 고통에 웅크리고 있는 생명체에 대해 감정을 실어 묘사한다.[3] 그러면서 추악한 이야기 전모를 들려준다. 10년 전, 어떻게 그리스군이 아울리스에서 발이 묶이게 되었고 트로이아까지 항해하는 데 필요한 바람을 발견할 수 없었는지, 또 바람이 순풍으로 바뀌기 전까지 어떻게 아르테미스 여신의 노여움을 풀어줘야 했는지. 사제인 카르카스Calchas는 어떻게 아르테미스 여신이 피의 제물, 즉 처녀의 피를, 다시 말해 아트레우스Atreus의 아들인 아가멤논의 딸을 제물로 바쳐야 한다고 요구했는지 설명해준다. 그들은 이피게네이아가 자신에게 닥칠 일을 깨닫고 그녀의 아버지에게 간청하는 모습을 묘사한다. 아니, 아버지가 자신에게 무슨 짓을 하려는지를 깨달았다고 하는 게 더 나으리라. 그는 부하들을 시켜 딸의 입에 재갈을 물리게 하여 그녀가 그를 저주할 수 없도록 했다. 침묵. 이피게네이아는 무슨 말이든 할 수 있게 되기를 바라며 간절한 눈빛으로 그들을 바라보았다.

이쯤 되어 우리가 더는 견디기 힘든 공포감에 휩싸이면 코러스가 멈춘다. 그들은 이피게네이아의 죽음의 순간을 묘사하지 않을 것이다. 이 전체 구절에서 그들은 결코 그녀의 이름을 입에 올리지 않는다. 우리는 이 점에 주목할 필요가 있다. 그들은 그녀를 한낱 이름 없는 희생 제물로 만들어 인간성을 말살한 것인가? 아니면 이 젊은 여성을 너무 자세히 떠올리는 고통을 더는 가중할 수 없었던 것일까? 어느 쪽이든, 그들은 이피게네이아의 어머니가 그녀의 기억을 지우지 않을 것임을 알고 있다. mnamōn mēnis teknopoinos[4] - 분노, 기억, 자식에 대한 복수.

모든 예술 매체에 클리타임네스트라에 대한 다양한 버전이 존재하지만 지금 이 연극만큼 우리의 공감을 불러일으키는 것은 거의 없다. 이피게네이아의 희생은 완전히 혐오스럽다. 클리타임네스트라가 이 연극에서 번갈아 일어나는 복수와 보복에 대한 우리의 견해가 무엇이든, 그녀는 동물처럼 도살된 딸의 어머니다. 그녀가 그런 범죄를 저지른 남자에게 억누를 수 없는 분노를 품고 있는 것이 이상한 일인가? 그녀가 단순히 아가멤논을 용서하고 넘어갔다면 그녀를 괜찮게 생각했을까? 이 질문들은 적어도 아이스킬로스가 이피게네이아의 죽음을 클리타임네스트라의 핵심 동기로 만들었다는 점에서 매우 이례적이기에 중요하다. 이피게네이아는 연극의 중심 사건이 벌어지기 10년 전에 죽었다. 그런데도 그녀의 죽음은 극의 시작 부분에서 매우 잔인하게 이야기된다. 파수꾼은 트로이아가 함락되었음을 알리는 불빛을 확인한다. 그러고는 클리타임네스트라에게 이 소식을 전하기 위해 서둘러 무대 밖으로 사라졌다. 그러자 코러스가 어린 아르고스Argos[고대 그리스를 가리킨다-역자 주] 공주의 죽음에 대해 길게 노래한다. 우리가 이 해결되지 않은 트라우마를 꺼내 놓고 나서야 이 연극에서 이야기가 시작되는 것이다.

코러스가 끝나고 그들의 리더가 돌아서서 클리타임네스트라에게 직접 말을 건넨다. 이때 그가 사용하는 문구 중에서 힘이나 권력 혹은 권세를 뜻하는 kratos[5]라는 단어는 민주주의democracy, 독재 정치autocracy, 도둑 체제kleptocracy와 같은 영어 단어의 어원이다. 공허한 카리스마로 남편이 자리를 비운 사이 명목상 최고 권위자에 오른 것을 내포할 그 어떤 모호하고도 애매한 단어가 아니다. kratos의 뜻은 구체적이다. 정치적인 힘이자, 지배 권력을 의미하는 것이다. 이 남자들은 클리타임네스트라의 남편이 그들의 왕이라서 단순히 그녀에게 굽실거리는 것이 아니다. 그들은 클리타임네스트라에게 그녀의 힘을 존중한다고 드러내놓고 말하는 것이다. 클리타임네스트라는 속담을 인용한다. 태초의 밤Mother Night을 가르고 새벽이 태어나게 하라. 모성Motherhood은 마음에서 가장 먼저 떠오른다. 우리는 확실히 이 강력한 여성이 다른 무엇보다도 살해당한 딸과의 관계에서 어느 정도 동기가 부여되었다는 결론을 내릴 수 있을 것이다.

클리타임네스트라는 코러스에게 트로이아가 함락되었다고 설명한다. 그녀는 이미 파수꾼에게서 전해 들은 내용보다 더 많은 것을 알고 있는 것처럼 보인다. 왜냐하면 그녀가 트로이아 도시 내부에 있는 그리스인들의 행동에 뼈 있는 소리를 했기 때문이다. 클리타임네스트라는 그리스인들이 트로이아 신들의 신전과 성지를 존중해주는 한 그들은 괜찮을 것이라고 말한다. 그녀는 그리스인들이 이와는 완전히 반대되는 일을 했다는 것을 알고 있을까, 아니면 아가멤논과 그의 지휘를 받는 부하들이나 병사들에 대한 평가가 이미 너무 낮아서 그것을 의심하는 것일까? 아마도 후자일 것이다. 고대 트로이아의 왕인 프리아모스가 신전에서 학살당했다는 것을 그녀가 어떻게 알 수 있었을까? 아폴론의 여사제인 카산드라가 강간당한 사실은 또 어떻게 알았을까? 그리스인들은 신에 대한 존경심을 보여주지 않았다. 클리타임네스트라의 말에서 느껴진 환희의 어조는 쉽게 상상할 수 있다. 그녀는 딸의 복수를 위해 10년이라는 기나긴 세월을 보낸 여자다. 아울러, 자신의 힘에도 한계가 있음을 알고 있다. 그리스인과 아가멤논이 신들을 공경했다면 아마도 그녀의 시대는 오지 않았을 것이고, 이피게네이아의 살인은 응답을 받지 못했으리라. 그러나 그녀의 바람은 이루어졌다. 이피게네이아의 목숨을 앗아간 그리스인의 잔혹성은 10년 동안 잔인한 전투를 치르는 동안 조금도 줄어들지 않았다. 어떻게 그럴 수 있을까?

합창단은 전쟁의 공포와 트로이아의 함락을 노래하는 또 다른 노래로 화답한다. 그리고 왕의 임박한 도착을 알리는 아가멤논의 전령이 무대로 달려 나온다. 클리타임네스트라는 봉화가 전쟁의 승리를 알렸을 때부터 이미 이 순간이 올 줄 알았다고 설명한다. 그녀는 정치지형을 넘기지 않을 것이다. 클리타임네스트라는 자신을 둘러싼 이 모든 남자보다 앞서 있다. 전령과 코러스는 클리타임네스트라의 여동생인 헬레네(그들이 전쟁의 책임을 돌린 대상)에 대해 서로 적대적인 의견을 교환한다.

연극이 거의 중반에 이르렀을 무렵 아가멤논이 마침내 전차를 타고 입장한다. 이 연극의 제목은 그의 이름을 따서 지어졌으나 그는 주인공이 아니다. 클리타임네스트라가 무대를 차지하는 시간과 대화가 더 많기 때문이다. 그녀의 남편은 프리아모스와 헤카베의 딸이자 아폴론의 여사제인 카산드라와 함께 트로이아의 전리품을 들고 무대에 오른다. 아가멤논은 트로이아를 파괴하고 집에 무사히 돌아오는 데 도움을 준 신들께 감사를 전한다. 그가 트로이아의 파괴를 설명하기 위해 사용하는 단어는 diēmathunen, 그야말로 가루가 될 때까지 바스러트렸다는 뜻이다. 그의 열정적인 기도는 그와 그의 부하들이 트로이아의 신전을 더럽히고 신성을 모독했다는 클리타임네스트라의 설명을 떠올릴 때 적절해 보이지 않는다. 특히 신성한 몸인 여사제를 데리고 들어왔으니 말이다. 그러나 아가멤논은 카산드라를 그의 전쟁 신부로 만들어버렸다. 그는 카산드라가 섬기는 신전과 그녀의 집이었던 도시를 약탈한 것처럼 그녀를 겁탈했다.

아가멤논은 먼저 신들에게 말하고, 그런 다음 아르고스인들의 코러스에 말한다. 그는 아내에게 말을 걸지 않는다. 대사 후반부까지 무대에 있었는데도 말이다. (희곡의 지문은 오늘날에 발명된 지극히 현대의 발명품이라서 우리는 언제 인물이 등장하고 사라지는지 항상 확신할 수는 없다). 아가멤논의 우선순위는 가족 상봉이 아니라 단순히 그의 도시 사람들에게 자신의 모습을 보여주는 데 있다. 그가 말을 마치면 클리타임네스트라도 똑같은 형태로 대답한다. 그녀도 코러스를 향해 남편이 전쟁에 나가면 여성은 얼마나 외로운지 이야기한다. 우리는 그녀의 동기에 살짝 의심이 들 수도 있지만 전령이 도착해 부상과 재난 소식을 번갈아 전하는 동안 그녀가 묘사하는 고통에는 어느 정도의 진실이 있다. 남편이 전령의 보고 대로 그 많은 상처를 입었다면 그녀는 아마도 그에게 그물보다 더 많은 구멍이 있을 거라고 말한다.

이 대사를 어떻게 이해해야 할까? 우리에게 아내도 과부도 아닌 어정쩡한 상태의 외롭고 비참한 여성으로서 클리타임네스트라의 모습은 그려지지 않는다(비록 이 묘사가 더 많은 그리스 아내들에게는 사실이긴 하더라도 말이다. 우리는 페넬로페를 통해 그로 인해 생긴 더 복잡한 문제를 살펴보게 될 테지만, 그녀는 남편인 오딧세우스가 트로이아 전쟁에서 집으로 돌아올 때까지 무려 두 배나 더 긴 20년이라는 세월을 기다린다). 클리타임네스트라는 그의 무사 귀환을 간절히 기다리면서, 트로이아가 함락될 때 그녀가 가장 먼저 소식을 알 수 있도록 파수꾼을 보냈다. 자신의 행동은 정확하게 설명하되, 그 이유에 대해서만 거짓말을 하는 걸까? 클리타임네스트라는 과연 아가멤논이 부상했는지 확인하기 위해 필사적으로 모든 전령을 기다렸을까? 그가 안전하다는 말을 듣고 싶어서가 아니라 그가 안전하지 않다는 말을 듣고 싶어서? 전령들이 매번 그녀에게 장난치는 것 같아서 저주를 퍼부었을까? 아가멤논은 필시 지금쯤 죽었을 텐데, 어떻게 된 일인지 그는 매번 살아 있다. 아니면 그녀의 동기가 그 누구보다 어두웠음에도, 아가멤논이 다치지 않았다는 소식을 진심으로 간절히 바랐을까? 아가멤논이 안전하게 집에 돌아오길 원했던 이유는 단 하나, 그녀의 손으로 직접 죽이기 위해서?

그러고 나서 클리타임네스트라는 그녀가 얼마나 끔찍하게 영리하고 교활한지 우리에게 보여준다. 마침내 그녀는 돌아서서 아가멤논에게 말을 건넨다. 그런 소문들로 너무나 충격을 받은 나머지 자신의 목에 올가미를 걸었던 적이 한두 번이 아니었다고 말한다. 다른 사람들이 그것을 자르지 않았다면 그녀는 오늘 저세상 사람이 되어 있었을 것이라고. 그래서 그들의 아들 오레스테스가 오늘 이 자리에 참석하지 못한 것이며, 오레스테스는 그의 안녕을 위해 잠시 다른 곳으로 보내져 엄마의 고통을 목격하지 않도록 친한 친구의 보살핌을 받는 중이란다.

하여, 클리타임네스트라는 궁전에서 아들의 모습이 보이지 않는 상황에 선제적으로 구실을 만들었다. 아가멤논은 틀림없이 아들이 아버지의 무사 귀환을 환영하는 자리에 있으리라 예상했을 테니 말이다(클리타임네스트라는 살아남은 딸 엘렉트라에 대해서는 똑같이 변명할 필요를 느끼지 않는다. 아마도 아버지들은 딸의 환영을 받는 것에는 크게 신경 쓰지 않는 모양이다. 아니면 아마도 아가멤논이, 특히 연극의 시작 부분에서 상기시켰듯이, 그가 죽인 그녀의 언니에 대해 자주 생각하지 않았을 수도 있다). 클리타임네스트라는 오레스트가 불참한 이유를 충분히 제시할 뿐만 아니라 자신의 이야기에 더 큰 신뢰성을 주기 위해 자신의 불행을 무기화했다. 클리타임네스트라는 아들을 멀리 보내지 않았다. 그 이유는 그녀가 나쁜 엄마고 오레스테스를 신경 쓰지 않아서일 수도 있고, 아니면 그녀가 나쁜 아내라서 아들이 아버지를 환영하러 나오지 않아도 상관없어서일 수도 있다. 클리타임네스트라는 아가멤논의 빈번한 부상 소식에 늘 마음을 졸였고, 그녀의 반복되는 자살 시도로 오레스테스가 불안에 시달려 그를 멀리 보냈다. 그러니까 아들은 자기 자신의 안위를 위해 다른 곳으로 보내진 것이다. 나는 당신이 희곡을 읽는 데 편견을 갖게 될까 봐 망설여지지만, 적어도 지금, 이 순간만큼은 우리가 클리타임네스트라를 '별종'으로 묘사할 수도 있지 않을까. 좀 과하게 신경 썼네. 뭐, 지켜보자. 참, 그리고 왜 그녀가 아가멤논의 부상 가능성에 마음을 놓지 못하고 밤새 울었다면서 눈물 젖은 모습이 아닌지 궁금한가? 물론, 그녀는 그에 대한 설명도 내놓는다. 그녀는 고통으로 잠 못 이루던 긴 밤에 이미 모든 눈물을 쏟아냈단다.

우리는 아가멤논이 이 모든 속임수에 쉽게 넘어갈 수 있다고 생각할 것이다. 그리고 아마도 실제로 그런 사람일지도 모른다. 호메로스의《일리아스》에서 그의 캐릭터에 관한 그 어떤 것도 우리가 교활하거나 적당히 영리한 사람을 상대하고 있다는 암시는 없다. 그리스 진영의 두뇌는 언제나 오딧세우스나 네스토르, 그 외 다른 사람들이었다. 그러나 설령 아가멤논이 과거 자신이 죽인 딸의 엄마인 아내의 말을 즉시 의심했더라도, 딱히 더 도움이 되었을 것 같지는 않다. 그는 그냥 한 수 아래였다. 우리는 에우리피데스의 연극에서 (아가멤논보다 훨씬 영리한) 이아손과 그의 아내 메데이아 사이에서도 비슷한 역학 관계를 찾을 수 있을 것이다.

하지만 클리타임네스트라는 거의 모든 면에서 도를 넘어선다. 그녀는 궁전 복도에서 가장 좋은 태피스트리(융단)를 들고나온 노예 여성들에게 손짓한다. 클리타임네스트라는 아가멤논이 걸을 수 있도록 이 멋진 융단을 바닥에 깔아 놓으라고 말한다. 그녀는 그가 전차 바퀴 아래 흙바닥을 밟을 게 아니라 이 호화로운 자줏빛 융단 위를 걸으면 좋겠다고 말한다. 이 모습은 우리 눈에 다소 생경하게 비칠 수 있지만, 특별히 충격적인 건 아니다. 이 태피스트리는 카펫이나 멋진 양탄자와 비슷하다. 그러나 아가멤논의 반응은 클리타임네스트라가 실은 그에게 매우 관습에 어긋나는 일을 하도록 요구하고 있음을 보여준다.

아가멤논은 클리타임네스트라가 그에게 건넨 찬사를 거의 마땅히 받을 자격이 있다고 인정하면서도 아내가 아닌 다른 사람의 입으로 듣는 것이 더 바람직하리라 생각한다. 아내가 준비한 융숭한 대접은 그를 좌불안

석으로 만든다. 이 태피스트리 위를 걷는다면 무척 오만하게 보일 것이다. 그건 오로지 신, 아니면 야만인들만이 할 수 있는 일이다. 여기에서 우리는 그의 남성성에서 흥미로운 개념의 구분을 엿볼 수 있다. 사치는 인간에게 너무나 과분한 것이기에 그것은 오로지 신만이 누릴 자격이 있다. 그러나 또한 그것은 너무나 이국적이고, 너무나 이질적이며, 너무나 야만적인 행위라서 이런 것에 탐닉하는 사람은 누구든 그리스인보다는 이방인이나 야만인에 더 가깝다.

태피스트리는 어땠을까? 아가멤논에게서 격한 반응을 불러왔을까? 그것들은 카펫이나 양탄자보다는 틀림없이 훨씬 더 귀하다. 이 연극의 시대적 배경인 청동기 시대에는 (아마도 이 희곡이 쓰이기 수백 년 전인 기원전 12세기경으로 추정) 왕실의 부는 대개 금과 기타 귀금속으로 유지되었다. 돈은 아직 출현조차 하지 않은 시대였다. 클리타임네스트라가 노예를 시켜 바닥에 깔아 놓은 것과 같은 훌륭한 태피스트리 역시 왕실의 부를 유지해주는 것이었다. 산업 공정이 없는 직조 작업은 시간이 많이 소요되는 작업이다. 게다가 얇은 천은 다른 종류보다 작업하는 데 더 오랜 시간이 걸릴 것이다. 가늘게 방적한 실은 두꺼운 실을 사용해 훨씬 더 빨리 짤 수 있는 크기의 천보다 더 많은 직조 인력이 필요하고, 패턴 역시 훨씬 더 복잡할 것이다. 직물의 미세함이 더 많은 세부적인 것들을 짤 수 있도록 해주기 때문이다. 색상 또한 태피스트리의 가치를 매기는 원천이었다. 적자색 직물은 뿔고둥에서 채취된 염료로 채색되었다. 다시 말해 바다 달팽이가 이 어둡고 장엄한 보라색 염료의 바탕이 되는 분비물이다. 이것은 동쪽, 아마도 페니키아의 튀루스Tyre[레바논 남부, 고대 페니키아의 항구 도시-역자 주]라는 도시에서 수입되었을 것이다. 같은 염료가 수 세기 후 로마에서 제국의 보라색을 만드는 데 사용되었다. 큰 태피스트리의 실을 염색하려면 엄청난 양의 뿔고둥이 필요했고 그것을 생산하는 것은 매우 비싸고 노동 집약적인 과정이었다. 클리타임네스트라와 아가멤논 둘 다 염료의 막대한 비용에 대해 언급한다. 자주색은 은과 동일한 가치를 지닌다.[6] 클리타임네스트라의 입을 빌리자면, 분명한 것은 염료만으로도 이만한 가치를 지닌다는 사실이다. 놀라운 점은 섬세한 태피스트리에 짜여질 실이 사용되기도 전이라는 것이다.

뿔고둥에 대해 또 하나 주목해야 할 사항은 그것이 우리가 빨강, 진홍, 보라라고 부를 수 있는 색상을 만들어냈다는 사실이다. 하지만 매우 어둡고 본능적인 색조였을 것이다. 따라서 클리타임네스트라가 아가멤논의 허영심을 이용하여 그의 승리를 추켜세우고 발밑에 천을 깔아주면서 맨발로 그 위를 밟아보라고 그에게 고집을 피울 때. 그녀는 두 가지를 이루어냈다고 볼 수 있다. 첫 번째는 극 중 인물들을 위한 것이다. 즉, 그들은 아가멤논이 아내의 뜻에 굴복하여 그녀의 요구대로 태피스트리 위를 걸어가는 모습을 본다. 그녀가 10년 만에 처음으로 언쟁에서 이겼는데 그는 우쭐해져서 권력자처럼 행동하고 있다. 그는 그녀의 명령대로 한다.

두 번째는 연극을 관람하는 관객들을 위한 것이다. 우리는 아가멤논이 전리품을 들고 심지어 전쟁 신부까지 데리고 집으로 돌아오는 걸 보았다. 이제 이 남자가 맨발로 전차에서 내려서 반짝이는 붉은 강을 건너 궁전으로 걸어 들어가는 것을 볼 수 있다. 그의 이야기를 모르는 사람도 그가 집에 들어가기 위해 피를 흘리는 것과 같은 모습을 지켜볼 수밖에 없다.

아가멤논은 전차에서 내려오면서 아내에게 '이 외국인 여성'을[7] 돌보라고 권하고, 아무도 노예가 되기로 선택한 사람은 없기에 신들은 친절한 주인들을 좋아한다는 사실을 아량 있게 상기시켜준다. 이런 감정은 그가 묘사하는 여성을 그야말로 노예로 삼지 않은 남자한테나 느낄만하지 않을까? 그럴 수도 있지만, 우리의 반응은 중요하지 않다. 그는 클리타임네스트라의 반응을 걱정해야 할 것이다. 그녀는 남편 외도의 살아있는 증거를 소개받는 중에 심지어 그녀에게 잘 대해주라는 부탁까지 받았다. 아가멤논이 오늘 집으로 돌아오기 전까지 아내를 단 한 번이라도 만난 적이 있었는지 궁금하다. 물론 우리는 연극의 무대가 된 청동기 시대와 연극이 쓰이고 공연된 기원전 5세기에는 남성과 여성의 신의에 대해 서로 다른 기대치가 있었음을 알고있다. 그리스 남성들은 비그리스인 여성과 (대가의 지급 여부와 관계없이) 성관계를 가질 수 있었고 그들의 결혼 역시 안전하게 유지할 수 있는 것으로 간주하였다. 당연히 여성에게는 그러한 자유가 없었다. 하지만 단지 불평등이 일반적인 현상이라고 해서 그 불평등을 경험하는 사람이 그것을 언제나 받아들인다는 뜻은 아니다. 적어도 말 그대로 그녀 앞에서 불평등을 과시한다면 이야기가 달라진다. 그리고 그중에서도 더는 건드리면 안 될 것 같은 여성들 목록 맨 위에 클리타임네스트라가 있을 것이다.

아가멤논은 이제 주춤하지 않는다. 그는 문지방을 넘어 궁전 안으로 들어간다. 집에 돌아왔으나 아직 궁전 안에 발을 들여놓기 직전의, 표면상으로는 아내와 재회했지만 충실함이나 그 어떤 친밀감도 찾아볼 수 없고 트로이아를 상대로 승리를 거두고도 태피스트리 문제로 오고 간 설전에서는 아내의 고집을 꺾지 못한, 살아 있으나 곧 운이 다하기 전 마지막 순간이 그렇게 막바지에 이른다. 코러스는 불길한 예감을 노래한다. 아가멤논은 너무 우둔해서 아내가 품고 있는 어두운 생각을 바로 보지 못할 수 있으나 그들은 그렇게 순진하지 않다. 코러스가 노래를 끝내면 클리타임네스트라는 카산드라를 안으로 들어오라고 청한다. 극 중 처음으로 카산드라의 이름이 불렸다. 아가멤논은 그녀를 tēn xenēn-'이 낯선 사람', '이 이방인'이라고 불렀다. 아가멤논이 아내에게 카산드라에게 친절하게 대해주라고 요청했을 때 우리가 그의 동기에 대해 다소 의아해했던 이유 중 하나가 바로 그의 이러한 태도였다. 그가 노예 신분으로 전락한 카산드라의 처지에 깊이 공감했다면, 그녀의 이름을 불러주는 예의 정도는 지키지 않았을까? 이 모습만 봐서는 그녀는 그저 하나의 대상에 불과할 뿐이다. 클리타임네스트라가 그녀에게 말을 건네는 때만 우리는 누군가가 타국에서 건너온 첩이 아닌 온전한 그녀에게 반응하고 있다고 느끼게 한다. 클리타임네스트라는 확실히 아가멤논에게 유린당한 여사제로서만이 아니라 카산드라라는 여성 자체에 관심을 보였다. 하지만 친절로 해석될 수 있는 방식은 아니었다.

카산드라는 클리타임네스트라에게 대답하지 않는다. 못 알아듣는 것인가? 클리타임네스트라는 인내심이 바닥을 치자 코러스를 향해 그녀와 의사소통을 할 수 있는지 물어본다. 그들은 언어 장벽이 있는지 궁금해한다. 결국 클리타임네스트라는 흥미를 잃고 궁전으로 돌아간다. 그녀는 카산드라에게 낭비할 시간도 집중력도 없었다. 코러스는 트로이아의 여사제에게 말을 걸려고 애쓰지만, 그녀는 갑자기 아폴론에게 고함을 친다. 그때 그녀는 자신이 어디 있느냐고 물었고, 자신이 아트레우스(아트레우스는 아가멤논과 그의 형제 메넬라오스의 아버지)의 집에 있다는 사실을 깨닫고 더욱 괴로워한다. 그녀는 아가멤논에게 닥칠 일을 정확히 묘사한다. 그는 욕조에 있고, 그물이나 올가미가 그를 기다리고 있다. 그는 갇혔다. 그녀의 말은 혼란스럽지만 부인할 수가 없다. 뭔가 안 좋은 일이 벌어지고 있는 게 틀림없다고 코러스가 입을 모은다. 카산드라는 자기 자신의 죽음을 예언하고, 그녀와 코러스는 (그녀가 파리스의 탓으로 돌리고 있는)[8] 문제의 원인을 놓고 격렬한 대화를 나눈다. 그러다가 무슨 공포영화에서 튀어나온 듯한 순간이 온다. 카산드라는 궁전의 지붕에서 춤추는 복수의 세 여신을 발견한다.[9] 이

어둠의 여신들은 모든 악행, 특히 혈족 간의 범죄를 처벌한다. 아트레우스 가문의 간통, 아동 살해, 무심코 행한 식인 풍습 등은 시작에 불과하다. 복수의 세 여신이 아트레우스 가문의 옥상을 제집처럼 드나드는 것은 너무나 당연한 일이다.

코러스는 궁전의 역사에 대한 카산드라의 지식에 놀라움을 금치 못한다. 그녀는 아폴론으로부터 예언의 능력을 선물 받았으나 그녀가 성관계를 거부하자 저주를 내려 아무도 그녀의 예언을 믿지 못하게 만들었다. 우리는 카산드라의 이야기를 의심할 이유가 없지만 지켜보는 내내 그것이 그릇되었다고 반증하는 것을 보게 될 것이다. 왜냐하면 코러스가 분명히 아폴론의 교묘한 간계에 영향을 받았기 때문이다. 우린 당신을 믿어요, 그들이 말한다,[10] 그 말은 진실처럼 들리는군요. 그녀는 그들에게 아가멤논의 최후를 보게 될 것이라고 말한다. 코러스는 anēr, 즉 어떤 남자가 그런 범행을 저지르겠느냐고 묻는다.[11] 그녀가 대답한다. 당신들은 나를 완전히 오해하고 있다고. 그녀의 환영이 조금 더 멀리 비춘다. 카산드라가 말한다. 그녀가 나를 죽일 것이라고. 사자가 없는 동안 늑대와 짝짓기를 하는 두 발 달린 암사자가. 카산드라가 클리타임네스트라를 의미하고 있음은 누가 봐도 명백하다.

암사자는 사자의 적인 늑대와 동침한다. 그녀의 남편이 없는 동안, 우리는 클리타임네스트라가 아가멤논의 적인 아이기스토스와 바람을 피웠다는 사실을 기억한다. 카산드라는 그녀의 사제복을 땅에 벗어던졌다. 그녀는 더는 아폴론의 소유가 아니다. 그가 그녀를 여기로 데려와 죽게 했으니까. 그녀는 여전히 미래를 볼 수 있지만 코러스는 그녀가 하는 말을 전혀 알아차리지 못한다. 카산드라의 죽음 이후, 그녀로 인해 다른 여성과 남성이 살해될 것이다. 그 복수의 세 여신은 당분간 아트레우스의 집 지붕을 떠날 것 같지 않다. 카산드라는 궁전 안으로 죽음을 향해 걸어 들어간다.

이제 우리 귀에 카산드라가 이미 예견한 것이 들리기 시작한다. 아가멤논의 죽음. 그가 호되게 얻어맞는 동안 비명이 들려온다. 그러더니 또 세게 때리는 소리가 들렸다. 코러스는 왕이 이제 정말로 죽었을지도 모른다는 의견을 쏟아낸다. 그들은 살인범을 잡기 위해 안으로 뛰어 들어가야 한다고 주장하지만, 그리스의 비극에서 거의 모든 코러스가 그렇듯이, 우왕좌왕 말만 늘어놓을 뿐, 실제로 행동에 옮기지 않는다. 결국 그들 말마따나 말로 죽은 자를 살려낼 수는 없는 법.[12] 궁전의 문이 열리고 클리타임네스트라가 그들 앞에 섰다. 살해당한 왕과 여사제의 시체가 그녀 옆에 있다. 아가멤논이 살해당하는 순간에는 울부짖는 소리가 떠나갈 듯했던 반면, 카산드라에게서는 아무 소리도 들리지 않았다는 점은 흥미로운 사실이다. 그녀는 마지막 순간에도 자신의 운명을 받아들인 것 같다. 코러스는 끔찍한 광경에 입이 다물어진다. 하지만 곧 더 큰 충격에 휩싸일 것이다. 클리타임네스트라가 (코러스의 관점에서) 그들의 왕을 죽이고도 자신이 저지른 일에 조금도 죄책감을 드러내지 않았기 때문이다. 오히려 그녀는 살인을 대단히 즐긴 듯이 보인다. 클리타임네스트라는 참혹한 범행을 태연하게 고백한다. 아가멤논을 올가미나 그물에 가두고, 그가 쓰러질 때까지 두 번 가격하고 난 다음 세 번째, 마지막 일격을 가했다고 설명한다. 우리는 - 후렴구처럼 - 그의 비명을 두 번밖에 듣지 못했으므로 이는 그가 처음 두 번 이후로는 아무 소리도 낼 수 없었던 상황임을 암시하는 것이다. 클리타임네스트라는 코러스에게 기뻐하라고 말한다.[13] 아가멤논은 그의 잔을 악행으로 가득 채웠으며, 이제야 집에 돌아와 그 모든 쓰레기를 털어냈다고 말한다.

아가멤논이 올가미에 걸려들 것이라고 말한 카산드라의 예언은 일종의 매복이나 간계에 대한 유일한 언급은 아니다. 아가멤논은 구속복과 같은 속임수용 의복을 사용하여 살해된 것으로 보인다. 현재 보스턴 미술관 Museum of Fine Arts in Boston에는 도키마시아 화가의 놀라운 항아리가 소장되어 있다.[14] 이것은 이 연극이 처음 공연되기 직전이나 직후에 만들어졌다(두 시기가 너무 가까워서 크라테르가 연극의 한 장면을 보여주고 있다거나 연극이 이미 잘 알려진 장면을 묘사한 것이라고 단정적으로 말할 수는 없다. 여기 이 포도주 담는 그릇에 하나의 예가 있기 때문이다). 믹싱볼은 아테네에서 제작되었다. 따라서 기원전 5세기 중반에 적어도 아테네의 몇몇 예술가들이 올가미를 아가멤논의 죽음의 특징으로 만들었다고 볼 수 있다. 여기에서 우리는 얇게 비치는 가운을 입은 아가멤논을 볼 수 있기 때문이다. 그의 벗은 몸은 속이 훤히 비치는 천을 통해 드러난다. 그는 오른손을 앞으로 쭉 내밀고 있지만 동시에 몸 전체가 뒤로 기울고 있어서 공격자의 손에 있는 칼에서 점차 멀어진다. 그러나 이 버전의 이야기에서 살인자는 클리타임네스트라가 아니라 그녀의 연인 아이기스토스다. 그녀는 도끼를 들고 그의 뒤에 서 있다. 이것은 이 신화에서 가장 흔한 변형 중 하나로 다음과 같은 질문을 제기한다. 아가멤논은 아이기스토스 손에 죽었는가, 혹은 클리타임네스트라 손에 죽었는가? 아니면 둘이서 함께 죽였는가?

아이스킬로스의 경우 클리타임네스트라는 살인 행위에 대해 자신의 공이라고 주장한다. 아이기스토스는 그의 연인이 아가멤논과 카산드라의 시체와 함께 나타난 후 대사가 200행을 넘어갈 때까지 무대에 오르지 않을 것이다. 클리타임네스트라가 자신의 살인 능력을 자랑하든 단순히 기쁘게 설명하든, 그녀는 확실히 책임을 공유하고 싶어 하지 않는다. 보스턴의 크라테르는 아마도 그들에 관한 덜 충격적인 버전의 이야기를, 즉 딸을 죽인 살인자를 죽이는 아내라기보다는 애인의 남편을 죽이는 남자를 묘사하는 것 같다. 하지만 이 사진에서 아가멤논이 입고 있는 가볍고 비치는 천의 옷은 이상해 보인다. 그는 손을 내밀고 있지만 겉옷이 그의 손가락을 감싸고 있고 팔이나 손을 안에서 뺄 수 없다. 옷이 거의 바닥에 닿아 있어서 몸을 구속하는 역할을 하는 것 같다. 아마도 이것이 그의 자세를 설명해 줄 것이다. 왜냐하면 몸이 너무 뒤로 젖혀져 있어서 실제로 그는 넘어질 것인데 팔을 이용해 몸을 가누지 못하기에 균형이 흐트러진다. 크라테르 속 아이기스토스 혹은 극 중 클리타임네스트라는 살해 전에 속임수를 쓴 것이다. 아가멤논은 금의환향한 전사였기에 클리타임네스트라가 교묘한 술책을 써서 성공 가능성을 높인다고 해도 그렇게 놀라운 일은 아니다. 여기에서 우리는 우월한 힘을 가진 적을 죽이거나, 불구로 만들기 위해 교묘한 속임수를 사용하는 것이 반드시 여성만의 고유한 특성이 아니라는 점을 주목해야 한다. 그것은 오딧세우스가 계속해서 하는 일이다.

아가멤논이 걸어가는 태피스트리에서 소매 끝이 꿰매져 있거나 소매가 없는 로브(크라테르의 그림과 같은 종류라면)에 이르기까지, 그물과 직물에 관한 주제는 아이스킬로스의 연극 곳곳에 담겨 있다. 이미지는 일관적이다. 클리타임네스트라는 사냥꾼이고 아가멤논은 사냥감이다. 그리고 여기서 신화 속 '정숙한' 여성의 이상적인 과업인 베 짜기(나중에 페넬로페와 그녀의 수의 짜기 및 풀기)는 더 어둡고 훨씬 더 위험한 것이 되었다. 클리타임네스트라는 태피스트리를 짜는 데 십 년을 소비하지 않았다. 은유적으로는 음모와 계획을 짰다는 뜻이며, 말 그대로 아가멤논보다 한 수 앞서 나가기 위해 그를 속이는 데 사용할 구속복을 짰다는 의미다. 건전한 행위가 살인을 위한 목적으로 뒤틀려버린 것이다. 아가멤논에게 위험해 보이지 않은 태피스트리조차도 클리타임네스트라가 그의 허영심을 부추기는 데 사용되는 순간 올가미, 덫으로 바뀌고 말았다.

코러스는 충격과 공포에 휩싸인 채 클리타임네스트라의 말에 계속 입에 거품을 물면서 그녀가 이 나라에서 추방되어야 마땅하다며 비난한다. 그녀의 답변은 명쾌하다. 이 사람이야말로 당신들이 추방했어야 할 장본인이라고 꾸짖는다. 그는 자기 딸을 죽였어. 어린 딸이 속죄양이라도 되는 양 말이지. 그런데 당신들은 뭘 했죠? 아무것도 안 했어. 내 말 잘 들어요, 나를 끌어내릴 테면 맘대로 해 봐. 그럼, 나를 지배할 수 있을 테니까. 신들이 다르게 결정한다면, 그때는 그걸 감수하는 법을 배우게 될 거예요.

정말이다. 이 여성은 필요한 경우 남성 전체와 싸우겠노라고 엄포를 놓는다. 그들은 그녀를 다시 비난했고, 마침내 그녀가 거침없이 쏟아냈다. 그녀가 아가멤논을 희생 제물로 바친 것은 정의Justice, 파멸Ruin, 복수Vengeance (단순한 자질이 아니라 실제로 여신들임)의 여신들이 함께했다.[15] 그녀의 언어는 의도적으로 선동적이다. 아가멤논은 그녀의 딸을 동물처럼 속죄양으로 바쳤다. 클리타임네스트라는 그를 똑같은 방식으로 대했다. 나아가 그녀는 그렇게 하는 데 신의 도움을 받았다고 굳게 내세웠다. 그러고 나서 그녀는 카산드라의 문제로 눈을 돌리면서 추가로 자기 주장을 펼쳤다. 첫째, 아가멤논은 트로이아에서 크리세이스Chryseis의 남자였다(크리세이스는 《일리아스》의 제1권에서 그녀를 아버지에게 강제로 돌려보내기 전까지 잠시 그의 전쟁 신부였다). 그리고 여기 그가 밤마다 품에 안고 자던 연인은 이제 그의 옆에서 싸늘한 주검이 되어 있다. 따라서 클리타임네스트라에게는 딸 이피게네이아에 대한 복수라는 고결한 이상에도 불구하고 성적 질투라는 천박한 동기가 있다. 그러나 그녀는 곧 자신의 원래 주장으로 돌아간다. 그녀의 동기는 애통하기 그지없는 이피게네이아다.[16] 아가멤논이 그녀의 딸을 죽였으니 그녀도 그를 죽인 것이다. 클리타임네스트라의 분노는 아가멤논의 죽음 너머로 확장된다. 그는 하데스에서 자랑할 것이 아무것도 없을 것이라고 말한다. 그는 지하세계에서 이피게네이아의 환영을 받을 것이다. 코러스는 클리타임네스트라에게 완패를 당하고 말았다. 그녀가 몰고 온 살육이나, 그것에 대해 사과하지 않은 것 때문만은 아니었다. 그녀가 펼친 뛰어난 주장 때문이다.

마지막으로 연극이 끝나갈 무렵 클리타임네스트라의 내연남 아이기스토스가 무대에 등장하여 그날의 기쁨을 만끽한다. 그는 자신의 아버지 티에스테스Thyestes가 아가멤논의 아버지 아트레우스와 오랫동안 불화를 겪었다고 토로한다. 티에스테스는 왕권을 두고 다투었는데, 아트레우스가 그의 공격을 격퇴했다고 한다. 두 사람 사이에 긴장이 완화되어갈 무렵 티에스테스는 아트레우스의 연회에 초대받았다. 그러나 저녁 식사에는 오장육부를 뒤흔드는 요리가 포함되어 있었으니 바로 티에스테스의 아이들을 살해하여 그들의 손과 발로 만든 요리가 그에게 제공된 것이었다. 그는 부지불식간에 그것을 먹고 말았다. 티에스테스의 막내였던 아이기스토스는 당시 살육의 현장에서 갓난아기였기 때문에 간신히 화를 면했다. 그 역시 복수심으로 응징했다고 한다. 아이기스토스는 살인을 계획한 공로가 자신에게 있다고 주장한다. 클리타임네스트라가 아버지로서 해선 안 될 끔찍한 일을 저지른 죗값으로 그녀의 남편을 벌하고 있다면, 아이기스토스는 그가 살인자의 아들이기에 그녀의 남편을 벌하고 있다. 클리타임네스트라처럼 그 역시 정의의 여신이 함께했다고 주장한다. 그리고 사회적인 비난에 대해서도 사과하지 않는다. 그에게 죽음은 당연해 보인다. 이제 그는 정의의 덫에 걸린 이 남자를 보았다. 코러스는 클리타임네스트라의 변론과 공격에 수긍이 갔던 것보다 아이기스토스의 주장에 설득되지 않았다. 아이기스토스는 그들의 비판에 굴하지 않고 그들을 감옥과 굶주림으로 응징하겠다고 위협한다. 클리타임네스트라와 그녀의 불륜남을 하나로 묶은 다른 요소가 - 가령, 성적 욕망, 공통의 적 - 무엇이었든 간에, 우리는 그들이 성향 면에서 엄청나게 잘 어울린다는 것을 알 수 있다. 코러스는 그들이 알고 있는 유일한 방법으로 그에게 상처를 주려고 한다. 아이기스토스는 살인을 계획했지만 실행할 용기가 없었다. 그는 그것을 여자의 손에 맡겼다.[17]

코러스는 급기야 아이기스토스와 그들의 동지들과의 결투를 벌이기 직전까지 치닫지만, 클리타임네스트라는 더 이상의 유혈 사태를 허용하지 않을 것이다. 다시 말하지만, 왕이 죽은 후 누가 궁전과 도시를 장악했는지는 의심의 여지가 없다. 아이기스토스는 오늘 하루 자신이 모든 것을 주도했다고 주장할지 모른다. 하지만 권력은 여왕의 손에 있다. 그녀는 '가장 사랑하는 사람', 아이기스토스를 말린다. 더 이상의 피를 보지 않도록. 그녀의 이 애정 어린 표현은 분명히 그들이 더 많은 분노와 고통을 발산해봐야 얻을 게 없다고 설득하는 데 도움이 되었을 것이다. 그녀는 그들에게 돌아가라고 명한다. 그들은 마지막으로 다분히 감정을실어 가시 돋친 말을 내뱉는다. 오레스테스가 집에 돌아올 때까지 기다려라.

코러스가 카산드라의 예언을 잊지 않은 것일까? 카산드라가 자기 자신의 죽음 이후 한 남자와 한 여자의 죽음이 따라올 것이라고 울부짖었던 그 예언을? 클리타임네스트라와 아이기스토스가 아무리 정의와 복수의 여신들을 섬기고 있다고 한들, 이제 그들은 그 여신들에 의해 자신들 역시 차례로 파멸될 수 있음을 이해나 했을까? 이것은 아트레우스 가문 한가운데 드리워진 어두운 그림자다. 모든 범죄에는 죽은 자를 만족시키기 위한 보복 행위가 필요하다. 여기에서는 이피게네이아와 티에스테스의 아이들이었다. 그러나 모든 보복 행위에는 또 다른 보복이 따른다. 클리타임네스트라의 딸은 복수했다. 그러나 클리타임네스트라의 살아남은 아이들인 오레스테스와 엘렉트라는, 이제 3부작의 다음 편인 〈코이포로이Choephoroi〉, 혹은 〈제주祭酒를 바치는 여인들〉에서 분명히 밝히겠지만, 벗어나기 힘든 속박의 굴레에 갇혀 있다. 그들이 아버지의 원수를 갚지 못하면 아버지가 살해당하고도 살인자는 멀쩡히 살아서 처벌을 면하게 되기에 아버지의 영혼이 그들을 괴롭힐 것이다. 그러나 살인자를 죽이면 자기 자신조차 용서하기 힘든 존속 살해 범죄를 저지르게 되고 만다. 인과응보는 훌륭하지만, 그런 공포가 가족 안에서 일어날 때 대개는 이미 견디기 힘든 상황을 악화하면 더 악화했지, 나아지게 하는 해결책은 없다.

클리타임네스트라가 내연남과 코러스인 아르고스 남자들 사이에서 벌어지는 진흙탕 싸움을 막기는 했으나 겸손함이나 사과할 기미를 전혀 보이지 않고 극을 끝맺는다. 그녀는 아이기스토스에게 저 노인네들의 쓸모없는 지껄임은 다 무시하라고 조언하면서 힘들이지 않고 원로들의 인격을 뭉개버린다. 그들은 개보다 더 중요하지 않으며, 그들의 말은 동물의 울부짖음보다 더 큰 장점이 없다. 그리고 마지막으로 극 중 마지막 대사를 읊는다. 이제 다스린다 이 집안을, 나와 당신이. 어순이 영어 문법학자들에게는 고통을 안길 수 있을지 몰라도 클리타임네스트라는 그 어느 때보다도 진심이다. 나는 궁전, 도시, 그리고 백성들을 다스릴 것이고, 그건 당신도 마찬가지다. 아이기스토스가 나중에 생각나서 덧붙인 건 아니더라도, 확실히 좋은 자리를 내줄 것 같지는 않다. 연극은 또 다른 살해 동기, 즉 권력의 획득으로 막을 내린다.

이 연극은 이제 불안감을 조성한다. 처음 무대에 올려졌을 때는 훨씬 더 그랬을 것이다. 딱히 이것이 영감을 불어 넣은 작품이 없어서 그 영향력을 평가하기는 어렵다. 아가멤논과 클리타임네스트라의 이야기에서 이 부분을 보여주는 화병 그림은 놀랍게도 거의 없으며, 특히 아이스킬로스의 버전은 훨씬 더 적다. 남아 있는 게 없다는 건 그저 우리가 운이 없었던 것인가? 아니면 혹시라도 이러한 희소성에 어떤 이유가 있는 걸까? 이 화려한 술잔과 그릇은 종종 다른 남자들이 참석한 파티에서 남자들과 그들의 아내가 아닌 여자들에 의해 사용되었다. 플라톤의 〈향연Symposium〉은 철학적 토론과 음주, 그리고 플루트 소녀들flute-girls을 대동하고 늦게 도착한 손님 등이 어우러진 자리로 이런 종류의 밤을 보여주는 매우 고매하고 이상적인 형태를 제시한다. 아마도 이런 종류의 파티에 참석한 남자들이 집에서 남편을 기다리는 아내의 살인적인 분노를 떠올리고 싶어 할까? 굳이 도끼를 휘두르는 여성들로 장식된 술그릇을 원한다면, 차라리 무방비 상태인 한 남자의 숨통을 끊어 놓는 성난 아내보다는 전투에서 용맹하게 싸우는 아마존 여전사들을 고르는 게 더 낫겠다.

보스턴의 도키마시아 항아리는 위에서 언급한 바와 같이 다른 부분을 강조한다. 아이기스토스가 살인자고, 클리타임네스트라는 그저 도끼를 휘두르는 치어리더에 지나지 않는다. 그러나 상트페테르부르크의 예르미타시 박물관에[18] 있는 기원전 4세기 크라테르는 더 살인적인 모습의 클리타임네스트라를 묘사한다. 사실, 이 그림은 망토를 펄럭이며 클리타임네스트라가 도끼를 머리 위로 높이 치켜들고 달려드는 동안 벌거벗은 아가멤논이 방패 뒤에서 웅크리고 있는 모습을 보여준다. 이 작품은 마그나 그라에키아(오늘날의 이탈리아 남부, 하지만 당시 그리스인 정착지였음)에서 만들어졌는데, 이는 이 지역에서 포도주를 마시는 사람들이 아테네 사람들보다 살의를 품은 아내의 모습을 더 즐겼는지에 관한 흥미로운 의문을 불러일으킨다. 만약 그렇다면, 왜일까?

클리타임네스트라는 주로 나쁜 아내의 전형으로 표현된다. 살해 동기가 유일한 문제인데, 정도의 차이는 있어도 바로 이 동기때문에 그녀를 묘사하는 사회에 다소 동정적으로, 또 어느 정도는 위협적으로 보인다. 클리타임네스트라의 모습이 담긴 초기 작품으로는《오딧세이아》가 있다. 여기서 그녀는 좋은 아내의 전형인 페넬로페와 닮은 구석이 있는 사악한 여성으로 (서술적으로만) 등장한다. 이 서사시는 오딧세우스가 인고의 세월을 보내는 아내가 기다리고 있는 집으로 돌아가는 여정을 그린다. 그녀는 그리스 신화를 통틀어 집을 비운 남편을 참을성 있게 기다리는 모범적인 아내로 등장한다. 그러나 아가멤논의 귀환 이야기는 이 시에서 간간이 끼어든다. 특히 오딧세우스가 제11권에서 지하세계를 방문하여 지금은 죽은 그의 동료를 만났을 때였다. 오딧세우스는 아가멤논에게 어떻게 죽었는지 물어본다. 포세이돈 신에 의해 그의 배가 난파당했는지, 아니면 그가 빼돌리려던 가축을 돌보던 사람들에게 죽임을 당했는지. 참으로 놀랍게도, 오딧세우스는 자신이 이미 경험한 일과, 또 앞으로 겪게 될 시나리오를 참 잘도 떠올린다. 이 시에서 그의 용감한 자기도취는 자신은 물론 부하들의 생존에 항상 존재하는 위험 요소다.

아가멤논은 포세이돈도, 자기 땅을 지키던 자들에게 살해당한 것도 아니라고 대답한다. 내 아내의 도움을 받은 아이기스토스의 손에 죽었네. 그는 의식적으로 살육이라는 단어를 사용한다. 아이스킬로스의 희곡에서 클리타임네스트라가 내뱉을 단어처럼 말이다. 호메로스의 이야기가 더 피바다에 가깝긴 하지만. 왜냐하면 호메로스의 아가멤논은 그의 부하들 역시 돼지처럼 살육당하는 모습을 보았기 때문이다. 그는 이것을 전투와 비교하는데 집안싸움의 세부 묘사가 더 충격적이다. 음식과 포도주가 잔뜩 쌓여 있는 궁전의 테이블과 그 아래 피로 흥건히 뒤덮인 바닥. 그는 카산드라가 클리타임네스트라에게 살해당할 때 애처로운 비명을 들었다고 말한다. 클리타임네스트라는 죽어가는 제 남편을 쳐다보지도 않았을뿐만 아니라 죽은 후에도 자기 눈을 감겨주거나 입을 다물어주지도 않았다고 했다. 아가멤논은 오딧세우스에게 집으로 돌아갈 때 부디 조심하라고 충고하면서도 페넬로페는 '내 아내처럼' 누굴 죽일 타입은 아니라는 말을 덧붙였다.

그러니까 호메로스의 클리타임네스트라는 아이스킬로스의 이야기에서만큼 남성들에게 무시무시한 건 아닌거다. 남편이 살해당하는 모습을 옆에서 지켜보고 살인을 공모하기는 했어도, 그녀가 직접 남편을 죽인 건 아니니까. 분명히 여성들에게, 특히 카산드라에게 클리타임네스트라는 정확히 살인자다. 또한 호메로스의 아가멤논에게 클리타임네스트라와 아이기스토스의 부적절한 관계야말로 그녀가 초래한 재앙의 근원이다. 이 서사시에서 클리타임네스트라가 딸의 죽음에 대해 복수한다거나, 실제로 그녀가 남편을 대신하여 통치하려는 정치적 야망을 품고 있다는 암시는 드러나 있지 않다. 이 두 가지는 아이스킬로스의 비극에서는 클리타임네스트라라는 캐릭터의 일부였다. 적어도 여기에서 아가멤논이 늘어놓은 넋두리만 보자면, 그녀의 동기는 오로지 아이기스토스를 향한 욕정에서 비롯된 것이었다. 그렇다면 클리타임네스트라는 간음한 여성에 지나지 않는다. 이것이 고대 로마 제국의 작가들이 그녀를 인식할 때 클리타임네스트라를 정의하게 될 동기다.

오비디우스의 《사랑의 기교Ars Amatoria or The Art of Love》에서 클리타임네스트라는 질투에 이끌리는데, 이것은 특히 아가멤논의 외도를 바로 가까이에서 보게 될 때만 나타난다.[19] 적어도 아가멤논이 자신에게 충실하다고 상상할 수 있는 동안에는 정절을 지킨다. 그녀는 크리세이스와 브리세이스Briseis(아가멤논이 《일리아스》에서 전쟁 신부라고 주장한 두 여성)에 대한 소문을 들어서 알고 있었다. 하지만 남편인 아가멤논이 카산드라와 함께 집에 돌아왔을 때 클리타임네스트라가 직접 두 사람의 관계를 보고 나서야 아이기스토스와 복수를 시작한다. 오비디우스는 클리타임네스트라에게서 여왕과 퓨리라는 위상을 박탈하는 신화적 전승을 이어가고 있으나 아가멤논의 살해에 대한 책임 역시 제거한다. 즉, 아가멤논의 파멸에 대한 책임은 자기 자신에게 있다는 뜻이다. 만약 그가 자신의 정부를 아내와 부딪치게 하지 않으려는 분별력이 있었다면, 그는 충분히 천수를 누렸을 것이다.

물론 오비디우스는 호메로스의 서사시 《오딧세이아》나 아이스킬로스의 비극 〈아가멤논〉과는 매우 다른 시를 쓰고 있다. 《사랑의 기교》는 고대 로마에서 사회통념에 어긋나는 성관계를 갖기 위한 밝고 선정적이며 유머러스한 안내서다(새로운 황제 아우구스투스가 간통을, 적어도 다른 사람들의 간통을 단속하던 시기에 쓰였다). 따라서 오비디우스는 클리타임네스트라와 아가멤논을 그리스 작가들처럼 장엄한 분위기로 논하기보다는 차라리 그들을 성적으로 자유분방한 기질 때문에 더 이상의 통제를 벗어난 도시 주변의 부부로 바꾸어 놓을 충분한 이유를 가진다. 여기에서 우리는 이피게네이아와 아르고스의 왕권 획득을 위한 클리타임네스트라의 계획과 관련된 그 어떤 것도 찾을 수 없다. 오비디우스가 그리스 신화를 손바닥 보듯이 뻔히 알고 있어서 우리는 그가 당돌하게 굴고 있음을 알고 있다. 클리타임네스트라를 (그리고 일찌감치 같은 구절에서 메데이아를) 그저 성가신 주부들이 소란을 피우는 정도로 그 역할을 축소해버렸으니 말이다. 두 여성 모두 자신이 당한 모욕에 엄청난 폭력으로 응수하여 부당한 취급을 받은 것으로 유명한 인물들이다. 고대 로마의 철학자이자 극작가인 세네카Seneca는 오비디우스가 펼친 클리타임네스트라의 이야기를 읽어본 것이 틀림없다. 세네카 버전의 클리타임네스트라 역시 (그의 이상하고 결함 있는 희곡 〈아가멤논〉에서) 아이기스토스를 향한 그녀의 사랑과 강렬한 욕망으로 괴로워하는 성적 존재로 다루기 때문이다.[20] 이피게네이아에 대해 언급하기는 하지만 특별한 고통이나 앙갚음이 필요해 보이지 않는다. 오비디우스의 해석과 마찬가지로 세네카의 클리타임네스트라도 남편이 트로이아에서 전쟁을 치르는 동안 브리세이스, 크리세이스, 카산드라를 품은 남편의 성적인 정복을 질투한다. 그러나 우리가 앞서 살펴본 클리타임네스트라와는 다르게 이것은 남편이 그녀의 무분별한 행동에 대해 그녀를 처벌하지 않을까 두려워한다. 그녀는 자살까지 생각한다. 그러고 보니 아이스킬로스가 창조한 대담무쌍하며 사납게 날뛰는 여성에서 너무 멀리 온 것 같다.

그럼, 아이스킬로스의 화신인 격노한 클리타임네스트라로 돌아가 보자. 더 구체적으로, 그녀의 이야기를 끝까지 따라가 보겠다. 《오레스테이아 3부작》의 2번째 편인 〈제주祭酒를 바치는 여인들〉이다. 이 제목은 엘렉트라와 코러스가 이전 연극에서 사건이 발생한 이후 몇 년이 지나서야 아가멤논의 무덤에 바쳐진 제사상의 술을 말하는 것이다. 악몽에 시달리는 클리타임네스트라는 죽은 남편의 유령을 달래야겠다고 결심한다. 그러고는 딸 엘렉트라를 보내 성묘를 하게끔 한다. 엘렉트라는 오래 집을 떠나 있는 남동생 오레스테스가 한시바삐 돌아와 아버지의 원수를 갚아달라고 기도한다. 우리는 클리타임네스트라가 여전히 아이기스토스와 함께 이 도시를 지배하고 있다는 것을 알게 되었다.

그러나 엘렉트라의 소원이 곧 이루어지려고 한다. 그녀는 아버지의 무덤 옆에 바쳐진 머리카락 한 묶음과 그 주위에서 눈에 띄게 익숙한 발자국을 발견한다. 그녀는 그 머리털과 발자국이 오레스테스의 것으로 생각하고 마침내 남동생이 돌아왔다고 결론을 내린다. 이 장면이 다소 비약적으로 느껴지는가? 그렇다면 당신 혼자만 그렇게 느끼는 게 아니다. 에우리피데스는 이후 같은 이야기를 다룬 〈엘렉트라Electra〉에서 이 장면 전체를 조롱한다.

그러나 남매가 (오레스테스의 친구인 필라데스Pylades와 함께) 다시 재회하자마자 그들은 아버지를 죽인 살인자에 맞서 행동에 나서기로 한다. 오레스테스는 아폴론 신에 못지않은 권위자로부터 그렇게 하라는 명령을 받았다. 클리타임네스트라는 두 남자가 낯선 이들이긴 해도 몸소 밖으로 나와 그들을 맞아주었다. 오레스테스는 자신의 정체를 숨기고는 그녀에게 전해줄 소식을 들은 척했다. 오레스테스의 사망이었다. 그녀의 반응은 보복을 두려워하는 여자라기보다 아들을 잃은 어머니의 모습이었다. 내가 사랑하는 것을 빼앗았어. 그녀가 말한다, 나는 완전히 파괴되었다고.[21]

그들은 궁전 안으로 발을 들여놓았고, 그후 오레스테스는 먼저 아이기스토스를 죽인다. 하지만 어머니를 죽이기 전까지 그에게 심한 동요가 일었다. 클리타임네스트라는 자신이 속임수를 써서 죽인 것처럼 누군가에게 자신이 살해당할 것이라는 예감을 한다.[22] 그녀는 적당한 변명으로 이 상황에서 벗어나 보려고 한다. 내가 널 낳았다. 그녀가 입을 열었다. 너와 함께 살며 늙고 싶구나.[23] 오레스테스는 그녀의 말에 경악했다. 내 아버지를 죽이고도? 나와 함께 살면서 늙어가겠다고? 그녀는 아가멤논의 죽음이 몹쓸 운명 탓이라며 한탄한다. 그리고 그녀와 오레스테스는 약간 누그러진 상황에서 부모와 자식이 공감해야 할 순간을 공유한다. 당신이 날 내던져버렸어요. 그녀는 상황을 다르게 인식하고 있다. 아니야. 위험한 상황에서 벗어나 친척과 함께 살도록 보낸 거란다. 그가 대답한다, 나는 노예처럼 팔려나갔어요. 그녀가 말한다. 얘야, 그럼 내가 널 팔고 돈을 챙겼다는 거냐? 시대를 초월해 언쟁을 벌이는 부모와 십 대들의 메아리가 여기까지 분명하게 들린다. 그들은 일어난 사건 자체에는 동의하지만, 그 사건에 대한 해석은 극과 극일뿐만 아니라 둘 다 상대방의 관점을 전혀 이해하지 않는다. 어머니와 아들은 이 순간 놀랍도록 닮은 모습이다. 그러나 필라데스는 오레스테스에게 아폴론이 이 보복 살인을 명했으며, 오레스테스는 그가 말한 대로 행동해야 함을 재차 일깨운다. 클리타임네스트라는 복수의 사냥개들이 그를 추적해서 찾아낼 것임을 상기시키며 죽음을 맞는다.[24]

그래서 그 사냥개들은 오레스테스를 쫓는다. 이 3부작에는 〈에우메니데스The Eumenides〉라는 또 한 편의 작품이 있다. 에우메니데스는 '자비로운 여신들'을 의미하는데, (더 좋은 이름을 갖다 붙이면 덜 경악스럽게 행동하리라는 의견에 따라) 에리니에스Erinyes 혹은 퓨리스Furies의 새로운 이름이다. 이 마지막 연극은 한 가지 간단한 질문을 제기하고 대답한다. 오레스테스가 어머니를 죽인 것은 정당화되었는가? 그를 가차 없이 추적하는 복수의 세 여신 퓨리스는 그가 용서받을 수 없는 모친을 죽인 패륜 범죄를 저질렀다고 생각한다. 그러나 아폴론과 아테나는 오레스테스의 편에 섰다. 그는 아버지가 살해된 데 대해 복수를 해야만 하는 도덕적 의무가 있었고, 그렇게 하려면 모친 살해는 필연적이었다는 것이다. 그 질문에 대해 우리가 무엇을 느끼든, 연극은 등장인물이 만족할 수 있도록 그 문제를 해결한다. 오레스테스는 신의 개입 덕분에 무죄를 선고받았고, 퓨리스는 마지못해 그가 쫓기지 않고 계속 삶을 살아나갈 수 있도록 허락한다.

그러나 이 연극은 왜 아가멤논의 목숨이 이피게네이아의 목숨보다 더 소중하게 여겨지느냐는 의문을 우리에게 던진다. 왜 아가멤논은 용서할 수 없는 자신의 딸을 죽인 죄로 퓨리스의 추적을 받지 않았을까? 왜 클리타임네스트라에게 복수를 맡긴 걸까? 왜 엘렉트라와 오레스테스는 죽은 잔인한 아버지의 소원을 살아 있는 잔인한 어머니, 그리고 죽은 아무 죄 없는 누이보다 존중해주는 걸까? 우리가 아무리 3부작이 도달하는 결론에 동의하더라도 (이 저주받은 가족은 자신들이 나서서 직접 문제를 해결하는 대신, 법정에서 다투고 평결에 따라야 한다는 것 - 이 경우 여신이 기소함), 우리는 분명히 클리타임네스트라가 첫 번째 연극에서 핵심을 찔렀다는 생각이 든다. 그녀는 코러스를 향해 이피게네이아에게는 그토록 무관심하더니 아가멤논 때문에 불같이 화를 내는 이유가 뭐냐며 따진다. 그녀는 그들에게 '당신들이 추방했어야 할 자는 그 사람'이라고 말한다.[25] 클리타임네스트라는 딸의 목숨을 왕의 목숨과 똑같이 소중히 여기면서 스스로 자신의 운명을 봉인한 것 같다.

마지막으로 한 가지 주목할 점은, 이피게네이아의 끔직한 죽음을 다룬 에우리피데스의 희곡 〈아울리스의 이피게네이아〉에서 클리타임네스트라는 아가멤논 전에 그녀에게 첫 번째 남편이 있었음을 이야기한다. 그의 이름은 탄탈로스Tantalus였으며,[26] 아가멤논이 직접 그를 죽이고 그녀와 결혼했다고 들려준다. 클리타임네스트라는 남편을 살해한 자와 결혼하는 문제에서 아무런 발언권이 없었던 것으로 보인다. 비단 그녀의 남편뿐만이 아니었다. 아가멤논이 나타나 젖을 물리던 그녀의 갓난아기도 빼어갔기 때문이다. 그는 클리타임네스트라의 품에서 그 젖먹이를 완력으로 떼어내 바닥에 내동댕이쳤다. 다시 말해, 이 연극에서 아가멤논은 10년 이상의 터울인 클리타임네스트라의 두 아이를 죽인 것이다.

그리고 후대의 많은 작가가 클리타임네스트라의 이야기에서 이러한 요소를 버리고, 그녀의 모성적 분노보다는 간음에 초점을 맞추겠지만, 우리는 놀라울 정도로 극화된 기원전 5세기의 비극, 특히 아이스킬로스의 《오레스테이아 3부작》에서 그것을 볼 수 있다. 아마도 그가 그녀의 살해 동기에 이러한 측면을 새롭게 담은 것 같지는 않다(아이스킬로스의 희곡이 쓰이기 몇 년 전에 발표된 핀다로스의 송가[27]에 있었을 것이다. 비록 몇 년 후일 가능성이 있지만). 그래서 클리타임네스트라는 고대 세계에서, 그리고 그 이후로도 나쁜 아내이자 최악인 아내의 대명사가 되었다. 그러나 부당한 취급을 받고, 침묵을 강요당하고, 하찮은 대접을 받은 딸들에게 그녀는 영웅과도 같은 존재다. 아이가 죽었을 때 침묵하기를 거부하고, 모든 울분을 속으로 삭이지 않고, 주어진 환경에 안주하려고 하지 않을 여성이니까. 클리타임네스트라는 아이스킬로스의 〈아가멤논〉에서 처음 그녀가 기다리던 그때 그 횃불처럼 활활 타오르고 있다. 그래서 남자들이 클리타임네스트라의 살인적 분노가 그려진 포도주잔으로 술을 마시는 건 두 번 생각해 봐야겠다고 한다면, 세 번이고 네 번이고 좋다. 최소한 아이스킬로스의 클리타임네스트라는 그들이 벌벌 떠는 모습을 무척 즐거워할 것이다.

VII

에우리디케

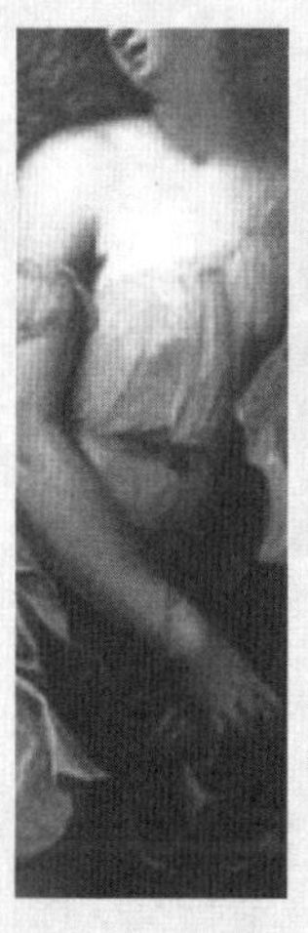

Eurydice

에우리디케는 천재의 모습 뒤에
감춰진 남자의 본모습을 알았고,
차라리 죽음을 선택했다.

에우리디케와 남편인 오르페우스의 이야기보다 더 낭만적인 내용이 신화 속에 또 있을까? 이들의 이야기는 짧디짧은 젊음에 대한 연민, 견딜 수 없는 상실의 고통, 그리고 죽음에도 불구하고 살아남은 사랑에 대한 작은 사가saga(산문 문학의 한 형식)다. 에우리디케가 기원전 5세기까지 오르페우스의 이야기에 등장하지 않았고, 그 이전까지는 오르페우스 자신도 특별히 잘 드러나지 않았다는 점에서 보면 이례적인 일이다. 그는 호메로스나 헤시오도스 어디에도 언급되어 있지 않기 때문이다.[1] 먼저 그들의 앞선 이야기를 찾아다니기 전에 가장 잘 알려진 판본부터 살펴보자. 이 경우 우리는 로마 서로 돌아가야 한다. 특히, 시골 생활에 관한 시 《농경시Georgics》에서 우리에게 이야기를 들려주는 베르길리우스에게. 이 작품은 기원전 29년에 완성되었으며, 그 후 베르길리우스는 트로이아의 함락과 트로이아의 한 왕자 아이네이아스Aeneas의 계속되는 모험에 관한 서사시인 《아이네이스》에 생애의 마지막 10년을 바쳤다. 《농경시》는 거의 설명이 불가능한 형태로 구성되었다. 그것은 표면적으로는 시골에서 어떻게 살고 농부가 되는가에 대한 안내서이지만, 그 속엔 로마라는 새롭고 평화로운 도시에 대한 찬사로 가득 차 있다. 기원전 1세기를 관통했던 끔찍한 내전이 마침내 제국이라는 시스템의 시작과 함께 끝이 났기 때문이다. 로마의 초대 황제 아우구스투스는 마에케나스의 후원자이자 친구였고, 마에케나스Maecenas는 베르길리우스의 후원자이자 친구였다. 《농경시》에서, 시골과 도시라는 이 두 가지 주제에는, 예를 들어, 농작물과 덩굴 재배에 관한 실용적인 조언과 아울러, 멋지고 환상적인 이야기들이 그득하다.

제4권에서 베르길리우스는 양봉으로 관심을 돌린다. 이는 꿀이 가장 단 음식이었던 세상에서 사람들이 꿀벌을 중요하게 여겼으므로 부분적으로는 의심의 여지가 없다. 베르길리우스가 곤충을 사랑했기 때문이기도 하다. 벌과 개미는 그에게 특별한 기쁨의 원천이었으니까. 그래서 그는 이상적인 벌집에 관한 이야기로 시작하다가 곧 꿀벌을 잃고 그것들을 다시 얻으려는 아리스타이오스Aristaeus라는 남자의 이야기를 소개한다. 아리스타이오스는 자신의 불운을 막고자 조언을 구하기 위해 변신의 귀재인 프로테우스 신을 찾아간다. 그러나 프로테우스는 아리스타이오스에게 가혹한 이야기를 전한다. 그가 끔찍한 범죄를 저질러 신들의 분노를 샀다는 것이다.[2] 프로테우스는 아리스타이오스가 오르페우스의 아내인 에우리디케를 어떻게 범하려고 했는지 이야기한다. 그녀는 아리스타이오스에게서 달아나려고 강 건너편으로 앞뒤 살피지 않고 무작정 뛰었다. 수많은 번역이 에우리디케가 아리스타이오스의 포옹을 뿌리쳤다고 순화하였으나 라틴어만은 그렇지 않다. 그녀는 그가 겁탈하려던 상황에서 도망치려고 발버둥을 친 것이다. 이 때문에, moritura puella[3] 즉, 죽음을 앞 둔 소녀는 발 앞의 무성한 풀 속에 숨어 있던 독사를 보지 못했다.

에우리디케는 독사에게 물리고 디스Dis로 내려간다. 여기서 디스는 하데스인 지하세계의 다른 이름으로 하데스를 다스리는 신은 종종 여러 이름으로 등장한다. 이제, 우리가 가장 잘 알고 있을 법한 이야기가 등장한다. 오르페우스는 지하세계에 가서 리라lyre[리라 혹은 수금으로 고대 현악기다-역자 주]를 연주한다. 망령들의 그림자가 그의 연주를 듣기 위해 하데스의 가장 어두운 곳에서 나타난다. 복수의 여신들조차도 귀를 기울이기 위해 멈추고 하데스를 지키는 머리 셋 달린 문지기 개 케르베로스Cerberus는 놀라 입을 딱 벌리고 서 있었다.[4] 멈추지 않고 회전하는 바퀴에 묶여 지하세계에서 고통받고 있던 익시온Ixion은 그에게 끊임없이 불어오는 바람이 갑자기 잠잠해져서 잠시 휴식을 취했다.

베르길리우스는 오르페우스가 아내와 재회할 수 있게 해달라고 간청하는 부분을 언급하지 않고 프로세르피나(저승의 여왕 페르세포네의 로마식 이름)가 지시한 대로 오르페우스는 앞서고 에우리디케는 뒤따르는 순간으로 바로 넘어간다. 그러나 그들이 거의 지상에 다다랐을 무렵 오르페우스는 미친듯한 성급함에 약속을 잊고 뒤를 돌아보았다. 결국 그의 모든 노력은 한순간에 물거품이 되고 말았다. 에우리디케가 말한다. 도대체 무슨 광기가 날 파괴했나요? 오르페우스, 그대여? 잔인한 운명이 다시 나를 부르고, 눈물이 그렁그렁 맺힌 내 눈에 잠이 깃드네요. 이젠 영원히 이별이군요. 안녕! 아아, 그대의 것이 아니라, 나는 광활한 밤에 둘러싸여서 그대에게 내 무력한 손을 뻗고 있어요. 그러고 나서 에우리디케는 바람에 실려 연기처럼 그의 눈앞에서 홀연히 사라진다. 오르페우스는 다시 하데스로 건너가려 하지만 끝내 아내를 데리고 올 수 없었다. 그는 이 두 번째 이별에 일곱 달 동안 구슬피 울었다. 그리고 아내의 부재와 하데스가[5] 남긴 부질없는 선물에 대해 애석해하며 다른 여자들에게 눈길조차 주지 않았다. 결국, 그의 거절에 상처 입은 트라키아의 여자들이 매우 격분하여 주신제가 한창일 때 그를 갈기갈기 찢어버렸다. 그의 잘린 머리가 헤브로스 강에 떠내려와 울부짖는다. '가련한 에우리디케여, 에우리디케여…'

이 구절에는 몇 가지 흥미로운 점이 있다. 첫 번째는 잘못을 꾸짖기 위한 구절이라는 점이다. 물론 신들은 아리스타이오스에게 죗값을 물었다. 하지만 그는 에우리디케의 죽음과 (간접적으로) 오르페우스의 죽음에 책임이 있다. 두 번째는 베르길리우스가 아리스타이오스에게서 도망치려는 에우리디케의 삶의 마지막 순간을 묘사하기 위해 4행을 할애했고, 또 다른 4행을 사용하여 드라이어드(이 버전에서 에우리디케와 마찬가지로 나무의 요정, 즉 나무 님프를 가리킴),[6] 그리고 산과 강이 그녀가 죽는 순간 애도하는 모습을 담았다. 그런 다음 그는 홀로 리라를 연주하며 가슴 아파하는 오르페우스를 묘사하기 위해 3행을 더 사용한다. 오르페우스가 지하세계로 가는 여정은 19행으로 훨씬 더 오래 걸린다. 그러나 사실상 현대의 판본에서 다루는 부분, 즉 에우리디케가 뒤따르며 지상으로 올라가는 여정은 믿을 수 없을 정도로 짧다. 에우리디케가 오르페우스에게 돌아온 순간부터 그가 그녀를 다시 잃을 때까지의 내용을 담은 전체 구절의 길이는 단 6행에 불과하다. 에우리디케에게 뒤를 따르게 하고, 자신은 앞장서서 가야 한다는 부담스러운 조건은 단 한 줄로 처리된다. 오르페우스가 절대 돌아봐서는 안 된다는 단서를 우리가 알게 되는 시점은 오르페우스가 그만 그 조건을 까맣게 잊고 돌아볼 때다.

나는 베르길리우스가 이 이야기에서 강조한 다른 요소를 보여주는 간단한 방법으로 각 요소에 몇 행씩 할애했는지 언급했다. 당신은 지상으로 올라가는 여정을 중심으로 극적 긴장감이 고조된 서사를 기대했을 것이다. 왜냐하면 나중에 등장하는 이들의 수많은 이야기에서 주로 그와 같은 극적인 서사를 사용할 것이기 때문이다. 극적 긴장감은 아주 가까운 곳에서 기다리고 있는 자유와 재회를 향해 지하세계를 벗어나려는 애끓는 여정에 내재하여 있다. 그러나 베르길리우스에게 katabasis(하데스로의 하강 - 그리스어로 '내려간다' 라는 뜻)는 단연코 가장 흥미로운 부분이다. 오르페우스의 노래를 듣기 위해 몰려드는 망령들, 퓨리스와 연주에 홀려 넋을 잃은 케르베로스, 익시온의 고문마저 멎게 한 모습 등 그가 그리는 세부 묘사는 이것이 정말 중요한 장면임을 일깨워준다. 하데스의 신들과 맺은 거래, 에우리디케가 뒤를 따라야 하며 오르페우스는 고개를 돌려 절대로 그녀를 보아서는 안 된다는 이 특별한 조건, 오르페우스가 그녀를 돌아보지 않고 돌아서는 것, 되돌아오는 여정, 이러한 요소들은 그에게 덜 흥미를 끌었다. 덧붙여 말하자면, 페르세포네가 이 조건을 내건 이유에 대한 언급은 따로 없다. 이 애절한 연인에 관한 이야기의 핵심에서 우리가 인식하고 있는 그 심리적 잔혹성은 완전히 논의되지 않았다. 베르길리우스는 에우리디케가 뒤를 따랐다고 말하는 것이 전부인데, 그것은 페르세포네가 그들에게 준 규칙(또는 조건)이었기 때문이다.

또한 이 이야기에서 말하는 사람은 에우리디케뿐이라는 사실에 주목해야 할 것이다. 오르페우스는 지하세계로 내려갈 때 노래를 부르지만 우리는 그 노랫말에 대한 설명도 듣지 못한다. 그는 페르세포네와 대화하지도 않고 페르세포네가 어떻게 대답했는지조차 알지 못한다. 우리는 그녀의 말을 직접적으로 들었다기보다는 그녀가 제시한 조건에 대해서만 듣는다. 누군가 처음 목소리를 내는 순간은 에우리디케가 오르페우스로부터 지하세계로 빨려 들어갈 때 자신의 운명을 한탄하는 다섯 줄의 독백에서다. 오르페우스는 목이 잘릴 때까지 아무런 말을 하지 않다가 잘린 머리만이 에우리디케를 부르며 울부짖는다. 분명히 이 이야기 중 일부는 하데스에서 벌어지지만, 신이나 산 자가 아닌 오로지 죽은 자만이 말을 한다는 점이 흥미롭다. 대화면은 에우리디케와 그녀의 비참한 운명에 대한 슬픔에 초점을 맞춘다.

베르길리우스가 에우리디케와 오르페우스의 이야기를 쓴 지 수십 년이 지난 후, 오비디우스는 그의 뒤를 이어 로마 청중을 위해 그리스 신화를 다시 들려주는《변신이야기》를 썼다. 그러나 오비디우스는 자신의 이야기가 베르길리우스의 이야기와 지나치게 겹치는 걸 원하지 않은 것 같다. 그래서 그는 아리스타이오스를 그림에서 빼내고(취향의 문제는 아닐지라도, 이 시에도 성폭력이 다분하다) 연민을 자아내는 힘을 더 불어넣었다. 오비디우스의 에우리디케는 한 무리의 나이아드Naiads[7], 즉 물의 정령들과 함께 풀밭을 헤매고 있다. 그녀는 성범죄자의 희생자가 아닌 여자 친구와 함께 있는 결혼식 날의 신부다. 혼인의 신인 휘멘Hymen이 참석한다. 그러나 에우리디케는 똑같이 독사에게 물린다. 그 후 오르페우스는 신기록을 경신하며 하데스로 내려간다. 에우리디케가 죽고 나서 다섯 행 뒤에, 오르페우스가 페르세포네(다시 이 이야기에서는 프로세르피나로 불림)에게 말하고 있다. 그리고 여기에서 우리는 베르길리우스의 이야기와는 사뭇 다르게 전개되는 장면을 볼 수 있다. 이 시에서 오르페우스는 죽음의 여왕에게 그의 아내를 돌려달라고 간곡히 애원한다. 그는 전형적인 오비디우스 풍으로 고매한 페르세포네에게 말을 건네며, 즉시 페르세포네의 문지기 개를 훔치러 온 것이 아니라고 약속한다. 이것은 순전히 미학적인 순간이 아니다. 헤라클레스는 이전에 하데스로 내려와 케르베로스를 데리고 지상으로 황급히 달아난 적이 있어서다. 아무튼 오르페우스는 자신이 도둑이 아니라 어렸을 때 뱀에게 빼앗긴 아내를 되찾고 싶어 하는 남자라고 호소한다. 여기에는 젊은이들이 노인들처럼 '죽어' 마땅하지 않다는 암시가 있다(아래에서 더 자세히 살펴보겠다). 더는 젊지 않은 사람들에게 아무리 불합리하게 들리더라도, 이것은 그가 펼치는 주장의 첫 번째 요점이다. 그녀는 죽기에는 너무 어리다.

그리고 오르페우스는 상실을 견뎌내기 위해 노력했지만 사랑이 그를 나아가게 했다고 말한다. 그는 페르세포네의 배경에 호소한다. 지하세계의 왕에게 납치된 것은 그가 당신을 사랑했기 때문이 아닌가? 애정의 표시로 납치를 하는 것은 오비디우스의 시대에는 분명히 오늘날보다 더 용인되는 일일 것이다. 하지만 또 그는 더 강력한 주장을 펼친다. 우리 모두 어차피 다 당신이 있는 이곳으로 오기 마련이다.[8] 아내에게 자신의 삶을 누릴 시간을 달라. 수명을 다하면 자연히 당신에게 돌아올 것이다. 그런 다음, 그는 마지막으로 애원한다. 만약 아내와 함께 돌아가지 못한다면, 저도 여기에 남겠습니다. 두 사람의 죽음에 기쁨을 만끽하십시오.

오르페우스가 이렇게 슬픈 노래를 부르며 연주하자 하데스의 피도 눈물도 없는 망령들이 눈물을 흘렸다. 그것은 놀라운 장면이다. 그토록 많은 음악가와 작곡가들이 이 이야기에 매혹된 것 역시 당연하다. 생각만으로도 전율이 인다. 음악이 어찌나 아름다운지 죽은 자들마저 구슬피 운다. 이제 우리는 타르타로스의 망자들이 일시적으로 하던 일을 멈추고 황홀경에 빠진 《농경시》에서 그려진 희미한 장면을 묘사한 약간 더 긴 버전을 볼 수 있다. 심지어 시시포스Sisyphus도 바위에 걸터앉았다. 왕과 왕비도 이 간절한 청을 거부할 수 없어 에우리디케를 부른다. 그녀는 다친 발을 절뚝이면서 느린 걸음으로 걸어 나왔다.[9] 독사의 물린 상처는 죽은 후에도 계속되는 모양이다. 오르페우스는 아베르누스의 계곡(지하세계의 입구)을 떠날 때까지 뒤돌아볼 수 없다는 엄격한 조건에 에우리디케를 돌려받는다. 그렇지 않다면 그의 선물은 가치가 없을 것이다 - inrita dona.[10] 이 말은 베르길리우스의 묘사에서 사용된 단어들과 똑같다. 오비디우스는 이야기를 자신의 버전으로 만들면서도 세심한 주의를 기울이는 독자들의 의견을 신경쓴 것 같다.

오르페우스와 에우리디케는 무시무시한 오르막을 향해 서두른다. 오비디우스는 단 한 줄의 어휘로 그것이 얼마나 힘겨운지를 우리에게 말해준다. arduus, obscurus, caligine densus opaca, '짙은 안개에 휩싸인 험하고 어두운' 길이다.[11] 이제 우리에게 매우 익숙한 이야기의 한 부분이 나타난다. 아내가 잘 따라오고 있는지 불안한 마음에 가슴이 터질 듯한 오르페우스가 뒤를 돌아본다. 에우리디케는 그 순간 어둠 속으로 사라진다. 그녀가 그에게 손을 내밀지만, 가벼운 바람만이 그의 손을 스칠 뿐이다. 그녀는 떠났다. 비탄과 연민을 자아내는 힘은 가히 압도적이다. 수백 년에 걸쳐 오페라, 노래, 그림과 마찬가지로 이 이야기가 오늘날 우리에게 강하게 반향을 불러일으키는 이유가 바로 여기에 있다. 에우리디케의 두 번째 죽음, 그리고 그의 두 번째 상실은 오로지 오르페우스가 그녀를 미치도록 사랑해서다. 만약 그가 그녀를 조금이라도 덜 사랑했다면, 적어도 덜 염려했다면, 그들은 지상으로 나와 다시 사랑할 자유가 주어졌을 것이고, 결혼식 날 너무나 짧게 끝나버린 결혼생활을 즐길 수 있었을 것이다. 하지만, 만약 오르페우스가 에우리디케를 덜 사랑했다면, 그는 과연 그녀를 되찾으려 지옥으로 가는 끔찍한 여정을 시작했을까? 사실상 이 과업의 실패는 그가 그것을 짊어진 순간부터 확실시되었다. 어떤가, 우리를 뒤흔들어 놓을만한 진실이 담겨 있지 않은가? 우리가 종종 불행한 상황을 자초하게 되는 이유는 간단하다. 용기 혹은 희망에 부푼, 또는 애정 어린 감정을 느끼는 특성때문이다. 이 오르페우스는 광기에 사로잡힌 것이 아니라 두려움에 시달린 것이다. 그리고 그 두려움은 결국 그를 압도하고, 결국 그가 가장 두려워했던 상황은 현실이 되어 버린다.

에우리디케는 남편을 비난하지 않는다. 자기를 사랑하는 마음 말고 도대체 무엇을 탓할 수 있겠는가?[12] 그녀에게는 이제 이별할 시간밖에는 남아 있지도 않다. 그마저도 남편의 귀에 거의 들리지 않는다. 이것은 베르길리우스가 강조한 부분에 대한 흥미로운 반전이다. 베르길리우스는 에우리디케에게는 짧지만 통렬한 대사를 주었으나 오르페우스는 뒤늦게 그녀의 이름을 부르는 게 다였다. 하지만 오비디우스는 초점을 오르페우스에게 이동했고 에우리디케는 심지어 지하세계로 빨려 들어가기 전까지도 이야기의 주변부로 밀려나 있었다.

그리고 이야기의 같은 지점에 이르러 오비디우스는 베르길리우스와 마찬가지로 오르페우스에게 초점을 유지한다. 우리는 에우리디케를 따라 하데스까지 내려갈 수도 있지만 그렇게 하지 못한다. 그 대신 오르페우스가 뱃사공에게 스틱스강 건너편으로 데려가 달라고 사정했으나 거절당하는 모습을 지켜볼 수밖에 없다. 그는 일주일 동안 식음을 전폐한 채 슬픔과 눈물로 살았다.[13] 오르페우스는 이제 여성에게 흥미를 잃고 사랑을 위해 (매우) 어린 남자에게 눈을 돌린다. 책의 나머지 부분에는 다양한 신화적 주제로 오르페우스가 연주한 여러 노래가 담겨 있다. 베르길리우스의 이야기에서 본 익숙한 죽음의 장면이 좀 더 길게 묘사된 부분을 보려면 제11권까지 기다려야 한다. 오르페우스의 거절에 분노를 느끼고 광란한 여인네들이 그의 몸뚱이를 갈가리 찢어 놓는다.

그의 몸에서 떨어져 나간 머리가 레스보스 해안까지 둥둥 떠밀려간다. 그리고 뱀이 혀를 날름거리며 오르페우스의 잘린 머리를 공격하기 위해 움직인다. 그러나 아폴론 신은 에우리디케에게는 아무도 개입하지 않았던 방식으로 오르페우스를 위해 즉시 뱀을 돌로 만들어 버린다. 오르페우스는 두 번째로 지하세계를 방문한다. 하지만 이제 지상으로 돌아올 가능성은 없다. 그는 전에 본 모든 장소를 알아보았고, 에우리디케를 찾아내 그녀를 꼭 껴안는다. 그들은 나란히 함께 거닐었다.[14] 그가 앞서기도 하고 그녀가 앞서기도 하면서. 그리고 오르페우스는 에우리디케를 뒤돌아보아도 안전하다는 것을 알고 마음껏 바라보았다. 이 비극적인 이야기의 결말이 너무나 사랑스럽고 낭만적이어서 우리는 그가 에우리디케를 다시 잃을까 봐 두려워하는 마음에만 촉각을 곤두세운 나머지 중요한 질문을 놓쳤다. 그녀가 그의 뒤를 따라갈 필요가 없다면, 그랬다면 그녀가 그를 따라나섰을지 묻는 데 완전히 실패했다. 우리는 거의 알지 못했다. 그의 엄청난 상실에 현혹되어 그녀의 상실에 대해 까맣게 잊고 있었다.

이 두 명의 로마 시인, 베르길리우스와 오비디우스가 오르페우스와 에우리디케의 서사를 형성한 것은 맞지만 그들이 그 이야기를 직접 창작한 것은 아니었다. 이 이야기는 기원전 438년 에우리피데스의 희곡 〈알케스티스Alcestis〉에서 가장 처음 언급되었다.[15] 이 희곡은 알케스티스에 관한 이야기로 행복한 결말을 가진 특이한 비극인데 줄거리는 대강 이렇다. 그녀의 남편 아드메토스Admetus는 아폴론 신에게서 그가 죽을 때가 될 때 자기 대신 죽을 사람을 구하면 그는 계속 살 수 있다는 약속을 받아냈다. 그런데 이것은 다소 양날의 검과 같은 선물이다. 누가 당신을 위해 기꺼이 죽겠는가? 삶 그 자체보다 당신을 더 사랑하는 사람이겠지만, 당신 역시 그들에게 같은 감정을 느낄 가능성이 있다. 연극이 시작되는 날에 앞서 몇 달 혹은 몇 년 동안(그리스 비극이 언제나 그렇듯이 이 행위는 하루 만에 진행됨) 아드메토스는 그의 아내 알케스티스를 제외하고는 지원자를 찾지 못했다.

이제 알케스티스가 죽을 날이다. 죽음의 신이 그녀를 지하세계로 데려가기 위해 나타난다. 그러나 그 전에 알케스티스는 아드메토스와 그들의 어린 자녀들에게 미래에 대한 진심 어린 독백을 읊는다. 그녀는 남편에게 자신의 희생을 기억해야 하며, 재혼하지 말라 말한다. 알케스티스는 자신의 자손이 사악한 계모에게 짐이 되기를 바라지 않았다. 사악한 계모에 대한 비유가 느닷없이 이른 시점에서 튀어나오긴 했지만, 우리는 알케스티스에게 온전한 슬픔의 순간을 허용해야 할 것이다. 이제 곧 그녀는 생명의 줄을 놓아야 하니까. 아드메토스는 그녀가 요구한 조건에 선뜻 동의한다. 사실, 자신이 살기 위해 아내가 죽어가고 있을 때 달리 할 수 있는 일도 거의 없을 것이다. 그런 다음 알케스티스는 그녀의 아이들에게 다른 여자와 결혼하지 않겠다고 약속한 아버지의 말을 잘 들어두라고 당부한다.[16]

전체 장면은 몹시도 슬프다. 젊은 여성, 죽음을 준비하면서 아이들과 함께 앉아 있는 엄마. 하지만 그런 아내의 희생이 얼마나 위대한지를 깨닫고는 그 대가로 희생을 자처하는 남편. 우리는 아폴론이 그에게 준 선물의 끔찍한 결과를 볼 수 있다. 당연히 아드메토스는 젊은 나이에 죽고 싶지 않았다(그의 아버지가 아직 살아 있는 걸로 봐서 비교적 젊은 남자라는 것을 알 수 있다). 그러나 그를 대신해 죽겠다는 알케스티스의 제안을 받아들임으로써, 그는 자녀들에게 사랑하는 어머니를 빼앗고 자기 자신에게서도 사랑하는 아내를 빼앗은 셈이다. 비단 그뿐 아니라, 그는 두 번째 아내를 얻을 가능성조차 없다. 코러스와 그의 자녀들 앞에서 죽어가는 아내에게 그녀가 죽은 후에도 독신으로 남겠다고 맹세했으니까. 차라리 이런 제안을 할 수도 있다. 자녀들이 보는 앞에서 아내가 서서히 의식을 잃어가기 전에 그는 이 모든 것을 조금 더 빨리 생각할 수는 없었나. 그러나 그리스의 비극은 끔찍한 결과가 드러날 때까지 깨닫지 못하는 사람들로 가득하므로 아마도 아드메토스에게 더 큰 선견지명을 기대하는 것은 합리적이지 않을 것이다. 그들의 한 아이가 말을 건넨다. 하지만 그의 어머니는 들을 수 없다. 아이는 엄마가 떠나면 우리 집이 망할 거라고 말한다. 이 연극은 해피엔딩으로 끝날 테지만 지금 상황만 봐서는 영 가망이 없어 보인다.

아드메토스의 아버지 페레스Pheres는 죽은 며느리를 조문하고 사별한 아들을 위문하기 위해 곧 도착한다. 그러나 아드메토스는 알케스티스의 장례식에 일부러 아버지를 초대하지 않았다며 분노를 표출한다. 이제 저희에게는 아버지가 필요 없습니다. 아버지께서는 제가 죽어갈 때 동정했어야 했어요.[17] 다시 말해, 아드메토스는 아내인 알케스티스가 죽음으로써 치유될 수밖에 없는 끔찍한 병에 시달렸던 것 같다. 이 사실이 그를 더 동정적인 캐릭터로 만들어주었다. 아드메토스가 언제 죽을지 모르는 자신의 불확실한 운명을 피하려고 그 대가로 알케스티스의 죽음을 받아들였다면, 우리는 아드메토스가 알케스티스의 희생을 받을 가치가 조금도 없으리라 여길 것이다. 그러나 우리는 모두 사랑하는 부부가 어떻게 이 지경에 이르렀는지, 사랑하는 남편이 날로 쇠약해져 가는 모습에 스스로 죽고 싶다고 느끼는 아내의 심정을 분명히 이해할 수 있다. 고통받는 한 남자가 어떻게 동의할 수밖에 없는지.

그러나 아드메토스의 아버지에 대한 다음의 모욕에는 끔찍할 정도로 오만한 어조가 담겨 있다. 그는 죽어가는 동안 동정을 원하는 것이 아니라 희생을 원했다. 아드메토스는 아버지가 자기 대신 죽기를 자청하지 않아서 알케스티스가 어려운 결정을 내리게 되었다며 울분을 토한다. 그리고 나는 그런 그들을 아버지, 어머니라고 불러야 한다며 암울한 심정을 토로한다.[18] 그의 주장은 계속된다. 페레스는 연로하고 어쨌든 살아갈 날이 얼마 남지 않았다. 게다가 그는 이미 왕이 되었고, 왕위를 물려받을 아들이 있으니 그의 평생 유산은 완성되었다. 그는 다음과 같이 덧붙인다. 아버지는 돌아가실 때 당신을 묻어줄 다른 아들을 구하는 것이 좋을 겁니다. 왜냐하면 난 하지 않을 테니까요. 노인들은 자신이 살아온 긴 세월에 대해 불평을 늘어놓으며 죽고 싶다고 말합니다. 그러나 정작 누구도 죽고 싶어하지 않죠. 노년은 그들에게 전혀 짐이 되지 않습니다.

누군가, 즉 부모가 자신의 삶보다 당신을 더 사랑해야 한다고 느끼는 것과 직접적으로 그것을 요구하는 것은 완전히 차원이 다른 문제다. 이런, 어쩌나. 비탄에 젖은 남편 아드메토스로 향하던 우리의 동정심이 빠르게 달아나고 있다. 도대체 어떤 남자가 자기 살겠다고 사랑하는 사람에게 죽어달라고 부탁하며 돌아다닌단 말인가? 정말이지 너무나 이기적이다. 그리고 이 때문에 알케스티스의 희생에도 의문을 들게 한다. 그녀의 아이들 역시 욕심 많은 아버지보다 이타적인 어머니와 함께 사는 것이 더 낫지 않을까?

그러나 페레스의 대답도 꽤 설득력이 있다. 그가 말한다, 나는 내 뒤를 잇게 하려고 너를 길렀다. 그렇지만 너를 위해 죽을 의무는 없다.[19] 아버지는 아들을 위해 죽을 필요가 없다. 그가 주장한다. 너는 살아있는 게 즐거우면서 네 아버지는 그렇지 않을 것 같으냐? 그러고 나서 페레스는 계속해서 아드메토스가 아내를 대신 죽게 함으로써 자신의 온당한 죽음을 회피한 것에 대해 비난한다. 네가 아내를 죽인 게다, 그가 말했다.[20] 코러스는 사내들의 말다툼을 멈추게 하려고 노력하지만 둘 다 반성하지 않고 서로에게 계속 모욕을 퍼붓는다. 이 극의 핵심을 차지하는 이 격렬한 논쟁은 수월한 대답은 없고 끊임없이 질문을 던진다. 우리는 우리의 부모, 자녀, 배우자에게 무엇을 기대해야 하는가? 우리 중 많은 이들은 사랑하는 사람들을 위해 기꺼이 목숨을 내놓을 수 있으리라 느낄지도 모르겠으나, 아마도 막상 그 순간이 닥치면 페레스와 아드메토스처럼 우리 또한 삶에 집착할 것이다. 이기적인가? 아니면 그저 인간적인 것인가?

아드메토스의 주장을 뒷받침하는 가정은 오르페우스가 에우리디케를 돌려달라고 프로세르피나/페르세포네를 설득했을 때 오비디우스의 《변신 이야기》에서 제시한 맥락과 정확히 맞닿아 있다. 그녀가 너무나 꽃다운 나이에 죽었다는 것. 두 사람의 사랑이 그토록 끔찍하게 찢겨서만이 아니다. 그녀가 제 수명을 온전히 누리지 못했기 때문이다. 그들이 나이가 더 들었다면 이 비극적인 연인들의 이야기는 뭔가를 놓치게 될까? 신혼이긴 하지만 80대 부부라도 똑같이 억울함을 느낄까? 우리는 오래 산 사람의 죽음보다 젊은 나이에 죽음을 맞이한 사람에 대해 더 가슴 아프게 생각한다. 그렇지 않은가? 아무리 많은 사랑과 애도를 받더라도 결국 천수를 누린 사람의 죽음을 비극이라고 느끼기는 어렵다. 그 죽음 또한 여전히 큰 슬픔이지만 어린이나 청년의 헛된 죽음만큼 억울하고 분한 감정에 휩싸이지 않는다.

우리는 각각의 경우를 다르게 생각한다. 가령, 누군가가 아주 젊은 나이에 죽으면 그들이 - 그리고 우리는 - 그들의 잠재력을 빼앗겼다고 느낀다. 사랑하는 사람이 한 번도 도달해보지 못한 인생의 단계를 누군가 다른 젊은이가 지나갈 때마다 우리는 그들의 미래가 어떻게 펼쳐질지 어렴풋이나마 그려본다. 나이가 더 많은 사람이 죽으면 우리는 그들의 경험과 그들이 우리 삶에서 수행한 큰 역할을 박탈당했다고 느낀다. 만약 우리가 매우 운이 없다면, 이 슬픔은 심지어 그들을 기억할 때의 행복을 틀어지게 만들거나 흐리게 한다.

하지만 페레스에게도 일리가 있지 않을까? 당신은 살고 싶다, 왜 안 그렇겠는가? 우리는 노인들에게 죽음을 강요할 수 없다. 우리가 그러는 이유는 단지 그들은 해볼 만큼 했으니 이제 우리 차례라고 생각해서다. 그의 어린 아들이 아폴론의 제안을 받았다면 아드메토스는 어떤 기분이었을까? 아들을 살리기 위해 죽음을 선택했을까? 아니면 이 방정식에서 당신이 더 젊을 때만 긴 기대 수명이 가치가 있는가?

나는 당신에게 행복한 결말을 약속했다. 자, 여기에 결말이 있다. 헤라클레스가 도착해 아드메토스와 함께 머문다. 어수선했기 때문에 헤라클레스는 아드메토스의 아내가 죽었다는 사실을 몰랐다. 아드메토스가 그의 노예들에게 알케스티스의 죽음에 대해 언급하지 말라고 명령했기 때문이었다. 마침내 그들 중 한 명이 그 명을 포기했고, 헤라클레스가 당장 행동에 나선다. 그는 급히 알케스티스의 무덤으로 가서 죽음의 신과 싸워 베일에 싸인 채 아무 말 하지 않는 여성을 데리고 돌아온다. 뜬금없이 여인을 데려와 맡아달라고 하니 아드메토스는 난색을 보일 수밖에 없는데 결국 실랑이 끝에 그는 자신의 아내가 그에게 돌아온 것임을 받아들인다. 우리는 헤라클레스가 오르페우스와 마찬가지로 지하세계에서 살아남은 또 한 명의 방문자가 될 것임을 잊지 말아야 한다. 헤라클레스는 알케스티스를 지하세계에서 데리고 왔지만 그녀는 엄숙한 의식에 의해 정화될 때까지 하데스의 신들 손아귀에 있다.

그렇다면 남편의 생명을 구하기 위해 죽는 이 여성의 이야기는 에우리디케의 이야기에 어떤 영향을 미칠까? 그것은 지하세계의 이야기를 처음 언급한 부분이다. 그녀의 이름이 언급되지는 않았지만. 아드메토스가 알케스티스의 긴 대사에 (그녀가 그에게 재혼하지 않겠다고 약속을 받아낸 그 대사) 대답할 때, 아내의 임박한 죽음에 상실감이 그 어느 때보다 최고조에 이르렀던 순간이었다. 그가 말한다. 나에게 오르페우스의 목소리와 선율이 있다면[21] 페르세포네와 그녀의 남편을 매료시킬 수 있다면 내려가서 당신을 하데스에서 빼앗아 오리다. 내가 다시 당신을 지상으로 데려갈 때까지 사나운 문지기 개도, 뱃사공도 나를 막지 않으리라. 하지만 나는 그렇게 할 수 없으니 죽어서 당신과 함께하리다. 오르페우스가 에우리디케를 돌려받으려는 시도에서 궁극적으로 실패했다는 사실을 고려해 볼 때 아드메토스가 이러한 예를 들었다는 점은 흥미롭다. 이것이 우리가 확신할 수 있는 가장 초기 형태의 이야기임에도 에우리피데스의 관객은 오늘날 우리가 잃어버린 자료에 나오는 그 내용에 익숙했던 것 같다.

아드메토스는 중요한 부분을 요약하면서 우리 모두 다 알아들을 것으로 생각되는 예를 든다. 우리가 이전에 전혀 들어보지 못한 이야기를 한다고는 생각되지 않는다. 헤라클레스는 오르페우스가 할 수 없는 일, 즉 탐욕스러운 죽음의 손아귀에서 젊은 여성을 성공적으로 구출할 수 있었다. 그렇기에 이 연극은 해피엔딩으로 마무리될 수 있었다. 그리고 이는 헤라클레스가 자기 자신이 사랑하는 사람을 되찾으려고 한 것이 아니라서 그렇기도 하다. 그는 아드메토스와 알케스티스 모두에게 따뜻한 우정을 느끼는 것 같지만, 에우리디케가 오르페우스에게 느낀 것과 같은 간절한 염원의 대상은 아니다. 설령 헤라클레스가 그렇게 강한 자가 아니더라도(죽음의 신과 싸우고 승자를 꺾을 수 있음), 그가 나중에 알케스티스를 뒤쫓기 위해 나섰을지라도(그는 마지막 과업인 세르베로스 납치처럼 지하세계로 실제 여행을 가지 않고 그녀의 무덤에서 그녀를 붙잡음) 오르페우스가 에우리디케를 되찾는 것보다는 알케스티스를 되찾을 가능성이 더 클 것이다. 헤라클레스가 지하세계에서 걸어 나와 뒤돌아보지 말라는 명령을 받았다면 그는 무사했을 것이다. 그는 오르페우스와 같은 감정이 없기에 그에 수반되는 파괴적인 불안감 역시 없다. 그는 세상 어디에서도 본 적 없는 신기한 개를 훔치기 위해 지하세계로 걸어갈 수 있는 자다. 상실의 두려움으로 괴로워할 영웅이 아니다.

영웅 이야기가 나온 김에 우리는 적어도 고대 일부 그리스인들에게는 알케스티스가 오르페우스보다 더 위대한 영웅이었다는 사실에 주목해야 한다. 이전 장에서 언급했듯이 기원전 4세기에 쓰인 플라톤의 〈향연〉은 에로스의 본질인 사랑을 주제로 만찬회에 참석한 손님들 간에 오고 간 열띤 토론을 보여준다. 이는 우리가 아는 삼삼오오 모여 술 마시며 웃고 떠드는 그런 종류의 밤보다 철학적으로 더 엄격하게 묘사되었다. 아리스토파네스가 마침 딸꾹질을 하는 바람에 이야기 순서가 다음 사람과 바뀌긴 하지만.

첫 번째 담화는 파이드로스라는 남자가 했는데, 파이드로스는 사랑의 본질적 의미를 규정하는 한 가지 특징은 오직 연인들만이 서로를 위해 그들의 삶을 포기할 것이라는 데 있다고 주장했다.[22] 이는 여성과 남성 모두에게 해당한다. 그러면서 그에게 필요한 유일한 예는 아버지와 어머니가 생존해 있음에도 홀로 남편을 위해 기꺼이 죽음을 택한 알케스티스라고 말한다. 남편에 대한 그녀의 헌신은 오히려 남편의 부모님을 이방인처럼 보이게 만들었다. 그녀의 행동은 인간과 신 모두의 심금을 울렸고 신들은 그녀를 이승으로 돌려 보내주었다. 반면, 오르페우스의 경우 그는 신들이 포장재만 보냈다고 덧붙인다. 그들은 그에게 phasma, 즉 아내의 유령만을 제안했다. 그는 알케스티스처럼 사랑을 위해 죽음을 선택할 만큼 용감하지 않았음에도 살아서 하데스에 들어갈 수 있었다. 이 때문에 그는 여자들의 손에 죽임을 당했다….

파이드로스가 리라 연주자에게 불만을 품고 있다는 사실을 제외하고, 우리는 이 구절에서 무엇을 알 수 있는가? 첫째, 플라톤이 〈알케스티스〉가 초연된 지 50년 혹은 그 이상이 지난 후 〈향연〉을 썼다는 점을 고려해

볼 때, 플라톤이 에우리피데스가 쓴 희곡의 줄거리를 꽤 잘 기억하고 있다는 점이다. 에우리피데스의 희곡이 처음 공연된 이후 10여 년이 훌쩍 지난 시기에 플라톤이 태어났다고 생각하면 더욱 그렇다. 이 사실로부터 우리는 〈알케스티스〉가 정기적으로 무대에 올려졌다는 결론을 내릴 수 있다. 결국 그 연극은 매우 인기가 있었던 것으로 보인다. 최소한 플라톤은 독자들이 그가 집어든 예를 익숙하게 받아들였을 것으로 기대할 수 있다. 그러나 그는 어쩌다 한 번 본 연극 관객의 수준을 넘어서는 것 같다. 파이드로스의 주장은 간단하지만, 그는 페레스와 그의 아들 사이에 오고 간 설전에서 완전히 아드메토스의 편을 들었다. 그는 자신의 부모 중 한 명이 자기 대신 죽을 수도 있다는 아드메토스의 기대치를 비판하지않고 오히려 그 기대감을 공유한다. 그는 알케스티스와 그녀의 영웅적인 희생에 찬사를 보냈을 뿐, 자신의 삶과 맞바꾸기 위해 아내의 죽음을 치러야 할 대가로 여긴 아드메토스를 비난하지 않는다.

그러나 그는 희생의 감수라는 측면에서 오르페우스의 낮은 역량에 대해서는 거리낌 없이 비판한다. 파이드로스는 오르페우스의 음악적 기교, 지하세계의 망령들을 매혹하거나 페르세포네와 하데스의 마음을 움직인 능력에는 전혀 감명받지 않은 것 같다. 파이드로스가 볼 때 오르페우스는 나약한 인간이다. 왜냐, 그는 사랑을 위해 죽지 않았으니까.

이와 같은 비판은 인물에 대한 관점보다는 작가의 편견이 반영된 것일 수도 있다. 플라톤은 다양한 형태의 예술적 표현에 관대하지 않았다. 그의 관점에서는 철학적 사상이 담긴 글쓰기만이 받아들여질 수 있는 표현의 방식이었다. 다른 유형의 창의성은 본질에서 의심스럽다. 그러나 바로 그와 같은 인식이 다른 자료에서 보지 못한 흥미로운 태도를 드러낸다. 오르페우스의 문제는 그가 에우리디케를 너무 사랑한 나머지 불안한 마음에 규칙을 깨고 그녀를 돌아볼 수밖에 없는 것이 아니다. 그의 문제는 그가 그녀를 죽을 만큼 사랑하지 않는다는 데 있다. 그러므로 적어도 플라톤이 이야기하는 선에서, 오르페우스는 파이드로스에 의해서 뿐만이 아니라 신들에 의해서도 부적합하다고 판정을 받은 셈이다. 그는 단순히 에우리디케를 돌려받을 자격이 없어서 그녀를 데려올 수 없는 것뿐이다. 이 버전에서는 그에게 기회가 주어지지 않는다. 이 버전의 오르페우스가 보는 에우리디케는 함께 지상으로 나아갈 수 있는 여성이 아니라 단순한 유령에 불과하다.

물론 아드메토스에게 돌아온 알케스티스는 유령이 아니다. 하지만 그녀 역시 베일에 싸여 있고 말을 할 수 없기에 다소 유령과 같은 특성이 있다. 아드메토스가 알케스티스를 알아보고 아내가 자신에게 돌아왔음을 받아들이기는 하지만 그녀가 말을 하지 못할 것이라는 사실에 크게 당황한다. 알케스티스가 여전히 지하세계의 신들에게 지극히 신성한 존재이므로 3일 동안은 침묵을 지켜야 한다고 말한 자는 헤라클레스였다. 이는 물론 연극의 시간적 한계를 넘어서게 한다.

다른 극작가의 손에서 우리는 작가가 단순히 알케스티스의 반응에 관심이 없었거나 - 에우리피데스 이전과 특별히 그 이후의 많은 남성 작가들이 그랬듯이 - 그 작가가 여성에 대해 별다른 생각을 하지 않아서 그들에게 줄 대사를 쓰지 않았을 수도 있다. 그러나 내가 이 책의 다른 곳에서 말했듯이(그리고 기회가 있을 때마다 계속 언급할 테지만), 에우리피데스는 고대는 물론, 솔직히 연극 역사상 여성의 목소리를 가장 잘 담아낸 가장 위대한 작가 중 한 사람이다. 에우리피데스는 항상 여성의 관점에 관심을 보였으며, 그의 청중을 열광시키거나 고통 속에, 혹은 공포로 몰아넣는 환상적인 대사를 만들어내는 것이야말로 그를 가장 즐겁게 해주는 일이었다. 알케스티스가 돌아왔을 때 연극이 아무런 대답을 하지 않기로 한 선택에 그녀는 질문을 던진다. 이것이 그녀가 원했던 것인가? 그녀는 연극의 제목과 동명인 영웅이지만 (사랑을 위해 기꺼이 죽음을 선택한) 그녀의 영웅적 행위가 죽음의 신과 싸워 이긴 헤라클레스의 영웅적 행위에 가려진 것일까? 물론, 아드메토스와 알케스티스가 오래오래 행복하게 잘 살 것이라고 추측해 볼 수는 있을 것이다. 그녀의 사랑과 희생에 힘입어 신들로부터 두 번째 기회가 주어졌으니까. 하지만 알케스티스가 한밤중에 잠든 남편을 바라보며 그녀보다 자기 자신을 더 아끼는 남자를 얼마나 사랑할 수 있을지 고민하는 순간이 올지도 모른다. 알케스티스는 대부분 비극과는 달리 해피엔딩으로 끝난다. 하지만 이는 아마도 실제 비극이 펼쳐지기 전에 연극이 끝나기 때문일 것이다.

에우리디케와 오르페우스의 이야기가 알케스티스와 아드메토스의 이야기보다 우리에게 훨씬 더 잘 알려져 있다는 사실은 무척 흥미롭다. 그리스의 고전에서는 그 반대인 것처럼 보이는 데도 말이다. 심지어 기원전 1세기에 쓰인 〈Lament for Bion〉라는 잘 알려지지 않은 작품이 등장하기 전까지는 에우리디케라는 이름이 쓰인 기록조차 없다. 이 작품은 한때 조금 더 앞선 시기의 시인 모스코스Moschos에 의해 쓰였다고 생각되었으나 오늘날에는 일반적으로 알려지지 않은 남부 이탈리아의 작가가 쓴 것으로 이해하고 있다.[23] 〈알케스티스〉가 아테네에서 처음 공연된 이후 350년이 흐른 뒤였고, 파이드로스가 플라톤의 〈향연〉에서 오르페우스는 아내에 대한 사랑이 부족하다고 밝히고 나서 300년이 지난 뒤였다. 그러나 이 무렵에야 에우리디케라는 이름이 붙는다. 그러니까 이 시인이 페르세포네가 오르페우스에게 에우리디케의 귀환을 허락했다고 설명하면서 부터다.[24] 그녀의 이야기가 확실히 그리스에서 시작된 것은 맞지만 정확히 언제 에우리디케라는 이름이 붙었는지는 확실하지 않다. 우리가 알 수 있는 첫 번째 예는 이 시인의 것인데, 그의 이름은 우리에게 알려지지 않았다. 아폴로도로스는 또한 몇 세기 후 그의 《도서관》[25]에서 에우리디케의 이름을 언급한다. 여기에서도 이전의 이야기들과 마찬가지로 그녀는 뱀에 물려서 죽는다. 오르페우스는 여느 때와 같이 리라 연주로 그녀를 돌려받지만, 이번에는 뒤돌아보지 않는다는 조건을 붙인 자는 페르세포네가 아니라 플루토(하데스)다. 그리고 그는 아내인 페르세포네보다 훨씬 더 까다로운 조건을 제시한다. 오르페우스는 에우리디케와 함께 집에 도착할 때까지 절대 그녀를 돌아봐서는 안 된다.

고대 이야기 속에서 등장하는 오르페우스와 에우리디케의 모습은 수많은 오페라에서 비슷한 흔적을 찾을 수 있다. 글루크Gluck의 1774년 오페라 〈Orphée et Eurydice〉에는 〈알케스티스〉 이상의 감동이 있다. 이것은 작곡가의 초기 버전을 라니에르 데 칼차비지Ranieri de' Calzabigi의 대본으로 재작업한 것이다. 라니에르 데 칼차비지는 이후 글루크의 〈알체스테Alceste〉의 대본도 썼다. 처음 이 오페라는 우리가 잘 알고 있는 이야기의 서사를 따라간다. 에우리디케의 죽음, 오르페우스의 지하세계 여정, 귀환, 에우리디케의 두 번째 죽음. 그러나 그들의 헌신과 절망에 감동한 사랑의 신이 나타나 다시 한번 그들을 엮어준다. 대본을 통해 알 수 있듯이 그들은 사랑을 쟁취한다. 알케스티스와는 달리, 에우리디케는 남편이 자신을 사랑하는 만큼 그녀를 사랑하지 않을까 걱정할 필요도 없다. 더없이 행복한 결말이다.

한편, 콕토Cocteau의 1950년 영화 〈오르페Orphée〉를 원작으로 하는 필립 글라스Philip Glass의 1993년 동명의 오페라에서는 에우리디케가 지하세계를 떠난 후 오래도록 뒤돌아보지 말라는 단서가 포착되어 더 연주된다. ENOEnglish National Opera(영국 가극단)의 2019년 제작 오페라에서도[26], 영화에서처럼 오르페우스와 에우리디케는 집에 돌아와서도 서로를 쳐다볼 수 없다. 비극적인 연인들의 이야기는 예상치 못한 방향으로 익살스럽게 흐른다. 에우리디케는 문 뒤에 숨고 오르페우스는 식탁보 아래로 몸을 웅크리며 서로 치명적인 시선을 피한다. 그들은 실패한다. 물론이다. 어떻게 안 그럴 수 있겠는가? 에우리디케는 지하 세계로 빨려간다. 오펜바흐Offenbach의 1858년 오페레타operetta[보통 경쾌한 내용의 짧은 오페라, 경가극-역자 주] 〈지옥의 오르페우스Orpheus in the Underworld〉에서는 제목에 에우리디케의 이름을 넣을 가치도 못 느낀다. 그러나 오페라는 남편보다 에우리디케에 더 초점을 맞춘다. 특히 그녀가 4막의 하데스에서 캉캉 춤을 추기 때문이다.[27]

작곡가들이 아내인 에우리디케보다 오르페우스라는 인물에 더 끌린 이유는 쉽게 알 수 있다. 바위와 나무가 오르페우스를 따라 움직이고, 하데스의 심연에서부터 그의 연주를 들으려는 망령들마저 불러 모으는 음악을 만드는 도전을 거부할 사람이 누가 있겠는가? 이것은 궁극적으로 마음을 움직이는 음악의 힘에 관한 이야기다. 설령 에우리디케의 경우 음악이 그녀의 마음을 움직이거나 그렇다고 확실히 더 나은 쪽으로 바뀌는 것은 아니더라도 말이다. 2018년 런던에서 초연된 아나이스 미첼Anaïs Mitchell의 〈하데스타운Hadestown〉[28]에서 우리는 한 창의적인 미국인의 관점에서 이 이야기가 어떻게 다뤄지는지 확인할 수 있다. 여기에서 오르페우스는 자신의 선율이 매우 특별함을 발견한 고뇌하는 작곡가다. 그는 에우리디케를 만난다. 그녀는 가난의 압박을 견뎌내기 위해 고군분투하고 있다. 그녀에게는 따뜻한 옷도, 먹을 것도 충분하지 않다. 음악과 문체에서 대공황이라는 암시가 있기는 하지만 반드시 특정한 시대를 못 박고 있지는 않다. 두 남녀는 사랑에 빠지고, 그들에게는 이제 행복한 일만 남은 것 같다. 그러나 오르페우스는 그의 아내가 여전히 춥고 배고프며, 자신이 추구하는 완벽한 선율 역시 두 사람을 따뜻하게 해주지 못하고 있다는 것을 깨닫지 못한다. 에우리디케는 바소프로폰도basso profondo[오페라나 뮤지컬 등에서 베이스 중 가장 낮은 음역대를 소화하는 성악가-역자 주]인 하데스의 유혹에 넘어가 고도로 공업화된 세계인 하데스타운으로 향한다. 그녀는 뒤늦게 자신이 실수했음을 알게 되지만 이미 그곳에 갇혀 벗어날 수 없는 신세가 되었다. 마침내 아내를 잃었다는 것을 알아차린 오르페우스는 하데스타운으로 가서 아내를 되찾기 위해 자신의 선율을 사용한다. 오르페우스의 선율은 하데스와 페르세포네가 처음 사랑에 빠졌을 때를 떠올리게 한다. 페르세포네는 부부가 다시 함께 살 수 있기를 바라며 남편에게 탄원한다. 그러나 이 하데스는 누구보다도 교활한 자였다. 결국 오르페우스가 뒤돌아보고픈 충동을 이기지 못함으로써 부부는 다시 헤어진다. 비극의 불가피성은 헤르메스가 우리에게 오르페우스와 에우리디케의 이야기는 '오래된 노래, 아주 오래전에 쓰여진 노래'라고 상기시키는 마지막 순간에 분명하게 드러난다. 뮤지컬의 분위기는 활기차고 현대적이지만, 이야기의 매력은 계속 전해져 내려온다는 것, 그리고 항상 그 끝은 정해져 있다는 것이다. 그럼에도 불구하고, 헤르메스가 이야기한다. '하지만 / 우린 부르리라 / 중요한 것은 결말을 알면서도 / 다시 노래를 시작하는 것 / 이번에는 다를지도 모른다고 믿으면서.' 슬픈 이야기라도 변치 않는 이야기에는 항상 위로가 담겨 있다.

그러나 전령의 신과 의견이 일치하지 않을 위험을 무릅쓰고 오르페우스와 에우리디케의 이야기는 모든 종류의 예상치 못한 방식으로 변할 수 있고 또 변한다. 예를 들어 음악적 재능이 한 사람의 손과 목소리에만 머물 필요는 없다. 마르셀 카뮈Marcel Camus[29]가 감독한 1959년 브라질 영화 〈흑인 오르페Orfeu Negro or Black Orpheus〉에서는 대중화되었다. 오르페(브레노 멜로)는 재능 있는 음악가지만 리오 전체가 놀라운 음악과 음악가로 가득 차 있다. 왜냐하면 지금은 카니발 기간이니까. 영화는 많은 사건이 벌어질 빈민가에서 시작된다. 노래, 연주, 그리고 이번 오르페우스 이야기에서 가장 눈에 띄는 요소인 춤으로 활기가 넘친다. 여기에서 음악은 단순히 듣는 것이 아니라 마음을 움직이게 만드는 그 무언가다. 크레디트가 나오는 동안의 시퀀스가 끝나면 페리가 도착하는 항구로 장면이 이동한다. 배에는 에우리디케Marpessa Dawn가 있다. 그녀는 사촌과 함께 지내기 위해 리오에 왔다. 어떤 남자가(어쩐지 사람들 등쳐먹을 것 같은 사내, 자세히 알지는 못하지만) 그녀를 집에서 쫓아냈기 때문이다.

에우리디케는 모두가 무언가를 연주하거나 노래하는 것처럼 보이는 전차에 올라탔다. 오르페는 전차를 운전하는 사람이다. 혼잡한 도시에서 우연히 만나더라도 우리는 그들이 함께할 운명임을 직감한다. 거리에서 행진하는 밴드가 다음 날 있을 카니발을 위해 연주 연습을 하고 있다. 이 영화에서 음악은 질서와 무질서를 대표한다. 사랑하는 사람을 위해, 또는 혼자 연주하고 춤추는 사람들처럼 지극히 개인적인 혹은 공개적인 공연이다.

행복한 우연의 일치로 에우리디케의 사촌은 오르페의 옆집에 산다. 그녀는 바로 이웃과 어울리고, 동네 아이인 베네디토는 그녀에게 자신이 만든 부적을 준다. 죽은 후에도 그것을 간직할 거야? 그는 묻는다. 에우리디케에게 모든 것이 행복하게 끝나지 않을 수도 있다는 거, 그 사실은 우리가 아는 첫 번째 암시다. 다시 만난 오르페와 에우리디케가 서로의 이름을 알게 되었을 때 그는 기뻐한다. 나는 이미 너를 사랑하고 있어, 그가 웃는다. 하지만 나는 너를 사랑하지 않아, 그녀가 대답한다. 괜찮아, 사랑하지 않아도 돼, 그가 다시 대답한다.

고대 오르페우스와 에우리디케가 현대의 브라질에서 부활한 것일까? 이 1950년대 커플은 이전에 여러 번 반복되던 이야기를 다시 떠올리게 한다. 그리스 조각상들이 브라질의 음악가 집단으로 대체되기 위해 사라지는 영화의 시작 장면에서 이에 대한 암시가 있다. 오르페우스와 에우리디케는 단순한 조각상이 아니라 살아 숨 쉬는 이야기 일부다.

카니발을 준비하는 기간, 그리고 카니발이 열리는 날에 에우리디케는 흑백 가면을 쓴 남자, 죽음Death의 무서운 환영에게 쫓긴다. 그녀가 어디에 있든, 또는 사촌의 카니발 의상으로 아무리 화려하게 변장하더라도 죽음을 피해 달아날 수 없다. 그를 피해 정신없이 도망치던 에우리디케는 어느새 버려진 건물 위층에서 떨어지지 않으려고 안간힘을 다해 전깃줄을 꽉 붙잡고 있다. 여전히 그녀를 기다리고 있는 죽음과 꼼짝도 할 수 없는 에우리디케. 그 순간 오르페가 도착하고 벽의 스위치를 켠다. 에우리디케의 손에 감긴 전선에 전기가 흐른다. 그녀는 감전되어 떨어져 죽는다. 우리는 이 서사에서 누가 봐도 알 수 있는 에우리디케의 이야기는 물론, 알케스티스의 분위기마저 감돌고 있음에 주목할 수 있다(꼬불꼬불 구부러진 전깃줄은 특히 영리한 기교다). 죽음은 그녀를 저승에 데리고 가기 위해 그녀가 죽기를 기다리는 캐릭터로 등장한다.

오르페는 현장에 급히 보내졌다, 하지만 그는 에우리디케가 사라진 것을 받아들일 수 없다. 그는 행방불명자 조사국에서 그녀를 찾기 위해 필사적으로 노력한다. 느려터진 관료체제의 악몽을 경험하면서 계속 추적한다. 그는 이제 종이 더미에 파묻힌 방으로 온다. 관리인은 그에게 그곳에서 절대 그녀를 찾지 못할 것이라고 이야기한다. 그녀를 불러내야만 그녀가 올 수 있다고 한다. 오르페와 관리인은 다른 장소를 찾아 나섰고, 이번 경우에는 머리가 하나뿐이긴 하지만, 아무튼 케르베로스라는 경비견을 지나쳐 간다. 그러고 나서 관리인은 오르페를 어떤 의식이 행해지는 모임으로 안내하여 에우리디케를 소환하려고 한다. 이 관리인은 분명히 우리에게 죽은 자를 스틱스강 건너편으로 데려가는 뱃사공 카론Charon을 떠올리게 한다. 에우리디케가 주술에 이끌려 불완전하게 방안에 나타난다. 오르페는 돌아봐서는 안 된다. 그랬다가는 에우리디케의 목소리로 말하는 자가 늙은 여인이라는 것을 알게 될 것이다. 오르페는 마침내 영안실에서 에우리디케의 시신을 발견하고, 서둘러 그녀를 품에 안고 빈민가로 돌아간다. 오르페가 깎아지른 낭떠러지 끝에 올랐을 때 그는 화가 난 약혼녀 미라와 마주친다. 오르페가 에우리디케를 안고 있는 모습에 화가 머리끝까지 치민 약혼녀가 그에게 돌을 던졌고, 정확히 그의 머리에 맞았다. 그는 비틀거리다가 쓰러져 죽는다.

오르페우스와 에우리디케는 결국 재회했다. 베네디토의 친구 제카는 동틀 무렵 오르페의 기타를 연주한다. 그들은 오르페가 그의 연주로 해가 떠오르게 할 수 있다고 믿고 있다. 이제 제카가 그렇게 해야 한다. 어린 소녀가 그를 바라보며 말한다. 이제 네가 오르페야. 우리는 그의 이야기가 더 행복한 결말이기를 바라.

〈흑인 오르페〉는 개봉과 동시에 엄청난 호평을 받았다. 1959년 칸에서 황금종려상을 받았고 이듬해 아카데미 최우수 외국어 영화상을 받았다. 보사노바 사운드트랙만으로도 우울한 생각을 떨쳐 버릴 수 있다. 그리스 신화와 브라질 음악의 결합이 완벽하게 조화를 이루었다. 또한 재치 있는 말과 우화로 가득 차 있다(이 영화에서 오르페의 친구는 헤르메스로 불린다. 그는 그리스 이름을 딴 그의 사촌처럼 에우리디케를 사촌의 집으로 안내하는 사람이다. 바로 전령의 신이자 psychopomp, 즉 영혼을 저승으로 안내하는 신이다). 그리고 이 영화는 에우리디케에게 오르페우스만큼 많은 서사적 공간을 허용하는데 이는 이전의 그 어떤 이야기에서도 보기 드문 일이다. 영화의 초반부는 그녀와 오르페를 번갈아 보여준다. 우리는 보트에서부터 에우리디케를 따라가면서 그녀가 시각 장애인에게 올바른 방향을 알려주고, 그녀의 사촌과 온 동네가 그녀를 반기는 모습을 본다. 이제 오르페와 그의 여자친구가 함께 있는 장면이다. 여자친구인 미라는 오르페가 전당포에 있는 그의 기타에서 눈을 떼지 못하고 다시 돌려받고 싶어한다는 걸 알면서도 그가 그녀에게 결혼반지를 사줘야 한다고 결심했다. 기타야말로 그가 성공적으로 되찾은 단 하나의 사랑이다. 이 영화에서 오르페우스와 에우리디케의 이야기는 우리가 두 인물을 한 명의 남자주인공과 그의 뮤즈(오페라에서 자주 묘사되는 방식)로 단순히 인식하지 않고 각각 독립적인 캐릭터로 바라보고 있기에 더 극적인 무게를 지닌다. (오페라에서도 비슷하게 그려진다.) 우리는 그들이 단지 이번 세대의 오르페우스와 에우리디케일 뿐이고, 두 사람은 과거에도, 그리고 앞으로도 무수히 많이 존재할 것임을 알면서도, 두 남녀가 결국에는 연인이 된다, 죽음을 피하지 못한다는 생각을 떠올리기 쉽다. 그러니까 두 인물을 슬픈 기계에 서로 맞물려 있는 톱니 정도로 인식하지 않으려면 그들을 좀 더 개성 있는 개인으로 이해애야 한다. 익숙한 이야기에 버무려진 음악, 의상, 춤의 생동감과 복잡한 특징들은 그것을 비극, 그 이상으로 만든다.

에우리디케와 오르페우스를 극화한 작곡가와 오페라의 대본 작가는 거의 항상 똑같은 전제에서 출발했다. 내가 오르페우스라면? 내가 만약 이 세상에서 가장 위대한 예술가라면? 위대한 연인이자 설득가요, 결점이 있는 영웅이라면? 수많은 사람이 오르페우스의 관점에 끌리는 이유는 쉽게 알 수 있다. 무엇보다도 이 이야기가 음악에 적합할 뿐만 아니라 오르페우스 또한 음악가라서 그렇다. 그런데 이 신화는 음악이 아닌 그림으로 표현될 때조차 이러한 매력이 계속 유지된다. 사실, 딱히 놀랍지도 않다. 여기에서 이야기의 중요한 전환점은 말 그대로 남성 시선의 힘과 관련이 있다.

19세기 독일 예술가 에밀 네이드Emil Neide는 오르페우스가 어둠 속에서 빛을 향해 성큼성큼 걸어가는 모습을 그렸다.[30] 그는 오른손에 매우 화려한 황금 리라를, 왼손에는 거대한 지팡이를 들고 있다. 그의 가슴은 부풀어 오르고 검은 망토가 그를 둘러싸고 있다. 그의 뒤로 에우리디케가 반쯤 웅크리고 있다. 그녀는 왼쪽 팔에 두르르 말린 뱀 모양의 금팔찌를 착용하고 있다. 그녀가 어떻게 죽었는지 우리에게 상기시키기 위해서다. 빛이 그녀의 눈 바로 아래 얼굴을 비추고 있다. 그 모습에 어렴풋이나마 조바심이 드러나 있는가? 온몸을 잔뜩 치장한 그녀의 남편은 마치 체면을 구기지 않기 위해 이 구출 임무에 참여한 것처럼 대단히 만족스러워 보인다. 에우리디케는 그가 돌아서면 행여 자신의 모습이 보일까 봐 빛을 피해 숨고 있는 듯하다. 나는 그녀가 슬그머니 어두운 그림자 속으로 들어가 평화롭게 하데스로 돌아갈 궁리를 할 것 같다는 생각을 떨쳐버리기 어렵다.

그리고 자신이 곧 실패하리라는 사실을 알고도 자신 있게 앞으로 걸어가는 남자의 이미지는 오르페우스에 대해서도 중요한 질문을 던진다. 그는 실패하고 싶은 것인가? 에우리디케를 다시 품에 안고 싶은 마음이 더 클까, 아니면 비극적으로 뮤즈를 잃은 위대한 음악가로서 영원히 영광을 누리고 싶은 마음이 더 클까? 다시 말해, 에우리디케를 잃는 것이 현실적으로 예술적 가치를 훼손하지 않으면서 그녀를 자신만의 뮤즈로 창조해낼 수 있다고 믿는다면 그는 그렇게 하는 걸 더 원할까? 에우리디케는 말을 하지만 오르페우스는 침묵하는 베르길리우스의 초기 이야기로 돌아가 보자. 오르페우스는 머리가 잘리고 강물에 실려 떠내려 갈 때 그녀의 이름만 부른다. 오르페우스에게는 음악과 노래만 있을 뿐 말은 존재하지 않는다. 반면 에우리디케는 말할 수 있다. 그러나 그녀가 사라지고 나자 그에게 결정권이 생긴다.

독자들은 에우리디케가 스스로 입을 열 때까지 오랜 시간을 기다려야 했다. 그러나 이 신화의 가장 기억에 남는 현대적 버전 중 일부는 정확히 그렇게 한다. H.D.라는 필명을 사용하는 미국의 시인 힐다 둘리틀Hilda Doolittle이 20세기 초에 〈에우리디케〉를 썼는데 이 시는 1925년에 출판된 《Collected Poems》에 실려 있다.[31] 이 시에서 에우리디케는 목소리를 낼 것이다. 시는 서늘한 분노로 시작한다. '당신이 다시 돌려보냈어요 / 지상의 살아있는 영혼과 함께 걸을 수 있었던 나를.' 그녀의 비극의 원인은 두 가지다. '당신의 오만함과 무자비함'. 오비디우스는 오르페우스가 그녀를 너무 많이 사랑했다는 사실 말고는 에우리디케가 딱히 불평할 것이 없다고 쾌활하게 말했다. 그러나 이 낭만적인 생략은 그의 신화에서 맥락적으로는 효과가 있을지 모르지만 적어도 생각할 여지를 준다. 이를테면, 정말? 전혀 아무것도? 에우리디케는 뱀에게 물리고, 지하세계로 끌려가고, 어둠 속에서 비틀거리며 여전히 절뚝거리며 걷고 있다. 엄격한 조건에 따라 오르페우스에게 다시 넘겨졌다. 그녀는 자유의 순간을 지척에 두고 하데스로 끌려가서 다시 죽는다. 불평할 게 없다고? 만약 당신이 오르페우스 말고 잠시 에우리디케에 대해 생각한다면 그녀는 불평할 것이 꽤 많다. 아무도 자기 기분을 물어보지 않았기 때문에 불평을 하지 않을 뿐이다. H.D.는 이 이야기를 다루면서 에우리디케에게 목소리를 되돌려준다. 1인칭으로 쓰인 시에서 오르페우스의 이름은 언급되지 않는다. 이것은 정말로 에우리디케에 관한 것이다. 그리고 그녀의 두 번째 죽음은 정말 마음을 아프게 한다. '나는 나른함에서 평화로 성장했다./ 당신이 나를 죽은 들과 함께 쉬게 해주었다면 당신과/과거를 잊었을 것이다.' 사랑을 잃는 순간 우리 모두 오르페우스의 관점에 집중함으로써(그들에 관한 이야기 대부분이 그렇듯이) 우리는 그것을 다른 측면에서 바라보지 못할 위험이 있다. 구원을 약속한 후 잔인하게 빼앗아가버린 것이다. 오르페우스에게는 슬픔과 리라 외에는 아무것도 남지 않았다. 에우리디케에게는 아무것도 남지 않았다. 하지만, H.D.가 말했듯이, 그게 꼭 나쁜 것은 아니다. '지옥은 당신의 지상보다 나쁘지 않다'. 이 시는 마치 에우리디케가 이 모든 것을 털어놓기 위해 몇천 년을 기다린 것처럼 분노로 들끓고 있다. 그렇다고 분노로 끝나지 않는다. 이 시는 선언으로 끝난다. 그녀는 마지막 행에서 '내가 길을 잃기 전에 지옥이 부서져야 한다'라고 말한다. 에우리디케는 죽었을지 모르지만, 그녀는 여전히 의기양양하다.

에우리디케가 목소리를 찾자 그녀는 절대 포기하고 싶어 하지 않는다. 1999년, 캐롤 앤 더피Carol Ann Duffy는 보통 남편의 관점에서 들려주었던 여성들의 시점을 제공하는 시집 《세상의 아내The World's Wife》를 펴냈다. 〈에우리디케〉에서 그녀는 우리에게 지하세계에 있는 자신의 모습에 기뻐하는 에우리디케를 장엄하고 강인한 인물로 재탄생시켰다. 지하세계, '그것은 내게 꼭 맞아.'[32] 그녀는 우리에게 '그녀를 따라다니는 / 그런 남자에게서 안전하리라 생각되는 / 여자가 안전하다고 생각할 수 있으며 / 시를 쓰고 있는 곳'에 있는 그녀의 얼굴을 그려보라고 권했다. 이 에우리디케는 자기 만족적인 스토커라고 생각하는 오르페우스가 그녀를 데려가기 위해 하데스에 도착하자 공포에 휩싸인다. 그녀는 오르페우스의 재능에 그다지 감명 받지 않은 듯이, '내가 직접 타자기를 쳤지./ 난 알아야 해.' 그녀는 그의 뮤즈가 되는 데 관심이 없었고 그렇게 한 적도 없었다. '다시,/ 나는 차라리 나 자신을 위해 말하는 것이 낫다는 것을 확신해.'

더피는 신화의 전통적인 이야기에 담긴 에우리디케의 문제를 지적한다. 아무도 그녀에게 무엇을 원하는지 묻지 않는다. 그녀의 이야기에는 극을 이끄는 동인이 없으며, 그녀가 그것에 대해 어떻게 느끼는지조차 모른다. 오르페우스는 그녀를 찾아 장대한 카타바시스, 즉 지옥으로의 여정을 펼치는데, 낭만적인 힘을 잃지 않으려는 그의 애착과 설득력 있는 리라 연주는 눈부시다. 그러나 왜 에우리디케는 그가 그녀에 대해 느끼는 것과 똑같이 그에 대해 느껴야 하는가? 그녀가 너무 자주 침묵하기에 우리는 그녀가 침묵한다고 가정했다. 자신의 자아에 대한 이러한 호소를 거부하지 못한 오르페우스는 뒤돌아보았고 에우리디케는 '한 번 손을 흔들고는 사라졌다'. 에우리디케는 오르페우스의 오만함과 그의 대중적 평판의 지루함을 벗어나 갈망하던 평화를 스스로 얻는다. 에우리디케는 천재의 모습 뒤에 감춰진 남자의 본모습을 알았고, 차라리 죽음을 선택했다.

VIII

파이드라

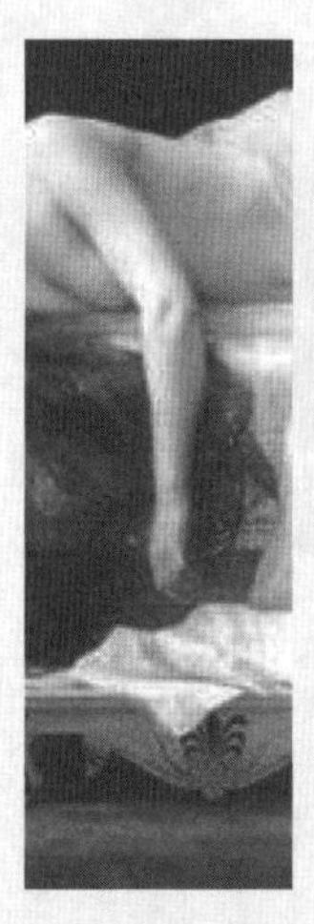

Phaedra

사악한 계모, 그녀는 어린 자식을 보호하고,
아이들의 앞날에 방해가 될 모든 위협을 제거한다.
어떤 희생을 치르더라도.

사악한 계모는 스토리텔링에서 가장 오래된 비유 중 하나이다. 악랄한 계모와 잔인한 의붓언니들이 없었다면 신데렐라는 어디에 있을까? 이 이야기는 여러 면에서 우리에게 호소력이 있다. 비극적인 젊은 여성은 엄청난 행운(그리고 그에 따른 대변신과 더불어)을 거머쥐고, 그녀를 못살게 굴었던 막돼먹은 여성들은 마땅한 벌을 받는다. 이런 모든 것에 진실한 사랑과 멋진 신발은 덤이다.

그러나 테세우스의 아내 파이드라는 신데렐라의 사악한 계모를 자비로워 보이게 만들 정도다. 그녀는 의붓아들 히폴리토스에게 반한다. 하지만 그는 그녀를 거부하고, 그녀는 목을 매달아 스스로 목숨을 끊는다. 그녀는 히폴리토스를 강간범이라고 무고하는 유서를 남겼다. 아내가 죽고 아들이 혐의를 받고 있음을 알게 된 테세우스는 히폴리토스에게 저주를 내려 이 아름다운 청년을 죽음에 이르게 한다. 파이드라는 사악한 계모가 비밀리에 항상 바라는 것, 즉 연적의 자손을 제거하는 과업을 달성했다. 그뿐만이 아니다. 그녀는 우리 사회의 비밀스러운(또는 때로는 공공연한) 믿음을 확인했다. 즉 여성은 악의적이며 무고한 남성을 가두거나 처벌하려고 하므로 강간에 대해 거짓말을 한다는 것이다.

파이드라에 관한 간략한 설명은 정확하지만, 부분적으로만 옳다. 그것은 우리가 그녀에 대해 가지고 있는 많은 원본 자료를 무시하고 계모에 대한, 여성의 성적 욕망에 대한, 그리고 남성에게 혐의를 제기한 여성만 남긴다. 즉 옳고 그르건 간에, 남성들에게 부당한 취급을 받고 이를 고발하는 여성들에게 편견을 갖게 한다. 파이드라는 끔찍한 부정행위를 저질렀고, 그 결과는 그야말로 재앙 그 자체였다. 그러나 파이드라는 적어도 기원전 5세기 아테네에서 오늘날까지 살아남은 가장 유명한 연극 중 한 편에서는 악당이 아니다.

그리하여, 기원전 428년 에우리피데스의 희곡인 〈히폴리토스Hippolytus〉에서 그려진 파이드라의 모습을 더 자세히 살펴보기 전에 그녀의 가족사로 시작해보겠다. 파이드라는 미노스 왕과 왕비의 두 딸 중 언니로 크레타에서 나고 자랐다. 그녀의 가족들을 단순히 '복잡하다'고 설명하는 것은 매우 절제된 표현이다. 그녀는 미노타우로스를 처단한 테세우스와 함께 크레타를 떠난 아리아드네의 동생이다. 그리고 두 여성 모두 미노타우로스(아스테리온이라고도 함)의 이복 자매다.[1]

우리는 보통 미노타우로스가 파시파에Pasiphaë를 홀린 잘생긴 황소의 비정상적인 매혹이 빚어낸 산물이라는 이야기를 들었다. 파시파에는 황소가 그녀를 실제 암소로 착각하도록 속일 수 있게끔 장인 다이달로스Daedalus에게 나무로 만든 암소 의상을 부탁한 것으로 유명하다. 하지만 이것은 파시파에에게 책임을 넘기는 것에 불과하다. 왜냐하면 누가 해괴한 욕정을 품고 소처럼 생긴 기묘한 장치로 자신을 감추고 다니겠는가? 사실 아폴로도로스의 설명처럼[2] 파시파에는 신을 모독한 남편 미노스의 탐욕에 응징을 당한 희생자일 뿐이다. 미노스는 포세이돈에게 황소 한 마리가 바다 깊은 곳에서 떠오르게 해달라고 기도한다(바다에서 솟아오르는 황소는 파이드라의 이야기에서 주요 주제지만 그녀가 불러낸 것은 아무것도 없다). 그리고 자신을 도와준 대가로 미노스는 황소를 다시 포세이돈에게 제물로 바치겠다고 약속한다. 왜냐하면 그는 크레타를 통치할 신성한 권리가 자신에게 있음을 그의 백성과 신하들에게 증명하려고 안간힘을 쓰고 있었다. 신들에게 소원을 빌 수 있고, 신들 또한 그 소원을 들어주리라는 것은 그에 대한 증거로 충분했다. 포세이돈은 그의 기도를 들어주어 아름다운 황소 한 마리를 보내준다(그리스어 diaprepē는 보통 'distinguished(빼어난)'로 번역된다). 그 후 미노스는 노골적으로 태세를 전환하여 포세이돈의 황소는 자신이 차지하고 평범한 황소를 제물로 바친다. 성난 포세이돈은 미노스의 아내 파시파에가 황소를 보면 욕정이 일게 함으로써 그를 응징한다. 그래서 그때 파시파에가 다이달로스에게 부탁하여 나무 암소로 변장할 수 있는 장치를 만들게 된 것이다. 그 나무 암소는 생각보다 황소에게는 훨씬 더 매력적이었던 듯하다. 그 결과 생긴 자식이 미노타우로스인 걸 보면 말이다. 그러므로 이 불쌍한 생명체의 탄생과 감금은 전적으로 다이달로스 탓이다. 그는 또한 미노타우로스를 가두는 미궁(라비린토스)을 건설한 장본인이기도 하다.

가장 대중적인 버전 역시, 파시파에가 책임을 면제 받을 수 있는 중요한 정보가 빠져 있음을 알 수 있다. 미노스의 기만과 포세이돈의 복수가 파시파에가 해괴한 욕정을 품게 된 두 가지 원인이다. 이번 장을 통해 살펴보겠지만, 당신은 위험을 각오하고 신들의 비위를 건드린다. 아마도 이 신화가 대부분 신화보다 더하면 더했지 결코 덜 하지 않을 것이다. 그리고 - 파이드라의 이야기가 항상 우리에게 상기시키듯이 - 신들은 복수를 추구하는 과정에서 누구를 다치게 하는지는 거의 신경 쓰지 않는다.

테세우스는 아리아드네의 도움으로 기가 막히게 미노타우로스를 물리쳤다. 아리아드네는 그에게 실 한 꾸러미를 주어 미궁에서 길을 찾고 - 더 중요하게는 - 다시 실을 되짚어 미궁을 무사히 빠져나올 수 있도록 해준다. 두 사람은 눈이 맞아 함께 달아난다, 혹은 호메로스의 《오딧세이아》 제11권에 나와 있는 것처럼, 테세우스는 그녀를 크레타에서 아테네로 데려가려고 한다.[3] 또는 - 그들의 이야기를 다룬 여러 버전에서 - 테세우스는 낙소스섬에 아리아드네를 버리고 떠난다. 그다지 영웅답지 못한 태도로, 그는 보통 그녀가 곤히 잠든 사이에 떠난다.[4] 몇몇 문헌에서는 디오니소스가 아리아드네를 자신의 신부로 삼고 싶어 했다고 주장하지만, 플루타르코스는 두 가지 대안을 제시하였다.[5] 첫째, 자신이 버림받았다는 사실을 깨닫고 아리아드네는 목을 맨다. 둘째, 테세우스는 에이글Aigle이라는 다른 여성에게 반해 아리아드네를 떠났다.

고대 로마의 서정 시인 카툴루스Catullus는 그의 64번째 시에서 아리아드네가 깨어나 테세우스가 자신을 떠났음을 알게 되었을 때 낙소스섬의 장면을 묘사한다. 그녀는 부모를 버리고 여동생의 포옹마저 뿌리쳤는데, 테세우스는 그녀가 잠든 사이에 그녀를 버렸다고 한탄한다.[6] 흥미롭게도 카툴루스는 '남편'을 의미하는 coniunx라는 단어를 사용한다. 이 관계는 절대 사소하지 않다. 그는 테세우스를 '잘 잊는'이라는 의미로 번역되는 immemoris를 사용해 묘사한다. 그러나 우리는 테세우스가 하룻밤 만에 말 그대로 아리아드네를 잊었다고 상상할 수 없다. 오히려 아리아드네에게 무관심하거나, 그녀가 그를 위해 한 모든 일을 잊어버렸다고 보는 게 타당할 것이다. 그는 결국 그녀와 그녀가 준 도움 덕에 살아있는 것이다. 테세우스가 자신을 버리고 간 사실을 알았을 때 아리아드네가 절망감을 느끼는 것은 너무나도 당연하다. 카툴루스는 아리아드네의 입을 빌어 맹렬히 비난한다. 배신자여, 위증죄를, 그 죄를 집에 가지고 갈 건가요? 그녀가 말한다. 독백은 수십 줄에 이르지만, 파이드라의 이야기에 관한 한 가장 가슴 아픈 순간은 일찍 찾아온다. 이제 어떤 여자도 약속하는 남자를 믿지 못 하게 할 것이며, 어떤 여자도 자기 남자의 말이 진실이라고 바라지 않도록 하여 주시길. 아리아드네는 뱀이 돋아난 머리카락을 가진 에우메니데스(퓨리스)에게 벌을 내리라고 명하며 끝을 맺는다. 내 슬픔이 사라지지 않게 해주길. 그러나 그가 나를 이곳에 버렸을 때와 같은 마음으로 테세우스가 자기 자신과 그의 가족을 죽음으로 몰아넣도록 해주시길. 만약 테세우스가 훗날 누구와 결혼할지 알았다면, 마지막 말인 sequ suosque, 즉 자기 자신과 그의 가족까지라는 말까지는 하지 않았을까? 물론 아리아드네는 그녀가 그를 저주해서 언젠가 그녀의 여동생 파이드라가 이 묘사에 포함되리라는 사실을 알지 못한다.

테세우스는 아테네로 돌아가는 항해를 계속한다. 그러다가 또 중요한 한 가지를 깜박한다. 일찍이 그는 크레타를 향해 출항할 때 아버지 아이게우스에게 무사히 고향으로 돌아가면 돛의 깃발을 검은색에서 흰색으로 바꾸겠다고 약속했다. 테세우스는 이 약속을 오랫동안 잊지 않았지만, 마치 돌풍이 산꼭대기에서 구름을 날려버린 것처럼, 까맣게 잊어버렸다. 아이게우스는 배가 다른 색 깃발을 달고 돌아오는 모습에 아들이 죽었다고 믿고 몸을 내던져 죽는다. 하여, 카툴루스가 이야기한다. 고약한 테세우스가 자신의 부주의로 미노스의 딸에게 준 것과 똑같은 슬픔을 자초했다. 카툴루스는 분명히 아리아드네의 죽음을 심각한 사별, 즉 아버지를 잃은 슬픔에 비유한다. 테세우스를 사랑하려면 각오를 단단히 해야 할 것이다. 생과 사를 오갈 수 있는 매우 위험한 일이라서 말이다.

이들의 복잡한 가족사를 보고 나면 파이드라가 남편과 갈등을 겪고 있는 관계임을 쉽게 짐작할 수 있다. 테세우스는 적어도 그녀의 언니와 공모하여 이복동생을 죽이려고 했다. 우리는 미노타우로스를 괴물로 생각하는 것에 익숙할지 모른다. 하지만, 호르헤 루이스 보르헤스Jorge Luis Borges의 아름다운 단편소설 〈아스테리온의 집The House of Asterion〉을 읽기만 하면 그가 모두에게 다 그렇게 보이는 것은 아님을 깨닫게 된다. 파이드라가 아스테리온에게 느꼈을 법한 감정들을 제쳐놓는다고 해도, 그녀가 결혼생활에서 안정감을 느끼지 못한다는 것 정도는 알 수 있다. 테세우스는 그녀가 아닌 아리아드네와 크레타를 떠나기로 했다. 아무도 차선책이 되고 싶어 하지 않는다. 사실, 우리가 논의하고 있는 대상은 테세우스다. 그의 선택은 두 번이 다가 아니다.

그리고 테세우스의 아내는 오래 못 사는 경향이 있다. 아리아드네가 직접 자기 목을 매달든 그렇지 않든, 아마존 여전사였던 안티오페(종종 히폴리테라고도 부름)도 죽음을 맞는다. 누구는 안티오페가 테미스키라에 있는 그녀의 집에서 테세우스와 함께 도망쳤다고도 하고, 또 누구는 안티오페가 다른 아마존들에게 목숨을 잃었다고도 하지만, 일부 설명에 따르면 그녀는 여동생의 귀환을 위해 다른 아마존들이 벌인 전쟁 통에 테세우스에게 죽임을 당했다고도 전해진다. 또한 지금은 남아 있지 않지만 플루타르코스가 쓴 테세우스에 관한 또 다른 버전의 시[7] 〈테세우스〉도 있다. 이 시에서 안티오페는 테세우스가 파이드라와 결혼하던 날 아마존들과 함께 그를 공격하고 이 전투에서 헤라클레스의 손에 죽음을 맞는다. 플루타르코스는 오히려 이 변형을 허구로 일갈한다(플루타르코스에게는 이러한 이야기 가운데 대부분은 신화가 아닌 고대 역사다).

물론 우리는 고대의 인물들을 오늘날과 같은 기준으로 판단하지 않도록 주의해야 한다. 수천 년 전 사람들이 우리와 같은 방식으로 여성들의 삶에 민감하게 느낄 것이라고 기대하는 것 자체가 시간 낭비일 테니까. 따라서 플루타르코스가 테세우스를 꽤 애매한 인물로 간주한다는 점은 주목할 가치가 있다. 파이드라와 히폴리토스의 이야기는 역사가들과 비극 작가들의 의견이 서로 상당 부분 일치하고 있어서 이것은 아마도 (그가 직전에 회의적으로 생각한 결혼식 날의 피바다와는 달리) 실제로 일어났으리라고 말한다. 그는 파이드라를 악당이나 범죄자로 여기지도 않는다. 그는 그녀의 이야기 속 사건들을 그저 dustuchias[8], 즉 재앙이라고 묘사했다. 하지만 그 후 그는 더욱 흥미롭게 구별한다. 그는 테세우스의 결혼을 둘러싼 꽤 많은 이야기가 존재한다고 말한다. 하나같이 비극적이지만 무대에 올려진 적도 없다.[9] 그는 계속해서 이야기한다. 테세우스는 아나크소Anaxo를 빼앗고, 씨니스Sinis와 케르키온Cercyon을 죽였고, 그들의 딸들을 강제로 데리고 갔다고 한다. 페리보이아Periboia를 아내로 삼고, 그런 다음 Pheriboia와 이피클레스Iphicles의 딸인 이오페Iope와 결혼했고, 에이글을 향한 욕정 때문에 아리아드네를 버렸다. 그리고 헬레네를 납치해 아티카Attica를 전쟁으로 채웠다고 한다.

잠시 이 불쾌한 목록을 살펴보고 지나가도록 하겠다. 테세우스는 단순히 나쁜 남편보다 오히려 몇 배는 더 나쁜 존재로 비난받고 있다(그는 확실히 그렇다. Periboia와 Pheriboia라는 이름의 여성과 연이어 결혼한 이유가 혹시 이름을 기억하기가 수월해서일까 궁금해하는 사람이 비단 나 혼자뿐일까). 그는 아나크소를 억지로 끌고 가고, 그 후 헬레네를 납치했다. 이 내용은 에둘러 표현되지도 않았다. 테세우스는 연쇄 강간범이요 전쟁 신부들을 연쇄적으로 납치한 파렴치범이다. 씨니스와 케르키온의 딸들은 납치하지는 않았지만, 그럼에도 그들의 아버지를 죽인 후 그들을 강간했다. 플루타르코스는 bia, 즉 완력으로 끌고 갔음을 분명히 했다. 틀림없는 강간이다. 테세우스가 헬레네를 납치했을 때 그녀는 기껏해야 7살이나 10살 정도였다. 이 이야기의 일부 버전에서는 그녀의 형제들이 그녀를 되찾기 전에 헬레네는 딸을 낳기도 했다. 플루타르코스는 이 목록의 시작 부분에서 간결하면서도 예리한 핵심을 짚어낸다. 테세우스의 폭력적인 여성 편력에 대한 이러한 '다른 측면의 이야기'는 무대에 올려지지 않았다.

에디스 홀 교수는 특유의 학문적 열정으로 에우리피데스의 〈히폴리토스〉를 혐오한다고 주장해왔다. 왜냐하면 그 비극이 강간 신화를 정당화하기 때문이다.[10] 여성이 강간을 조작하는 이야기를 극화함으로써, 우리는, 예를 들어, 테세우스의 강간, 강제 결혼, 납치, 아동 성폭행 등 오늘날에도 여전히 대부분 극화되지 않은 범법 행위들보다 파이드라의 무고를 훨씬 더 부각한다. 새러 케인Sarah Kane의 〈파이드라의 사랑Phaedra's Love〉은 신화를 매우 잔인하게 재구성한 매우 예외적인 연극이다. 여기에서 히폴리토스는 거세되고 내장이 제거되는 반면, 테세우스는 의붓딸을 강간하고 그녀의 목을 그어 버린다. 플루타르코스조차 어떤 이야기는 들려주고 어떤 이야기는 그렇지 않은지에 논란이 있음을 인식하고, 여성에게 투표권이 주어지기 2천 년 전에 최선이라고 생각되는 부분을 쓰고 있다. 그리스 신화에서 여성의 강간을 주장하는 이야기가 몇 가지가 있는데, 그중 파이드라Phaedra와 스테네보이아Stheneboea가 가장 잘 알려져 있다. 그러나 말 그대로 수백 가지의 강간 사례가 있다. 대부분 피해자는 여성이지만, 때로 젊은 남성도 있다. 특히 어린이용으로 출간되는 그리스 신화에 대한 번역이나 개작은 이 불편한 사실을 간과하는 경향이 있다. 물론 처음 그리스인을 접하는 어린이들에게 트라우마를 남겨주고 싶은 어른은 아무도 없겠지만 이러한 이야기에서 불쾌한 부분을 걷어내는 데 따르는 문제는 우리가 왜곡된 인식을 발달시키게 된다는 것이다. 사티로스가 님프를 '데리고 간다'라고 하거나 물의 정령을 '붙잡았다'라고 표현한 글을 읽을 때 우리는 완전히 완곡어법을 사용한 글을 읽는 것이다.

구체적이고 악명 높은 예를 살펴보자면, 하데스는 종종 페르세포네를 '납치'한다. 페르세포네는 비탄에 잠긴 어머니 데메테르Demeter의 요구가 받아들여져 마침내 일 년 중 일정 기간을 지상에서 보낼 수 있게 된다. 하지만 페르세포네는 지하세계에 머무는 동안 석류 씨를 먹은 탓에 해마다 나머지 기간은 하데스로 돌아가야 한다. 이는 그녀가 망자의 왕국에서 음식을 먹은 대가다. 그리스 신화를 거의 모르는 사람들도 대개 이 이야기를 알고 있다. 우리가 어렸을 때 자주 배우는 이야기다. 그러나 '납치'라는 단어는 이 이야기의 일부에서만 들린다. 이는 이들의 만남 전체를 페르세포네가 부분적으로 하데스에서 탈출하는 모험 이야기처럼 들리게 해서 지속적인 성폭행과 강제 결혼처럼 잘 느껴지지 않게끔 만들어 버린다. 우리는 페르세포네를 엮어 놓고, 심지어는 끊임없이 반복되는 지하세계의 감금에 대한 일부 책임을 그녀에게 돌리려는 석류에 관한 세부 사항에 초점을 맞춰보겠다. 만약 우리가 《호메로스 찬가Homeric Hymn》에 수록된 〈데메테르 찬가Hymn to Demeter〉를 읽는다면, 우리는 페르세포네의 이야기 중 가장 초기 형태인 이 시에서 하데스가 그녀를 속여서 석류를 받아먹게 한 사실을 알게 될 것이다. 그는 그녀에게 석류를 준다, **lathrē** 즉, 아무도 모르게 은밀하게.[11] 페르세포네는 그것이 그녀의 자유를 앗아가리라는 걸 전혀 알지 못했다. 그녀는 어머니인 데메테르와 재회하고 나서야 심각한 결과를 깨닫게 된다. 페르세포네는 하데스가 몰래 과일을 입에 물리고 억지로 맛을 보게 했다고 설명한다.[12] 지옥의 감금자인 하데스가 그녀를 더 오래 가두기 위해 강제로 먹이는 이미지는 정말로 충격적이다. 《호메로스 찬가》는 또한 제우스가 하데스와 공모하여 페르세포네를 강제로 데리고 가도록 했다고 우리에게 알려준다. 이 글을 읽고도 과연 페르세포네가 강간당하지 않았다고 생각할 방법이 있을지 의문이다. '강제로'라는 단어는 꽤 명확한 표현이다. 그리고 제우스는 페르세포네의 아버지요, 하데스는 그녀의 삼촌이다. 산 자와 죽은 자의 세계를 책임지고 있는 두 명의 강력한 남성 신이 젊은 여자를 저승으로 끌고 가 강간하고, 가능한 한 오랫동안 그녀의 어머니에게 진실을 숨기려 음모를 꾸몄다. 불쾌하더라도, 똑같은 이야기지만 더 정확하다.

분명히 하자면, 그리고 그것은 사실이다. 오늘날까지 살아남은 고대의 문학과 예술은 소수의 부유층에게 엄청난 힘을 실어준 매우 가부장적인 사회에서 만들어진 것들이다. 그러나 우리가 읽고 있는 것은 너무 자주 최근의 여성혐오와 관련되어 있다. 《호메로스 찬가》는 페르세포네가 석류를 강제로 먹었다고 우리에게 이야기한다. 게다가 이 시는 이 이야기에서 이러한 요소를 얼버무리지도 않는다. 그런데도 오늘날 많은 작가는 일상적으로 이 점을 무시한다. 1958년에 출간되어 많은 사랑을 받은 로저 란셀린 그린의 《그리스 영웅 이야기Tales of the Greek Heroes》에서 테세우스의 위업이 어떻게 재조명되는지 다시 한번 살펴보자. 그는 우리에게 테세우스가 씨니스와 케르키온(그리고 다른 악당들)을 해치운 이야기를 즐겁게 풀어놓는다. 그러나 플루타르코스가 자신의 글에 포함할만한 가치가 있다고 여긴 것, 즉 테세우스가 이 남자들의 딸들을 강간한 사실에 대해서는 일말의 언급도 없다. 현대의 작가들에게 악당을 처단하는 행위는 바람직한데, 그들의 딸을 강간하는 행위는 눈감아 준 것으로 보인다. 물론, 우리는 아동 도서에 강간의 여지 자체가 있어서는 안 된다고 느낄지도 모른다. 나 역시 특별히 동의하지 않는다. 하지만 이러한 신화들은 폭력으로 가득 차 있다. 우리는 영웅들을 단순한 모험가로 만들기 위해 제거되는 요소가 왜 여성에 대한 폭력이어야 하는지 질문을 던져봐야 한다. 그린의 책에서 테세우스가 딱 그런 모양새다. 낙소스섬의 아리아드네에 이르자 갑자기 디오니소스가 나타나더니 그녀를 잠들게 한다. '그리고 깨어났을 때 그녀는 테세우스에 대해 아무것도 기억하지 못했고, 낙소스에 어떻게 왔는지조차 생각해낼 수 없었지만 기꺼이 디오니소스의 신부가 되었다.'[13] 그것은 테세우스에게 대단히 편리한 구실이다. 내가 이 이야기에서 어린 시절의 기쁨을 해치더라도 용서해야만 한다. 우리는 모두 자신의 나쁜 행동이 쉽게 잊히기를 바랄지도 모른다. 한 페이지를 넘기면 크레타의 새로운 왕은 테세우스에게 '파이드라를 보내 아내로 삼도록 했다. 그래서 그는 아리아드네를 잃었음에도 여전히 미노스의 딸과 결혼생활을 유지할 수 있었다.'라고 전한다. 다행이다. 테세우스가 진짜 피해자일까 봐서 걱정되기 시작하던 참이었으니까.

이 책은 신화 속 이야기들을 매력적으로 들려준다. 그 이야기들은 많은 사람을 그리스 신화와 고전의 세계로 들어가게 하는 관문이었다(그리고 현재도 출간되고 있으므로 아직도 그렇다고 볼 수 있다). 그러나 우리는 주로 그 이야기들을 어린 시절에 읽었기 때문에 항상 비판적으로 생각하지는 않는다. 그리고 다른 버전들과는 달리 중립적이고 권위 있는 이야기로 보는 경향이 있다. 그런데 다른 모든 책과 마찬가지로 그것들 역시 그 시대의 가치를 반영한다. 그래서 나는 이 이야기를 아이들에게 읽어주지 말라고 단언하고 싶지는 않지만, 그 안에 도사리고 있는 은근한 편견 위에서 균형을 맞춰주기를 권한다.

혹시라도 남성 캐릭터는 더 영웅적으로 부각하고 여성 캐릭터를 덜 욕보이게 하려는 의도로 개작하는 시도가 오로지 아동용 도서뿐이라고 생각할까 봐 덧붙이자면, 로버트 그레이브스Robert Graves 역시 그가 쓴 그리스 신화에서 종종 같은 시도를 했다. 페르세포네와 하데스 이야기로 돌아가 보자. 그레이브스의 페르세포네와 석류 이야기에는 하데스가 그녀에게 강제로 먹였다는 내용이 없다. 오히려, 그녀가 '당신의 과수원에 있는 나무에서 석류를 따고, 일곱 알의 씨를 먹은 것에 대해 하데스 정원사 중 한 명인 아스칼라포스Ascalaphus'[14]에게 질책을 받는다. 아폴로도로스의 《도서관》은 이를 다르게 본다. 이 버전에서, 내가 발견한 바로는 아스칼라포스의 직업은 언급되지 않는다. 오히려 정원사라는 직업은 그레이브스가 만들어낸 것으로 보인다. 아폴로도로스에게 아스칼라포스는 그저 하데스/플루토가 페르세포네에게 석류 한 알을 입에 넣어주는 모습을 지켜본 목격자에 불과하다. 그는 그녀를 밀고했고 데메테르가 그를 하데스의 커다란 바위 밑에 가둬 그 대가를 치르게 한다.[15]

그레이브스는 이 마지막 디테일 역시 생략한 것은 물론, 페르세포네가 먹은 씨앗의 개수를 바꿔놓았다(스스로 일곱 개의 씨앗을 먹었다는 내용은 오비디우스의 《변신이야기》 제5권에도 나와 있지만, 그 책에서도 페르세포네는 씨앗을 다 먹을 때까지 먹지 말아야 하는 규칙에 대해 전해 듣지 못한다). 그 행위를 하데스의 강요가 아닌 페르세포네의 절도로 만들어 버린다. 아스칼라포스에게 주어진 흠잡을 데 없는 직업에 한 가지가 더 추가되었다. 정원사들은 매우 점잖고 신뢰할 수 있는 것 같다.

이러한 선택들은 사소해 보일 수 있지만, 그레이브스는 자신의 작품을 학문적이고 중립적이라고 제시한다. 그의 작품이 확실히 학문적인 것은 맞지만 결코 중립적이지 않다. 그레이브스는 아폴로도로스와 오비디우스의 이야기를 섞되 《호메로스 찬가》는 무시해버리기로 했다. 그런 다음 석류에 대한 정보를 빠뜨렸고, 결과적으로 페르세포네가 자신의 불행에 더 책임이 있는 것처럼 만들었다. 각각의 예시는 그 자체로는 사소한 것일 수 있지만 두 권으로 된 모음집에서 계속 늘어난다. 그런데 슬프게도 그레이브스가 선택한 편집의 방식은 여성들에게는 거의 통하지 않는다.

페르세포네는 내가 이러한 측면을 설명하기 위해 선택할 수 있는 수많은 예시 중 하나에 불과하다. 하지만 그리스 신화에서 벌어지는 수많은 강간 중, 물론 무고한 히폴리토스를 포함해서, 그 어떤 것도 가볍지 않다. 그는 계모가 부당하게 제기한 강간죄로 살해당한다. 다른 어떤 여성들보다 이 책에 파이드라를 포함할 것이냐를 놓고 더 오래 고민했다. 정확히는, 거짓 강간 혐의를 논의하기가 은근히 어려운 주제라서 그렇다. 그러나 파이드라의 이야기를 생략하는 것은 - 어렵지만 - 부정직하게 보였다. 그녀는 다른 여성들과 마찬가지로 수세대에 걸쳐 이야기되고, 또다시 재구성되는 여성이다. 문제는 파이드라가 많은 여성이 성폭행에 대해 무고한다는 신화를 정당화하는 데 이용될 수 있다는 점이다.

그러나 진실은 매우 다르다. 영국 내무부 통계에 따르면 강간 혐의 중 거짓으로 판명되거나 의심된 사례는 약 4%에 불과하다.[16] 따라서 강간 혐의 중 96%는 사실로 간주한다. 비록 그런 진실한 주장마저 유죄 판결로 이어지는 경우는 극히 드물다고 해도 그리고 다음의 수치는 매우 중요하다. 통계청에 따르면 매년 약 8만 5천 명의 여성과 1만 2천 명의 남성이 잉글랜드와 웨일스에서 강간 또는 강간 미수를 경험하고 있다고 한다. 그리고 그들 중 15%만이 그 사실을 경찰에 신고했다. 다시 말해, 성폭행과 강간을 경험한 사람 중 85%의 절대다수는 신고하지 않는다는 것이다. 거짓 주장이 1건 만들어질 때마다 199건의 강간이나 폭행이 발생하고, 그중에서 약 170건은 신고로 이어지지 않는다. 우리는 파이드라에 대해 이야기할 것이다. 하지만, 그녀가 현실을 망각하도록 내버려 둘 수는 없다. 강간을 경험했음에도 신고 접수되지 않은 경우가 무고한 사례보다 훨씬 더 많기 때문이다.

자, 이제 약간의 맥락을 짚었으니 파이드라로 돌아가 보자. 더 구체적으로는 에우리피데스의 희곡에 등장하는 그녀의 모습으로 돌아가 보겠다. 사실, 그 작품은 에우리피데스의 두 번째 〈히폴리토스〉였다. 첫 번째 버전은 살아남지 못했기 때문이다.[17] 그러나 그 작품에 대해 남아 있는 문헌을 보면 두 연극에서 파이드라의 성격이 상당히 달랐음을 알 수 있다. 첫 번째 판본에서 파이드라는 한 남성에게 강한 성적 욕망을 품고 그것을 행동으로 옮기는 악의적인 여성에 유부녀이자 간음한 여자로 그려졌던 것 같다.[18] 그러나 그 희곡이 좋은 평가를 받지 못하자 에우리피데스는 다시 썼다. 두 번째 버전에서 그는 응당 겪지 않아도 될 고통으로 괴로워하는 한 여성의 훨씬 더 동정적인 초상을 그린다.

희곡은 아프로디테 여신의 독백으로 시작되는데, 신들은 인간들에게 존경받고 싶은 마음이 있기 때문에 자신을 존경하는 인간들에게는 호의를 보이고 그렇지 않은 사람들은 파멸로 이끌겠노라 이야기한다.[19] 그녀는 특히 테세우스와 아마존 여인의 아들인 히폴리토스라는 청년과 마찰을 빚고 있다. 왜냐하면 그가 그녀를 kakistēn daimonōn, 즉 '최악의 신'이라고 불러서다. 그는 대신 순결하기로 유명한 아르테미스와 온종일 쏘다닌다. 그는 나에게 죄를 범했지. 그녀가 계속 말한다. 히폴리토스에게 복수하겠어. 바로 오늘![20] 나는 이미 모든 준비를 마쳤어. 더는 힘들일 게 없어.

그녀는 계속해서 더 세부적인 내용을 늘어놓는다. 2년 전 파이드라는 히폴리토스를 처음 보았고, 아프로디테의 계획에 따라 히폴리토스를 향한 격렬한 사랑의 감정에 사로잡혔다.[21] 파이드라는 아프로디테에게 바치는 신전을 지었고, 나중에 히폴리토스의 이름을 따서 신전을 불렀다. 가련한 여성은 지금 사랑의 고통으로, 홀로 침묵 속에 죽어가고 있어.[22] 그녀의 병이 어떤 것인지는 아무도 모른다. 그러나 아프로디테는 테세우스에게 모든 것을 알려 그가 포세이돈이 선물한 세 가지 저주(또는 기도)를 사용하여 자기 아들을 죽이게 할 것이다. 아프로디테는 히폴리토스를 그녀의 적으로 묘사한다. 파이드라는 불명예스럽게 죽진 않겠지만 역시 죽을 거야. 아프로디테는 히폴리토스가 무대에 막 오르려는 모습을 보고 마무리를 짓는다. 하데스의 문이 그에게 활짝 열려 있다. 오늘 보는 빛이 그가 보는 마지막이 햇빛이 되리라. 이렇게 말하며, 그녀는 무대에서 퇴장한다.

에우리피데스가 연극을 시작하는 방식도 매우 신랄하다. 현대의 관객인 우리는 이 심통 사납고 쩨쩨한 여신을 어떻게 해석해야 할까? 그리고 기원전 428년의 아테네인들은 그녀를 어떻게 보았을까? 보잘것없는 인간이 결혼 따위에 아랑곳하지 않거나, 혹은 성관계를 원하지 않는다고 한다. 이에 대한 전능하신 여신의 반응은 완전한 파멸이다, 그것도 자기 아버지의 손에. 그리고 처음 그녀가 펼친 주장, 즉 자신을 존중하는 자들에게는 호의를 베풀고 그렇지 않은 자들에게 벌하겠다는 주장은 또 어떻게 이해해야 할까? 수십 줄 뒤에, 그녀는 자신에게 신전을 바침으로써 아프로디테에게 영예를 안긴 파이드라가 히폴리투스에게 복수한 결과로 죽음을 맞게 될 것이라는 운명을 유쾌하게 이야기한다. 사실, 파이드라는 이미 2년간 고통스러운 사랑의 형벌을 받았다. 어쩌면 이것이 사소한 불평처럼 보일지 모르지만, 영혼이 빨려 들어가는 것 같은 고통, 가질 수 없는 그 누군가를 갈망하는 고통을 잊었을 때만 그렇게 보일 수 있을 것이다.

우리는 이 오프닝 독백을 통해 아프로디테가 복수를 악랄하고 체계적으로 계획했다는 것을 알 수 있다. 그녀는 2년 동안 히폴리토스를 파멸하기 위한 준비를 해왔고, 자신의 복수가 초래할 2차 피해자들, 바로 파이드라와 테세우스에 대해서는 전혀 아랑곳하지 않는다. 그런 일들은 단순히 피할 수 없는 부수적인 피해일 뿐이다. 파이드라를 악당으로 매도하려는 사람들에게는 고통스러울 수 있겠으나 여기에서 그녀가 히폴리토스와 마찬가지로 이 음모의 희생자임을 알게 된다. 비정한 독백에서 sigē, 즉 '그녀는 침묵한다'라는 말보다 더 괴로운 말도 없을 것이다. 파이드라는 그녀의 노예 여성이나 친구(명백하게 남편의 예전 애인 중 한 명인 언니가 아니라)에게 그녀가 겪고 있는 괴로움에 대해 토로할 수도 있지 않았을까? 그녀는 그렇게 하지 않았지만, 홀로 조용히 고통을 견뎌냈다. 우리는 분명히 파이드라가 원치 않는 감정들로 힘들어하고 있으며, 또 그것을 부끄러워하고 있다는 결론을 내릴 수 있다. 이것은 남자를 유혹하는 여인, 가슴에 주홍글씨를 새긴 여인의 행동이 아니다. 그녀는 사랑의 열병을 즐기고 있지 않다. 오히려 육체적 고통에 시달리고 있다. 그야말로 고통이 그녀를 죽이고 있는 것이다.

히폴리토스가 무대에 등장한다. 그는 아르테미스를 열렬히 찬양한다. 그의 한 시종이 아프로디테를 얕잡아 보지 말라고 충고한다. 그러나 히폴리토스는 충고를 전혀 받아들이지 않는다. 그는 오만하게 당신의 여신을 섬기라고 말한다.[23] 아프로디테가 그녀의 살인 음모를 기꺼이 바꿀 수 있다는 암시도 없었지만, 확실히 히폴리토스는 그녀의 화를 돋우려고 하는 것처럼 보인다.

이후 여성 코러스가 등장하여 파이드라의 상태를 좀 더 자세히 알려준다. 그녀는 온종일 안에서만 지낸다고. 벌써 사흘째 아무것도 입에 대지 않았다고.[24] 그녀가 무슨 걱정거리로 그토록 무거운 슬픔에 빠진 것인지 말하지 않을 테지만, 삶을 끝내고 싶어 한다고. 그들은 그 슬픔과 고통의 원인이 무엇인지 추측해 보려고 한다. 그녀가 신을 모욕했을까? 죄를 지어 벌을 받는 것인가? 차마 아프로디테가 원인이라는 생각은 하지 못한다. 그때 그들은 테세우스가 다른 침상으로 가서 잠자리를 가지는 중이거나, 아니면 파이드라가 크레타에서 무서운 소식을 들었을지도 모른다고 생각한다. 파이드라의 병에 곤혹스러워하면서도 그녀를 좋아하는 것처럼 보이며, 도움을 주고 싶어 한다.

이제 파이드라와 유모가 무대에 등장한다. 노예들은 파이드라를 부축해야 한다. 그녀는 걸을 수 없다. 몸이 불덩이처럼 뜨겁다. 그녀는 숲에 나가 미치도록 사슴을 사냥하고 싶다. 크레타에서 보낸 어린 시절을 기억하고 있을까? 그녀가 항상 아테네 왕의 아내였던 것은 아닐 테니. 아니면 단순히 그녀가 날렵한 사냥꾼인 히폴리토스와 함께 있다고 상상하는 것일까? 어쩌려나, 그는 아르테미스와 함께 시간을 보내고 있는데. 결국 그녀는 사냥의 여신 아닌가. 아니면 아예 한 걸음 더 나아가서 자신을 히폴리토스라고 상상하는 걸까? 그녀가 품은 욕망의 얼마만큼이 그를 향한 것이고, 또 얼마만큼이 그가 되고 싶은 것인가? 공상이 끝나면 그녀는 신들에게 자비를 베풀어달라고 간청한다. 그러면 그녀는 생명을 잃게 되리라. 우리가 아프로디테에게서 들어 이미 알고 있듯이, 신들에게 자비심은 없다. 특히 파이드라에게는 더더욱.

코러스는 유모에게 파이드라에게 어떤 걱정거리가 있는지 물어본다. 파이드라는 아직 그 근원을 찾지 못했는가? 유모는 온갖 수단을 마련해봤으나 아무것도 알아내지 못했다고 대답한다. 그러나 그녀는 진실을 파헤치려 마지막 시도를 펼친다. 유모가 파이드라를 향해 인정사정없이 몰아붙인다. 마님이 이런 식으로 돌아가시면 자식들을 배반하게 되는 겁니다.[25] 왕가에서 유산을 제대로 물려주지 않을 게 뻔합니다. 특히, 아마존 여왕의 사생아, 히폴리토스가 말이에요. 그 전처소생이 마님의 자식들에게 군림할 테니까요. 파이드라가 슬픔에 울부짖는다. 제 말이 가슴에 찔리시나요? 유모가 묻는다. 당신은 지금 날 후벼파고 있어. 파이드라가 대답한다. 제발, 다시는 그 남자 이름을 입에 올리지 않게 해줘. 유모는 파이드라가 정신을 차리는 모습에 기세등등해졌다. 그렇다면 마님은 자식들, 그리고 마님 자신의 목숨을 구하고 싶지 않습니까? 이 잔인한 공격으로 수세에 몰린 파이드라는 자신에게 중병을 일으키는 원인을 인정할 수밖에 없다. 물론 우리는 아프로디테의 독백에서 그것이 마음의 병이라는 것을 이미 들어 알고 있다. 'miasma(늪과 연못으로 둘러싸인 습한 땅에서 발산하여 말라리아의 원인이 된다고 믿었던 독기, 불결한 기운)'[26], 즉 질병과 불결함이라는 두 가지 뜻이 숨겨져 있다. 유모는 파이드라를 더 압박했고, 그녀는 마침내 자신이 사랑하는 사람이 히폴리토스임을 실토한다.

이 연극의 첫 4분의 1은 에우리피데스의 높은 작품 수준에서 보더라도 캐릭터의 마스터클래스라고 할 만하다. 파이드라는 후대의 연극과 오페라에서 예상되는 외간 남자를 유혹하는 그런 여자가 아니다. 그녀는 2년 동안 자기 자신에게 가장 가까운 사람들에게조차 죄책감을 불러오는 내밀한 비밀을 감추고 속을 터놓지 않는 내성적인 여자다(이 연극의 사건들이 분명히 말해주겠지만, 그렇다고 신뢰할 만하단 뜻은 아니다). 아프로디테가 파이드라를 가볍게 뭉개버리는 것, 즉 그녀의 고통과 다가올 죽음은 우리가 그녀를 만나게 되면 더욱 무자비해 보인다. 이 연극에서 아프로디테와 이후 아르테미스에 대한 묘사를 보면 에우리피데스가 신에 대해 비판적인 사상가임을 알 수 있다. 그는 신의 존재 그 자체를 의심하지는 않지만 신의 본성에 대해서는 의문을 제기한다. 이 여신들은 완전히 비도덕적이다. 그들이 원하는 것, 그것이 올바른 것이다. 그리고 그들의 길을 막는 자라면 누구든지 파멸에 이르게 한다.

우리는 파이드라가 히폴리토스에게, 혹은 히폴리토스와 그를 향한 그녀의 감정을 끝내 털어놓지 않고 죽었으리라는 데 의심하지 않는다. 그녀는 욕망에 따라 행동하기를 원치 않으며 단순히 고통이 끝나기를 원할 뿐이다. 유모는 파이드라의 약점을 파고든다. 바로 그녀가 떠난 후 자식들 앞에 놓이게 될 삶에 대한 불안감이다. 알케스티스가 자신이 죽고 난 뒤에 남편인 아드메토스가 자기 아이들을 가혹하게 대할 새 아내를 맞아들이면 어쩌나 걱정했던 것처럼. 여기에서 우리는 에우리피데스가 같은 동전의 반대편을 극화하고 있음을 알 수 있다. 그러니까, 이번에는 의붓엄마가 자신이 죽고 나서 남편의 큰아들(그건 그렇고, 유모는 그를 '사생아' 라고 부름)[27]에게 밀려 자기 자식들이 배제될까 봐 끔찍한 불안감에 시달린다. 그리고 이것은 실제적이고 이치에 맞는 두려움이다. 히폴리토스는 그녀의 자식들보다 나이가 더 많다. 파이드라가 자기 자손을 위해 곁에 남아 있지 않으면 그가 테세우스의 유산을 상속받을 것이다. 히폴리토스가 사회적 관습에 영향을 받지 않는다면, 파이드라는 당연히 그가 그녀의 아이들에게 상속하지 못하도록 할까 봐 두려워할 것이다.

이제 파이드라는 독백을 통해 코러스와 유모에게 그녀가 어떻게 홀로 침묵을 지키며, 욕망을 억누르고, 죽기를 바랐는지 이야기한다. 그녀는 남편이나 아이들에게 수치심을 안기고 싶지 않다.[28] 에우리피데스가 이 이야기의 첫 번째 시도에서 파이드라를 뻔뻔하게 외간 남자와 놀아나는 여자로 그렸다면, 그는 이 두 번째 시도에서 그녀를 완전히 바꿔놓았다. 그녀는 수치스럽게 사느니 차라리 죽음을 선택할 것이다. 그럼, 뭐가 문제인가요? 그녀가 묻는다. 어떻게 필멸의 여신인 마님께서, 사랑을 불어넣는 여신의 힘에 순응하지 않으려고 하나요? 제우스신조차 그분을 주체하지 못한 마당에? 아프로디테 여신은 신들의 왕인 제우스신마저 자기 뜻대로 주무르신 분인데 마님이 여신의 뜻에 저항하겠다고요? 신보다 더 강해지길 바라는 게 오만함 아닌가요?[29] 어쨌든 남자가 문제를 해결하지 못하면 여자가 답을 찾아 나서야 해요. 우리는 유모가 하는 말을 들으며 그녀가 비도덕적인 인물이라고 생각할 수도 있다. 그리고 어쩌면 그럴지도 모르겠다. 그녀가 아프로디테의 무의식적인 하수인이자, 곧 펼쳐질 대참사의 촉매제인 건 분명해 보이니까. 파이드라의 유모를 단도직입적으로 비난하고 싶은 유혹은 크지만, 우리는 그녀가 진정으로 그녀의 주인이 죽을까 봐 두려워하고 있음을 기억해야 한다. 그녀가 상황을 무한히 악화시키긴 하지만 - 파이드라와 히폴리토스와 테세우스에게는 - 어느 정도는 좋은 의도를 가지고 행동하는 것처럼 보인다.

그러나 파이드라는 그녀의 주장을 반박하면서 제발 더는 말하지 말라고 한다.[30] 설득력이 있긴 하지만 수치스러운 일이라고 말한다. 유모가 가서 파이드라의 상태를 치료해줄 약을 찾아오겠다고 말한다. 히폴리토스에게 비밀을 누설하지 말아 달라고 파이드라가 간청한다. 저에게 맡기세요,[31] 유모가 대답한다. 그리고 물론, 그녀는 파이드라가 두려워하는 일을 정확히 시작한다. 히폴리토스에게 가서 - 히폴리토스는, 그의 계모는 고사하고, 그 누구와도 육체적 관계를 갖는 것을 경멸한다. - 파이드라의 사랑을 전한다. 꼭 유모가 아니더라도 누구나 예상할 수 있듯이, 그는 무대에 있는 파이드라의 귀에 들릴 만큼 크게 분노한다. 그녀가 나를 파괴했어,[32] 파이드라가 코러스에게 말했다.

히폴리토스는 이제 무대에 오른다. 파이드라는 신경쓰지도않고 말도 걸지 않은 채. 그러나 그녀는 여전히 그의 말을 들을 수 있다. 파이드라의 비밀을 폭로하기 전에 유모는 히폴리토스에게 비밀을 무조건 지켜야 한다고 간신히 설득했다. 그는 기꺼이 서약했지만 지금은 후회막급인데다 그것을 무시할 계획이다. 맹세를 한 것은 혀고 내 마음은 맹세하지 않았소.[33]

아리스토파네스는 이 대사를 에우리피데스의 원형으로 인용할 것이다. 극작가가 아테네의 평범한 사람들에게 얼마나 끔찍한 영향을 미쳤을까? 그들은 모두 약속을 어길 수 있다. 히폴리토스가 서약이 아무 의미가 없다고 생각했으니까. 물론 관객은 일반적으로 그렇게 쉽게 속아 넘어가지는 않는다. 게다가, 홧김에 내뱉은 말이었어도, 히폴리토스는 정말 약속을 지킨다. 문제는 마음으로는 약속한 적 없다고 비아냥거린 그의 말을 파이드라가 진심이라고 믿고 있다는 거다.

히폴리토스는 그의 계모뿐만 아니라 모든 여성이 사악하다며 길고도 여성 혐오적인 비아냥을 쏟아낸다. 모두 다 난잡하다. 유모와의 약속을 지키는 건 단지 신들이 위증자들을 처벌할까 봐 두려워서다. 그는 테세우스가 돌아올 때까지 한 시도 성안에 머무르고 싶은 생각이 없다. 그는 성 밖으로 달려 나간다.

여자의 운명은 비참하구나. 파이드라는 히폴리토스가 떠난 후 한탄한다.[34] 자, 이제 뭐가 남았지? 그녀는 유모를 내쫓고, 코러스에게 비밀을 맹세하며 아이들의 명예를 지킬 방법을 생각해냈다고 말한다.[35] 그녀는 아프로디테에 의해 파멸로 이끌린 채 목숨을 끊을 것이다. 우리는 이제 연극의 절반 정도를 따라왔고 모든 것이 여신의 계획대로 진행되고 있다. 파이드라가 무대를 떠나고, 코러스가 노래를 부른다. 노래가 끝날 무렵, 우리는 노예가 궁전에서 여왕이 죽었다고 외치는 소리를 듣는다. 파이드라는 스스로 목을 매 자살했다.

이때, 테세우스가 나타나고, 그는 이게 다 무슨 일인지 설명해 줄 사람을 찾는다. 테세우스는 파이드라의 주검으로 달려가 그녀의 손에서 그에게 보낸 쪽지를 발견한다. 이 쪽지에서 우리는 그녀가 히폴리토스를 강간범으로 무고하고 있음을 알게 된다. 그녀는 자신을 범하려던 그에게 저항한 후 모욕감에 자기 손으로 목숨을 끊었다고 주장한다. 테세우스는 아들을 저주하고 포세이돈이 선물로 준 누가 봐도 알만한 선물을 시험해 본다(그는 포세이돈의 저주가 효과가 있을지 확신하지 못하지만, 우리는 아프로디테가 처음 독백에서 밝혔듯이 그것이 그녀가 세운 계획의 일부임을 알고 있다). 이제 히폴리토스도 무대에 올라 파이드라가 자신을 무고한 사실을 알게 된다. 테세우스는 아들의 유죄를 확신하고 그에게 추방 명령을 내린다. 흥미롭게도 히폴리토스는 앞서서 마음은 서약하지 않았노라고 말했음에도 맹세를 어기지는 않았다. 그는 맹세한 대로 자신을 향한 파이드라의 연모에 대해서는 침묵을 지킨다. 그는 사랑이라는 것을 경멸하며, 어쨌든 파이드라가 그토록 아름다운 여성은 아니었다고 말함으로써 자신을 변호한다.[36] 그리고 마지막으로 자신은 맹세코 파이드라에게 손을 대지 않았으며, 그녀가 무슨 연유로 스스로 목숨을 끊었는지 모른다고 말한다.

이 독백은 정말 특별하다. 우리는 히폴리토스가 결백을 알고 있으며, 그에게 일어나고 있는 모든 일이 그의 숭배가 부족하여 자신이 모욕감을 느꼈다며 이를 갈고 있는 신이 내린 벌의 결과임을 알고 있다. 그럼에도 불구하고 히폴리토스가 너무나도 노골적으로 불쾌한 심기를 드러내는 바람에 그가 부당한 대우를 받고 있다는 것을 알지만 진심으로 동정하기가 어렵다. 유모가 그에게 파이드라가 그를 사랑하고 있다고 말해주었을 때 그가 보인 끔찍한 호언장담이 여전히 우리 마음속에서 떠나지 않는다. 그는 육체적 관계에 관심이 없을 뿐만 아니라 그것을 혐오하고 또 그것을 원하는 여성에게도 혐오감을 보여주었다. 물론 그 독백을 어떻게 연출할지를 결정하는 것은 오로지 감독의 몫이다. 만약 연상의 여성이 파이드라를 연기한다면, 그것은 그들이 계모와 아들이라는 사실뿐만 아니라 금기에 관한 이야기가 된다. 하지만 그들은 혈연이 아니다. 테세우스가 죽는다면 파이드라와 히폴리토스의 결혼을 막을 수 없을지도 모른다. 고대의 청중들에게 그녀의 범죄는 간통이나 음욕에 관한 것으로 젊은 남자를 향한 근친상간에 대한 욕구 그 이상이다. 두 사람이 사실상 동갑일 가능성도 충분히 있다. 파이드라는 아리아드네의 여동생이며 그녀의 아이들은 아직 어리다. 그리고 이 연극의 일부 후기 버전에서 테세우스는 너무 오랫동안 부재중이어서 급기야는 등장인물들이 그가 죽었다고 믿게 되는데, 이런 경우 그가 살아서 다시 나타날 때까지 간통 문제는 없던 일이 된다(고대의 관중들에게는 여전히 문제가 있음을 알 수 있지만).

히폴리토스에 대한 우리의 반감은 연극의 전반부에서 이미 시작되었다. 그는 시종 중 한 명이 아프로디테에게 왜 존경심을 표하지 않느냐고 하자 불쾌감을 드러냈고 유모가 파이드라의 비밀을 폭로할 때 증오를 감추지 않는다. 그가 경멸하는 것은 비단 파이드라만이 아니다. 모든 여성이다. 그는 자신의 서약을 어기겠다고 위협하기도 하는데, 이 때문에 파이드라는 자신과 자식들의 미래가 파괴될 것이라고 생각한다. 그리고 에우리피데스는 히폴리토스가 오로지 진실만을 이야기하는 놀라운 독백을 한 번 더 보여준다. 그는 허위 고발을 당했다. 그는 순결하다. 우리는 그가 위증하지 않고는 더는 말할 수 없다는 것을 알고 있다. 그는 한두 번 정도 알고 있어도 모른 척했다, 아프로디테에게 존경심을 표하지 않는다는 걸 우리가 다

아는데도 신[37]을 찬양한다고 했고, 파이드라가 자신을 죽인 이유를 알지 못한다고 맹세한다(그의 맹세가 더는 말하지 못하도록 막았음에도 불구하고).

그러나 여전히 - 에우리피데스의 솜씨와 장악력 덕분에 - 히폴리토스는 이미 비호감이라 그가 경험하는 끔찍한 불의에 대해서도 우리는 최대한 신경을 쓰지 않으려고 애쓰는 중이다. 이것은 무대 위의 등장인물들도 별반 다르지 않다. 테세우스는 자기 아들이 괴물 같다는 믿음에 흔들리지 않는다. 우리는 이런 모습을 통해 단순히 테세우스가 좋은 남편이고 그의 아내를 신뢰한다는 것을 보여준다고 여길 수 있다. 그러나 그는 파이드라의 편지가 다른 사람에 의해 쓰인 걸 수도 있다는 생각조차 안 한다. 우연히도 그리스 신화에서 문자는 본질적으로 신뢰받지 못한다. 일반적으로 글은 매우 회의적으로 여겨진다. 코러스도 특별히 도움이 되지는 않는다. 그들은 테세우스가 히폴리토스의 말을 믿어주리라 믿으면서도 부자가 설전을 벌이는 동안 그를 감싸려고 서두르지도 않는다. 테세우스는 히폴리토스를 그 자리에서 추방하고 시종들에게 아들을 끌고 나갈 것을 명한다. 그런 다음 잠시 후 사자가 도착하여 테세우스에게 그의 아들이 갑자기 바다에서 나타난 거대한 황소가 덤벼드는 바람에 겁에 질려 놀란 말이 도망치자 바위에 짓눌려 죽어가고 있다고 전한다. 포세이돈의 저주는 현실이 되었고, 그것은 가히 치명적이었다.

테세우스에게는 후회가 없었지만 아들의 마지막 모습이라도 보기위해 시종들이 그를 다시 궁전에 옮겨 오는 것을 허락한다. 마침내 아르테미스가 등장한다. 그녀는 테세우스에게 파이드라가 거짓말을 했으며 히폴리토스는 결백하다고 말한다. 그리고 테세우스의 저주가 히폴리토스의 죽음의 원인이라고 이야기한다. 또한 아프로디테가 이 모든 참사의 원인이었음을 알려준다. 아르테미스는 누구보다 히폴리토스를 아꼈음에도 끝내 막을 수는 없었다고 말한다. 그녀는 테세우스가 모든 내막을 알기 전에 분노하여 행동에 옮긴 것이므로 그에게 전적으로 비난을 돌릴 수 있는 것은 아니라고 덧붙인다. 죽어가는 히폴리토스가 무대 위로 옮겨지고, 그는 테세우스를 용서한다. 아르테미스가 설명한다. 아프로디테가 이 끔찍한 하루를 계획했다고. 그러자 히폴리토스는 이렇게 대답한다. 그녀가 우리 셋을 죽였군요.[38] 아르테미스는 무대를 떠나면서 아프로디테가 자신이(아르테미스가) 가장 아끼는 사람을 죽인 것과 똑같이 이제 그녀도 복수할 것이라는 말을 남긴다. 히폴리토스가 생을 마감한다.

이 연극은 전반부는 파이드라의 죽음으로, 2부는 히폴리토스의 죽음으로 막을 내리면서 우울한 대칭 구조를 형성한다. 그리고 모든 당사자, 즉 파이드라와 히폴리토스와 테세우스(극중 그의 마지막 말은 여신에 대한 책망이다), 그리고 아르테미스 모두 한결같이 아프로디테를 비난한다. 그녀가 이 모든 일의 원흉이라는 데에는 의심의 여지가 없다. 파이드라는 스스로 목숨을 끊고 치명적인 누명을 씌우는 인간 파괴자 중 한 명이다. 그러나 유모 또한 모든 책임에서 벗어날 수 없다. 선의로 한 일이라고 해도 히폴리토스에게 비밀을 누설함으로써 불난 곳에 기름을 부은 꼴이 되었기 때문이다.

한 가지 불편한 질문은 파이드라에게 히폴리토스를 죽이려는 의도가 있었는가 하는 점이다. 그녀는 혐의를 제기하고 나서 스스로 목숨을 끊었다. 다시 말해 파이드라는 절대 심문을 받을 수 없다는 뜻이다. 그녀가 테세우스의 성마른 성향에 대해 인지하고 있었더라도(그들은 현재 유배 생활을 하고 있는데, 아프로디테가 극 초반에 우리에게 말해주었다), 과연 테세우스가 이처럼 격렬하게 반응하리라는 것을 미리 알 수 있을까? 테세우스 자신도 포세이돈의 저주가 먹힐지 확신하지 못한다. 그가 아들을 추방하는 걸로 봐서는 포세이돈의 저주에 확신이 없었던 것으로 보이기도 하고, 만약 누군가 신의 분노로 몇 분 안에 죽는다는 것을 알고 있어도 굳이 그들을 추방하겠는가? 그래서 파이드라에게 약간 유리한 쪽으로 해석을 해보자면, 그녀는 히폴리토스가 죽음을 맞으리라는 생각보다는 추방되리라 믿었을 것이다. 그러나 실제로 벌어진 일을 비춰 보면 그녀를 변호하기란 쉽지 않다. 히폴리토스는 끔찍한 전차 충돌로 사망한다. 그는 죽음의 순간, 연극의 그 어느 시점보다 더 친절하고 부드러워졌다. 히폴리토스는 테세우스가 자신을 그토록 잔인하게 저주했다고 비난하지도 않았고, 파이드라의 거짓말을 들먹이지도 않았다. 그는 아프로디테와 아마도 (훨씬 적은 강도로) 포세이돈을 비난한다. 포세이돈의 선물은 그의 아들인 당신에게도 가혹한 것이었습니다.[39] 그는 아버지에게 말한다. 따라서 등장인물 중 누구도 파이드라의 허위 고발에 대해 변호하려 들지 않았고, 딱히 그녀에게 책임을 묻지도 않는다. 연극의 모든 사람은 아프로디테가 이 모든 비극을 초래했다고 인정한다. 마지막 순간에 아르테미스는 파이드라의 이름을 히폴리토스의 이름에 묶는다. 당신은 노래로 기억될 것이고, 그녀가 그에게 약속한다, 당신을 향한 파이드라의 사랑 역시도 침묵하지 않을 것이다.[40] 죽음을 통해 파이드라는 마침내 아프로디테가 평생 그녀에게 열망하도록 했던 친밀한 관계를 맺을 수 있게 되었다.

에우리피데스에게 파이드라와 히폴리토스의 이야기는 신들의 악행에 대한 객관적인 교훈이다. 이 희곡은 기원전 428년에 디오니소스 연극제에서 심사 위원들에게서 1등상을 받았다. 확실히 나쁜 평가를 한 첫 번째 초안보다 이 두 번째 안에 덜 충격을 받은 것 모양이다. 그럼에도 이 연극은 대중적인 인기는 얻지 못했다. 앞서 언급했듯이 아리스토파네스는 이 희곡을 여러 번 패러디했다. 특히 히폴리토스가 유모에게 말한 대사가 대표적이다. 맹세를 한 것은 혀고 내 마음은 맹세하지 않았소. 가치가 시간에 따라 어떻게 변하는지 잘 보여준 참으로 유익한 교훈이다. 히폴리토스가 그렇다는 데 우리가 무슨 상관이겠는가? 우리는 사람들이 약속을 어기면 들이밀 서류가 천지인 관료제 사회에서 살고 있다. 그러나 읽고 쓸 줄 아는 능력이 일부에게 국한되어 있었던 기원전 5세기 아테네의 관객들에게 맹세와 서약의 힘은 실로 엄청난 것이었다. 제우스가 직접 이 위증자들을 처벌했다. 사람들이 맹세를 하고도 지키지 않고 마구 돌아다니면 사회가 잘 돌아가게 해주는 전체 가치 체계가 위태로워진다. 아리스토텔레스는 심지어 우리에게 에우리피데스가 이 연극의 이 특정 대사를 놓고 asebeia, 즉 '불경죄'로 기소되었다고 말한다.[41]

그럼 만약 이 이야기에서 신들이 제거된다면 어떻게 될까? 1677년에 라신Racine은 이 질문에 대답했다. 아마도 현대의 관객들에게는 그의 작품인 〈페드르Phèdre〉가 에우리피데스의 〈히폴리토스〉보다 더 잘 알려져 있을 것이다. 특히 영국에서는 테드 휴즈Ted Hughes가 각색한 작품에서 다이애나 릭Diana Rigg과 헬렌 미렌Helen Mirren이 주연을 맡아서 더 그렇기도 하다. 라신의 경우, 신들은 거의 등장하지 않는다. 그들은 작중 인물이 아니다. 그리고 비록 이야기의 많은 부분이 그대로 남아 있지만, 강조점의 변화, 특히 등장인물들이 비난과 죄책감을 경험하는 방식에 있어서 그 결과는 주목할 만하다.

이 버전에서 테제(테세우스)는 실종되었으며 사망한 것으로 추정된다. 이폴리트(히폴리토스)는 테제의 가족과 철천지원수인 아리시Arcia라는 이름의 젊은 여성에 대한 사랑의 감정을 남몰래 간직하고 있다. 이폴리트가 순결함을 지키려는 이유는 그가 모든 여자와의 성관계를 경멸해서가 아니라 그가 가질 수 없다고 믿는 한 사람만을 원하고 있어서다. 그의 친구 테라멘Théraméne은 그가 과거에 너무 자주 비너스Venus를 경멸했다고 놀려댄다. 이폴리트는 아프로디테/비너스의 노예가 아니다. 그는 아버지의 성적인 정복을 기억에서 지울 수 있기를 바란다(플루타르코스가 여기에서 페리보이아Periboea, 헬레네, 아리아드네에 대한 언급을 보고 안도했을지 모르겠다, '스파르타에 있는 그녀의 침상에서 도둑맞은' 헬레네의 극단적인 젊음이 다시 한번 그럴듯하게 미화되기는 하지만).

이폴리트가 에우리피데스의 희곡보다 덜 순결하다면 페드르(파이드라)도 매한가지다. 그녀는 '단지 비너스에게 신전을 지어주는 것뿐만 아니라 그 신전을 꾸며주는 데 내 재산의 절반을 쏟아부었어. 동틀 무렵부터 해 질 녘까지 나는 짐승들을 제물로 바쳤고, / 제정신을 찾기 위해 그들의 몸을 뒤졌다.' 여기서, 휴즈는 분명 비극적이고 사랑스러운 또 다른 여왕 디도의 행동을 언급하고 있다. 베르길리우스의 《아이네이스》 제4권에서, 그녀는 마치 자신이 창자 점쟁이인 양haruspex[고대 로마 때, 제물로 바친 짐승의 창자로 점을 치던 것-역자 주] 희생 제물의 내장을 들여다보고, 내장을 읽고 미래를 해석하는 임무를 맡고 있다. 페드르는 의붓아들인 그를 싫어하는 척했다. 그녀의 감정을 감추기 위해, 그녀는 정말 사악한 계모 역할을 자처했다. 파노페Panope라는 시종이 나타나 페드르에게 테제의 죽음을 알린다. 유모(여기서는 이름이 외논이지만 혼란을 방지하기 위해 그녀를 계속 유모라고 부르겠다)는 기뻐했다. 페드르는 이제 이폴리트에게 자신의 사랑을 고백하고 그와 결혼할 수 있다. 그녀는 이제 자유롭다.

이폴리트는 테제의 사망 소식을 들었고, 그것은 그에게도 자유를 의미했다. 그는 아버지의 명령에 따라 포로로 감금된 아리시를 석방하러 간다. 테제의 뒤를 이어 아테네의 왕이 될 사람의 정치 - 잠재적인 통치자이자 잠재적인 연인인 이폴리트에게 미치는 결과 - 는 에우리피데스의 희곡에 등장하는 여신의 부재로 남겨진 공간을 채우기 위해 확장된다. 이폴리트는 아리시에게 사랑을 고백한다. 그러나 그때 페드르가 도착하여 다소 에둘러서 그를 사랑한다고 말한다. 무엇보다도, 이폴리트가 젊은 시절의 테제를 얼마나 쏙 빼닮았는지 너무나 사랑스럽다고 했다. 이폴리트는 그녀의 사랑 고백에 충격을 받고, 페드르는 그에게 말한다, '당신이 나를 혐오하는 것보다 나 자신이 더 싫어요.' 이폴리트는 손에 칼을 들고 있다. 페드르는 자신을 찔러 달라고 애원한다. '이 심장은 완전히 더럽혀졌어요.' 유모는 이 고통스러울 정도로 불편한 장면을 깨고, 이폴리트는 테라멘에게 떠나야 한다고 말한다. 테라멘은 아테네가 페드르의 아들을 새로운 왕으로 추대했다고 설명한다. 적어도 정치력만큼은 이폴리트가 패배했다.

3막은 이폴리트가 그녀에게 느꼈던 혐오감에 굴욕을 느끼며 괴로움에 몸부림치는 페드르로 시작한다. 유모는 그녀를 위로한다. 그는 어차피 모든 여성을 싫어하므로 최소한 경쟁자는 없다고 말한다. 그러나 테제가 살아 있고 곧 도착한다는 소식이 들려온다(그리스 연극과 마찬가지로 하루에 모든 사건이 벌어지는 설정은 때로 속도를 따라가기 어렵게 만들 정도로 어지럽다). 페드르는 황폐해졌다. 자신을 과부로 생각하고 이폴리트에게 사랑의 감정을 드러냈던 페드르는 이제 불륜 혐의마저 받게 생겼다. 그녀는 특히 이것이 자녀들의 평판에 끼칠 피해에 걱정이 이만저만이 아니다. 그러나 유모에게 계획이 있다.

테제가 이폴리트와 함께 도착하지만 페드르는 그와 대화를 거부하고 무대에서 걸어 나온다. 이폴리트가 자초지종을 설명해주지 않자 테제가 무슨 일이 벌어지고 있는지 슬쩍 캐려고 아내의 뒤를 따라간다. 그러나 4막이 시작되면 우리는 알게 될 것이다. 그는 아내가 아들에 의해 강간당했다고 믿고서 괴로워하고 있음을. 유모는 이미 그녀의 계획을 실행에 옮겼다. 테제는 유모에게 그의 아내가 이폴리트를 살려주려고 애쓰고, '추방을 너무 오래 미루었다'며 질책한다. 여기서 이야기의 큰 변화가 생겼다. 거짓 주장을 펼친 사람은 페드르가 아니라 유모다.

테제와 이폴리트의 날 선 공방전이 오가고, 테제는 에우리피데스의 희곡에서처럼 그의 아들에게 저주를 내뱉는다. 하지만 여기에서 페드르는 아직 살아 있다. 이폴리트는 밖으로 뛰쳐나갔고, 그녀가 유모의 간계를 인정하면서 의붓아들의 명예를 지켜주기 위해 무대에 올랐다. 그러나 테제가 페드르에게 이폴리트가 아리시를 사랑한다고 고백하자 질투심이 활활 타올랐다. 그녀에게 그토록 혐오감을 드러냈던 이 남자가 실은 한 여자에게 감정이 있었다니. 그녀에게는 결국 경쟁자가 있었네. 자기가 사랑하는 반듯하고 결백한 청년을 지켜주려고 자신의 평판을 무너뜨리려던 순간에 그녀는 마음을 바꾼다. '그가 참을 수 없는 건 나뿐이야! 그런데 나는 그를 변호하겠다고 여기까지 한달음에 달려왔어!'

우리는 - 다시 - 페드르의 갈가리 찢긴 감정에 공감하지만 그녀가 다음에 벌일 일에 대해서는 변명의 여지를 두고 싶지 않다. 그녀는 테제에게 그의 실수에 대해 말하지 않고 대신 유모에게 울분을 토한다. 그녀의 질투는 테제가 아리시를 죽여주기를 바라는 것이다. 테드 휴즈는 이 독백에서 모든 것을 들려준다. '내 손이 경련을 일으키고 있어/ 그 여성의 생명을 짜내려고/ 그녀의 시체에서 그 무고한 피를 짜내고/ 그녀를 산산조각 내기 위해서.'

5막에서 우리는 저주받고 평판이 망가질 대로 망가져 나락으로 추락한 이폴리트가 어떻게 해야 할지 몰라 아리시와 함께 고민하는 모습을 본다. 이폴리트가 떠나고 테제가 도착하자 아리시는 에우리피데스 버전에서 아르테미스가 맡았던 역할을 시도한다. 그녀는 테제에게 이폴리트는 중상모략의 희생자라고 주장한다. 하지만 테제는 그녀의 가족이라면 치가 떨리고, 어쨌든 무엇보다도 아리시에게는 여신의 권위가 없기에 그녀의 말을 믿지 않는다. 모든 것을 꿰뚫어 보는 시종 파노페가 무대에 올라 유모는 바다에 몸을 내던졌고, 페드르는 죽어버리겠다며 울부짖는다고 알려왔다 다. 테제는 그제야 아들이 결백할 수도 있음을 깨닫고 그를 다시 데려오라고 명령하지만, 테라멘이 - 에우리피데스의 희곡에서와 마찬가지로 - 황소 한 마리가 바다에서 올라와 이폴리트를 완전히 파멸시켜서 혼자 왔다고 설명한다. 폐하의 아드님께서는 이제 이 세상에 없어요. 그가 마지막으로 남긴 말은 에우리피데스에서 한 말과 비슷했다. '신들이 내 목숨을 앗아갔어.'

그러나 테라멘과 테제는 훨씬 덜 관대하다. 둘 다 이폴리트의 죽음에 대해 페드르를 비난한다. 테제는 그녀에게 말한다, '그는 당신의 희생자요.' 그녀는 거짓을 자백하고 스스로를 '근친상간에 정신이 나간' 괴물이라고 부른다. 페드르는 이 같은 고백을 마지막으로 목숨을 끊는다. 테제는 그녀가 행한 악행의 결과도 그녀의 죽음과 함께 묻히기를 바란다. 그러나 연극은 그가 이전에 멸시했던 아리시를 딸로 입양하는 것으로 대미를 장식한다. 에우리피데스 희곡의 중심 갈등은 본질에서 선형적이다. 아르테미스가 의인화한 순결과, 아프로디테가 의인화한 압도적이고 무차별적인 성적 욕망 사이 경계선에서 우리는 어디쯤 있는가? 이폴리트에게 그것은 완전한 순결이라는 한 쪽 끄트머리에 있다. 극의 다른 캐릭터의 경우 상황이 더 미묘하다. 그러나 라신이 구축한 극의 구조는 다차원적이다. 페드르는 이폴리트를 사랑해서 그를 싫어하는 척한다. 이폴리트는 아리시를 사랑하기에 그녀에게 무심한 척한다. 아리시는 이폴리트를 사랑하지만 파이드라를 사랑하고 이폴리트를 못 미더워 하는 아버지 테제로부터 미움을 받는다. 그리고 페드르를 사랑하지만 자기 자신은 물론, 주인을 참사에서 구하지 못하는 유모가 있다. 왕이 죽으면 누가 통치하고, 그가 살아서 돌아오면 누가 붙잡히는지를 둘러싼 정치 - 이것이 에우리피데스에서 볼 수 있는 절대적인 것에서 크게 바뀐요소다. 에우리피데스의 파이드라는 만약 자신이 그렇게 하지 않으면 자식들의 앞날이 불투명해지리라는 믿음 때문에 거짓 주장을 펼쳤다. 라신의 페드르 역시 자식들을 돌보기는 하지만, 그녀는 아리시에 대해 느낀 성적 질투심 때문에 허위 주장을 펼쳐야 할 동기를 찾았다.

우리가 라신보다 에우리피데스의 파이드라에 더 공감한다는 사실은 일견 흥미롭다. 전자는 무고한 청년을 죽이는 비방전을 펼쳤음에도 그녀가 어찌할 도리가 없거나 영향을 미칠 수 없는 절대적 무력감이 그녀를 악당이 아닌 더 측은한 존재로 만들어 버렸다. 라신의 페드르는 훨씬 더 인간적인 차원의 욕망과 질투에 반응하며, 비록 그녀가 이폴리트를 죽이는 무고를 꾸며내지는 않았으나 전적으로 비열한 동기에서 그것을 옹호한다.

그러나 우리가 아리아드네에 대해 알고 있는 모든 것과 테세우스의 광범위하고 파괴적인 성적 정복에 비추어 에우리피데스의 희곡을 읽는다면 어떨까? 파이드라를 비참하게 바라보는 시각이 바뀔 것인가? 유모는 마침내 여왕에게 그것이 사랑, 특히 히폴리토스에 대한 사랑임을 고백하도록 설득하여 그녀를 거의 죽음에 이르게 하고 있다. 그리고 그녀는 파이드라에게 자식들이 아직 어릴 때 죽으면 히폴리토스에게 가려져 잊힐 것임을 상기시켜 이를 실행에 옮기도록 한다. 연극이 끝날 무렵, 파이드라는 죽고, 히폴리토스도 죽고, 그녀의 아이들은 테세우스의 유일한 후계자가 된다. 이 야망은 아마도 머릿속에서 구체화하지 않은 상태에서 달성되었을 것이다. 테세우스의 이전 아내, 혹은 성적 파트너, 강간 피해자(우리는 히폴리토스의 아마존 여인족의 어머니 안티오페/히폴리테가 신화를 들려주는 사람에 따라 테세우스의 삶에서 지위가 바뀌는 것을 잊을 수가 없다)의 모든 흔적이 지워졌다. 파이드라의 아들들이 아버지의 재산과 작위를 상속받을 수 있도록 건강한 큰 아들이 방정식에서 제외되었다. 우리는 테세우스가 파이드라의 가족에게 끼친 막대한 피해를 되갚으려 하는 끔찍한 복수로 이 연극을 읽을 수 있을까? 즉, 오빠인 아스테리온(미노타우로스)을 죽이고, 언니를 낙소스 해안에 홀로 버리고 간 것에 대한 응분의 복수로? 그렇게 이해해도 나쁘지 않다. 이런 식으로 읽으라, 파이드라가 여전히 아프로디테의 노리개일 수 있지만 (아르테미스를 제외한 모든 에우리피데스의 희곡에 등장하는 인물들과 마찬가지로) 그녀 역시 보복적 정의에도 관여하고 있다. 연극은 이 내용에 못지않게 골치 아프다. 다만, 추가적인 관점을 제시한다. 파이드라도 마찬가지다. 사악한 계모, 그녀는 어린 자식을 보호하고, 아이들의 앞날에 방해가 될 모든 위협을 제거한다. 어떤 희생을 치르더라도.

IX

메데이아

Medea

메데이아는 자신이 왕의 딸이자
태양신 헬리오스의 손녀임을 다시금 떠올린다.
그 누구도 그녀를 모욕하고 살아남지 못하리라.

비욘세의 뮤직비디오 〈Hold Up〉은 비욘세가 물이 가득 찬 집 안을 헤엄치는 장면으로 시작된다. '나는 바꾸려고 노력했어.' 그녀의 나직한 음성이 흘러나온다. '입을 다물고, 더 부드럽고, 더 예쁘게 꾸미고, 덜 감정적으로.' 그녀는 어쩐지 지나치게 과하다는 말을 듣는 모든 여성을 대변하는 것 같은 모습이다. 그녀가 나열한 행동은 더 극단적이고 더 상징적이다. '60일 동안 단식하고 있어. 새하얀 옷을 입었지. 표백제에 몸을 담갔어.' 그녀는 인어공주처럼 물속에서 이리저리 움직인다. '하지만 여전히 내 안은 알고 싶은 욕구로 꼬여 있어. 너 나 몰래 바람피워?' 그리고 카메라의 장면이 바뀌면서 커다란 양 문이 나타나고 그 옆으로 4개의 거대한 이오니아식 기둥이 보인다. 이 집, 아니면 이 궁전은 신고전주의 양식이다. 비욘세가 양손으로 문을 확 열어젖히자 물이 쏟아져나와 돌계단으로 흘러내렸다. 그녀는 짙은 황색 드레스를 입고 계단을 내려간다(샤프란, 즉 짙은 황색은 그리스 신화에 나오는 젊은 여성들이 자주 입는 색으로 아이스킬로스의 〈아가멤논〉에서 이피게네이아가 입고 나오는 색상이다).[1] 그리스어에는 '노란 드레스를 입다'라는 뜻의 'krokotophoreo'라는 단어도 있다. 그녀는 아찔한 굽의 플랫폼 힐을 신고 거리를 거닐면서 야구 방망이를 들고 소화전, CCTV, 카메라, 그리고 여러 자동차의 창문을 때려 부수었다. '뭐가 더 심할까? 질투, 아니면 미친 것처럼 보이는 거?' 그녀는 노래를 부른다. 그러다가 자신을 촬영하던 카메라도 부수고 방망이를 바닥에 내동댕이쳤다. 질투 같은 거, 아니면 광기같은 거? 아마도 둘 다일 것이다. 메시지는 분명하다. 그녀 몰래 바람피우려면 각오해라. 그녀의 복수는 공개적이며 그야말로 장관이 따로 없으리라. 윌리엄 콩그리브William Congreve가 말했듯이, '하늘 아래 사랑이 변한 증오만큼 격렬한 분노가 없으며, 또한 지옥에서조차 경멸당한 여성의 분노처럼 맹렬한 것은 없다.'[2]

기원전 431년, 에우리피데스의 〈메데이아Medea〉는 아테네의 디오니소스 연극제에서 처음 공연되었다. 질투, 혹은 미쳐버린 것처럼 보이는 거? 여기, 자기 자신에게 똑같은 질문을 던진 한 여성이 있다. 이 여성은 끔찍한 대답을 찾아냈고, 결국 그녀의 이야기는 도시에 엄청난 충격을 준 모양이다. 비극 경연 무대에서 겨우 3위에 그쳤으니까. 바람을 피우는 남편에게 가장 냉혹한 복수를 한 여성의 이야기에 관객이 놀라 충격으로 넋이 나가버린 걸까? 우리는 위대한 극작가가 이미 누구나 알고 있는 이야기를 다루었을 때 대략적으로다 다 안다고 생각하는 경향이 있다. 그러나 - 우리가 이 책에서 이미 여러 번 보았듯이 - 신화는 변하고, 한 이야기가 완전히 독창적이거나 다른 모든 버전이 그것과 다르다고 말하는 것 역시 거의 불가능하다. 에우리피데스가 메데이아 이야기의 줄거리에 결정적인 변화를 주었을 가능성이 꽤 있고, 그런 탓에 그것이 초창기의 관객들 사이에서 그와 같은 경악을 불러일으켰을 것이다. 이에 대해서는 곧 다시 설명하겠다.

우리가 클리타임네스트라에서 보았듯이 고대 그리스 남성에게 영리한 여성의 간계보다 더 놀라운 일은 거의 없었으며, 메데이아는 그중에서도 가장 영악했다. 클리타임네스트라가 그리스 신화에서 최악의 아내라면 메데이아는 최악의 어머니라고 목청 높여 주장할 수 있다. 그러나 그녀가 그렇게 되기 전에(기원전 5세기 후반), 메데이아는 이미 위험한 인물이었다. 영리하고, 여성스럽고, 이국적이고 마법 같은 존재다.

그리스인들은 메데이아를 야만족 여성이라고 생각했다. 여기서 야만족은 그리스인이 아닌 모든 종족을 뜻한다. 흑해(오늘날의 조지아) 연안의 콜키스Colchis에서 성장한 그녀는 이디이아Idyia(Ocean의 딸)와 헬리오스Helios의 아들이자 오딧세우스의 부하들을 돼지로 바꾸는 여신 키르케Circe의 형제인 아이에테스Aeëtes의 딸이다. 그러므로 메데이아는 최소한 그녀의 친구와 적에 대해서는 어둠의 마법을 사용할 수 있는 강력한 마녀다.

그러나 헤시오도스는 신들의 기원과 우주의 탄생에 관한 내용을 담은 《신통기》[3]에 그녀를 포함했는데, 이는 그가 메데이아를 필멸의 존재보다는 신에 더 가깝게 인식하고 있음을 보여주는 것이다. 메데이아는 누가 이야기를 하느냐에 따라 여신과 인간 여자 사이의 경계를 오간다.

아리아드네처럼 메데이아는 임무를 수행하는 사람에게 소중한 동맹이다. 이 경우, 메데이아는 그녀의 아버지에게서 황금 양모피를 쟁취하기 (혹은 훔치기) 위해 원정에 나선 이아손을 도와주게 된다. 이아손의 이야기는 호메로스(《오딧세이아》 제12권에서 키르케는 오딧세우스에게 떠돌아 다니는 바위들Wndering Rocks을 피해 가는 항로를 귀띔해준다. 왜냐하면 오직 이아손만이 그 바위들을 안전하게 통과했기 때문이다)에서부터 1963년 레이 해리하우젠의 영화 〈아르고 황금 대탐험Jason and the Argonauts〉에 이르기까지 모든 사람이 들려주는 고전 모험담이다. 이런 이야기들에 흔히 있는 일이지만, 비교적 최근의 버전일수록 고대의 같은 이야기보다 여성 캐릭터의 비중을 더 많이 축소하는 경향이 있다. 이는 해리하우젠 영화의 메데이아에게 확실히 해당한다. 내 세대의 모든 사람과 마찬가지로 나도 아마 이 영화를 한 백 번은 본 것 같다.

헤라 여신(오너 블랙먼Honor Blackman, 그녀는 실제 나무로 만든 조각상을 연기할 때조차 - 헤라는 아르고 호의 선수상船首像, figurehead[뱃머리에 부착되는 나무로 만든 장식용 조각상으로 보통 여자 모습의 상이 많다 - 역자 주]임 - 나무 조각들도 섹시할 수 있음을 증명했다)은 호메로스의 이아손 원정처럼 개입주의적 역할을 한다.[4] 애석하게도, 이 영화는 수많은 할리우드 영화가 따르는 무언의 법칙을 적용하여 주어진 시간에 한 명의 여성 캐릭터를 넣어 초점을 확장할 수 있다. 아르고호의 여러 선원과 해골 전사들은 화면에 한꺼번에 나타날 수 있지만, 이 영화에서 헤라가 그들의 수호자이자 조력자이므로 메데이아는 뒤로 물러나 있다.

참으로 유감스러운 일이 아닐 수 없다. 우리 중 많은 사람이 자랄 때 함께 본 이야기가 하필 가장 흥미로운 캐릭터를 소외시키는 버전이라니. 이는 또한 우리에게 모험을 떠난 남자들은 모든 일을 다 알아서 척척 해낸다고 믿게끔 만들어 버린다. 신화 속 이야기와 비슷한 얼개 속에서 전개되더라도 여성은 변함없이 이러한 상황에서 제외된다. 그럴 때 이야기가 항상 그렇게 흘러왔고, 지금도 그렇다고 믿는 사람들에게 강력한 실탄을 제공하게 되는 것이다.

우리는 아마도 이 영화에서 가장 눈에 띄는 장면 중 하나가 아르고호 선원들이 청동 거인 탈로스를 만났을 때였다고 기억할지도 모른다. 헤라클레스가 청동 섬(로도스의 아폴로니우스에 따르면 여기는 크레타섬이다)의 보물창고에서 창만 한 크기의 브로치 핀을 훔쳤을 때 청동 거인이 깨어나는 순간이다.[5] 탈로스는 아르고호 선원들을 공격하는데 그들은 약점이라곤 없어

보이는 무적의 청동 거인 앞에서 속수무책이 되어 자신들을 방어할 수 없게 된다. 이아손은 그의 믿음직한 수호자 헤라 여신과 상의하고, 헤라는 그에게 거인의 발에 있는 플러그를 겨누라고 말한다. 탈로스는 아킬레우스와 마찬가지로 발뒤꿈치에 약점이 있는 것 같다. 이아손은 그녀의 말대로 발목을 공격하여 플러그를 열자 청동 거인이 땅에 추락한다. 헤라클레스의 친구 휠라스Hylas는 탈로스가 넘어질 때 그 밑에 깔린다.

기원전 3세기에 아폴로니오스가 쓴 서사시 《아르고나우티카Argonautica》에서 아르고호 원정의 같은 부분을 읽으면, 우리는 이 탈로스가 다른 사람에게 패배했다는 것을 알 수 있다. 바로 메데이아다. 아폴로니오스의 경우, 청동 거인은 하루에 세 번 섬을 돈다고 한다.[6] 탈로스는 발목에 있는 정맥을 제외하고는 불사신이다. 그는 아르고호를 돌팔매질했고, 그들은 그를 두려워했다. 하지만 메데이아는 그렇지 않다. 내 말 잘 들어요, 그녀가 말한다. 오직 나만이 이 거인을 제압할 수 있어요. 그가 누구든 간에… 내가 그를 이길 때까지 배를 바위 근처에 못 들어오게 하세요. 메데이아는 아르고호 선원들이 겁먹고 허둥지둥할 때 침착했고, 두려워할 때 용감했으며, 무엇보다 힘이 셌다.

그녀는 마법을 사용하여 탈로스에게 일격을 가했다(나는 아폴로니오스의 말을 살짝 바꿔서 표현했다. 그는 '마법의 물약을 다루는 지식에 힘입어'라고 썼다).[7] 그러자 청동 거인이 바위로 발목을 긁었다. 신들의 몸속에 혈액 대신 흐르는 이코르, 즉 영액이 녹아내린 납처럼 그에게서 흘러나오고 그는 땅에 추락한다. 이 장면에서 메데이아는 가장 인상적인 모습을 보여준다. 마법을 사용하여 하데스와의 연결을 구축하고 배 한 척을 꽉 매운 남성 영웅을 공포에 떨게 한 이 청동 거인의 몰락을 유도한다. 또한, 메데이아가 이 마법을 행하는 모습에는 특별히 영험함이 있다. 그녀가 기지나 간계를 이용해

적을 전복시켰다고 해도 여전히 인상적이었을 것이다. 하지만 그를 자멸케 한다면? 그가 유일한 약점을 향해 곧장 나아간다면? 이는 무시할 수 없는 여성이다.

물론 메데이아는 해리하우젠 영화에서 재구성한 플롯때문에 이 소임을 행할 수 없다. 아폴로니오스에게 탈로스와의 만남은 황금 양모피를 챙겨 집으로 돌아오는 길에 일어난다. 영화에서 청동 거인은 그들이 그곳에 가는 길에 직면하는 장애물 중 하나다. 그러나 메데이아의 영웅적 행위들을 지우는 일은 순서에 상관없이 여러 번 일어난다. 이 영화의 제목은 이아손의 이름을 따왔다. 비록 여신이 개입해서 할 일을 알려주더라도, 우리는 이아손이 스스로 모든 영웅적 행위를 수행해야 한다는 것에 일말의 의심도 하지 않는다. 양털을 손에 넣기 위해 이아손은 약탈자들로부터 귀중한 물건을 지키는 히드라와 맞붙는다. 도대체 이아손은 어떤 영웅이기에 머리가 여러 개 달린 거대한 뱀 하나도 못 죽이는 걸까? 핀다로스는 그의 네 번째 〈피티아 송가〉에서 이아손이 메데이아와 달아나기 전에 여러 빛깔의 회색 눈을 가진 뱀을[8] 죽인다고 이야기한다. 그러나 에우리피데스에게 이아손은 뱀의 머리가 하나든 여러 개든 상관없다. 어차피 그늘에서 쉬고 있는 뱀도 죽이지 않으니까. 짐작했겠지만, 메데이아는 그렇게 한다.[9]

그녀와 이아손은 연극에서 엄청난 설전을 벌인다. 그럼에도 불구하고 그는 메데이아가 뱀을, 그녀의 묘사대로라면 aupnos, 즉 '잠들지 않은 뱀'을 죽였다는 그녀의 주장에 아무런 의문을 제기하지 않는다. 그러니까 메데이아는 그저 잠들어 있는 파충류에게 다가간 게 아니었다. 영화에서 메데이아는 이아손이 히드라와 실랑이를 벌이던 중에 화살에 맞아 죽었다가 양모피의 치유력으로 되살아나야 한다. 이것은 화살처럼 사소한 무기로는 그녀를 막지 못하는 고대의 문헌 속 메데이아에 비하면 훨씬 덜 인상적이다.

아마 우리가 이 영화를 보고 있던 어린 시절에 가장 두려웠던 순간은 메데이아의 아버지 아이에테스가 히드라의 이빨을 땅에 뿌리자 땅에서 해골 병사들이 솟아 나와 이아손과 싸우는 순간이었을 것이다. 지금은 특수효과가 약간 흔들리는 것처럼 보일지 모르지만, 장담하건대, 1980년대에는 그것들이 정말로 무서웠다. 다시 말하지만, 아폴로니오스의 이야기에도 이 순간이 묘사된다. 여기에서 그의 땅속 병사들은 거인인데다 테바이의 전설적인 창시자 카드모스Cadmus에 의해 오래전에 처치된 이오니아Aonian 뱀의 이빨에서 나온다. 아폴로니오스의 이야기에서 자주 나오듯이, 이아손을 예상치 못한 상황에서 구해준 건 메데이아 덕분이다. 메데이아는 거인들이 땅에서 일어나기 전에(《아르고나우티카》에서 거인들은 해골이 아니다),[10] 이아손이 그들을 물리치기 위해 쓸 수 있는 속임수가 있다고 알려준다. 거인들 사이에 큰 바위를 던지면, 그들은 들개처럼 그것을 붙들고 서로를 파괴하리라는 것이다. 《아르고나우티카》에서는 이 일이 아이에테스가 이아손에게 불을 뿜는 황소 두 마리에 멍에를 씌우고 밭을 갈라고 명령한 또 다른 시험에서 그가 살아남은 직후에 일어난다. 나는 당신이 누가 이아손을 도와 이 모든 불가능한 일을 해내는 것인지 짐작했으리라 생각한다.

메데이아는 그에게 연고를 주어서 피부에 바르게 하는데, 이것이 그를 하루 동안 불사신으로 만들어준다. 그녀는 많은 약과 물약이 담긴 상자에서 그것을 찾아낸다.[11] 같은 이야기가 핀다로스의 네 번째 〈피티아 송가〉에서도 나온다.[12] 여기서 메데이아는 이아손이 불에 노출되지 않도록 해주는 물약을 제공한다. 핀다로스에게 메데이아는 로맨틱한 여주인공으로, 아프로디테는 이아손의 탐험을 돕고 메데이아가 그와 사랑에 빠지게 해주는 여신이다. 그리고 아폴로니오스에게도 《아르고나우티카》의 제3권에서 메데이아는 사랑에 빠진 소녀로 그려진다. 그녀는 언니인 칼키오페Chalciope에게 설득당해 잘생긴 이방인을 도와주기로 한다. 이 책은 전반적으로 이아손과 사랑에 빠져 아버지를 배신하기로 한 메데이아의 결정을 따라가면서 긴장감을 조성하는 데 역점을 두고 있다.

아리아드네와 테세우스와의 유사점은(아버지가 제시한 치명적인 임무를 수행하는 방문 모험가를 돕기로 한 딸) 명백하게 이아손이 끌어다 연결한 것이다.[13] 메데이아가 그를 도울지 아버지에게 복종해야 할지 고민하던 때 그는 아리아드네의 선택을 마음에 담아달라고 부탁한다. 메데이아는 그녀의 사촌인 아리아드네(파시파에와 아이에테스는 남매다)에 대해 더 듣고 싶어서 물어보았지만, 이아손은 그녀가 아리아드네가 가족을 버리고 테세우스와 달아났다는 사실을 알아채기 전에 슬쩍 화제를 돌린다.

그러므로 메데이아는 젊은 여성일지라도 흥미로운 이중적인 인물이다. 그녀는 이전의 아리아드네처럼 순진하고 영웅에게 홀딱 빠져서, 아버지가 부여한 거의 불가능한 임무가 수반된 그의 탐험을 도와준다. 그녀는 아프로디테 혹은 그녀의 자매에게 설득되어 이아손을 돕는데 두 팔을 걷어붙인다. 그러나 총 4권으로 구성된 서사시 《아르고나우티카》에서 우리는 메데이아의 캐릭터가 점차 발전해가는 모습에서 그녀가 결코 평범한 공주가 아님을 깨달을 수 있다. 아리아드네는 단순히 가족을 배신하고 테세우스에게 실 한 꾸러미를 건네주기만 하면 그만이지만 메데이아는 각종 물약과 능력으로 가득 채워진 상자를 가지고 있다. 메데이아는 순수하기만 한 게 아니라 가공할 힘을 가진 마녀이기도 하다. 아르고호 선원들은 이아손이 그녀를 만나 도움을 요청하러 가기 전에 서로 논의하는데, 한 아르고호 선원이 이아손에게 자신의 어머니를 통해 궁전에 사는 소녀(메데이아)가 고도로 숙련되어 있으며, 헤카테[14]라는 마법의 여신에게서 직접 가르침을 받았다는 얘길 들었다고 말한다. 그녀는 흘러넘치는 강물 혹은 움직이는 별이나 심지어 달까지 멈추게 할 수 있다는 것이다. 따라서 메데이아는 젊고 순수하지만 동시에 강력하고 힘센 이중적인 캐릭터로 그려진다. 그리고 아르고호 선원들이 탈로스를 만났을 때 보았겠지만, 그녀는 그 누구도 할 수 없는 일을 해낼 수 있다. 메데이아가 사용하는 흑마술에 대한 지식과 여신 헤카테와의 관계는 그녀를 영웅들로 가득찬 배, 아르고호에서 가장 강력한 인물로 만든다. 그녀는 탈로스와 어깨를 나란히 하고 있으며,[15] 그녀의 악의는 탈로스의 악의를 완전히 압도한다.

전투나 괴물 퇴치에 나선 모든 영웅 - 페르세우스, 테세우스, 이아손 - 그들 모두 중요한 순간에는 도움이 절실하다. 메데이아는 그렇지 않다. 그녀는 헤카테에게서 기술을 익혔고, 필요할 때 얼마든지 자신의 능력을 소환할 수 있다. 이것은 보호 모자나 특수 검으로 도움을 받는 것과는 사뭇 다르다. 그러나 여전히, 사랑의 문제에서, 메데이아는 소녀에 불과하며, 적어도 아폴로니우스가 말한 것처럼, 사촌 아리아드네가 테세우스와 놀아난 관계를 보고도 유익한 교훈을 얻지 못하고 있다. 우리는 그녀의 마법의 힘에 대한 설명을 통해 메데이아가 매우 가치 있는 동맹이자 강력한 적이라는 암시를 받았다. 당신은 그것을 가장 잘 알고 있는 사람이 이아손이라고 생각할 것이다.

그럼에도 불구하고, 이아손은 결국 메데이아를 배신할 것이다. 그렇지만 이 배신이 불러온 복수가 결국 그녀를 신화와 비극 전반에서 가장 기억에 남는 캐릭터로 만들게 된다. 에우리피데스는 메데이아의 이야기를 가져와 가장 강렬하고 극적인 연극 중 하나를 창조해 냈다. 메데이아가 오늘날에도 여전히 자주 무대에 올려지는 이유는 그것이 극에서 여성에게 가장 커다란 배역을 제공하기 때문이다. 적어도, 기원전 431년에 처음 공연되었을 당시에는, (그리스 연극의 모든 여성 배역이 그렇듯이) 작품의 제목과 일치하는 모든 배역을 남자가 맡지 않았던가.

이 연극은 코린토스를 배경으로 메데이아의 유모의 독백으로 시작한다. 아르고호가 원정을 떠나지 않았더라면, 펠리아스Pelias(이아손의 삼촌)가 그에게 황금 양모피를 가져오라고 명령을 내리지 않았더라면 얼마나 좋을까. 메데이아와 이아손이 콜키스(메데이아가 자란 곳이며 황금 양모피가 있던 장소)에서 (그의 아버지의 왕위를 찬탈하고) 펠리아스가 왕 노릇을 하고 있었던 이올코스로 항해하지 않았더라면. 아예 그런 일이 없었더라면, 이런 일이 벌어지지도 않았을 것이고, 메데이아가 펠레아스의 딸들을 속여 그 아비를 죽게 하지도 않았을 텐데. 이것은, 솔직히 말해서, 캐릭터를 소개하는 아주 좋은 방법이다. 메데이아가 펠리아스의 딸들을 속여 그 아비를 죽게 하지 않았더라면 좋았으련만.

펠리아스의 살인은 메데이아의 마법이 필요하지 않았다. 오히려 교묘한 속임수라고 이해해 볼 수도 있다. 이 이야기는 기원전 455년, 에우리피데스의 사라진 희곡 〈펠리아스의 딸들Daughters of Pelias〉에서 극화되었다.[16] 메데이아는 펠리아스의 딸들에게 자신이 늙은 숫양을 잘라 가마솥에 넣고 삶아서 다시 젊어지게 할 수 있다고 호기심을 부추긴다. 이윽고 가마솥에서 활기찬 어린 숫양이 나온다. 메데이아가 실제로 양을 그렇게 젊어지게 할 수 있을까? 아니면 펠리아스의 딸들이 다른 곳을 보고 있을 때 어린 숫양으로 슬쩍 바꾸어 놓은 걸까? 어느 쪽이든, 그들은 메데이아가 보여준 마술에 설득되어 나이 든 아버지에게 똑같은 일을 시도한다. 물론 펠리아스는 똑같은 방법으로 회춘하지 않는다. 이것은 초기 문헌에 나오는 이야기의 일부다. 핀다로스는 메데이아를 '펠리아스의 살인자'라고 부른다.[17] 대영박물관에는 바로 이 장면을 묘사한 아름다운 물동이가 있다.[18] 이 흑화식 화병black-figure vase은 기원전 500년경에 만들어졌다. 핀다로스가 아직 꼬마였을 때다. 백발의 노인이 왼손에 막대기를 들고 장면의 왼쪽에 앉아 있다. 메데이아가 가마솥 옆에 서서 노인 펠리아스와 이야기를 나누듯 고개를 돌렸다. 숫양이 가마솥에서 확실히 튀어나오는 모습이다. 양의 앞발굽과 뿔 달린 머리는 분명하게 생기가 넘친다. 가마솥의 오른쪽에는 펠리아스의 딸 중 한 명이 양을 바라보고 있는 모습이다. 마치 그들이 아버지를 잘라 가마솥에 넣고 삶으면 노쇠한 상태가 나아질 수 있으리라 생각하는 것 같다.

그래서 에우리피데스의 희곡에서 우리가 처음 듣게 되는 메데이아에 관한 이야기는 그녀가 젊은 여성들에게 아버지를 죽이라고 부추기는 데 성공했다는 사실이다. 이미 메데이아는 당신이 화를 내야 할 대상에서 피해 갈 수 있는 인물처럼 보인다. 이 범죄로 인해 이아손과 메데이아는 코린토스에서 망명 생활을 하는 중이었다. 그녀는 현지인들에게 인기가 많고 남편에게 순종한다. 그러니, 펠리아스를 죽이려고 꾸민 사소한 속임수 빼고는, 모든 게 괜찮지 않은가?

16행에서 우리는 메데이아의 세계가 무너졌음을 알게 된다. 이아손은 코린트의 왕 크레온의 딸과 새로운 관계를 시작함으로써 그녀와 자식들을 배반했다. 메데이아는 자신의 가련한 사촌 아리아드네와 비슷한 처지에 있음을 알게 되었다. 그녀는 영웅의 황금 양모피 획득과 펠리아스의 퇴위를 위한 그의 계획을 물심양면으로 도왔다. 그럼 뭐하나, 이제 영웅의 새로운 조력자에 밀려 헌신짝처럼 내던져졌는걸. 심지어 그는 더는 원정을 수행하지 않고 있다. 그렇지만 여전히 이올코스에서 쫓겨난 신세이므로 코린토스 왕과의 동맹은 분명히 유용할 것이다.

메데이아와 이아손의 관계는 자녀를 둘이나 둔 걸로 봐서 테세우스와 아리아드네보다는 훨씬 더 오래 지속된 것으로 보인다. 하지만 아무도 (아리아드네처럼) 메데이아를 꿈결 같은 잠이 들게 하고 깨어나 모든 걸 잊게 해주지 않으리라. 유모는 이렇게 이야기한다. 마님은 모욕감에 치를 떨면서 이아손 님이 어긴 서약을 신들에게 증언하기를 탄원하고 계셔. 마님은 식음을 전폐하고 하염없이 눈물을 흘리면서 몸져누워 있다네. 친구들이 위로의 말을 건네도 꿈쩍도 하지 않아. 마님은 그녀의 은혜를 저버린 이 남자를 따르느라 배신을 하고 떠나온 사랑하는 아버지를 불러 대며 통곡하고 계시지.

메데이아를 향한 우리의 동정심은 그 어느 때보다도 증폭된다. 이 여성은 심각한 트라우마를 겪고 있다. 우리는 메데이아가 - 펠리아스와 아이에테스에게 - 위험한 존재임을 들어 알고 있으면서도 그녀를 여전히 연약한 존재로 느낀다. 고국을 등지고 타국에서 생활하는 처지라 가족의 지원도 받을 수 없는 상황이다. 이토록 헌신했건만 이 남자는 자신을 헌신짝처럼 버리고 떠났다. 메데이아가 충격으로 쓰라린 고통에 신음하는 것은 너무도 당연하다. 불현듯 유모가 우리를 자리에 꼭 붙들어두게 하는 말을 던진다. 마님은 자식들을 보고도 즐거워하시기는커녕 싫어하는 내색을 하고 계시니 마님이 어떤 모진 생각을 품고 있지나 않을까 두려운 마음이야. 메데이아는 상대를 떨게 할 수 있는 여자다. 아마 그녀와 맞붙어 싸우는 자는 누구도 쉽게 이길 수 없을 것이다.[19]

이것은 40행도 채 되지 않아 극 중 메데이아의 아이들이 위험에 처해 있음을 알려주는 첫 번째 암시다. 그녀가 겪고 있는 슬픔은 위험하고 파괴적이다. 하지만 단지 그녀에게만 해당하는 것이 아니다. 몸져누워 아무것도 먹지 못하는 이 여성은 잠재적인 위험 요소다. 이것은 - 독자 혹은 관객으로서 - 에우리피데스의 〈히폴리토스〉의 극적인 오프닝과는 아주 천양지차다. 그 작품이 불과 3년 뒤에 만들어진 것이긴 해도. 〈히폴리토스〉는 극의 시작과 동시에 여신이 등장하여 자신의 심기를 건드린 인간들을 파멸하겠노라는 의도를 천명한다. 이에 반해 유모의 독백으로 극의 포문을 여는 〈메데이아〉는 인간적인 면모가 풍긴다. 배우자의 부정으로 삶이 뿌리째 뽑힌 자신의 주인이자 친구에 대한 연민과 두려움을 토로하는 유모의 대사는 현대의 관객인 우리가 보기에도 충분히 공감을 살만하다. 기원전 5세기 (아마도) 남성들로만 구성된 아테네의 관객들이 메데이아가 처한 이 곤경을 어떻게 받아들였는지, 이것이 곧 우리가 다룰 내용이다.

메데이아의 아이들이 이제 가정교사와 함께 무대에 등장한다. 이 장면은 우리에게 이아손과 메데이아에 대해 좀 더 많은 배경을 알려준다. 두 부부에게는 가정교사의 지도를 받을 수 있는 나이의 아이들이 있다. 이들의 관계가 아리아드네와 테세우스를 훨씬 뛰어넘어 더 오래되었음을 다시 한번 보여주는 대목이다. 그리고 그건 그만큼 메데이아에게 잃을 게 더 많다는 뜻이기도 하다. 유모와 가정교사는 메데이아와 그녀의 주체할 수 없는 슬픔에 대해 서로 의견을 교환한다. 그러다가 가정교사가 은연중에 자신이 엿들은 소문을 흘리고 마는데, 풍문인즉슨 크레온왕이 메데이아와 그녀의 아들들을 추방하기로 했다는 것. 유모가 의문을 제기한다. 당연히 이아손 님께서 자기 아이들한테까지 그렇게 하는 걸 가만히 두고 보기야 하겠어요?[20] 새로 만나는 사람은 언제나 설레는 법이지. 가정교사가 대답한다. 서방님은 이제 이 집안의 친구가 아니야.

이 장면은 현존하는 그리스 비극에서 가장 암울한 대화 중 하나로 우리에게 무언가를 들려주고 있다. 어쩌다가 이 두 아이는 이토록 끔찍한 상황에 놓이게 되었을까? 위험하고 절망적인 엄마, 말 그대로 자식들이 쫓겨나도 눈 하나 깜짝 안 하는 아버지? 유모와 가정교사는 메데이아에게 소문과 관련된 그 어떤 얘기도 일절 꺼내지 않는 게 상책이라고 서로 입을 모은다.

이제 우리는 집 안에서 메데이아가 차라리 죽어버렸으면 좋겠다고 통곡하는 소리를 듣는다. 가정교사는 아이들이 어머니 곁에 가지 못하도록 하라는 유모의 간곡한 당부에 서둘러 아이들을 데리고 안으로 들어간다. 메데이아가 다시 통곡한다. 버림받은 어미의 저주받은 자식들아, 너희들도 죽어버려라, 너희들의 아비와 함께, 온 집안이 깡그리 사라져 버려라.[21] 유모는 이에 격분한다. 어머니는 일반적으로 자식이 죽기를 바라는 마음으로 행동하지 않는다. 유모는 코러스에게 부유하거나 힘 있는 자보다 평범한 사람으로 사는 게 더 낫다고 말한다. 그리스 비극에서는 그녀의 말이 옳다. 재앙은 지위가 높은 이들에게 쏟아진다. 연극이 끝날 때까지 살아남고 싶다면 유모나 가정교사가 되는 게 훨씬 낫다. 코린토스의 여인들로 구성된 코러스는 메데이아에게 연민을 드러낸다. 메데이아가 이곳 사람들의 사랑을 받고 있다고 말한 유모의 말이 옳았음을 알 수 있다. 코러스는 유모에게 그들이 메데이아의 슬픔을 달래어 노여움을 가라앉힐 수 있도록 애써볼 테니 그녀를 어서 집 바깥으로 모시고 나오라고 부탁한다. 그들은 자신들을 필라이 philai, '친구들'이라고 부른다.[22]

이제 메데이아가 밖으로 나온다. 우리는 이미 그녀의 격렬한 슬픔과 극심한 육체적 고통, 이를테면 몸져누워 식음을 전폐하고 그 누구의 말에도 묵묵부답인 그녀의 상태를 익히 들어 알고 있다. 우리는 또한 그녀가 맹렬한 분노와 상처로 통곡하는 소리도 들었다. 그러나 메데이아가 무대에 나왔을 때 그녀는 매우 침착하고 목소리도 또박또박했다. 바로 이러한 면모는 그녀가 얼마나 두려운 존재인지를 보여주는 또 하나의 암시다. 메데이아는 감정적으로 예민한 여성이지만 신중하게 구성된 논리적 근거 뒤에 감정의 극한을 숨길 수 있다. 이 연극을 통해 우리는 메데이아가 모든 대화에서 각기 다른 성격(페르소나)으로 나타나는 것을 볼 수 있다. 이 모든 여성이 그녀 안에 있다. 많은 여배우가 그녀의 역할을 탐내는 것도 당연하다. 메데이아는 뼛속까지 연기자다. 그리고 상황이 요구하면 그녀는 항상 연기할 것이다.

메데이아의 이 독백은 모든 언어를 통틀어 가장 위대한 희곡의 연극 대사 중 하나다(극 후반부의 두 번째, 신중한 독백과 마찬가지로). 그녀는 코러스의 여성들에게 자신이 남과 떨어져 조용히 지낸다는 이유만으로 남들한테 거만하거나 냉담한 사람이라는 소리를 듣고 싶지 않아서 이렇게 밖으로 나왔다고 설명하면서 독백을 시작한다. 사람들은 당신이 아무것도 안 할 때조차 평을 하기도 합니다, 그녀는 말한다. 특히 그녀는, 타지에서 온 이방인이라 누구보다 잘 처신해야 한다.[23] 코러스와 우리에게 그녀는 스스로 자기 분수를 알고 있음을 상기시켜줌으로써 우리의 동정심에 호소했다. 그녀는 이 행위, 즉 이아손의 배신은 마른하늘에 날벼락과 같은 것이었으며, 그것은 나의 psyche, 그러니까 나의 '정신', '영혼', '삶'을 파괴했다고 말한다. 이제 삶의 기쁨이 모두 사라져 버려서 나는 이제 그저 죽고 싶은 생각뿐이에요. 내 삶의 전부였던 남편, 그걸 절대 모르지 않은 그이가, 만천하에 비열함을 드러냈어요.

다시 말하지만, 에우리피데스의 〈히폴리토스〉에서 우리가 처음 파이드라를 만날 때 그녀가 자신을 어떻게 표현하는지 비교해 보라. 그녀는 온종일 집 안에 틀어박혀서는 걷지도 못하고, 열병에 시달리고, 삶을 끝내고 싶어 한다. 여기, 모욕당하고, 부당한 처우를 받은 메데이아가 있다. 그녀는 이아손의 파괴적인 행위를 설명하는 동안 전혀 흐트러짐 없이 침착하다. 그녀의 자제력은 극도의 감정만큼이나 당혹스럽다. 이어서 그녀가 하는 이야기는 어찌나 놀라운지 이 작품이 쓰인 지 200~300여 년이 지난 이후에도 참정권 회의에서 인용될 정도였다. 메데이아는 모든 살아있는 존재 가운데 우리 여자들이 가장 비참하다고 말한다. 그녀의 첫 번째 불만은 여자들이 거금을 들여 남편을 사야 한다는 것이다. 여기에서 거금이란 지참금을 의미한다. 그러고 나면 그는 아내가 모시는 상전이 된다(여기에서 그녀가 사용한 단어는 despotēn, 즉 소유주 또는 주인이라는 뜻으로 영어 단어 'despot(폭군)'의 어원이다).[24] 택하는 남자가 좋을지 나쁠지 어찌 알겠는가. 그런데다가 남성을 거절하거나 헤어지는 건 여성들에겐 거의 불가능한 일이다.

메데이아는 자신은 더욱 가혹한 처지라고 말한다. 그녀는 이방인이고, 어쩌면 새로운 법도와 관습에 따라 남자를 잘 다루는 방법을 익히기 위해서 주문을 외워야 할지도 모를 일이니. 모든 일이 잘 풀린다면, 그 이상의 행복은 없을 거예요. 하지만 그렇게 살지 못할 바에는 차라리 죽는 게 나아요. 남자들은 집안일에 싫증이 나면 바깥에 나가 권태를 달랠 수나 있지, 우리 여자들은 평생 한 사람만을 바라보고 살아야 해요. 물론, 남자들은 전쟁에 나가 싸워야 한다고 주장하겠죠. 아이고, 아이를 낳는 고통을 한 번이라도 겪느니 차라리 세 번 전쟁터에 나가 싸우겠어요.

하지만 당신네와 나는 처지가 달라요(그녀는 여전히 코러스를 향해 말하고 있다). 당신들은 고향에서 살고 있고 곁에 아버지도 계시고 주위에 친구들도 많잖아요? 나는 오롯이 혼자예요. 남편이 나를 버리기 전에도 나는 의탁할 데 없는 몸이었어요. 타국에서 전리품으로 끌려왔지요. 나는 어머니도, 형제도, 의지할 친척도 없답니다. 그러니 여러분, 제 청이라도 하나 들어주시겠어요? 제가 남편에게 복수할 방법을 찾아낸다면 제발 입도 벙긋하지 말아주세요. 여자란 원래 겁이 많고 전쟁 얘기만 나와도 벌벌 떨죠. 그러나 남자의 배신으로 마음에 큰 생채기가 나면 그 누구보다도 잔인해질 수 있는 게 여자랍니다.

메데이아가 방금 한 말을 분석해보자. 처음에는 코러스에게 자신이 냉담하거나 내향적인 사람이라고 생각할까 봐 밖으로 나왔다면서 그들의 관습을 따르고 싶다고 했다. 그러면서 코러스의 여인들을 자기 편으로 끌어들이더니, 어느새 그들의 집단적인 경험에 호소한다. 남편을 구하기 위한 지참금. 당신이 거금을 들여 얻은 대상의 불확실성. 선택권의 차이. 가령, 남자들은 집 밖에서 놀아날 수 있지만 여자들은 집안에 갇혀 그런 남편들이 돌아오기를 기다린다. 가정생활에 문제가 생겨도 이혼은 여자에게 불명예다(여자와 달리 남자들은 어렵지 않게 이혼할 수 있다. 지참금은 돌려줘야 하겠지만).

혹시 메데이아가 이아손에게 결혼 지참금을 지불하고 예식을 치르는 내용의 다른 이야기가 있나? 당신만 놓친 것 같아서 궁금한가? 아니, 당신은 아무것도 놓치지 않았다. 메데이아는 동맹을 맺기를 바라는 코린토스 여성들의 상황을 자신과 연결하기 위해 모든 수사적 기법을 동원하는 중이다. 메데이아의 지참금은 그녀와 이아손이 아버지에게서 훔친 양모피였고, 그들의 결혼식은 펠리아스를 가마솥에서 삶는 것이다. 그녀는 자신을 평범한 아내라고 표현하고 있지만, 사실 평범한 것과는 거리가 멀어도 한참 멀다. 왜 메데이아가 자기 남자가 집에 돌아오기를 하염없이 기다릴 거라고 생각하는가? 그녀는 청혼을 기다리지 않은 채 모험가와 달아났다. 그녀는 바보가 아니다.

아이를 낳는 고통을 한 번이라도 겪느니 차라리 세 번 전쟁터에 나가 싸우는 게 낫다는 말은 명대사다. 그들이 이제까지 알고 있는 가장 강렬한 육체적 경험을 떠올리게 하는 것 말고 코러스와 유대감을 형성하는 더 좋은 방법이 있을까? 메데이아는 적중했다. 고대 세계에서 출산은 믿을 수 없을 정도로 위험했다. 산모 및 유아 사망률은 그들의 평균 수명(대략 35세)을 확 낮춘 여러 요인 중 하나다.

그리고 고향에서 멀리 떨어진 타국에 와서 살아가는 이방인이라는 처지는 가족과 친구들 사이에서 늘 함께 살아온 여성들의 공감을 끌어낸다. 그녀는 새로운 관습에 적응할 방법을 찾아 주문이라도 외워야 할 지경이라고 말하면서 자신이 실제로 마법의 힘을 가지고 있다는 사실을 용케 숨긴다. 우리는 핀다로스의 이야기에서 그녀가 마법을 사용하는 것을 보았고, 이 연극보다 앞선 화병 그림에서도 그 장면을 보았다. 메데이아는 마녀 혹은 마법사다. 그녀의 숙모는 《오딧세이아》에서 주연을 맡은 덕분에 그리스 신화에서 가장 유명한 마녀 키르케Circe고. 그녀는 자신을 이아손에게 붙들려온 전쟁 신부로 표현하지만 메데이아의 이야기가 담긴 그 어떤 문헌에서도 그런 내용은 없다. 그녀는 항상 그와 사랑에 빠진다(설령 아프로디테가 그렇게 만들었더라도).

그러고 나서 우리는 진정으로 멋진 순간에 도달한다. 당신에게도 아버지, 친구, 가정은 모두 다 소중하잖은가. 나에게는 엄마도 오빠도 의지할 그 누구도 없어요. 흠, 그건 확실히 맞는 말이다. 메데이아에게는 의지할 아버지가 없다. 왜냐, 이아손이 황금 양모피를 훔칠 수 있도록 도와주고는 그와 함께 배를 타고 줄행랑을 쳐서다. 사랑에 눈이 멀어 남자를 따르느라 집을 버렸으니 엄마도 있을 리 없다. 그리고 메데이아에게는 남동생이 없다. 이아손과 달아나는 동안 그들을 추적하는 아버지를 따돌린답시고 남동생인 압시르토스를 죽여 토막을 내서는 신체 일부를 바다에 던져버렸으니까. 엄밀히 말하면 메데이아가 형제가 없는 건 사실이지만, 누굴 탓하랴.

이 독백은 여러 단계에 걸쳐 훌륭하게 잘 짜여 있다. 만약 우리가 그녀의 말을 믿는다면(코러스가 그랬듯이), 우리는 여자 대 여자로서 지지를 호소하는 사려 깊고, 애절한 간청을 받는 것이다. 기원전 5세기 아테네에서 이 모든 역할을 남자들이 연기했다는 사실을 떠올린다면 흥미로운 순간이 아닐 수 없다. 메데이아의 배경이 되는 이야기를 더 잘 알고 있다면 우리는 지금 수정주의와 수사적 기법의 대가를 지켜보는 중이다. 어느 쪽이든, 그녀는 자신의 목표를 달성하며 마무리한다. 메데이아는 코러스에게 신중히 행동해 달라고 간청하고, 그들은 그녀에게 약속한다. 비밀로 하겠습니다, 메데이아. 이아손에게 대가를 치르게 하기 위해 메데이아가 무슨 짓을 하기로 하든, 그들은 침묵을 지킬 것이다. 메데이아가 원한을 풀기 위해 무시무시한 복수를 감행하리라는 것은 이 연극을 보는 사람이라면 누구나 다 짐작할 수 있다.

그리고 이제 코린토스의 왕 크레온이 무대에 올라 지금까지 유모와 가정교사가 침묵했던 소식을 전한다. 메데이아에게 이 나라 밖으로의 추방을 명한다. 무엇 때문에 저를 추방하시는 겁니까? 그녀가 묻는다. 난 그대가 두렵네.[25] 크레온이 대답한다. 그대는 영리하고, 게다가 이아손과 그의 신부에게 복수하겠다며 위협하고 있어. 한데, 그 신부는 바로 내 딸이니 그대가를 위해 가하기 전에 당장 이 땅을 떠나줬으면 하네. 동정을 베풀다가 후회하고 싶지 않아. 메데이아는 다시 태연하게 모습을 바꾼다. 힘들이는 표정 하나도 없이. 이제 그녀는 마치 납치범과 친밀감을 쌓으려는 인질 협상가처럼 반복적으로 그의 이름을 사용한다. 그러면서 일부러 자신의 영리함을 깎아내린다. 그건 단지 사람들이 하는 말일 뿐입니다. 영리하다는 소문 때문에 평생 손해를 보고 낭패를 당했습니다. 폐하와 폐하의 따님께는 아무런 원한이 없습니다. 저를 이 땅에서 살게 해주세요.

크레온은 그녀의 역량을 꿰뚫어 보고 있다. 그대의 말은 부드럽지만,[26] 뭔가 흉계를 꾸미고 있을지도 모르니까. 성질이 불같은 여자는(그리고 남자도) 조용하고 영리한 자보다 오히려 다루기가 더 까다롭거든. 크레온의 판단은 전적으로 옳았다. 하지만, 그는 여전히 메데이아를 과소평가하고, 복수를 벼르고 있는 그녀가 얼마나 집요하고 외곬일 수 있는지 깨닫지 못하고 있다. 메데이아는 침착하고, 예의 바르고, 겸손했다. 그렇게 해서 그가 그녀를 굴복시켰다고 믿도록 만들었다.

메데이아는 자신보다 한 수 아래인 이 오만한 남자를 쥐락펴락했다. 크레온 왕은 자신의 의도를 관철했다고 확신하며 무대를 떠난다. 메데이아가 이 땅을 떠나는 건 변함없다. 그러나 메데이아는 길 떠날 준비를 할 수 있도록 하루만 달라고 애원한다. 왕의 마지막 말에 소름이 쫙 돋는다. 좋아, 딱 하루야. 내가 두려워하는 그런 끔찍한 일을 네가 하루 만에 저지를 수는 없겠지.[27] 아무렴, 설마 하루 만에? 아니, 그녀라면 못할 게 없지.

크레온이 그들의 말이 더는 들리지 않을 만큼 멀어지자 메데이아는 안면을 싹 바꾼다. 조금 전 보여준 겸손한 태도와 순종적인 낯빛은 온데간데없이 사라졌다. 메데이아는 그와 그의 어리석음을 비웃는다. 제가 아무 이득도 없이 그에게 납작 엎드린 것 같나요? 그녀가 묻는다. 코러스를 자기 편으로 끌어들인 메데이아는 이제 그들을 공모자로 대한다. 메데이아에게는 계획이 있다. 그녀는 크레온을 꾀어 받아낸 하루의 여유를 사용하여 그녀의 적 세 명, 즉 아버지, 딸, 그녀의 남편을 해치울 것이다.[28] 메데이아의 머릿속이 이런저런 계획으로 분주해진다. 불을 지를까? 칼부림? 독살? 붙들리기 전에 확실하게 끝내는 게 좋다. 결국 메데이아는 가장 자신 있는 방법은 독살이라고 결론을 내린다.

그녀가 이 결정을 내리는 동안 윤리적인 관심사는 없다. 오로지 실용적인 문제를 고심할 뿐이다. 어떤 복수 방법이 가장 성공적일까? 이아손이 저지른 행위에 비하여 그녀의 복수가 지나치게 과하다는 생각은 전혀 찾아볼 수가 없다. 어찌 되었든, 메데이아는 이미 다음 단계로 넘어간다. 코린토스 왕가의 사람들을 다 죽이고 나면 어디로 가야 할까? 출구 전략만 잘 세울 수 있다면, 그녀는 독살을 감행할 것이다. 그것이 여의치 않다면, 아마도 이아손과 글라우케(크레온의 딸)에게 검을 휘두를 것이고, 그 결과 그녀가 바로 목숨을 잃게 된다면, 글쎄, 그렇다면야 더 바랄 게 없지. 그러고는 아무도 자신을 해치고 기뻐하지 못 하게 하리라 헤카테에게 맹세한다.

이것이 바로 에우리피데스만의 메데이아가 보여주는 핵심이다. 그녀가 이 극에서 아무리 많은 가면을 쓰고 벗는다고 해도 본질은 결코 사라지는 게 아니라는 것. 당신이 그녀를 다치게 하면 그녀는 반드시 당신을 후회하게 할 것이다. 당신이 저지른 잘못보다 몇백 배 더 갚아줄 테니까. 아무도 적들이 그녀에게서 무사히 빠져나갔다는 소리는 못 듣게 될 것이다. 행여 그렇게 될까 봐, 만에 하나 그렇게 될 가능성이야말로 그녀를 가장 짓누르는 고통이라고 해도 과언이 아닐 것이다. 메데이아는 자신이 왕의 딸이자 태양신 헬리오스의 손녀임을 다시금 떠올린다. 그 누구도 그녀를 모욕하고 살아남지 못하리라.

코러스는 남자의 거짓된 마음과 이방인인 그녀의 고립된 상황에 동정심을 드러낸다. 이윽고 이아손이 걸어 나온다. 만족스러운 듯이 섬뜩한, 양식 있는 사람인 양 젠체하는, 책임감이라곤 개나 줘버린. 미쳐 날뛰면 어떻게 되는지 알 거요, 그가 말한다. 공연히 법석 떨지 말고 조용히 지냈다면 코린토스에서 쫓겨나지는 않았을 텐데. 그 입을 놀려서 이제 당신은 추방당하게 생겼소. 그래도 내가 좋아했던 사람들과 의절을 하지는 않을 생각이오. 당신과 아이들이 무일푼으로 떠나서는 안 돼서 그런 거요.

도대체 어떤 남자이기에 다른 사람과 결혼하기로 하고 자기 자녀의 어머니에게 이런 말을 할 수 있는 걸까? 메데이아는 그에게 pankakiste[29] - 최악의 남자! - 라고 비난을 퍼붓는다. 에우리피데스는 이러한 agones - 논쟁 - 을 누구보다 잘 쓰는 작가인데, 이 부분이 특히 좋다. 서로에게 쏘아붙이는 동안에도 둘 사이에 성적 긴장감이 감지된다. 메데이아는 자신이 이아손을 위해 한 모든 일을 나열한다. 불을 내뿜는 황소에게서 당신의 목숨을 구해주었고, 황금 양모피를 지키는 뱀을 죽였고, 내 아버지를 속이고 집을 떠났고, 펠리아스의 딸들을 시켜 그를 죽이게 했어요. 당신은 이제 새장가를 들겠다고 날 내치고 있고요. 심지어 두 아들이 있는데도. 자식이라도 없었으면 이해라도 했을 텐데. 남자들은 누구나 상속자를 원하니까요. 당신이 한 맹세는요? 당신이 그 모든 맹세를 물거품으로 만들어 버린 걸 신들께서도 알아요. 당신이 무슨 친한 벗이라도 되는 양 여기 와서 이러고 있는데, 그럼, 내가 어디로 가면 좋을까요? 아버지 집으로 돌아갈까요? 다시 이올코스와 펠리아스의 딸들한테 찾아갈까요? 나는 당신을 도와준 덕분에 돌아갈 집이 없어요.

이아손의 대답은 사근사근하였으나 전혀 미안해하는 구석이 없었다. 당신이 나에게 은혜를 베풀었다고 얘기하고 싶은 모양인데, 나를 보살핀 것은 엄연히 아프로디테 여신이었소. 그리고 여신께서 당신이 나와 사랑에 빠지게 만든 거요. 게다가, 당신도 얻은 게 없지는 않을 텐데. 우선, 야만인의 땅을 떠나 헬라스(그리스)에 정착을 할 수 있었소.[30] 그리고 여기에서 유명해졌지. 좋아, 당신이 날 도와줬다고 칩시다. 하지만 이게 다 그 덕분에 얻게 된 거란 말이요. 그리고 내 결혼 얘기가 나와서 말인데, 그 결혼은 욕정 때문에 하는 게 아니오. 우리는 이올코스에서 지친 몸으로 여기에 왔지. 그러니 나에게 왕의 딸과 결혼하는 것보다 더 큰 행운이 어디 있겠소? 당신에게 권태를 느껴서가 아니오. 새 부인을 맞고 싶어서 몸살이 난 것도 아니고. 자식을 얻고 싶은 생각은 더더욱 아니오. 우리가 가난에서 벗어나기를 바랐고, 내 자식들이 남부끄럽지 않게 잘 자라길 바랐고, 이게 좋은 생각이라고 생각했소. 그리고 당신도 흡족해할 줄 알았지. 당신이 잠자리에만 집착하지 않는다면, 그렇게 생각할 거요.

코러스는 이아손의 말이 솔깃하긴 하지만 동의할 수는 없다고 말한다. 그건 메데이아도 마찬가지다. 이 중 하나라도 사실이라면 왜 떳떳이 나에게 미리 말을 하지 못했나요? 긴 대화는 이아손과 메데이아의 논쟁이 리듬감 있게 흘러가면서 대사의 길이가 점차 줄더니 각각 몇 줄씩이던 게 한 줄이 되었다.

말할 걸 그랬어, 하지만 당신은 미쳐 날뛰었겠지.

그래요, 맘껏 욕하세요, 어차피 추방될 사람은 저니까요.

당신이 자초한 일이오, 그러게 왜 입은 그렇게 함부로 놀렸소.

그럼 나한테 뭘 기대한 거지?

좋아, 도움이 필요하면 알려달라고.

당신 도움은 필요 하지 않아.

이아손과 메데이아는 불 뿜는 황소, 마법에 걸린 양모피, 거대한 뱀이 사는 신화 속 세계의 영웅이자 반인반신의 마법사다. 하지만 그들의 대화는 우리가 아는 모든 이혼 부부들처럼 들린다. 핵심을 강조하기 위해 코러스가 아프로디테 여신을 향해 송가를 부른다. 왜냐하면, 이 순간 솔직히 누가 불가사의한 사랑의 경이로움을 생각하지 않을 수 있겠는가?

그러다가 아테네의 왕이자 테세우스의 아버지인 아이게우스가 등장한다. 그는 계속 자식이 없자 신탁을 구하기 위해 델포이에 왔다. 메데이아는 그에게 결혼생활의 어려움을 토로한다. 아이게우스는 이아손의, 특히 그가 그의 가족을 코린토스에서 추방하도록 내버려 둔 사실에 경악을 금치 못한다. 그리고 메데이아는 바로 여기서 출구 전략을 찾는다. 그녀는 아이게우스에게 아테네에 자신이 의탁할 곳을 마련해주겠다고 맹세하면 신탁을 해석하고 자녀를 낳을 수 있도록 도와주겠다고 제안한다. 물론 그는 맹세할 필요는 없다고 말한다. 우리는 오랜 벗이지 않소. 저에게는 적이 많답니다, 그녀가 그의 말을 받는다. 당신이 맹세한다면 우리 둘 다 더욱 안전해질 것입니다. 아이게우스는 메데이아의 선견지명이 상당하다고 감탄한다. 물론 그는 그것의 절반은 알지 못한다.

아이게우스가 떠나자, 메데이아는 여인들에게 그녀의 계획을 알린다. 그녀는 이아손에게 두 아들만은 남게 해달라고 애원하겠다고 말한다. 그리고 혼자 망명길에 오르겠다고 이야기한다. 하지만 아직은 누굴 희생시킨 건 아니다. 그녀는 아이들에게 공주에게 바칠 선물로 드레스와 왕관을 보낼 것이다. 메데이아는 그 선물에 독을 입힐 것이다. 일단 선물이 전달되고 나면, 그녀는 바로 다음에 일어날 일에 통곡할 것이라고 말한다. 나는 내 아이들을 죽일 거예요. 아무도 내 애들을 뺏어갈 수 없어요.[31]

이 순간이 얼마나 섬뜩한지는 더는 과장할 수도 없다. 우리는 유모, 가정교사, 그리고 메데이아 자신으로부터 아이들에 대한 우려를 들었지만 이에 대한 암시는 절반 정도만 드러나 있었을 뿐 다소 불확실했다. 우리는 메데이아가 명석한 두뇌로 계획을 실행에 옮기는 모습을 지켜보았다. 코러스를 자기 편으로 끌어들이고, 크레온의 마음을 누그러뜨리고, 이아손을 무너뜨리고, 아이게우스와 협상한다. 점차 그녀가 괜찮아 보인다. 그러다가 우리는 갑자기 복부를 한 대 걷어차인 기분이 든다. 이 매력적이고 영리하며 분노한 여성은 이전에 언급한 복수를 훨씬 뛰어넘는 수준의 엄청난 것을 계획하고 있다. 이아손, 크레온, 글라우케를 죽이는 것 역시 끔찍한 범죄지만 우리는 코러스와 마찬가지로 그녀의 손을 들어주었다.

이아손은 말만 번지르르하고, 크레온은 너무 거만하고, 글라우케는 하나의 관념에 불과하다. 우리는 사실 그녀를 실제로 본 적도 없다. 아무튼,

이 사람들이 메데이아에게 못 할 짓을 저질렀다. 그녀가 복수하지 않을 이유는 무엇인가? 결론, 이것은 그리스 비극이다. 더 많은 사람이 죽어야 흥행이 보증된다, 하지만 아이들은 무슨 죄야? 자기 새끼들마저 죽이겠다고? 확실히 그런 뜻은 아닐 거야. 코러스가 논리적으로 메데이아를 설득해 보려고 하지만 그녀는 꿈쩍도 하지 않는다. 그녀의 적들은 절대 그녀를 비웃지 못할 것이다. 그 방법이 남편을 가장 아프게 하는 방법인걸요. 메데이아가 답한다. 이때 그녀가 사용한 동사는 daknō - 베어 무는 것이다. 메데이아는 유모를 보내 이아손을 데려온다. 코러스는 아테네와 도시의 아름다움을 찬미한다.

이아손은 변함없이 그럴듯한 모습으로 다시 등장한다. 당신이 나를 경멸하는 건 알고 있소. 하지만 내게 바라는 말이 있다고 해서 여기에 왔소. 메데이아는 다시 한번 낯빛을 바꾼다. 메데이아의 영리함은 뛰어난 반응력에 있다. 그녀는 항상 특정 관객을 위해 어떻게 연기해야 하는지 알고 있다. 이번에는 연민이 가득한 자기비판이다. 제 성질이 어떤지 알잖아요, 이아손. 우리 과거 정분도 있고 하니 괘념치 마세요. 제가 바보였어요, 크레온 왕과 당신에게 싸우자고 들었으니. 당신은 우리를 도우려고 한 건데. 새로운 가정을 꾸려서 우리 두 아들에게 왕실의 형제들을 만들어주려고 한 것인데, 제가 왜 그렇게 퍼부어댔는지 모르겠어요. 기꺼이 신부를 위해 결혼식 준비를 도와드렸어야 했을 텐데.

나는 아마 이 극을 서른 번은 보았을 것이다. 때로는 영어로 또 때로는 그리스어로, 어떨 때는 청동기 시대를 배경으로, 또 어떨 때는 현재를 배경으로. 그리고 항상 모든 것이 좌절되리라는 생각이 밀려올 때가 바로 이 순간이다. 조금도 어리석지 않은, 아내를 누구보다 잘 아는 이아손조차 확실히 메데이아의 손바닥에서 벗어나지 못하겠다는 생각이 들 때가 말이다.

우리는 〈아가멤논〉에서 이와 비슷한 장면을 본다. 그 역시 자신을 곧 살해하려는 클리타임네스트라의 계획을 전혀 눈치채지 못했었다. 그러나 이들과 다른 점이 있다면, 아가멤논은 10년간 아내와 떨어져서 지낸 탓인지 그들에게서 살가운 부부라는 느낌은 거의 들지 않았다는 것이다. 또한 클리타임네스트라가 아가멤논보다 지적으로 더 뛰어난 건 사실인데, 아가멤논의 지적 수준은 이를 깨닫고 그녀에게 딱 화를 낼 수 있을 정도라는 느낌이 있다. 클리타임네스트라가 아가멤논을 쥐락펴락하면서 가지고 노는 장면을 보면 뭐랄까, 사악한 고양이가 성질머리는 더러운데 머리는 나쁜 개한테 날카롭게 발톱을 세우고 있는 모습을 보는 것 같다.

하지만 이아손과 메데이아의 관계는 다르다. 우리는 항상 그들 사이에서 진동하는 매력을 느낄 수 있기 때문이다. 이아손은 전혀 어리석지 않다. 애초에 메데이아와 노는 물이 달랐을 뿐. 아가멤논은 클리타임네스트라의 의도를 읽지 못한다. 그 이유는 간단하다. 그녀에게 관심도 없고, 그녀가 어떤 사람인지, 무슨 일을 하려고 하는지에 대해 전혀 생각하지 않아서다. 당신은 이아손을 똑같이 비난할 수 있다. 그러나 에우리피데스는 여기서 다른 선택을 한 것 같다. 이아손은 메데이아를 믿고 싶어서 믿은 것뿐이다. 심지어 그녀가 글라우케의 시중을 들어주었어야 한다는 둥 심하게 과장하고 있는데도 이아손은 메데이아가 진심으로 하는 말이기를 바란다. 그는 자신의 행동을 그녀와 두 아들에게 베푸는 호의로 받아들이기를 원한다. 자신의 아내와 아들들이 망명하는 모습을 기꺼이 바라보면서도 나쁜 사람이 되는 것 역시 원하지 않는다. 그리고 메데이아는 알고 있다. 속이기 가장 쉬운 사람은 잘 속아 넘어가는 사람이라는 걸.

그녀는 아이들을 밖으로 불러내 이아손에게 인사를 여쭈라고 말한다. 그러면서 그들의 부모는 이제 싸움을 멈추고 화목해졌다고 설명한다. 그녀는 그들을 보면서 눈시울을 적시기 시작한다. 메데이아는 자신의 계획을 알고 있다. 더 이상의 불행한 일이 없기를 호소하는 코러스도 눈시울이 뜨거워졌다. 이아손은 메데이아가 패배를 명백히 받아들이자 너무나 흡족한 나머지 한껏 너그러운 마음에 취해 있다. 정말이지 페이지 속으로 들어가거나 무대 위로 손을 뻗어 그의 뺨을 확 올려붙이지 않으려면 엄청난 에너지 소모를 각오해야 한다. 물론 남편이 재혼하니 여자로서 화가 나는 건 당연한 일이지, 그가 말한다. 그래도 좋은 생각이라는 걸 받아들여서 다행이오. 이렇게 하는 것이 분별 있는 여성의 행동이오.[32] 그는 두 아들을 바라보며 그들이 자라 강인해진 모습을 그려본다. 메데이아가 다시 흐느끼자 이아손은 어째서 이렇게 울기만 하느냐고 묻는다. 그런 것이 아니에요, 그녀가 대답한다. 아이들 생각에 눈물이 났을 뿐입니다.

메데이아는 이아손의 마음을 누그러뜨려서 자식을 보호하고 그녀에게 동정심을 갖도록 했다. 이제 그녀가 움직일 때다. 메데이아의 눈물이 거짓은 아니었더라도 쉴 새 없이 머리를 굴리는 것까지 방해할 정도는 아니었다. 그녀는 눈물을 흘리면서도 계획의 다음 단계를 실행에 옮기려고 한다. 그래서 이아손에게 새 신부와 왕을 설득하여 두 아들만큼은 코린토스에 남을 수 있도록 선처를 호소해 달라고 간청한다. 메데이아 자신은 이 땅을 떠나겠지만 아이들만은 아버지 슬하에서 살아야 한다고. 이아손은 원칙적으로는 공감하지만 크레온을 설득할 수 있을지 확신이 없다. 역시 에우리피데스답게 센스있는 솜씨다. 우리는 메데이아가 크레온에게서 원하는 것을 얼마나 쉽게 얻어냈는지 이미 본 적이 있다. 심지어 크레온이 노기가 등등하고 두려워하던 순간에도 말이다. 그에 비하면 이아손은 설득하고 말 것도 없겠다.

당신 아내는 그녀의 아버지를 설득할 수 있을 거예요, 메데이아가 말한다. 그분께 우리 애들한테 들려서 결혼 선물을 보내도록 하겠어요. 태양의 신인 우리 할아버지로부터 물려받은 귀중한 선물이랍니다. 이아손은 바보짓 좀 하지 말라고 다그친다. 설마 나의 공주가 걸칠 옷이 없을까 봐서? 궁전에 금붙이가 귀할 것 같아서 그러오? 그것들은 당신이 보관하오. 내 아내 될 신부는 그렇게 해줄 거요, 그녀가 나를 걱정한다면, 이런 자질구레한 장신구 때문이 아니라, 내가 부탁하니까.

이들의 애정 전선에 무슨 문제라도 있는 건가? 이아손과 새 신부의 관계가 예전 메데이아만 못하다는 느낌이 드는 건 왜일까? 왠지 공주가 걸칠 옷이며 황금이 없겠느냐고 말할 때 불만스러운 기색이 느껴진 것 같아서 말이다. 우리가 기억하는 이아손은 펠리아스에게 왕권을 빼앗겼다. 아마도 그에게 자수성가한 사람이 느낄법한 특권 계층을 향한 못마땅한 감정이 남아 있는 모양이다. 그리고 '만약'이라는 가정도 흥미롭다. 그녀가 나를 걱정한다면, 내가 부탁을 하니까 그렇게 해줄 것이다. 이아손은 메데이아의 선물이 글라우케의 환심을 살 가능성이 매우 크다는 것을 알고 있다. 그렇더라도 속으로는 자신의 매력으로 글라우케의 마음을 움직일 수 있기를 더 바랄 것이다. 새 신부가 자기 말을 귀담아듣지 않아서 속상한가? 그의 생기발랄한 젊은 약혼녀는 반짝이고 예쁜 것에만 눈이 돌아가고 그를 이성의 목소리(선의의 대변자)로 대하지 않아서? 메데이아처럼 영리하고 교활한 여성과 함께 살다가 젊고 고분고분한 여자를 만나는데, 그 두 번째 아내가 여전히 당신을 정복 영웅으로 대하지 않는다는 사실을 알게 되면 특별히 속이 문드러질 것이다.

하지만 메데이아는 당연히 알고 있는 걸 새삼스럽게 들먹여 이아손의 자존심에 흠집을 낼만큼 어리석지 않다. 선물은 신의 마음도 움직이는 법이에요. 그리고 인간들 세상에 황금이면 안 되는 게 없지요.[33] 그녀는 글라우케에게 가져갈 선물을 아이들에게 준다. 이 값진 선물을 반드시 그분 손에 올려드려라. 자, 어서 가거라.[34]

이아손과 아이들은 떠나고, 코러스가 비통한 마음을 노래한다. '이제 저 애들이 살 마지막 희망도 꺼졌구나, 더는….' 그들은 글라우케와 이아손, 그리고 메데이아를 애도한다. 가정교사가 아이들과 함께 다시 무대에 올라 메데이아에게 아이들이 추방을 면하게 되었다는 소식을 전한다. 그녀는 이것이 무엇을 의미하는지 알기에 눈물을 흘린다. 그는 메데이아가 자식들과 떨어져 홀로 추방 길에 오른 자신의 가련한 처지 때문에 울고 있는 것이리라 생각한다. 메데이아는 그냥 가정교사가 그렇게 생각하도록 내버려 둔다. 그리고 아이들을 두 팔로 끌어안는다. 이제 메데이아는 이 극의 두 번째 수려한 독백을 시작한다. 여기서 그녀의 대립하는 두 성격('자녀에 대한 사랑' 대 '적의 번영을 거부하는 것')이 예사롭지 않게 충분히 표현되었다.

그녀는 두 아들에게 아직은 도시와 집이 있지만, 너희들은 내팽개쳐질 것이고 자신은 비참해질 것이라고 말한다. 이제는 너희들이 자라는 모습도 볼 수 없고, 너희가 신부를 맞아 결혼하는 모습도 볼 수 없겠구나. 어미에게는 모든 것이 헛되게 되었구나. 출산의 끔찍한 고통과 너희들을 기른 것이 그저 아무 소용이 없게 되었어. 언젠가 너희에게 의지하여 노년을 보내리라는 기대도 무너졌구나. 그리고 죽어서 자식들 손에 묻히고 싶은, 모든 사람이 바라는 마지막 기대도 허물어졌다. 이 모든 달콤한 환상은 깨어지고 이제 나 홀로 쓸쓸히 슬픔과 고통 속에서 살아가야만 하는구나.[35] 너희들의 영롱한 두 눈도 이제는 영영 어미를 볼 수 없을 것이며 다시는 너희와 만나지 못하리라. 그 미소는 내게 보내는 마지막 웃음이더냐?

이 첫 대사의 애매한 의미는 보는 처지에서 참으로 견디기 힘들다. 진짜 우리에게 으름장을 놓았던 일을 벌일까? 이 여자는 자식들을 사랑한다. 그녀는 아마 두 아들을 죽일 수 없을 것이다. 메데이아는 두 아들에게서 몸을 돌리고 합창단을 향해 말한다. 제가 어떻게 하면 좋을까요? 여인들이여, 아이들의 초롱초롱한 눈망울을 보니 내 마음이 봄눈 녹듯 녹아버렸어요. 아니, 난 못 해요. 내 결심이여 물러가거라. 난 너희들과 함께 가겠어. 저 멀리 타국으로. 제가 두 배는 더 고통받을 텐데 어떻게 아이들을 해칠 수 있겠어요?

우리는 이성과 사랑이 승리했다는 짧은 희망을 느낀다. 메데이아는 그녀의 아이들을 사랑한다. 이아손과는 다른 방식으로 아이들을 사랑하는 것이 틀림없다. 이아손은 전처와 아이들이 망명길에 오르는 것을 즐겁게 바라보면서 결혼하여 새로운 가정을 꾸릴 것이다. 그의 두 아들에 대한 애정은 조건적이어서, 그가 아이들을 위해 불편함을 감수하는 데에는 한계가 있다. 메데이아는 사랑으로 마비되었고, 비록 그렇지 않더라도, 적어도 무엇이 참이고 거짓인지는 구별해낼 수 있다. 그녀는 이아손보다 자식들을 훨씬 더 사랑한다. 너희 아비에게 고통을 주겠다고 너희를 해치는 것은 나의 상처만 두 곱절로 만드는 것. 영리한 여자라면 절대 이것이 합리적인 선택이라고 단정할 수 없을 것이다.

하지만 모성애가 갑자기 치밀어올랐듯이, 내면에 도사린 본성의 어두운 면이 다시 휘몰아친다. 내가 왜 이러지? 나의 원수들이 벌을 받지 않고 나를 비웃도록 내버려 두란 말인가? 아니야, 죽여야 해. 이런 나약한 상념에 빠지다니, 겁쟁이가 따로 없군. 안으로 들어가거라, 애들아. 차마 못 볼 사람은, 지금들 떠나시라. 내 결심은 흐트러지지 않을 테니.

그러더니 또 사랑의 감정이 밀려온다. 오, 안 돼, 난 못 해.[36] 그들을 살려줘, 이 가련한 인간아, 애들은 살려야지. 자식들이 살아서 너를 행복하게 해줄 수 있게 해줘.

또다시 분노에 휩싸인다. 아니, 지옥의 가장 어두운 악마들에 의해서도, 내 아이들이 적들에 손에 짓밟히게 놔두지 않을 거야. 이젠 너무 늦었어. 이미 신부의 머리에는 관이 올려져 있고 드레스를 몸에 걸친 채 그의 몸은 조금씩 썩어들어가고 있을 테지. 메데이아는 아이들에게 작별 인사를 한다. 고운 살결과 향기로운 숨결. 그녀의 마음이 다시 흔들린다. 이제 그만 들어가거라! 더는 너희들을 볼 수가 없구나. 이제 내가 하려는 몹쓸 짓을 잘 안다. 하지만 세상만사 모든 악의 원인인 분노가 나의 의지보다 더 앞서는 걸 어쩌랴.

아이들은 집 안으로 들어가지만 메데이아는 코러스가 무자식의 미덕에 대한 송가를 읊는 동안 그 자리에 남아 있다. 그들은 자식이 없는 사람들이 덜 고통스러운 삶을 산다고 노래한다. 평생 자식 걱정으로 두려움과 불안에 떨어야 하는 부담감에서 벗어날 수 있으니 말이다. 그들이 이러한 결론에 도달할 때쯤 궁에서 보낸 전령이 도착한다. 메데이아는 그를 기다리고 있었던 모양이다. 전령은 그녀에게 서둘러 코린토스에서 달아나라고 말한다. 왜요? 그녀가 묻는다. 남자는 메데이아가 보낸 독으로 크레온 왕과 그의 딸이 모두 죽었기 때문이라고 대답한다.[37] 그리고 그 장면을 자세히 설명해준다. 상자에서 드레스를 꺼내 입고 머리에 왕관을 써보셨습니다. 독이 막 퍼지기 직전이었죠. 그러다가 갑자기 머리에 올려져 있는 왕관에서 불꽃이 피어올랐고, 드레스가 공주님의 생살을 파먹어 들어가기 시작했어요. 글라우케는 거의 온몸이 녹아내리는 동안 고통 속에 몸부림쳤고, 그녀의 아버지는 딸에게 달려가 그녀를 붙들고 어루만지며 통곡했다고 한다. 그러나 그 독이 이번에는 그를 괴롭혔다. 극심한 고통에 시달린 후 아버지와 딸의 두 시체가 나란히 누워 있었습니다.

대사는 길고 믿을 수 없을 정도로 처절하고 참혹하지만, 전령이 말을 마친 후에도 코러스는 기존의 판단을 바꾸지 않는다. 그들은 이날 이아손의 고통은 endikōs, 정당한 것이라고 믿는다.[38] 오늘 정의가 이루어졌습니다. 그들은 그녀를 향한 동정심을 아직은 거두지 않았다. 메데이아는 마음을 추슬렀다. 이제 나의 자식들을 죽이고 이 땅을 속히 떠나야 해요. 그렇지 않으면 더 야만스러운 자의 손에 죽임을 당하고 말 거예요. 그 애들은 죽을 수밖에 없어요. 어차피 죽어야만 한다면 그들을 태어나게 해준 내 손으로 죽이는 편이 나아요. 자, 마음을 굳게 먹자. 주저해서는 안 돼. 내 가련한 손이여, 어서 칼을 잡자. 어서 빨리 이 고통의 순간을 넘겨야지. 더는 겁쟁이가 되지 말고, 그 애들이 내 사랑스러운 자식이라는 생각을 잊자, 딱 하루만. 비록 내가 너희들을 죽이지만 때가 되면 사랑스러운 나의 자식들을 위해 통곡하리라.

절망의 늪으로 떨어진 여인이여.

그리고 이 말을 남긴 채 그녀는 집안으로 사라진다. 우리는 형언할 수 없는 참상 앞에서 그저 속수무책으로 지켜볼 수밖에 없다. 메데이아의 논리는 표면적으로는 합리적이지만, 그것은 메데이아를 끔찍한 결론에 이르게 했다. 물론 코린토스의 왕가 전체를 죽인 메데이아의 아이들은 응징당할 위험에 처할 가능성이 매우 크다. 그녀와 이아손은 펠리아스의 살인을 선동한 후 이미 이올코스에서 도망친 신세다. 그녀의 말에도 일리는 있다. 코린토스의 성난 군중들이 먼저 아이들을 찾는 것보다 그녀가 아이들을 최대한 빠르고 고통 없이 죽이는 편이 더 나을지도 모른다. 그럼에도 그런 무리들이 있기는 한가? 코린토스의 여성들은 이 극이 진행되는 내내 그녀를 동정했고, 비밀을 지켜주었으며, 그녀를 지지해주었다. 메데이아가 자신의 아이들이 죽을지도 모른다고 두려워하는 건 정당한 것인가? 아니면 그녀가 자기가 하고 싶은 일(남편에게 상처를 주기 위해 자식을 죽이는 일)을 정당화하기 위해 스스로 변명하고 있는 것인가?

코러스는 메데이아의 할아버지인 태양신 헬리오스에게 절망적인 노래를 부른다. 그는 정말 이런 끔찍한 장면을 굽어살필 수 없단 말인가? 그러나 그들이 메데이아를 복수의 여신으로 묘사하더라도,[39] 그들은 그것을 talainan, 즉 가련하고 비참하다는 말로 수식한다. 그들은 여전히 그녀를 불쌍하게 생각한다. 이윽고 그들의 - 그리고 우리의 - 귀에 메데이아의 아이들이 도움을 청하는 소리가 들린다. 어떡해, 어머니의 손을 피하려면 어디로 가야 하지? 두 번째 아이는 이렇게 대답한다. 나도 몰라, 사랑하는 형제여. 우리는 죽을 거야.

이 장면, 엄마가 검을 휘두르면서 아이들에게 달려드는 동안 그들이 도움을 요청하면서 비명을 지르는 이 충격적인 장면은 우리가 귀로만 듣는다고 해서 절대 그 공포감이 줄지 않는다. 코러스는 겁에 질린 아이들을 구하러 안으로 들어가야 하는지 서로 묻는다. 코러스는 보통 사건에 대해 해설하거나 견해를 밝히는 방관자의 역할일 뿐인데. 이 연극에서 그들이 메데이아의 자식들을 돕기 위해 무대를 떠날 수도 있다는 암시는 참으로 인상적이다. 아이들은 다시 비명을 질렀다. 오, 신이시여, 우리를 구해주소서. 우리는 어머니의 칼에 맞아 죽고 말 거예요.

여기서 우리는 그리스 신화에서 살인 행위는 성별에 따라 기대치가 다르다는 점을 짚고 넘어갈 필요가 있다. 여성들이 전통적으로 사용하는 방식은 독살이다. 우리는 메데이아가 그렇게 살인을 저지르는 걸 이미 보았다. 그녀는 유명한 마녀로 갖가지 물약에 해박하고 전문적이다. 연적을 죽이고 싶을 때 메데이아는 전통적인 여성의 무기를 사용한다. 그러나 자식을 죽일 때는 다른 방법을 택했다. 그녀는 심각한 범죄가 발생하지 않는 한 가정환경에서 절대 사용하지 않는 남자의 무기인 검을 집어 들었다. 우리는 그녀가 딱 하루 아이들은 그녀의 자식이 아니라고 한 말을 기억할 것이다. 그녀가 자기 아이들 앞에서 칼을 뽑아 든 것은 그 이상을 의미한다. 그녀는 자신이 어머니라는 사실을 잊고, 자신이 여성이라는 사실도 잊고 있다.

코러스는 이제 자신들이 아이들을 구하기에는 너무 늦었음을 깨닫는다. 제 손으로 자기 자식을 무참히 죽인 어머니가 꼭 한 명 더 있었지. 헤라 여신의 미움을 받아 넋이 나가버린 여인 이노Ino, 자식을 죽인 죄로 벼랑 끝에서 스스로 몸을 던졌어. 코러스는 메데이아가 미쳐버렸다고 말하지 않는다. 그들은 그녀가 온전한 상태임을 알고 있다. 그러나 그녀가 저지른 행동은 몸서리가 쳐지도록 극단적이어서 그들이 꺼내든 전형적인 예조차 사악한 신에 의해 미쳐버린 여성이 유일하다.

이제 메데이아에게 격분한 이아손이 궁에서 도착한다. 왕을 죽이고도 무사할 줄 알았는가. 그러나 이아손은 분명하게 선을 그었다. 나는 메데이아 따위에는 관심이 없소. 내 아들들부터 살려 두고 봐야겠소. 자기들 어머니의 광기에 복수를 다짐하는 이들의 손에서 내 아이들의 생명을 구하기 위해 온 거요.[40] 우리는 이전 장면에서 메데이아가 두 아들이 성난 폭도에게 죽임을 당하기 전에 자신이 직접 죽이겠다고 말했던 것을 기억할 것이다. 그때는 좀 회의적이었는데, 어쩌면 그녀의 생각이 옳았을 수도 있다. 이아손 역시 왕의 죽음에 이를 응징하려는 자들이 자신의 아이들을 죽이러 오리라 믿고 있으니 말이다.

이 태평한 양반이여, 몰라도 한참 모르는구려. 뭘 말이오? 그가 묻는다. 메데이아가 나까지 죽이려 한다는 거요? 이 순간에도, 그는 메데이아를 얕잡아보고 있다. 그가 아는 정도만, 딱 모든 사람이 아는 만큼만 그녀에 대해 알고 있다면 어떤 극한까지 치달을 수 있는지 상상조차 못 할 것이다. 코러스가 끔찍한 소식을 알려준다. 그대의 아들들은 이미 죽었다오. 제 어미 손에.

이아손은 그 사실이 조금도 믿기지 않는다. 그는 자신의 두 눈으로 직접 볼 수 있도록 누군가 집 문을 열어달라고 부탁한다. 그러나 이미 너무 늦었다. 왜냐하면 메데이아가 할아버지인 태양의 신 헬리오스가 보내준 전차를 타고 그의 머리 위로, 집 위에서 나타났으니까. 그녀는 아이들의 시체를 함께 태우고 있었다.

기원전 4세기의 아리스토텔레스는 《시학》에서 이와 같은 플롯 포인트plot point를 비판했다.[41] 메데이아를 높은 단상의 무대에서 날아오르게 하는 판에 박힌 듯한 '기계적인' 답습을 상당히 탐탁지 않게 여겨서였다(그러나 이 구절에서 deus ex machina는 고대 그리스 연극에서 '절박한 상황에 나타나 도와주는 신a god from a machine'이라는 뜻으로 여기에 해당하는 그리스어 단어는 mekhanē다). 이것은 보통 연극의 마지막에 신이나 여신을 위해 따로 마련해 놓는 무대 기법이다. 나는 이 연극의 맥락에서 이 장치가 얼마나 중요한지 강조하고 싶다. 우리는 메데이아의 소름 끼치는 행동을 용서할 수 없겠지만 에우리피데스는 신들이 그것을 승인했다고 우리에게 보여주는 것이다. 그렇기에 그들은 메데이아에게 그야말로 코린토스의 성난 군중들부터 탈출할 수단을 제공해 준 것이다.

이아손은 두 눈으로 보고도 믿어지지 않는다. 그가 증오에 차서 외친다. 신들과 나와 필멸의 모든 존재로부터 저주받아라. 그러나 그녀는 신이 제공한 전차를 타고 있다. 그는 망연자실한 채 땅에 서 있다. 이아손의 약혼녀, 왕, 그리고 두 아들 모두 이 세상에 없다. 객관적으로 - 우리가 이토록 감정을 자극하는 주제에 객관적일 수만 있다면 - 신들이 누구를 경멸하는 것처럼 보이는가? 이아손과 메데이아의 마지막 대화는 이혼하는 부부가 서로를 갈기갈기 찢고 자녀를 무기화하는 모습을 단 한 번이라도 본 사람이라면 애석하게도 참으로 익숙한 모습이다(비록 그 과정에서 아이들은 - 행복하게 - 살아남지만). 그는 지옥에나 떨어지라며 욕설을 퍼붓고, 그녀는 이제 아무 소용도 없는 그의 헛된 욕지거리에 고소해한다. 이아손은 이 가슴이 찢어지는 고통이 어찌 자신만의 것이냐며 그녀도 똑같이 고통받으라고 저주한다. 하지만 메데이아는 그만한 가치가 있었다고 그의 말을 받는다. 이아손은 그녀의 악행을 비난하고, 메데이아는 그의 배신을 비난한다. 신들은 누가 이 재앙을 일으켰는지 알고 있어요, 메데이아가 말한다. 뒤이어 아이들을 묻어주고 장례를 치러 주겠다는 이아손의 말을 메데이아는 거절한다. 그러면서 아이들을 헤라 여신의 신전에 묻어줄 것이라고 대답한다. 마지막 분노의 반전이 남았다. 그의 죽음에 대한 메데이아의 예언이다. 이아손은 아르고호의 파편에 머리가 박살 날 것이다. 영웅이라면 그 누구라도 이렇게 허망하기 짝이 없는 최후를 맞고 싶지는 않을 것이다. 나아가, 그녀의 예언은 그녀를 신격화하는 데 일조한다. 그녀는 이제 미래를 내다볼 수 있다.

그들 사이에서 마지막으로 격렬한 설전이 오고 간다. 이아손은 메데이아를 아이들을 죽인 살인범으로 몰았고, 그녀는 그에게 돌아가 신부나 묻어주라고 맞받아친다. 그는 더는 세상에 없는 아이들을 위해 통곡하고, 그녀는 그가 늙어 죽을 때까지 아이를 볼 수 없는 고통에 시달릴 것임을 상기시킨다. 이아손은 아이들을 품에 안아보고 싶다고 말했고, 메데이아는 그가 처자식이 추방당하는 꼴을 보면서도 기뻐했다고 쏘아붙인다. 자식을 향한 그의 뒤늦은 사랑은 메데이아의 마음을 전혀 움직이지 못한다. 이아손은 제우스 신을 부르짖지만, 너무 늦었다. 메데이아는 영원히 코린토스를 떠났다. 극은 코러스의 마지막 논평으로 마무리된다. 신들은 상상할 수 없는 커다란 놀라움을 안겨 주시노라. 농담 아니고, 정말로.

그렇다면 이 연극이 누구도 부인할 수 없는 걸작이라는 점을 생각할 때, 처음 공연 당시에는 왜 그토록 많은 논란이 일었을까? 기원전 431년, 디오니소스 연극제에서 3위였음을 기억하자. 익히 잘 알고 있었던 내용이라면 관객들이 왜 그토록 충격을 받았을까? 사실, 그들이 잘 알고 있던 내용이 아니었을 가능성이 매우 크다. 메데이아의 자식들이 죽음에 이르는 방식에는 전통적으로 완전히 다른 두 가지 방식이 경쟁하고 있었다. 두 가지 모두 에우리피데스의 관객들에게 잘 알려져 있었을까? 확실히 말할 수는 없지만, 그의 연극이 처음 무대에 올려졌을 때 분명히 왜 그들이 그토록 충격을 받았는지를 설명하는 데에는 어느 정도 도움이 될 것이다.

이 두 가지 전통적 방식 중 첫 번째는 에우리피데스 희곡에서 메데이아와 이아손이 함께 두 아들을 기른다는 설정이다. 여기에서 아이들은 복수심에 불타는 코린토스인들에게 죽임을 당한다. 에우리피데스에 관하여 쓴 주석(스콜리아)에 따르면,[42] 그 후 크린토스인들이 메데이아가 그녀의 아이들을 죽였다는 소문을 퍼뜨리기 시작했다. 멋진 반전에서 (거의 출처가 불분명한 외경이 확실함) 기원전 5세기 코린토스인들이 에우리피데스에게 5 탤런트talent[고대 그리스 등의 무게 및 화폐 단위 - 역자 주]를 주고 메데이아에게 죄를 덮어씌우고 그들의 잘못을 눈감아 주도록 했다고 말한다. 두 번째는 메데이아가 그녀의 아이들을 우연히 죽인다는 내용이다. 메데이아는 아이들이 태어나자마자 여신이 그들을 불사의 존재로 만들어주리라 굳게 믿고 자식들을 헤라의 신전으로 데리고 간다.[43] 그러나 대신 아이들은 죽는다.

따라서 에우리피데스가 메데이아의 유아 살해를 의도적으로 발명한 최초의 작가인지 확신할 수는 없지만 그럴 가능성이 크다. 이 경우, 그의 관객이 경악한 것은 너무나도 당연하다. 그들은 약간 가볍게 코린토스를 공격하거나 기껏해야 잔인한 여신 헤라에 의해 좌절당한 불행한 여성이겠거니 생각했을 것이다. 그러기는커녕 그들은 영리하고 폭력적이며 분노로 물불 안 가리는 여성의 무서운 모습을 마주했다. 그들에게 그야말로 집단적 악몽을 불러오는 아내다.

우리는 에우리피데스의 희곡에서 메데이아가 극 내내 온전한 정신을 유지했다는 점에 주목할 필요가 있다. 비록 그녀의 결정이 우리를 공포로 몰아넣기는 하겠지만, 어쨌든 그녀가 장시간 심사숙고한 끝에 내린 결정이다. 내가 이 점을 강조하는 이유는 오늘날 무대에 올려진 작품들 가운데 마지막 장면에서 미치지 않은 메데이아의 작품을 보기가 무척 어렵기 때문이다. 하지만 전적으로 이해할 수 있는 선택이라고 본다. 현대의 관객들은 메데이아가 자기 자식을 죽일 수 있다는 생각, 자기 자신에게 평생의 슬픔을 안길 수 있는 그런 끔찍한 짓을 미친 것도 아니고 온전한 상태에서, 자신이 무슨 짓을 하는지를 알면서도 행할 수 있다는 그 반인륜적인 생각을 도저히 받아들일 수 없다. 우리는 누군가가 완전히 제정신이 아닌 경우에만 그처럼 반인륜적인 범죄를 저지를 수 있다고 믿고 싶다.

또 다른 문제는 아리스토텔레스를 괴롭힌 바로 그 'deus ex machina'다. 어떻게 현대의 극장 관객에게 이것이 품고 있는 상징성을 전달할 수 있겠는가? 메데이아는 왜 그런지는 모르겠지만 극이 진행되는 동안 변형의 과정을 거쳐서 남편에게 버림받고 한 맺혀 울부짖다가 불사의 경지에 오른거지. 그것도 자기 자식을 죽음에 이르게 한 행위가 메데이아를 무너뜨리기는커녕 오히려 우리의 예상을 완전히 뒤엎고 그녀를 그 어느 때보다 더 강력한 존재로 만들었다고? 물론 이 불신에는 성별 역할이 반영된 요소도 있다. 영화 관객들은 영화 〈유주얼 서스펙트Usual Suspect〉에서 카이저

소저가 가족을 죽이겠다는 협박을 당하느니 차라리 자기 손으로 그들을 직접 죽이겠다고 할 때 가장 무서운 존재로 떠오르지만 특별히 문제의식을 느끼지 않는다. 그러나 메데이아는 그녀가 타고 있는 기이한 모습의 전차마저 자식을 죽인 여자의 대전제인 광기로 몰아버리고 싶은 유혹을 느낀다. 그렇다 보니 우리 눈에 마지막 장면은 그저 전남편에게 부질없는 험한 욕설을 날리는 철저하게 망가지고 파괴된 여자의 모습으로만 남게 되는 것이다.

메데이아가 전차를 타고 코린토스를 탈출하는 장면을 그린 이탈리아 남부의 루카니아에서 발굴한 웅장한 꽃받침 크라테르calyx-krater(꽃을 닮은 장식이 있는 혼주 항아리)가 있다.[44] 이 항아리는 에우리피데스의 연극이 아테네에서 공연된 지 30년 후인 기원전 400년 무렵에 만들어졌다. 이 장면은 아이들의 시신을 제단 위에 남겨두고, 아마도 유모로 추정되는 흰 머리의 나이 든 여성이 애도하는 장면이다. 장면 왼쪽에 이아손이 나타난다. 그는 막 도착하여 그의 두 아들이 죽었다는 사실을 알게 되었다. 그의 앞에는 깡충깡충 뛰어다니는 작은 개가 있다. 그리고 장엄하게 똬리를 튼 거대한 노란 뱀이 끄는 전차를 타고 그 장면 위를 날고 있는 것은 메데이아다.

그녀의 화려한 드레스와 머리 장식은 이 사람이 야만인 여성임을 상기시켜준다. 그러나 하늘을 날아가는 그녀의 모습은 영락없는 여신이다. 그녀의 전차는 거대한 후광으로 둘러싸여 있어 신에게서 받은 것임을 떠올리게 한다(이는 뱀에게 날개가 없다는 점을 고려할 때 그것이 어떻게 날 수 있는지 설명하는 셈이다). 아마도 클리블랜드 미술관Cleveland Museum of Art 웹사이트에 소개된 〈재미있는 사실Fun Fact〉이라는 제목의 항아리에 대한 설명이 전 세계 박물관 중에서 가장 훌륭한 디지털 큐레이터의 논평 중 하나일 것이다. '메데이아가 뱀이 끄는 마차를 타고 아이들을 살해한 직후 현장을 도주하고 있다.'[45] 이

큐레이터에게 경의를 표한다.

그 사실이 우리의 정의감에 고통을 안길 수는 있지만 메데이아는 정말로 목숨을 건졌다. 그녀는 극 중 아이게우스와 계획했던 대로 코린토스를 떠나 아테네로 향한다. 그들의 이야기의 일부 판본에서 메데이아는 테세우스가 그의 아버지인 아이게우스를 찾아왔을 때 아테네에 있었다(하지만 《아르고나우티카》에서 아폴로니오스의 경우, 테세우스와 아리아드네의 관계는 이아손과 메데이아의 관계보다 앞서 있다). 메데이아에 관한 다른 형태의 이야기에서는 그녀에게 살아남은 아이들이 존재하기도 한다. 파우사니아스는 몇 가지 다른 이름을 나열하기도 하고,[46] 헤로도토스Herodotus 또한 그녀에게 살아남은 아들이 있다고 보고 있다.[47] 디오도로스 시켈로스Diodorus Siculus는 이러한 불일치가 바로 비극작가들의 잘못이라고 지적한다. 문제는 그들이 기이하거나[48] 기적적인 일들을 좋아한다는 사실이다.

메데이아는 자신의 자손에게 폭력을 가하는 여성을 묘사하는 대표적인 프레임으로, 그 비교가 얼마나 적절한지와 상관없이 오랫동안 사용되어왔다. 심지어 가이아 학설과 반대되는 이론이 있다. 우리에게 영양을 공급하고 우리를 소중히 아끼는 어머니 지구 대신, 우리는 지금 우리를 소멸하기로 한 행성에 살고 있다는 것이다. 일명 메데이아 가설이라고 불린다.

토니 모리슨Toni Morrison의 퓰리처상 수상 소설인 《빌러비드Beloved》는 자신의 딸을 죽인 여성의 이야기를 다루고 있어서 종종 메데이아의 서사로 간주하곤 한다. 나는 대부분의 사람들보다는 메데이아에게 더 동정적이다. 모리슨의 소설이 기반을 둔 마가렛 가너Margaret Garner의 이야기에서 그녀의 모습은 내셔널 언더그라운드 레일로드 프리덤 센터National Underground Railroad Freedom Center에서 소장하고 있는 토마스 새터화이트 노블Thomas Satterwhite Noble의 1867년 그림 〈현대의 메데이아The Modern Medea〉로 묘사되었다.[49] 우리가 원수의 손에 아이들이 죽임을 당하는 것보다 자기 손으로 죽이는 게 더 나으리라고 한 메데이아의 말을 액면 그대로 받아들인다면 아마도 우리는 그 연결성을 정당화할 수 있을 것이다. 그러나 메데이아는 에우리피데스의 희곡에서 자신이 아이들을 죽인 이유는 그녀를 경멸하고, 그리고 그들이 처벌받지 않고 그렇게 했다고 믿어지는 자들에게 복수하기 위해서라고 말한다. 그녀는 이아손의 혈통을 말살한다. 이아손은 노년에 그와 함께할 자식도 없으며, 재혼할 가능성 역시 크지 않다. 글라우케에게 일어난 일을 듣고 나서도 이아손과 결혼할 강심장이 누가 있겠는가. 이는 가너 여사처럼 목숨 그 자체를 희생하고서라도 노예 생활이라는 견디기 힘든 공포로부터 아이를 구하기 위한 필사적인 선택을 한 것과는 거리가 멀다.

메데이아의 이야기는 오늘날 우리네 삶에서도 쉽게 발견할 수 있는 소재라서 독특한 측면이 있다. 우리 대부분은 실수로 아버지를 죽이고 어머니와 결혼하는 것이 어떤 것인지 상상조차 할 수 없지만, 우리 대부분은 버림받고 배신당했다는 느낌이 어떤 것인지는 안다. 우리의 반응이 - 바라건대 - 메데이아의 반응보다는 침착하기를 바라지만. 거대한 뱀이나 마법, 혹은 사람을 가마솥에 넣고 끓이는 등 지나치게 이질적으로 보일 수 있는 이야기를 에우리피데스가 인간적으로 재탄생시켜서 지금도 전 세계에서 공연되고 있다. 독창적인 일본의 극 연출가 니나가와 유키오Ninagawa Yukio는 20년 동안 일본 전역의 도시에서 남성 배우가 여자 역을 하는 '올 메일all-male production' 시리즈 작품을 꾸준히 무대에 선보였다. 그의 정해진 목표는[50] 일본 여성들에게 그들이 메데이아만큼 강하고 솔직할 수 있음을 보여주는 것이었다. 그녀가 비록 극 중 인물들에게는 솔직하지 않지만 관객들에게는 솔직하다. 우리는 항상 그녀가 무엇을 생각하고, 느끼고, 계획하는지 알고 있다. 왜냐하면 그녀가 언제나 우리에게 말해주기 때문이다. 메데이아는 여러 가지 내적인 힘이 그녀를 다른 방향으로 끌어당기는 복합적인 캐릭터이긴 하지만, 그렇기에 그녀가 더 현실적이고 인간적으로 보이는 것 같다. 파이드라를 괴롭힌 신의 욕망이라는 외부화된 힘이나 이오카스테를 비난하는 운명의 잔혹함과는 달리, 메데이아는 그녀 자신의 정신에 의해 피폐화된다. 그 모든 마법의 힘에도, 그녀는 위기에 처하고, 자신에게 위해를 가한 모든 사람에게 미친 듯이 달려든다.

그래서 메데이아의 이야기가 현실적으로 보이는 것이다. 아무리 신의 전차를 타고 원수들을 피해 달아난다고 한들. 그녀의 이야기는 크리스타 볼프Christa Wolf의 수작 《메데이아 또는 악녀를 위한 변명Medea》에서부터 류드밀라 울리츠카야Ludmila Ulitskaya의 확장된 《메데이아(메데야)와 그녀의 아이들Medea and her Children》에 이르기까지 그리스 신화의 얼개를 유지하면서도 여성들에 의해 성공적으로 다시 쓰였다. 두 작품 모두 1996년에 출판되었다. 울리츠카야의 메데이아는 자식이 없는 과부로 수많은 남자 조카와 여자 조카, 그리고 그들의 자손들이 매년 여름마다 순례하듯 찾아오는 집에서 살고 있다. 크림반도에 있는 마을의 마지막 그리스인인 이 메데이아는 남편이 죽고 나서 한참 후에 남편의 배신을 알게 된다. 그녀의 대응은 가족을 파괴하는 것이 아니라 그들에게 다가가 그들이 그녀를 위로하도록 했다. 아마도 그녀는 메데이아의 가장 중요한 특성 중 하나인 명석한 두뇌를 물려받았을 것이다. 울리츠카야가 말했듯이, '메데이아에게는 격언이 하나 있다. 니케Nike가 그걸 인용하기를 좋아했지. "영리함은 어떤 결점도 덮어준다."'

비욘세로 돌아가 보자. 짙은 황색 드레스를 입고 물이 가득한 사원의 계단을 걸어 내려가는 모습이 영락없는 헤카테의 여사제다. 뭐가 더 심해? '질투, 아니면 미친 것처럼 보이는 거?', '질투하고 미쳐버린 것처럼 보이는 거?' 그녀는 우리에게 물었다. 특히 비욘세가 사용하는 동사 때문에 메데이아에게 딱 어울리는 질문이다. 그녀는 질투가 더 심한 것인지, 미쳐버리는 게 더 심한 것인지를 걱정하는 게 아니라, 질투 혹은 미쳐버린 것처럼 보이는 게looking 더 최악임을 우려한다. 그녀는 메데이아와 마찬가지로 자신의 겉모습 때문에 심각하게 힘들어한다. 크레온이 무대를 떠나는 순간 메데이아는 코러스에게 그가 그녀의 의지에 굴복하도록 영리함의 미덕을 감소시키려 자기 비판하는 척했을 뿐이라고 말한다. 그녀는 말로든 살인으로 그들의 편견을 즉시 수정할 수 없다면, 아무도 그녀를 나약한 모습을 보이지 않을 것이다. 뮤직비디오에서 비욘세가 여기저기 돌아다니다가 자동차 앞 유리에 야구 방망이를 휘두르며 결론을 내렸다. 나 차라리 미쳐버리겠어.

X

페넬로페

Penelope

페넬로페는 오랫동안 그녀의 이야기가
회자되는 동안 완벽한 아내로 여겨져 왔다.
하지만 아내다운 특성이란 정확히 무엇인가?

스파르타의 헬레네가 엄청나게 매력적이라 남자들이 그녀의 남편이 되겠다며 그리스 각지에서 몰려들었고, 또한 그녀를 잃은 것이 전쟁의 충분한 명분이 되었다면, 우리는 적어도 남성의 시선에서 그녀의 옆에 서 있는 적당히 봐줄 만한 여성도 상상해볼 수 있지 않을까? 헬레네한테 청혼하러 스파르타에 갔다가 어쩐 일인지 다른 여자한테 꽂혀서 그녀와 결혼하려고 한 남자가 있다면 어떤가?

오딧세우스는 헬레네와의 결혼 가능성 면에서 그리스의 다른 왕들과 전혀 다르지 않았다. 그는 그리스 전역에서 몰려든 여타 남자들과 마찬가지로 고향 이타카섬에서 스파르타의 틴다레오스 궁전을 향해 여행했다. 모든 남자는 헬레네를 자신의 신부로 맞아들이기를 열망하고 있었다. 그러나 스프라트에 도착해 바글거리는 구혼자들의 수와 이에 따르는 논쟁 및 싸움의 가능성 등을 따져보고 나서 그는 경쟁에서 물러나기로 하면서 표면상으로는 기발한 아이디어 하나를 생각해냈다. 아폴로도로스에 따르면

[1], 헬레네가 납치될 경우 미래의 남편에게 헬레네의 귀환을 위해 모든 구혼자가 싸울 것을 맹세해야 한다고 제안한 사람은 오딧세우스였다. 물론 이 맹세는 훌륭한 계획이었다. 그리스인들끼리는 전면전을 벌일 준비가 되어 있지 않았으므로 아무도 그녀를 납치하지 않았다. 그리스인이 아닌 파리스가 오딧세우스를 포함한 그 누구도 예상하지 못한 작은 문제였을 뿐. 오딧세우스는 좋은 생각을 헛되게 하는 자가 아니었다. 하여, 그는 헬레네의 계부인 틴다레오스에게 이 제안을 건네고 그 대가로 페넬로페를 신부로 맞아들이는 데 도움을 받았다. 헬레네의 여신에 가까운 아름다움은 결국 그녀를 두고 전쟁을 불러왔다. 그러나 한 남자만이 장엄한 아름다움의 헬레네를 보고도 다른 누군가, 즉 이카리오스Icarius의 딸을 택했다.

페넬로페는 헬레네만큼 남자들이 간절히 바라는 상대는 아니었다. 헬레네는 아버지인 신들의 왕이 내로라하는 자랑거리였다. 그러나, 적어도 파우사니아스의 《그리스 이야기》[2]에 따르면, 페넬로페 역시 많은 남성이 욕망하는 대상이었다. 이카리오스가 그녀의 구혼자들을 위해 따로 도보 경주까지 마련하였고 오딧세우스가 승리하여 그녀를 차지한 걸 보면 말이다. 아마도 틴다레오스는 헬레네의 청혼자들 사이에 과열된 경쟁을 막기 위한 오딧세우스의 제안을 받는 대가로 그가 경주에서 속이는 것을 도왔을 것이다. 원하는 결과를 얻어내기 위해 속임수를 사용하는 것은 오딧세우스의 성격과 분명 일치하니까. 파우사니아스는 페넬로페의 아버지인 이카리오스에 대한 흥미로운 내용도 언급했다. 그는 페넬로페가 결혼한 후에도 딸을 떠나보내기 싫어 했다.[3]

일단, 이카리오스는 오딧세우스에게 그의 신부를 이타카로 데려가는 대신 스파르타에 남아달라고 설득하려고 했다. 이 제안이 실패하자 그는 페넬로페와 오딧세우스가 탄 전차를 뒤쫓아가서 딸에게 남편을 따라가지 말라고 부탁했다. 이것은 매우 낯선 장면이다. 신부의 아버지가 딸과 사위의 뒤를 쫓아가면서까지 떠나지 말아 달라고 애원한 것이다. 오딧세우스는 한동안 참은 듯하다가 아내에게 여기 머물든 자기를 따라가든 선택하라고 했다. 우리가 해석해봐야 할 일련의 이해하기 힘든 교묘한 행동 중 첫 번째로, 페넬로페는 아무 대답 없이 베일로 얼굴을 가렸다. 이카리오스는 딸이 오딧세우스와 함께 떠나고 싶지만, 자칫 몸가짐이 단정하지 못한 행동거지로 비칠까 봐 그 욕망을 표현하지 않으려는 행동으로 결론짓고 그녀를 더는 붙들지 않는다. 그는 딸이 남편과 함께 떠나는 것을 허락하고 이 순간을 기념하기 위해 '정숙함'을 기념하는 동상을 세운다. 페넬로페는 아버지보다 한 수 위였다. 그리고 오딧세우스에게서 올바른 남편의 모습을 발견한 것 같다. 그가 그녀를 재빠른 걸음으로 얻었든, 아니면 재빠른 잔머리로 얻었든 말이다. 그는 그녀를 선택했고, 그녀는 그를 선택했다.

헬레네가 파리스와 트로이아로 도망쳤을 당시 이 행복한 부부에게는 아직 아기인 텔레마코스라는 아들이 하나 있었다. 비록 오딧세우스가 헬레네를 쟁취하려는 경쟁에서는 물러났지만, 그는 여전히 그녀의 구혼자들과 한 맹세에 묶여 있는 것 같다. 왜냐하면 결국 그는 이타카를 떠나 헬레네를 되찾기 위한 전쟁에 참전하게 되었기 때문이다. 다시 말하지만, 아폴로도로스가 이 이야기의 출처가 되는 문헌이다.[4] 그는 그리스인들이 그를 징집하러 왔을 때 오딧세우스가 어린 아들을 두고 전쟁에 나가고 싶지 않아서 미친 척했다고 들려준다. 거의 성공할 뻔했지만, 또 다른 교활한 그리스인 팔라메데스Palamedes가 이 속임수를 눈치채고 어린 텔레마코스를 잡고 함정을 파자 오딧세우스는 결국 아들을 지키기 위해 미친 척하는 연기를 포기해야만 했다. 그러나 오딧세우스와 페넬로페의 관계 초반에 관한 몇 가지 이야기만으로도 이들이 꽤 잘 어울리는 한 쌍이었음을 알 수 있다.

두 사람 모두 같은 것을 원하고, 또한 원하는 것을 이루기 위해 치밀한 전략을 쓰는 경향이 있다. 또 둘 다 우회도로가 있다면 절대 직진하지 않을 유형이다. 그들이 싸우는 모습은 상상하기 힘들다. 다른 사람들을 조롱하는 것 역시 상상이 안 되기는 매한가지다. 오딧세우스와 페넬로페의 이야기가 유독 적은 이유는 흔히 있는 일처럼 시와 연극, 혹은 도자기가 없어져서가 아니다. 그보다는, 페넬로페와 오딧세우스가 결혼생활 대부분을 떨어져 살았기 때문이다. 오딧세우스가 트로이아 전쟁에 참전할 당시 텔레마코스는 아직 아기였다. 그는 트로이아를 포위하는 데 꼬박 10년을 보내고, 이타카로 돌아오는데 10년을 더 보낸다. 문학과 여러 예술 작품에서 페넬로페는 남편이 없는 20년 동안 인고의 세월을 보내면서도 인내심과 정절을 지킨 여성으로 수천 년 동안 이상화되었다. 그녀는 혼자서 아이를 기르고, 남편의 왕국을 지키기 위해 최선을 다하고, 모든 사람이 다 남편이 죽었다고 말하는데도 끝내 재혼하지 않는다.

이상적인 아내는 남편과 실제 시간을 함께 보내는 것은 고사하고 거의 보지도 못하는 아내란 말인가? 살짝 의문이 든다. 의심의 여지가 없기 때문이다. 페넬로페는 오랫동안 그녀의 이야기가 회자되는 동안 완벽한 아내로 여겨져 왔다. 하지만 아내다운 특성이란 정확히 무엇인가? 우리가 장기적인 파트너에게서 찾을 수 있는 특성을 고려해 본다면 감정적, 심리적, 성적 궁합은 꽤 중요하다. 전쟁 전 그들의 짧은 관계에서 그런 인상을 받을 수는 있겠으나 결혼 초기에 너무 일찍, 그리고 너무 오래도록 떨어져 지낸 탓에 이에 대한 증거는 거의 없다. 호메로스의 《오딧세이아》에서 볼 수 있는 페넬로페의 아내로서의 미덕은 홀로 자식을 키우며 정절을 지키는 것뿐이다(구혼자들에게 시달리는 것도 포함. 이에 대해서는 곧 다루게 될 것이다).

페넬로페의 이와 같은 묘사는 종종 모순된 모습을 드러낸다. 그녀는 누구에게 말하고 누가 그녀에게 영향을 주느냐에 따라 변하기 때문이다. 《오딧세이아》는 다양한 인물들, 대부분은 오딧세우스의 신뢰에 의존하는 서사시다. 그는 아테나 여신의 개입으로 두들겨 맞은 늙은 거지로 변장하기도 하고, 때로는 굉장히 멋진 사람으로 변하기도 한다. 자기 자신에 대해 진실을 이야기할 때도 하지만, 종종 거짓말도 서슴지 않는다. 또 어떤 경우에는 다른 사람인 척하면서 자신에 관한 이야기를 꾸며낼 때도 있다. 부분적으로는 오딧세우스의 이런 종잡을 수 없는 행동 때문에 우리는 페넬로페가 과연 그에 대해 얼마나 속속들이 알고 있는지 혹은 제대로 짐작하고 있는지, 언제 그녀가 진심인지, 또는 진심인 건 맞는지, 아니면 비꼬는 것인지 알아내려고 애쓰게 된다. 그가 우리에게 심어준 불신 때문에 우리는 그녀에 대해 읽을 때도 적잖이 영향을 받는다. 어쩌면 그들은 좋은 부부일 수도 있다. 왜냐하면 그녀 역시 그와 비슷한 구석이 있어서, 오딧세우스처럼 솔직하지 않을 수 있으니까.

우리는 제1권에서 그녀를 처음 만난다. 그녀는 줄을 뜯으며 노래를 읊고 있는 음유 시인이 트로이아를 떠나 집으로 돌아가는 대목에 접어들어, 그리스인들이 어떻게 아테나 여신의 저주를 받게 되었는지에 대한 노래를 듣고 있을 때였다. 혼란을 방지하기 위해 덧붙이자면, 10년간 계속된 전쟁에서 아테나는 매우 친그리스적이고 반트로이아적인 행보를 보여주었다. 그러나 도시가 함락되자 그녀의 신전들도 덩달아 모욕을 당했다. 한 예로, 카산드라는 아테나의 동상에 매달린 채 아이아스에게 강간을 당했는데, 이는 강간이 아테나를 더 모욕하기 이전에 성스러운 공간의 규칙이 무시되었음을 의미했다. 그 결과 아테나는 많은 그리스인, 특히 아이아스에게 맞서게 되었다(헛갈리겠지만 우리가 앞에서 만났던 가축을 도살하고 자살하는 아이아스와 다른 인물이다). 그러나 오딧세우스를 향한 아테나의 남다른 애정은 다른 그리스인들이 그녀의 총애를 전부 다 잃어버리더라도 변치 않고 유지되었다. 그러나 이 사실을 전혀 알 길이 없는 페넬로페는 이 비통한 노래를 듣고 있자니 가슴이 미어지는 것이었다.

호메로스는 그녀를 별칭으로 소개한다. 이카리오스의 딸, 현명한 페넬로페.[5] 따라서 우리가 그녀의 성격에 대해 가장 먼저 알게 되는 일면은 그녀가 영리하거나 사려가 깊다는 점이다(그리스 단어 periphr n은 두 가지 다 의미할 수 있음). 이는 호메로스가 그녀를 설명하기 위해 여러 번 사용하는 단어다. 우리가 페넬로페에 대해 결론짓는 것이 무엇이든, 적어도 그녀가 영리하다는 것쯤은 안다. 2층에서 음유 시인의 노랫소리에 귀를 기울이고 있던 페넬로페가 두 시녀를 대동하고 아래층으로 내려왔다. 텔레마코스가 남자로 변신한 아테나 여신과 대화를 나누는 동안 그녀의 집은 앞에서 짧게 언급했듯이 각지에서 몰려든 청혼자들로 넘쳐났는데, 오딧세우스가 없는 기간 막바지에 100명이 넘는 사람들이 페넬로페의 궁전으로 밀어닥쳤다. 그들은 틀림없이 전쟁 기간에는 찾아오지 않았을 것이다. 트로이아에서 이타카의 왕이 살아있고 무사하며 집으로 돌아올 것이라는 소식이 상당히 정기적으로 들려왔기 때문이다. 그러나 전쟁에 뒤이은 10년에 걸쳐 이타카로 귀환하는 이야기는 다소 뻔하다. 텔레마코스는 오랜 세월 종적이 사라진 아버지를 찾으라는 아테나의 격려와 충고에 따라 필로스와 스파르타로 가서 네스토르와 메넬라오스에게 오딧세우스의 행방을 알아본다. 시의 처음 시작 부분에서 - 이 시는 신들의 회의로 시작되며, 이때 아테나가 오딧세우스의 귀환을 요구한다 - 우리가 알 수 있듯이, 오딧세우스는 바다의 요정 칼립소Calypso에게 붙들려 외딴 섬인 오귀기아에Ogygia에 있다(의도적으로 붙잡힌 것이든 아니든 간에 그의 다른 이야기에서는 해석의 여지가 있음). 그는 지난 7년간 사실상 그녀의 남편이나 다름없었다. 마침내, 아테나는 신들이 그를 이타카로 돌려보내야 한다고 주장한다.

오딧세우스가 이타카에서 너무나 멀리 떨어져 있었기 때문에 오딧세우스의 모험담은 어느새 씨가 말라버렸다. 이제 많은 사람이 그가 죽었으리라 예상했고, 이에 구혼자들이 페넬로페에게 청혼하러 몰려온 것이었다. 그들은 아예 그녀의 집에 눌어붙어, 궁전의 대들보가 들썩이도록 먹고 마시고 있다. 페넬로페가 선택을 미룰수록, 그들은 더 많이 퍼마실 것이고, 그녀의 가산을 거덜 내고 말 것이다(오딧세우스의 재산이자 텔레마코스의 유산이기도 하다). 만약 그녀가 단순히 한 명을 골라서 그와 재혼한다면 이 모든 소동은 분명히 멈출 것이다. 하지만 다른 사람들은 몰라도 그녀만큼은 오딧세우스가 돌아오리라는 희망의 끈을 놓지 않았다.

페넬로페는 구혼자들이 먹고 마시며 떠드는 틈에 끼었다. 그녀는 여성들 사이에서 여신과 같은 자태로 눈길을 끈다.[6] 베일을 얼굴에 살포시 드리운 채 그녀가 기둥 옆에 멈춰 섰다. 이 묘사가 우리를 조금 당황스럽게 할 수도 있다. 베일에 가려져 있다면 어떻게 여신과 비슷하다는 거지? 구혼자들은 도대체 그녀를 제대로 볼 수나 있을까? 키는 큰가? 여신들은 종종 인간들보다 키가 더 큰 것처럼 보여서 말이다. 아니면 그냥 문학적 섬세함인가? 페넬로페는 영웅의 아내니까 으레 여신의 모습으로 생각하는 걸까?

페넬로페는 젊지 않다. 그녀가 오딧세우스와 결혼했을 때 십 대였다고 가정하더라도 더는 젊은 나이가 아니다. 오딧세우스와 떨어져 산 지가 벌써 20년째다. 게다가 스무 살 혹은 스물한 살의 젊은 남자를 아들로 둔 어머니이기도 하다(텔레마코스는 종종 이 나이보다는 더 어려 보이긴 한다. 그럼에도 이 이야기는 그가 완전히 성인이 아니어야만 말이 된다. 그렇지 않으면 그는 아버지의 도움이 그렇게 필요하지 않을뿐더러 오딧세우스가 돌아왔을 때 그가 맡을 역할이 없을 수도 있다). 따라서 페넬로페는 적어도 35세는 넘은 여성이어야 말이 된다. 어쩌면 조금 더 나이가 들어야 할지도 모르겠다. 그리스 화병과 조각품에 있는 수많은 젊은 여성 - korai - 의 이미지를 보라. 나이 든 여성의 이미지는 눈 뜨고 찾아보려야 찾아볼 수가 없을 것이다(이오카스테에 대한 이미지가 아예 없거나 거의 없는 것처럼). 이 연령대의 여성은 결혼적령기의 여성과 비교하여 특히 매력적이지 않다고 여겼다. 그런데도 페넬로페에게는 여신의 아우라가 있다. 다소 까다로운 독자라면 구혼자들이 이타카 궁전에 몰려든 이유는 저마다 왕이 되려는 목표가 있어서고, 또 그러한 지위를 획득하는 방법이 여왕과 결혼하는 것밖에 없어서 아니겠느냐며 따질 수도 있다. 그런 상황에서 그들에게 페넬로페가 어떤 사람인지, 어떻게 생겼는지가 중요할 리가 있겠냐고. 어쨌거나 페넬로페는 처음 등장부터 거의 여신급이었다.

하지만 그녀의 첫 마디는 완전히 인간적이다. 페넬로페는 음유 시인을 향해 귀국길에 신들의 저주를 받아 목숨을 잃은 그리스인들의 슬픈 이야기는 그만 읊어달라고 간청한다. 당신은 청중들을 즐겁게 해주는 노래를 많이 알고 있지 않으냐면서 이런 비통한 노래 말고 다른 노래 한 곡을 더 들려달라고 부탁한다. 그녀는 그리스에서 명성이 자자한 남편을 그리워하고 있다.

다시 한번 우리는 페넬로페가 실제로 남편의 명성에 감명을 받았거나 감정이 격해 있는 것인지, 아니면 이것이 또 다른 문학적 전통인지 궁금해할 수 있다. 오딧세우스가 이 시의 영웅인 만큼 그의 존재를 상기시킬 필요가 있어서인가, 아니면 그녀의 성격에 더 본질적인 특성을 보여주려는 것인가? 그녀는 오딧세우스를 사랑한다, 적어도 부분적으로는 오딧세우스가 유명한 사람이라서? 아니면 오랜 부재에 대한 보상으로? 어느 쪽이든, 그녀는 귀환하려고 고군분투하면서 박해를 당하고 있는 그리스인들에 관한 이야기를 더는 듣고 싶지 않다.

그러나 텔레마코스는 어머니의 이런 태도를 비난한다.[7] 불행한 일이 일어난 게 시인들의 잘못인가요? 그냥 세상일을 노래하는 것뿐이잖아요. 어머님도 한 번 마음을 다잡고 들어보세요. 요즘 새로 나온 노래인데 가장 찬사를 많이 받는 곡이에요. 그리고 귀국하지 못한 사람이 오딧세우스뿐만이 아니니까요. 괴로워하는 어머니에게 하는 말 치고 말투가 너무 냉혹해서 움찔했는가? 그렇다면 우리는 한 번 더 움찔하게 될 것이다. 그가 한마디 더한다. 어머님께선 방으로 돌아가셔서 베를 짜든, 하시던 일이나 계속하세요. 노예에게도 똑같이 하라고 쏘아붙인다. 말하는 것은 남자가 하는 일입니다. 특히 이 집 주인인 저에게 맡겨주세요. 페넬로페가 놀란 눈으로 그를 쳐다보다가 안으로 물러난다.[8]

우리는 이들의 대화로 무엇을 알 수 있는가? 청동기 시대의 성별 역할에 따른 관계가 우리와 매우 다르다는 사실을 참고하여 생각하더라도 텔레마코스는 어머니에게 유난히 퉁명스러운 것 같다. 그들은 사이가 좋지 않은 걸까? 아들은 어머니가 돌아올지 안 돌아올지, 또 죽었는지 살았는지 그저 모든 것이 불투명한 남편에 대해 속상해하는 걸 전혀 신경 쓰지 않는 것인가? 그의 반응에는 심리적으로 그럴듯한 요인이 숨어 있다. 텔레마코스는 자신의 어머니가 그리워하는 남자에 대해 잘 알지 못한다. 그는 아마도 아버지의 이름, 명성, 권세가 등등한 부모의 안정감을 그리워할 것이다. 그렇더라도 텔레마코스는 온 마음을 다해 아버지를 그리워하지 않을 수도 있다. 왜냐하면 너무 어려서 곁을 떠난 남자에 대한 기억이 없기 때문이다. 왜 아버지의 부재에 대한 원망이 없을까? 위에서 언급했듯이 텔레마코스는 종종 그의 실제 나이보다 어려 보이는데, 이는 틀림없이 십 대 소년이 아버지에게 가질법한 반응, 그리움과 원망일 것이다. 마찬가지로 페넬로페에 대한 그의 반응은 갈등을 암시한다. 그는 어머니를 돌보고 싶어 하고, 또 자신을 집의 가장으로 생각하고 싶어 하는 것 같다. 그러나 이 집은 - 말 그대로 그리고 은유적으로 - 그의 자리를 위협하는 더 나이 많은 남자들로 득실거린다. 그들은 그의 어머니와 결혼하여 이타카를 차지하는 것은 물론, 후계자 자리에서 그를 밀어내려고 호시탐탐 기회를 엿보고 있다. 실제로 이 시에서 구혼자들은 텔레마코스를 제거하려는 음모를 꾸미고 있다. 텔레마코스는 두려워하고 있다. 두려움은 종종 잘못이 없는 사람을 향해 비난을 쏟아내게 한다. 텔레마코스는 어린애처럼 보여선 안 된다. 백 명이 넘는 구혼자를 혼자서 상대하려면 절대 만만해 보여선 안 되는 것이다. 그래서 어머니의 구혼자들이 보는 앞에서 더 센 모습을 보였다. 이타카의 왕자라는 지위가 위태로워지고 있음을 느끼며, 그는 그 참을 수 없는 분노를 어머니에게 푸는 것이다.

텔레마코스의 감정은 흥미로운 사회적 관점을 드러내는 것 같다. 그가 변장한 아테나와 나눈 앞선 대화에서 여신은 페넬로페에 대한 못마땅한 감정을 드러냈다. 어머니는 결혼하고픈 마음이 있으면 하시라고 하게나, 하지만 친정집으로 돌아가야 할 걸세. 다시 말해, 아테나는(그녀에게서 성적 질투심을 느낄 수 있음. 왜냐하면 그녀는 오딧세우스에게는 누구보다 헌신적이지만 그 열정이 항상 그의 아내에게까지는 미치지 않기 때문이다) 왕가의 모든 재산이 오딧세우스에게 남겨지고, 텔레마코스가 그다음 후계자로 남는 한은, 페넬로페가 무슨 일을 하든 상관없다는 뜻이다. 하지만 텔레마코스의 거친 언사 이면에 감춰진 두려움은 페넬로페의 재혼을 바라보는 아테나의 시선이 얼마나 현실을 모르고 하는 소리인지를 드러내는 것이다. 구혼자들은 페넬로페가 재혼하면 이타카 왕의 권력과 재산이 - 그리고 텔레마코스의 유산도 마찬가지로 - 그녀의 새 남편에게 넘어가리라 생각한다. 중년의 이 여인이 과연 불명예스럽게 아버지의 집으로 물러날까? 그녀는 이타카의 여왕이고 그녀와 결혼하는 사람은 곧 이타카의 왕이 될 것이다.

즉, 페넬로페의 힘은 그녀의 행동만큼 의견이 분분하다. 여신은 페넬로페가 그녀의 아버지에게 다시 돌아갈 수 있는 상황을 제시하지만, 이타카의 사람들은 다르게 보는 것 같다. 그리고 텔레마코스의 경우 그의 거친 언사는 수백 행 뒤에서는 다소 모순되는 지점이 나온다. 시의 제2권에서 그는 아테나의 애정 어린 충고를 받들어 아버지의 소식을 구하러 항해를 시작한다. 그러나 그는 텔레마코스와 (그전에는 오딧세우스의) 유모인 에우리클레이아Eurycleia에게 자신의 여행을 혼자만 알고 비밀로 해달라고 말한다. 어머니에게 이 일을 절대로 말씀드리지 말아줘. 어머니께서 내가 안 보이는 걸 눈치채기 전까지는.[9] 그가 에우리클레이아에게 당부한다. 적어도 12일 동안은 말이야. 너무 슬퍼하셔서 고운 얼굴이 상하시면 큰일이니까.

같은 사람이 한 말이 맞나 싶지 않은가? 텔레마코스는 얼마 전까지도 그렇게 쏘아붙이더니 언제 그랬냐는 듯이 성질을 긁으려는 기색은 전혀 없다. 이제 그는 어머니의 감정을 보호하려고 한다. 텔레마코스의 이런 모순된 태도는 어머니를 보호하고는 싶지만, 치밀어오르는 화를 참지 못해 욱하고 마는 청년기의 혼란스러운 모습이 고스란히 반영되어 있다. 페넬로페가 12일 동안이나 아들이 집에 있는지 없는지조차 모른다는 생각 또한 놀라울 것이다. 페넬로페가 여성들만의 공간에서 지내서 며칠 동안 아들을 볼 수 없기 때문인가? 아니면 텔레마코스가 원래 예고 없이 며칠간 사라지는 경우가 많아서인가? 우리는 호메로스의 세계에서 우리 자신의 가치관을 읽지 않도록 주의해야 한다. 우리는 물론 집이 아무리 어마어마하게 커도 함께 사는 어머니와 아들이 무려 12일 동안 서로 얼굴을 보지 못했다고 말한다면 당연히 의심부터 할 것이다. 그러나 청동기 시대의 이타카는 지금과는 달랐을 것이고, 이 모자의 심리가 아무리 사실처럼 들린다고 하더라도, 실제 사정은 같지 않을 수 있다. 페넬로페는 제4권에서 아들이 아버지의 생사를 확인하기 위해 길을 떠났다는 사실을 알게 된 순간 슬픔 때문에 그냥 주저앉아 흐느끼기 시작했다.[10]

한참을 울고 나서 그녀는 역정을 내기 시작했다. 잠시, 말을 끊었다가 시녀들에게 귀띔조차 해줄 생각을 안 하였으니 정말이지 지독한 인간이라며 꾸짖는다. 그녀는 텔레마코스가 그런 위험한 계획을 세우고 있었다는 사실을 진작 알았다면 자신이 극구 만류하거나, 아니면 어머니를 죽이고 가라고 말했을 거라고 말했다. 에우리클레이아는 텔레마코스의 항해를 비밀에 부친 사실을 인정하며, 텔레마코스가 어머니를 속상하게 하지 않으려 했다고 설명한다. 페넬로페는 화를 다소 누그러뜨리고 목욕 후 잠을 청하기 위해 자기 방으로 물러난다. 아테나는 - 우리는 이 여신이 페넬로페에게 얼마나 무뚝뚝하고 쌀쌀맞게 굴었는지 알고 있다 - 이제 조금 부드러워진 태도로 그녀에게 꿈을 보낸다. 페넬로페의 언니 이프티메Iphthime의 환영을 만들어 페넬로페가 잠자고 있을 때 그녀에게 나타나 아테나가 텔레마코스를 안전하게 돌아오도록 해두셨다고 말한다. 페넬로페는 오딧세우스가 아직 이 세상 어디선가 살아 있는지, 아니면 세상을 떠나 하데스의 지하세계로 갔는지 물었다. 환영은 그녀에게 애석하게도 그의 소식에 대해서는 말할 수 없다고 대답한다. 이 제4권은 무도한 구혼자들이 텔레마코스를 암살하려고 음모를 꾸미는 것으로 끝을 맺는다. 하여, 우리는 이 친구에게 힘을 실어주는 아테나의 은총이 삶과 죽음을 가르는 차이일 수 있음을 안다.

우리는 《오딧세이아》 제5권에 이르러서야 영웅이 아내 없이 거의 20년을 보내고 난 이후 아내에 대해 어떤 감정을 느끼고 있을지 알게 된다. 오딧세우스는 오귀기아 섬에서 요정 칼립소와 7년을 함께 살았다. 마침내 칼립소는 헤르메스의 설득으로 오딧세우스를 놓아주기로 했다. 칼립소는 그것에 대해, 특히 오딧세우스가 그의 집뿐만 아니라 아내에게로 돌아가고 싶어 한다는 사실에 노여움으로 가슴이 부글부글 끓어올랐다.[11] 내가 당신의 아내보다 더 예쁘고 키도 더 커요, 그녀는 그에게 이렇게 말했다. (정말이지 내가 칼립소에게 빠져든 순간이 바로 이때다. 똑같은 이성을 놓고 경쟁을 벌이는 상대보다 적어도 내 키가 더 클 거라고 안 믿었던 사람?) 오딧세우스는 그의 아내가 여신만큼 아름답지 않다는 것에 동의한다. 이것은 정직함인가 - 여신은 확실히 어떤 인간보다 아름다운가 - 아니면 일종의 기지였을까?[12] 이때 우리는 칼립소가 오딧세우스에게 그녀의 남편이 되어준다면 언제나 젊음으로 여생을 누릴 수 있도록 해주겠다고 약속한 사실을 알게 된다. 그렇지만 여전히 그는 슬픔에 잠긴 페넬로페에게 돌아가는 길을 택한다. 칼립소가 키라도 더 커서 다행이다.

오딧세우스와 페넬로페의 유대감은 이례적이다. 그것은 - 분명히 - 육체적 정절에 관한 한, 쌍방향은 아니다. 사실, 칼립소는 오딧세우스가 처음 놀아난 상대도 아니다. 비록 가장 오래 지속된 관계이기는 하지만. 그는 키르케와도 1년 동안 함께 살았다. 1년, 그리고 7년. 결코 가벼운 관계로 치부할 수 없다. 한편, 페넬로페는 그녀보다 수적으로 보나 육체적으로 보나 그녀를 훨씬 압도하고도 남을 젊은 남자들이 득실거리는 집에 있다. 그러나 그녀가 그중 원하는 사람과 재혼해도 된다는 제안에 제1권에서 아테나는 화를 내며 진절머리를 쳤다. 그녀가 원하면 아버지의 집으로 돌아가도 좋다고 했다. 문학과 사회에서 이것이 처음도 아니며 확실하게 마지막도 아니다. 페넬로페에게는 준수해야 하는 한 가지 기준이 있고, 오딧세우스에게는 훨씬 더 느슨한 기준이 있다. 그러나 어떤 면에서 오딧세우스는 아내에게 충실하다. 그는 다른 여성과 잠자리를 하지만 미래에 대한 생각은 공유하지 않는다. 여신은 그에게 엄청난 가치, 즉 모든 영웅이 어떤 식으로든 애쓰는 불멸을 제공하려 했으나 그는 그마저도 거절했다. 그는 덜 아름답고 필멸의 존재인 아내에게 돌아가고 싶어 한다. 호메로스의 영웅들은 하나같이 불멸을 위해 엄청난 희생을 감수하지 않는가. 아킬레우스는 특히 짧고 영광스러운 삶을 선택함으로써 오래 누리는 명성(불멸의 일종)을 얻는다. 그런데 여기, 영원한 생명을 제안했으나 그것을 거부한 오딧세우스가 있다. 그것도 20년 동안 보지 못한 여자에게 돌아갈 기회를 얻기 위해서라니. 이혼 변호사가 이것을 신의 혹은 정절이라고 부르지는 않을 수도 있지만 실로 대단한 일이다.

슬프게도 페넬로페가 남편과 칼립소 사이에 오고 간 이 대화를 들었다면 기분이 어땠을까? 우리는 그저 상상만 할 수 있을 뿐이다. 일말의 고민도 없이 그녀가 님프보다 덜 아름답다고 수긍하는 남편의 말에 상처를 받지는 않을까? 아니면 그녀는 남편의 기지를 존경할까? 왜냐하면 남편이 떠날 새로운 배를 만드는 데 칼립소의 도움이 절실하기 때문이다. 그가 그녀에게 입바른 소리를 해야 나뭇잎 같은 뗏목이 아닌 항해에 적합한 배에 몸을 실을 수 있을 것 아니겠는가. 페넬로페는 남편이 자신보다 성적 욕구를 억제하지 못한 것에 화를 낼까, 아니면 아무것도 기대하지 않을까? 그들은 결국 그 시대의 부부다. 그녀는 남편이 다시 바다로 나갈 기회를 얻기 위해 불멸을 거부하고(그는 이 시점에서 이미 여러 차례 해양 재난을 겪었다) 그녀에게로 돌아가려는 목표로 불멸을 거부했다는 사실에 감동하였을 것이다. 우리는 오딧세우스가 오귀기아에서 이타카로 돌아가는 여정에서 처음 만난 사람이 젊은 공주 나우시카Nausicaa라는 사실을 그녀가 결코 모르기만을 바라자. 그는 해변에서 그녀가 보는 앞에서 알몸으로 몸을 씻었으니까.

하지만 오딧세우스가 집으로 가는 들쑥날쑥한 여정을 밟는 동안 페넬로페는 무엇을 하는가? 짧게 이야기하자면, 그녀는 베를 짠다. 제1권에서 우리는 텔레마코스가 페넬로페에게 조용히 방으로 돌아가서 베를 짜든 하시던 일이나 계속하라고 쏘아붙이는 장면을 보았다. 이것은 호메로스의 전통에서 존경받는 여성이라면 누구나 할 수 있는 일이다. 헬레네도 직물을 짠다. 모두가 앞다퉈 강조하듯이, 심지어 그녀는 끔찍한 아내다. 그러나 페넬로페에게 베 짜기는 그녀의 이야기에서 매우 중요한 역할을 하며, 구혼자들과 원치 않는 얽히고설킨 관계에서 벗어나게 해준다. 그리고 아가멤논의 귀환이 클리타임네스트라의 베 짜기(그녀가 그를 마비시키기 위해 사용하는 이상한 구속복)로 크게 좌우되는 것처럼 오딧세우스의 귀환도 페넬로페의 베 짜기에 의해 크게 영향을 받는다. 두 여성 모두 이러한 가장 전통적인 기술을 남을 속이는 데 사용한다. 차이점은 페넬로페는 남편을 돕기 위해 이 기술을 사용하는 반면, 클리타임네스트라는 남편을 속이기 위해 이 기술을 사용한다는 것이다.

페넬로페와 그녀의 베 짜는 이야기는 오디세이의 세 가지 다른 순간에 세 명의 다른 사람이 거의 변하지 않는 목소리로 들려준다. 여러 차례 반복한다는 사실만으로도 중요한 줄거리임을 알 수 있다. 그럼 좀 더 자세히 살펴보겠다. 우리가 이 내용을 처음 알게 되는 부분은 제2권에서 페넬로페의 구혼자 중에서도 가장 불쾌하기 짝이 없는 안티노오스가 텔레마코스에게 이야기하는 장면에서다. 우리 구혼자들이 집안을 어슬렁거린다고 비난하지 말게. 자네 어머니를 탓하게. 아주 교활한 사람이기 때문이야.[13] 그는 계속해서 페넬로페가 거의 4년째 구혼자들을 속여왔다고 핏대를 세운다. 페넬로페는 구혼자들에게 그녀가 오딧세우스의 아버지인 라에르테스 Laertes의 수의를 다 짤 때까지만 기다려달라고 했다. 페넬로페가 이 제안을 하는 시점에서 라에르테스는 죽지 않았다. 실제로, 그는 시가 끝날 때까지 살아남는다. 그러나 아직 죽지 않은 시아버지의 수의를 짜는 것은 페넬로페로서는 자신이 할 수 있는 가장 점잖은 일이기 때문이다. 즉, 그가 죽으면 그 천 위에 눕혀질 것이다. 오히려 안 하는 것이 도리를 다하지 않는 것이다.

그래서 구혼자들은 그녀의 제안에 동의했고, 페넬로페는 베 짜는 일을 시작한다. 하지만 여기에 교활한 술수가 있었다. 낮에는 수의를 짜고 밤에는 몰래 짰던 천을 모두 풀어버렸다. 놀랍게도, 이 속임수는 구혼자들을 3년 이상 속이는 데 성공한다. 어떻게 그렇게 오랫동안 속아 넘어갈 수 있었을까? 그들은 기본적으로 옷을 짜는 데 걸리는 시간이 실제 걸리는 시간보다 10배에서 20배 정도는 더 오래 걸린다고 생각했을까? 애석하게도, 안티노오스는 말해주지 않는다. 4년째에 접어들었을 무렵 구혼자들은 더는 속임수에 속아 넘어가지 않았다. 페넬로페의 시녀 중 한 명이 일러바쳤기 때문이다. 페넬로페가 그녀의 집에 들어앉은 이 많은 젊은 남자에게 조금도 유혹을 느끼지 않았을까? 그렇다면 이것이 아마도 그녀가 재혼하지 않은 가장 타당한 이유일 것이다. 이 구혼자들은 모두 바보 천치다. 그리고 비록 오래전이지만, 페넬로페는 확실히 지략이 뛰어난 오딧세우스와의 관계에 익숙해져 있을 것이다. 그래서 페넬로페는 장장 4년에 걸쳐 낮에는 베를 짜고 밤에는 짠 베를 다시 푸는 일을 계속했고, 안티노오스는 주야장천 기다렸다. 그러다가 구혼자들이 그녀가 짠 옷을 다시 푸는 현장을 잡았고, 그녀에게 어서 수의를 끝내라고 압박한다. 이제 그녀의 지연 전략은 끝났고, 그녀는 그들 중 하나를 선택해야 하는 처지에 놓였다.

이 이야기에서 고려해야 할 몇 가지 사항이 있다. 첫 번째는 너무 자주 간과되는 것인데, 베를 짜는 일은 뜨개질이나 코바늘 뜨개질(각각의 바늘이 다른 바늘에 얽혀 있어서 뜨개질바늘이나 코바늘의 경우 마지막 바늘만 빼내고 실을 당기면 모든 것이 아주 수월하게 잘 풀릴 수 있음)처럼 빨리 풀 수 있는 게 아니란 사실이다. 직물 짜기는 되돌리기가 훨씬 더 힘든 고된 노동의 과정이다. 모든 직조의 라인은 만들어진 것과 똑같은 방식으로 실 위아래로 셔틀을 통과시켜 풀어야 한다. 페넬로페는 매일 몇 센티미터의 천을 만들고, 매일 밤 그것을 다시 풀어야 하는 끝도 없는 임무를 수행한 것이었다. 횃불에 의지해 실을 응시하면서 베틀 위로 몸을 굽히고 있어야 하는 보람 없는 일에 들이는 육체적 노력 그 자체는 실로 어마어마하다. 게다가 이마저도 몇 년 동안 직물을 짜고 다시 풀어야 하는 심리적 압박을 고려하기 전이다. 오딧세우스를 포기하지 않기 위해 페넬로페는 사실상 수년간의 노역을 선고받은 셈이다.

두 번째는 페넬로페가 누구의 수의를 짜고 있는가 하는 점이다. 표면상으로는 라에르테스의 수의지만, 실제로는 오딧세우스의 수의인가? 그녀는 이 시점까지 몇 년 동안 재혼을 미뤘다. 전쟁은 그녀가 베를 짜기 시작하기 5~6년 전에 끝났을 것이다. 페넬로페는 무기한 미룰 수 없다는 것을 알고 있다. 다만 그녀가 끝내기 전에 오딧세우스가 집에 돌아오기를 바라는 마음으로 불가피한 일을 미룰 뿐이다. 그럼 그녀는 사랑하는 남자와의 결혼을 위해, 아니면 오래전에 사랑했던 남자와의 결혼을 위해 수의를 짜는 걸까? 그녀는 《오딧세이아》에서 자주 눈물을 보인다. 이것만으로도 그녀가 감정적으로 얼마나 엄청난 압박을 받고 있는지 짐작할 수 있지 않을까? 위에서 언급한 바와 같이 클리타임네스트라와 유사한 점이 있기는 하지만, 결정적으로 다른 점은 클리타임네스트라는 자신의 손재주를 이용해 남편을 걸려들게 할 덫(구속복)을 만들고 있고 페넬로페는 자신이 덫에 걸려들지 않기 위해서 그녀의 손재주를 이용하고 있다는 점이다.

베를 짜고 짠 베를 다시 푸는 이야기가 두 번째로 나오는 지점은 시가 4분의 3 정도 흘러가서다. 이번에 페넬로페는 궁전을 찾은 흥미로운 낯선 사람과 이야기를 나누고 있다. 우리는 그 낯선 사람이 변장한 오딧세우스라는 사실을 알고 있다(아테나의 마법에 걸린 페넬로페는 오딧세우스를 알아보지 못한다. 20년이 지난 이후라서 어차피 못 알아봤겠지만). 그러나 페넬로페는 그녀가 늙은 거지와 이야기하고 있다고 믿고 있다. 저는 수의가 아닌 속임수를 짜고 있어요.[14] 그러고 나서 전체 이야기를 제2권에서 정확히 말한 그대로 설명한다. 이 부부를 설명하는 데에는 dolous tolopeuo, 즉, I weave deceit. '나는 속임수 혹은 기만을 짠다'라는 표현보다 더 완벽한 것은 없을 것이다. 이것이 클리타임네스트라와 페넬로페의 또 다른 점이다. 클리타임네스트라는 남편과 전혀 비슷한 구석이 없어서 남편에게 불리하다. 그는 이피게네이아를 제물로 바칠 수 있었지만 그녀는 결코 딸을 희생시킬 수 없었다. 그는 그녀가 공모할 때 잘 속아 넘어간다. 그러나 페넬로페와 오딧세우스에게 속임수나 기만은 공통된 특성이다. 그는 사소한 거짓말을 하지 않고서는 거의 입을 열지 않는다. 그의 아내가 왜 정직을 가치 있게 여겨야 하는가? 그녀는 안티노오스가 언급하지 않았던 세부 사항을 덧붙인다. 이제 결혼을 피하기 위한 다른 계획을 찾을 수 없어요.[15] 그녀가 말한다. 부모님은 저에게 재혼을 권하십니다. 이 단 두 줄의 대사에서 우리는 페넬로페의 끔찍한 고립을 들을 수 있다. 그녀는 할 수 있는 한 오래 버텼고, 그녀가 가진 모든 아이디어를 다 써버렸다. 우리는 이미 이 시를 통해 페넬로페는 그녀에게 거짓말을 하고, 숨기고, 소리를 지르던 텔레마코스와 다소 변덕스러운 관계에 있음을 알고 있다. 그리고 이제 페넬로페의 부모님이 그녀의 재혼을 바라고 있다는 것 역시 알게 되었다. 모든 청혼자, 완고한 아이, 적의 편에 선 것처럼 보이는 부모, 그리고 그녀는 어둠 속에서 뜬 눈으로 수의를 풀어야 한다. 이 모든 것에 대처하려면 엄청난 에너지가 필요했을 것이다. 그녀가 자주 우는 것도 당연하다.

이 베를 짜는 장면은 직간접적으로 페넬로페에 관한 많은 시각적 표현에 영감을 준다. 토스카나에 있는 키우시 고고학 박물관Archaeological Museum of Chiusi의 기원전 5세기 적화(붉은 그림) 스키포스skyphos(2개의 손잡이가 달린 포도주잔)에 사랑스러운 예가 있다.[16] 페넬로페는 발목을 꼬고 딱딱한 의자에 앉아 있다. 그녀는 발을 감싸고 있는 길게 늘어진 겉옷을 입고 있다. 그녀의 발가락이 옷자락 밑으로 살짝 보인다. 그녀는 머리에도 베일을 두르고 있는데, 자세와 복장이 똑같이 얌전하다. 그러나 오른쪽 팔꿈치는 오른쪽 허벅지에 얹혀 있고, 숙인 머리는 오른손이 받치고 있다. 눈꺼풀은 축 처졌다. 그녀는 분명히 지쳤다. 젊은 남자 텔레마코스가 창을 들고 그녀 앞에 서 있다. 그가 그녀에게 말을 거는 건가, 아니면 관심을 끌려고 하는 건가? 화분이 살짝 손상되어서 표정을 읽을 수가 없다. 하지만 어느 쪽이든 크게 효과는 없었을 것 같다. 페넬로페의 뒤로, 우리는 그녀가 피곤한 이유를 알 수 있다. 베틀 위에 직물 한 가닥이 짜여 있기 때문이다. 패턴이 복잡하다. 페가소스와 메두사가 천을 가로질러 왼쪽에서 오른쪽으로 빠르게 이동하고 있다. 배경에 있는 이 작은 인물들의 속도와 움직임은 전경에 있는 페넬로페의 고요함, 그리고 탈진상태와 직접적인 대조를 이룬다. 그들의 에너지는 페넬로페의 희생으로 창조된 것이다.

페넬로페는 거의 항상 앉아 있는 모습으로 표현된다. 오르세 미술관Musée d'Orsay 방문객들은 19세기 중반 줄스 카벨리에Jules Cavelier가 해석한 페넬로페를 볼 수 있다.[17] 이 어슴푸레 빛나는 흰색 조각품은 우리가 키우시 스키포스에서 본 그녀의 버전을 반영하고 있지만 이 조각품의 페넬로페는 확실히 곤히 잠들어 있다. 그녀도 의자에 앉아 다리를 꼬고 있다. 그러나 그녀의 손은 무릎에 올려져 있고 머리는 너무 앞으로 처져 있어서 그녀를 보려면 당신의 목이 아플 정도다. 밤새 짠 직물을 밤새 풀다가 지쳐서 잠이 들 수밖에 없었던 모양이다.

페넬로페는 1980년부터 미국의 화가 데이비드 리게르David Ligare가 그린 〈페넬로페〉에서부터 쭉 깨어 있다.[18] 이 그림 속에 표현된 현대의 페넬로페는 네 개의 휘어진 다리가 타일 바닥에 그림자를 드리우고 있는 의자에 앉아 있다. 그녀는 밖에 나와 태양을 바라보고 있는데 고개를 보는 사람 쪽으로 돌렸다. 피곤한 모습이라기보다는 수심이 가득한 표정에 뒤로는 바다가 잔잔하다. 독특한 자세로 다리를 꼬고 앉았는데, 왼발을 작은 회색 벽돌 위에 올려놓고 있다. 이 그림은 거의 사진에 가까운 그림이지만, 다른 고대 예술을 참고하여 인용한 흔적이 많다. 발밑의 벽돌은 종종 고대의 조각상이 놓여 있는 주춧돌을 우스꽝스럽게 보여주고 있는 것인가? 아니면 아테네 국립 고고학 박물관의 아름다운 무덤 표지판에 보이는 작은 발 받침대를 현대적으로 다시 풀어낸 것인가?[19] 이 특별한 비석은 기원전 5세기 조각가 칼리마코스Callimachus의 것으로 추정되는데, 아테네 여성인 헤게소가 klismos, 즉 리게르의 그림에서 페넬로페가 앉아 있는 의자처럼 다리가 휘어진 의자에 앉아 있다. 어느 쪽이든, 이 그림은 우리에게 차분하고 사려 깊은 페넬로페의 모습을 보여준다. 손이 무릎 위에 가지런히 올려져 있는데, 새하얀 긴 드레스 자락 옆으로 드러난 오른쪽 발바닥에 뭐가 묻은 듯

다소 지저분하다.

하지만 더 밝은 불빛 아래 생각에 잠기거나 잠들어 있는 모습이 아닌 그 유명한 베 짜기를 더 적극적으로 하고 있는 페넬로페의 모습을 보여주는 작품도 있다. 첫 번째는 1886년에 제작된 도라 휠러Dora Wheeler의 태피스트리 〈밤에 그녀의 작업을 다시 풀어내는 페넬로페Penelope Unraveling Her Work at Night〉다.[20] 이 페넬로페는 황금빛에 휩싸여 있으며, 그녀의 뒤로 작은 램프가 보인다. 페넬로페는 불빛에 따스한 크림색으로 물든 흰색의 민소매 시프트 드레스를 입고 있다. 그 위로 몸통 부분에 꼭 맞는 붉은색의 보디스Bodice[드레스의 상체부분 - 역자 주]가 보이고, 맨살이 드러난 양팔은 활짝 벌리고 있다. 그녀의 갈색 머리는 느슨하게 묶였고, 갈색 눈이 보인다. 그녀의 머리는 베틀 쪽으로 향하고 있다. 램프는 단호하게 세워진 그녀의 턱 아랫부분을 잡는다. 페넬로페는 일에 완전히 몰두해 있다. 그녀의 두 손은 직조된 천의 위에서 아래로 뻗어 있는 날실에 감겨있다. 느슨한 실이 엉키지 않도록 오른손 손가락이 벌어져 있고, 왼손은 천을 꽉 쥐고 있다. 이것은 쉬운 일이 아니다. 그녀의 팔 근육과 어깨를 보면 이 일에 맞게 육체적으로 단련되어 있음을 짐작하게 한다. 가장 유명한 이 베 짜는 이야기의 묘사에는 근본적으로 즐거운 분위기가 있다. 1885년에 파스텔 드로잉을[21] 기반으로 한 휠러의 태피스트리는 시간이 지남에 따라 다소 퇴색되긴 하였으나 그럼에도 불구하고 아름답다. 무엇보다도 수동적으로 지쳐 앉아 있는 페넬로페의 모습이 아닌 일에 집중하는 모습을 보는 것만큼 특별한 것이 또 어디 있겠는가. 섬유 예술가의 딸이기도 한 휠러는 페넬로페의 노력과 필요한 기술, 그리고 그 일이 불러올 피로도를 분명히 알고 관심을 기울였다.

두 번째 페넬로페는 뉴질랜드 예술가인 매리언 맥과이어Marian Maguire의 작품이다. 그녀의 2017년 작품인 〈페넬로페는 베를 짜고 기다린다Penelope Weaves and Waits〉[22]에서 그녀는 우리가 붉은 그림 화병의 그림에서 볼 수 있는 것과 유사한 아크릴로 만든 페넬로페를 완성했다. 테라코타 색조로 칠해진 페넬로페는 의자에 앉아 있고, 검은 곱슬머리는 스카프로 뒤로 묶였다. 손가락 사이에 매달린 씨실과 가락을 들고 베틀 쪽으로 몸을 기울인 자세다. 부분적으로 완성된 직조의 문양은 날아가는 새다. 그 움직임과 자유는 페넬로페의 지친 자세와 대조된다. 아무리 피곤해도 그녀는 쉬지 않는다. 시선을 앞의 실에 고정하고 있기 때문이다. 맥과이어의 작품은 그림이 그려진 벽난로 조각품이다. 따라서 그녀의 페넬로페는 나무 벽난로의 중앙에 앉아 있다. 즉, 그녀가 집의 중심이라는 의미다. 양쪽 주변으로 페넬로페의 앞뒤에 그녀를 향해 뻗어 있는 10개의 탐욕스러운 손이 그려져 있다. 이들은 청혼자들을 나타내며, 페넬로페가 그들을 궁지에 몰아넣으려고 속임수를 쓰는 동안 그녀를 붙잡으려고 안달하는 것이다. 그녀의 위로 벽난로 앞 장식을 따라 12개의 발이 매달려 있다. 이들은 텔레마코스가 교수형에 처한 여성 노예들이다. 마침내 돌아온 오딧세이아가 자신의 뜻을 거스른 모든 남자와 여자들에게 복수하는 《오딧세이아》의 피의 결말을 표현한 것이다. 페넬로페가 하는 모든 일은 이 몸에서 분리된 팔다리의 주인들에게 엄청난 결과를 불러올 것이다. 그녀의 돼먹지 못한 시녀 하나가 한 청혼자에게 일러바치는 바람에 모든 청혼자가 한목소리로 그녀에게 빨리 수의 짜기를 끝내라고 압박한다. 제2장의 안티노오스가 한 말을 기억할 것이다. 하지만 그녀가 그것을 완성한 후에 그들은 모두 죽는다. 만약 그들이 그렇게 될 줄 알았다면, 어땠을까? 그냥 하던 대로 계속하라고 빌지 않았을까.

호메로스는 《오딧세이아》의 마지막 권에서 세 번째로 이 이야기를 들려준다. 우리는 지하세계에 있고 지금은 죽은 청혼자 중 한 명인 암피메돈

Amphimedon이 아가멤논에게 그 이야기를 들려주고 있다. 만약 우리가 페넬로페와 클리타임네스트라의 유사점을 지금이라도 알아내지 못했다면, 우리는 이런 맥락에서 그들을 놓쳐선 안 된다. 바람난 아내에 의해 살해된 남자와 자신이 결혼하고 싶었던 여자의 충실한 남편에 의해 살해된 남자. 암피메돈과 아가멤논은 전쟁 전부터 아는 사이임이 밝혀진다. 아가멤논은 이 건장한 젊은이들이 모두 어디서 한꺼번에 저승으로 몰려들었는지 물어본다. 아가멤논은 아마도 난파선이었으리라 추측해 보지만, 대답은 물론 오딧세우스와 텔레마코스가 벌인 대학살극이었다. 〈오딧세우스〉는 놀랍게도 피비린내 나는 결말로 끝난다. 청혼자 백여 명이 몰살당하고, 그들과 공모한 것으로 의심되는 12명의 노예 여인들이 한 가닥의 밧줄에 목이 매달린다. 암피메돈은 페넬로페와 그녀의 베 짜기와 관련된 세 번째 이야기를 모두 들려준다. 물론 그의 관점에서 보자면, 베를 짜고 또 짠 베를 푸는 것은 치명적인 속임수였을 것이다. 그는 이렇게 불평한다. 페넬로페가 그들 중 누구와도 결혼하고 싶지 않았으면서 떠나라는 말도 하지 않았다는 것이다.

이 지점에서 우리는 그에게 약간의 동정심을 느낄 수도 있지만(결국 그는 죽었다), 이전에 들었던 두 차례의 베 짜는 이야기를 떠올려 볼 수도 있을 것이다. 변장한 오딧세우스에게 더는 혼인을 피할 수도 없고 다른 꾀도 생각해내지 못하고 있어서 재혼해야 한다고 말할 때와 안티노오스가 텔레마코스에게 한 시녀가 고자질해서 현장을 붙잡았다고 말했을 때다. 페넬로페가 어떻게 이 모든 남자를 집에서 내쫓을 수 있었겠는가? 그들은 아들의 목숨을 위협하고 그녀의 일용할 양식이며 포도주 등을 먹고 마시고 가산을 축내면서 아들의 유산까지 탐냈다. 만약 그녀가 그들에게 재혼할 계획이 없다고 말했다면 그들은 정말로 모두 떠났을까? 그녀의 부모님이 결혼을 허락했을까?

우리는 페넬로페가 무엇을 원하는지에 대한 우리만의 결론을 도출해야 한다. 왜냐하면 호메로스가 그녀에게 제시하는 방식은 모순적이기 때문이다. 예를 들어, 제18권에서 그녀는 아테나에 의해 청혼자들 앞에 자기 모습을 드러내 그들의 정열을 부추기라는 생각이 주입되었다. 우리는 이것을 페넬로페가 이 젊은 남성들의 찬사에 이해할 수 있는 욕망에 사로잡힌 것으로 보아야 하는가? 아니면 아테나가 개입하지 않는 한, 페넬로페는 청혼자들을 피한 것으로 결론지어야 할까? 오딧세우스의 아내가 다른 남자들에게 매력적으로 보이길 바란 게 순전히 아테나 때문이었다고? 페넬로페의 선택이 아니라?

하지만 한 가지에 대해서는 의심의 여지가 없다. 페넬로페가 만든 수의는 아직 살아있는 라에르테스의 몸을 감싸는 용도로 사용되지 않았다는 것이다. 그것은 오딧세우스와의 결혼생활을 끝내는 은유적인 수의 역할을 하지 못했다. 죽은 암피메돈이 마지막으로 이 이야기를 서술한 것에서 알 수 있듯이, 수의는 결국 오딧세우스와 텔레마코스에 의해 살해된 그와 다른 청혼자들, 노예 여성들을 위한 것이었다. 페넬로페가 이 수의를 짜는 동안 그녀는 이런 대학살이 벌어질 줄은 꿈에도 몰랐을 것이다. 하지만 그녀는 베 짜기를 끝냈고, 곧 죽음이 뒤따랐다. 암피메돈이 이렇게 한탄한다. 악령이 오딧세우스를 집으로 데려왔다고.[23] 귀국이 항상 행복한 결말은 아니라고.

아가멤논은 암피메돈에게 동조하는 데 시간을 낭비하지 않는다. 그는 늘 그렇듯이, 즉시 그 이야기를 자기 자신의 이야기와 연관시킨다. 그는 죽은 청혼자에게는 대답도 하지 않고, 곁에 있지도 않은 오딧세우스에게 화답한다. 운이 좋았네, 라에르테스의 아들이여, 그가 말한다. 자네에겐 자네를 오랫동안 잊지 않고 기억해준 아주 훌륭한 아내가 있어. 그녀의 미덕에 대한 드높은 명성은 절대 사그라지지 않을 것이네. 신들이 그녀에게 시를 지어줄 걸세. 그러고 나서, 페넬로페를 찬양하고 오딧세우스를 부러워하는 7행의 대사를 읊은 후에, 그는 모든 것을 자기 자신의 처지와 비교한다. 남편을 죽인 내 아내와는 달라도 너무 다르네. 암피메돈의 슬픈 이야기는 아가멤논의 마음을 전혀 움직이지 않는다. 오히려 그를 죽인 남자, 충실한 아내가 기다리는 집으로 돌아온 영웅을 더 질투하게 만든 것만 제외하고.

《오딧세이아》가 제기하는 페넬로페에 대해 또 다른 질문이 있다. 그녀는 언제 귀환한 남편을 알아보는 걸까? 제21권에서 그녀가 청혼자들에게 오딧세우스의 활에 시위를 메워 당겨서 한 세트의 도끼 구멍을 단번에 뚫는 경기를 제안할 때? 그럼 그녀는 지금까지 이야기를 나누던 친절한 거지가 정말 자기 남편이라는 것을 알고 있는가? 그녀는 수적으로 우세한 적에 맞서는 데 필요한 정확한 무기로 그를 무장시킬 방법을 찾았을까? 아니면 그저 행운일까? 왜냐하면 그녀는 활시위를 죄는 것이 어렵다는 것을 알고 있었으니까(어쨌든, 경기에 대한 선명한 생각을 머리에 불어넣어 준 것은 아테나였다),[24] 그래서 이것을 단순히 청혼자들의 관심을 돌리는 또 다른 방법으로 활용하여 결혼 약속을 지연시켰던 것일까? 그녀는 오딧세우스를 놀리고 있는 걸까, 아니면 제23권에서 에우리클레이아에게 그들의 결혼 침대를 옮기라고 할 때 시험해 보는 것인가(그는 오래전에 궁전 안의 살아있는 나무로 침대를 조각했는데, 그 침대는 움직일 수 없다)? 변장하고 집에 들어와서는 자신의 고민을 들어주고, 아들과 친구가 되어서 무차별 살인을 가하는 이 남자가 자신의 남편인지 의심하는 걸까? 아테나는 오딧세우스를 변장시켜 상황에 따라 외모를 개선하거나 망가뜨렸다. 그래서 아마도 페넬로페는 그가 그녀의 남편인지 확실히 알지 못할 수도 있다. 아마도 그녀는 그가 사기꾼이 아닐까 두려워하고 있을 것이다. 아니면 단순히 오딧세우스가 아내에게 자신을 다시 소개하기 전에 아들, 유모, 그리고 돼지치기에게 먼저 자신의 정체를 드러낸 것에 짜증이 나서 그에게 앙갚음을 한 것일 수도 있다. 왜 그들의 재회는 전적으로 그의 조건에 따라야만 한 것일까? 페넬로페는 우연히 알게 되는 것이 아니다.

호메로스는 의도적으로 그녀를 흐릿하게 보여주었다. 제1권에서 우리가 그녀를 처음 만날 때 그녀는 베일에 얼굴을 숨기고 있었다. 그녀는 이상적인 아내로 잘 알지 못하는 남자들에게 칭찬받는 수수께끼 같은 존재다. 아가멤논이 《오딧세이아》의 끝부분에서 그녀의 미덕을 묘사할 때 그는 과연 누구를 말하는 걸까? 20년 전, 그와 팔라메데스가 오딧세우스를 징집하기 위해 이타카에 왔을 때 딱 한 번 본 그 여자? 아가멤논은 정말로 페넬로페를 칭찬하는 건가, 아니면 오딧세우스가 클리타임네스트라가 아닌 다른 여자를 아내로 삼아서 부러워하는 건가? 그는 《일리아스》의 제1권에서 부하들에게 자신의 아내보다 크리세이스(새로 얻은 전쟁 신부)에게 더 마음이 간다고 신이 나서 떠들어댄 적이 있다.

바로 이 때문에 남자들이 그녀에게 쏟아부은 찬사 중에서 페넬로페를 발견하는 데 큰 어려움을 겪게 되는 것이다. 그들은 그녀를 묘사하고 있는가, 아니면 단순히 아내가 어떠해야 하는지, 그 이상적인 개념을 설명하고 있는 것인가? 왜냐하면 그들이 찬양하는 아내는 눈치도 빠르고 혼자 잘 지내고 남편과 멀리 떨어져 사는 사람을 말하는 것 같아서 말이다. 남편이 아내가 있다는 사실을 거의 잊고 살지만, 아내는 남편이 (성적으로든 아니든) 모험을 한다는 사실을 전혀 모르고 있거나, 적어도 불평하지 않는 사람. 그렇지만 자기 자신은 절대 똑같이 하지 않는 사람. 사람들이 지나치게 페넬로페의 정절만을 평가하고 있는 건 아닐까? 혹은 더 구체적으로, 하늘에서 비처럼 쏟아지는 수많은 남자를 앞에 두고도 목석처럼 정절을 지켜서?

만약 우리가 그녀에게서 그 정절이라는 특성을 없애버리면 어떻게 될까? 아폴로도로스의 서사시 《도서관》은 트로이아 전쟁에 관한 마지막 구절에서 페넬로페의 이야기와 오딧세우스의 귀환에 대한 몇 가지 다른 버전을 보여준다. 어떤 문헌에 따르면, 그녀는 안티노오스에게 유혹당했고, 이 때문에 오딧세우스에 의해 친정아버지에게 돌려보냈다고 한다. 아르카디아에서, 그녀는 헤르메스 신에게 유혹되어 또 다른 신인 판Pan을 낳기도 했다. 오딧세우스가 페넬로페가 다른 청혼자 암피노모스Amphinomus에게 유혹당했다는 것을 깨닫고 그녀를 죽이는 것도 있다. 페넬로페의 정절은 남자들이 그녀에게 부여하는 가치에서 매우 중요하다. 하지만 그런 그녀의 모습과 다른 버전이 있다. 대체로 덜 완벽하고, 덜 정숙하다. 역사적으로 선호하는 페넬로페의 버전이 절대 흔들리지 않다 보니 우리는 나머지 형태의 이야기들은 싹다 잊어버리는 경향이 있다.

아가멤논이 페넬로페를 칭찬하는 데는 두 번째 요소가 있다. 우리는 수천 년 전으로 거슬러 올라가서 여성혐오 전통을 목격한다. 다른 여성을 비판하기 위해 한 여성을 칭찬하는 것. 페넬로페는 다른 여성들에게 부족한 미덕의 소치다. 아가멤논에게 있어 그녀는 그의 아내가 아니었던, 궁극의 좋은 아내다. 페넬로페를 칭찬함으로써 아가멤논은 클리타임네스트라를 폄훼하고자 한 새로운 목표를 달성했다. 평판을 통해서만 알 수 있는 페넬로페의 자질에 대해 칭찬하는 것이 반드시 오류가 있거나 부정확한 것은 아니지만, 페넬로페가 어떤 사람인지와도 특별히 관련이 없다.

페넬로페에 대한 더 자세한 상상의 산물을 위해, 우리는 특히 두 명의 작가에게 의지해볼 수 있다. 하나는 고대, 하나는 현대의 작가다. 오비디우스는 〈여인들의 편지〉에서 페넬로페가 율리시스(오딧세우스의 라틴어 이름)에게 보내는 편지를 썼다. 이 페넬로페는 단지 남자들이 중시하는 정절과 살인 본능의 결여로 정의된 더는 흐릿한 필멸의 존재가 아니다. 그녀는 오랫동안 집을 비운 남편에게 쓴 편지에서 그의 답장을 원하지 않으니 돌아오기를 바란다고 설명하면서 시작한다. 그녀는 오딧세우스와 그의 친구 디오메데스가 밤에 트라키아 막사를 공격한 《일리아스》의 제10권에서 보여준 영웅적인 행동에 전혀 감명을 받지 못한다. 그녀는 그가 이 위험한 원정을 떠났을 때 그녀와 텔레마코스를 잊어버렸다고 비난한다.[25] 그리고 전쟁이 끝난 지 오래지만 자신에게 트로이아의 잔재가 여전히 남아 있다고 말한다.[26] 그녀는 조바심, 불안, 재혼하라는 아버지의 압박을 숨기지 않는다. 그녀는 청혼자들과 오딧세우스의 신하들이 그들의 가축을 모두 잡아먹기 위해 공모한 것에 대해 불평한다. 그녀는 아들이 성인이 되려면 아버지가 필요하다는 사실도 그에게 상기시킨다. 마지막으로 그녀는 빌어먹을 한 쌍의 대사로 끝을 맺는다. 당신이 떠났을 때 나는 그저 소녀였어요. 지금 돌아오면 당신은 나이 들어 다 늙은 여자를 보게 될 거예요. 그녀는 오비디우스가 상상하는 여성들이 흔히 그렇듯이 매우 미묘한 성격이다. 분노, 두려움, 걱정, 조바심, 자기 연민과 같은 상황에 놓인 여성의 인간적인 감정을 보여준다. 신들에게 이 버전의 페넬로페를 노래하는 시를 만들어 달라고 요구하는 아가멤논의 모습은 상상도 안 된다. 왜냐하면 그녀는 단순히 좋은 아내의 행실을 대표하는 이름 첫 글자가 아니라 복잡한 감정과 요구를 가진 여성이기 때문이다. 자, 어서 돌아와요. 율리시스, 나는 당신이 필요하다고요.

비슷한 본능 - 호메로스의 베일에 싸인 수수께끼 대신 우리가 분명히 볼 수 있는 입체적인 페넬로페를 창조하는 것 - 이 2005년에 출판된 마거릿 애트우드Margaret Atwood의 멋진 단편소설 《페넬로피아드Penelopiad》 에서 실현된다.

제목은 《일리아스》, 《아이네이스》처럼 사람이나 도시의 이름을 따서 짓는 고대 서사시들과 같은 방식으로 지어졌다. 이것은 분량이 길지 않은 서사시로 한 여자가 직접 이야기한다. 《오딧세이아》 마지막 권의 아가멤논과 암피메돈처럼, 이 책의 페넬로페도 지하세계에서 그녀의 이야기를 들려준다. 그리고 오비디우스의 페넬로페와 마찬가지로 1인칭 시점이기 때문에 우리는 잘 드러나지 않았던 이 여성의 속마음을 들을 수 있다. 이 책은 《오딧세이아》의 이야기를 다시 바꿔서 들려준다. 가령, 청혼자들의 이야기, 베 짜기, 남편과 아내가 서로 알아보는 데 질질 끈 시간 등을 재조명한다. 각 장의 제목만으로도 페넬로페의 즐겁고 자기중심적인 신랄한 세계관이 유감없이 드러난다. '내 인생을 망친 헬레네', '구혼자들은 배불리 먹고 마시며', '명부(하데스)의 생활'. 이 여인은 우리가 그토록 만나고 싶어 했던 여성으로, 성자 같은 모습은 아니지만, 조용히 자신을 둘러싼 사람들의 행동을 유심히 지켜보고 판단한다. 하지만 페넬로페가 죽은 구혼자들에게는 아무리 신랄하더라도 노예 소녀들을 살해하고 나서는 죽은 이후에도 귀신 들린 듯하다고 말한다. 매리언 맥과이어의 벽난로 조각상에서도 표현된 이 순간은 그녀의 작가 노트에 따르면 항상 애트우드를 괴롭혔다.[27] 아마도 이것을 호메로스의 재해석이라고 부르기보다는 호메로스에 필요한 추가분으로 묘사하는 것이 더 나을 것 같다. 청혼자들의 살해를 묘사하는 내용은 400행이 훨씬 넘는다. 그들이 모두 죽으면 노예 여성은 가구에서 피를 씻기 전에 이 남자의 시체를 밖에 내놓도록 강요받는다. 그런 다음 여성들은 텔레마코스에 의해 교수형에 처해진다. 호메로스가 그들의 죽음을 묘사하는 데에는 단 10줄밖에 할애하지 않는다.

질문이 생길 때 - 왜 우리는 여성을 중심에 놓는 그리스 신화를 다시 이야기해야 할까? - 그것은 항상 이상한 가정으로 가득 차 있다. 기본적인 믿음이 여성은 이야기의 주변에 있고, 항상 그래왔다는 것이다. 신화는 언제나 남성에 초점이 맞춰져 있었고 여성은 작은 역할에 불과했다는 것이다. 여기에는 오랜 기간에 걸쳐 여러 장소에서 여러 저자에 의해 쓰인 신화에 '진짜' 혹은 '진정한' 버전이란 존재하지 않는다는 사실을 간과하는 굳어진 믿음 역시 포함된다. 《일리아스》나 《오딧세이아》에서 우리가 찾는 이야기의 버전은 단지 그것이 더 오래전 이야기라는 이유만으로 기원전 5세기 연극이나 화병 옆에 있는 버전보다 더 타당하지 않다는 것이다. 호메로스는 기원전 5세기의 극작가 에우리피데스나 조각가 페이디아스Phidias처럼 초기 전통을 이어갔다. 에우리피데스가 트로이아 전쟁에 대해 작품을 쓸 때, 그는 안드로마케, 엘렉트라, 헬레네, 헤카베와 두 편의 이피게네이아 연극을 중심으로 그녀의 운명에 대한 서로 다른 모순된 버전을 제시하였다. 때로 남성 중심의 서사는 학자들에 의해 더 무겁게 받아들여진 측면이 있다. 《일리아스》는 오랫동안 《오딧세이아》보다 더 웅장한 작품으로 평가되었다. 이유는 간단하다. 전자는 전쟁으로 가득 차 있고 후자는 여성과 모험으로 가득 차 있기 때문이다. 19세기 작가 사무엘 버틀러Samuel Butler는 정말이지 진지하게 《오딧세이아》가 여성이 쓴 게 틀림없다고 발표하기까지 했다. 그렇기 때문에 여성 캐릭터로 가득 차 있다는 것이다. 헬레네가 상대적으로 조연인 《일리아스》가 에우리피데스의 〈헬레네〉보다 왠지 더 정통한 문헌이라고 믿게 만드는 이유는 무엇인가? 오비디우스가 그리스 신화를 남성의 관점 못지않게 여성의 관점에서도 이야기될 수 있다는 것을 인식할 수 있었다면 우리가 어떻게 그걸 잊었겠는가? 왜 우리가 《오딧세이아》에서 가장 잘 아는 이야기를 페넬로페의 관점이나 키르케의 관점에서 다시 이야기해야 하느냐고 묻는 사람들은 그 이야기를 오딧세우스의 관점에서 봐야 한다고 가정하는 것이다. 그리고 이것은 이 질문에 대한 대답이 항상 다음과 같아야 함을 의미한다. 왜냐하면 그녀가 빌어먹을 이야기 속에 있어서다. 왜 그녀의 이야기가 듣고 싶지 않은 것인가?

결론

판도라의 항아리에 담긴 것들이 세상 밖으로 빠져 나올 때 우리는 이것을 자꾸 나쁜 쪽으로 생각하려고 한다. 1장에서 논의한 바와 같이, 고대 작가의 경우 항아리의 내용물이 항상 그 자체로 나쁜 것은 아니다. 신화의 일부 버전에서는 좋다. 그러나 그 버전은 선호하는 서사로 널리 퍼지지 못했다. 아마도 상황이 예전만큼 좋지 않다고 믿기가 더 쉽기 때문일 것이다. 어떤 종류의 쇠퇴론, 즉 상황은 항상 약간 나빠지고 있다는 것을 믿고 싶은 유혹이 더 크다. 그리고 제우스가 판도라를 인간에게 보낼 때(프로메테우스가 우리를 위해 훔친 불에 대한 대가), 그는 그녀가 문제를 일으키도록 의도한다.

하지만 문제는 그녀가 항아리를 여는 것이 문제인가? 아니면 그냥 여자 자체가 문제인가? 판도라는 첫 번째 여성이다. 그렇지만 (헤시오도스에 따르면) 그녀 덕분에 남성의 근심 걱정 없는 시대가 막을 내린다고 한다. 하지만 여자도 없고 불도 없이 세상에 온통 남자만 있는 시대가 엄청나게 지루하게 들린다고 말해도 용서해 주리라 믿는다. 당연하지, 누가 신경이나 쓰겠어?

판도라는 변화의 주체며, 제우스의 의지로 실현한 화신이다. 그녀는 순전히 악마가 아니다. 그녀의 놀라운 평판이 여러분을 믿게 할 것이다. 판도라는 이중적이다. kalon kakon, 아름답고 추악하며, 선이자 재앙(악)이다. 판도라가 인간에게 가져다주는 것은 복잡한 특성이다. 그리고 그것은 이 책에 있는 모든 여성에게 해당된다. 어떤 이들은 악당으로 그려지고(클리타임네스트, 메데이아), 어떤 이들은 희생자로 그려지고(에우리디케, 페넬로페), 또 어떤 이들은 문자 그대로 괴물처럼 그려진다(메두사). 하지만 그들은 이 섬네일 묘사가 보여줄 수 있는 모습보다 훨씬 더 복잡한 인물들이다. 그들의 이야기는 어렵고, 지저분하고, 잔인한 세부 내용에서 읽히고, 보이고, 들려야 한다. 그들은 간단하지 않다, 왜냐하면 흥미로운 것은 간단하지 않기 때문이다.

우리는 더이상 영웅과 악당의 세계에 살고 있지 않다. 그렇다고 믿는다면 진심으로 상황에 대해 제대로 생각하지 않았을 가능성을 진지하게 고려해봐야 한다. 우리가 그림의 나머지 절반을 무시해버리면 우리의 이야기나 우리 자신(신화는 결국 우리의 거울이다)을 완전히 이해하기를 바랄 수 없다. 또는 더 나쁜 것은, 절반이 누락되었다는 사실조차 알지 못한다는 것이다. 이 책은 그 여백을 조금이나마 채우려는 시도다.

감사의 말

조지 몰리는 우리가 바랄 수 있는 가장 비범한 편집자일 뿐만 아니라 모든 면에서 전반적으로 훌륭한 분입니다. 그녀가 이 책을 마음에 들어 해서 정말 기뻐요. 피터 스트라우스는 플라톤적 이상을 보여주는 에이전트세요. 그가 제 책을 맡은 날은 뛸 듯이 운이 좋은 날이었습니다. 물론, 지금도 그렇고요. 그런데, 이분 자신이 얼마나 멋진지 모르세요. 자꾸만 아니라고 부인하시네요. 만약 그와 마주친다면 언제든지 멋지다고 꼭 말씀해주세요.

이 책은 락다운 기간 중 편집되었습니다. 만일의 사태에 대비해서 제 주소록보다 더 나은 주소록이 있을 수도 있겠지만, 그렇더라도 누구의 주소록인지는 상상하기 어렵군요. 로즐린 벨, 폴 카트리지, 패트릭 오설리반 모두 격리 기간 중 제 글을 읽고 정정해 주셨습니다. 그들은 생각보다 더 많은 부주의와 어리석음으로부터 저를 구해주셨습니다. 물론 남은 실수는 오롯이 저의 몫입니다. 클로이 메이 편집장님은 엄청난 인내력의 소유자랍니다. 마리사 콘스탄티노우는 조지와 함께 제 원고를 읽어주셨어요, 수잔 오피는 제 교열 담당자셨습니다.

에디스 홀, 필리파 페리, 팀 휘트마시, 팀 파킨, 엠마 브리지스, 팀 말로우, 프란체스카 스태브러커풀루, 애덤 러더퍼드, 그리고 숀 화이트사이드 이 모든 분이 더없이 소중한 전문 지식을 기꺼이 내어놓으셨습니다. 줄리언 반스와 함께 썼던 에우리디케의 모든 버전도 봤네요(우리가 일찍 건너뛰고 3막 대신 칵테일 마신 얘기를 깜빡했군요). 제 글을 위해 제안을 좀 부탁드렸더니 많은 고전주의자, 작가, 음악가, 역사가, 과학자 등 엄청난 괴짜분들이 이 책 속의 여성들 하나하나에 대해 가장 좋아하는 버전을 제공해주셨습니다. 이 모든 것을 책 속에 담을 수 있다면 얼마나 좋을까요. 정말이지 반드시 담아야 제 생각을 제대로 알려주었답니다. 가끔은 제가 잊고 있던 사실을 상기시켜주기도 하고, 또 때로는 제가 모르는 내용을 알려주기도 했습니다. 이 책의 초점을 넓힐 수 있는 아주 훌륭한 방법이었어요. 진심으로 고마운 마음 전합니다. 사실, 아무리 감사를 드려도 모자랄 거예요.

폴린 로드는 제 긱 다이어리gig diary를 실제 기계처럼 관리해줘요. 그녀가 없으면 저는 기차역 벤치에 앉아 제가 어디에 사는지도 모를 거예요.

마틸다 맥모로우는 제 소셜 미디어를 담당하는데 일반적으로 제가 숲에서 길을 잃지 않도록 도와주죠. 크리스천 힐은 (제 생각에) 20년 동안 그랬던 것처럼 웹사이트를 아름답게 운영하고 있습니다. 그들이 없다면 저는 길을 잃고 말 거예요. 메리 워드-로어리와 저는 이 책을 쓰고 편집하는 동안 Radio 4의 〈Natalie Haynes Stand Up for the Classics〉두 시리즈를 만들었습니다. 제임스 쿡은 〈Radio Theatre〉가 종료되었을 때 우리가 해야 했던 것처럼 만들어보라고 했죠. 혼자 일하는 시간이 너무 많은데, 그토록 관심을 기울인 사람들과 협업 프로젝트를 만들 수 있다는 건 정말 멋진 일입니다.

댄 머시는 제가 매 장을 끝낼 때마다 모든 장을 읽었습니다. 그는 분명히 지금쯤이면 그 일에서 벗어나리라 생각했겠지만, 아니, 누구 맘대로. 항상 고마워요. 헬렌 베그널은 진짜 굉장한 친구예요. 상상력과 아이디어가 끊이지 않는답니다. 다미안 바는 진짜 아름답고 믿어지지 않을 정도로 마음이 넉넉한 분이시고요. 로버트 더글러스-페어허스트는 언제나 제가 딱 기준으로 삼는 분이랍니다. 헬렌 아트렛-코는 제게 꼭 필요한 분이세요. 그야말로 법도 필요 없을 무법자거든요. 미셸 플라워는 고양이 사진들로 저를 보러 와요. 이것은 제 웰빙에 필수적입니다. 이 글을 쓰는 동안에도, 또 편집하는 동안에도 많은 친구가 손을 내밀어 보살펴 주었습니다. 혼자라는 느낌이 거의 들지 않는 고독한 시간이었습니다. 샘 소프, 제니 안토니오니, 그리고 TMAP의 모든 분이 전임자의 70일간 투어 중에 제가 책을 쓰려고 애쓰느라 스트레스로 무너지지 않도록 붙들어 주셨습니다. 그들은 우리가 도장에 들어갈 수 없을 때도 멈추지 않고 온라인으로 대신했습니다. 글쎄, 전사 여성은 어딘가에서 싸우는 법을 배워야 합니다.

저의 사랑스러운 가족들도 저를 평온하게 지켜주었습니다. 이 모든 게 다 저희 엄마 (당신이 만약 북 페스티벌 참석 이후 이 책을 읽고 있다면, 저희 엄마를 이미 만나셨어요), 아빠 크리스, 젬, 케즈 덕분입니다.

더 읽을 책들 및 기타 출처

더 읽을 책들 및 기타 출처문과 출처에 대한 몇 가지 참고 사항. 첫째, 의심할 여지 없이 눈치채셨겠지만, 저는 그리스어와 라틴어 이름의 음역 및 번역을 함부로 다룹니다. 때때로 저는 그리스어로 음역을 하고(Herakles라고 써야 하나 Heracles라고 썼음), 때로는 로마자 번역본Oedipus을 사용하고, 때로는 영어 이름을Helen 사용합니다. 체계도 없고 일관성도 없습니다. 몇 년 동안 등장인물과 작가를 특정 형태의 이름으로 기억하다 보니 쉽게 잘 안 바뀌는 것 같군요.

이 책에 있는 그리스어 번역문은 모두 제가 했습니다. 저는 굳이 필요하다고 느끼지 않는 한 격식을 차리지 않는답니다. 특히, 아이스킬로스와 에우리피데스의 제 버전은 연극의 과장된 느낌보다는 실제 대화에 더 가깝습니다(이것은 훗날 무대에서 그것들이 알기 쉽게 번역될 수 있도록 하려는 시도입니다). 제게도 상당히 많은 그리스어와 라틴어 문헌이 있지만 훨씬 더 많은 문헌과 자료가 온라인에서 무료로 제공됩니다. 가령, 〈페르세우스(페르세우스 프

로젝트: 보스턴 인근의 터프츠 대학교의 고전 문헌학 리소스를 제공하는 디지털 도서관)〉는 제가 선택한 웹사이트인데 물론 다른 웹사이트도 있습니다. 그 웹사이트들 모두 세상을 더 좋고 민주적인 연구의 장으로 만든 학자분들께서 제공하는 훌륭한 자료들입니다. 제가 따랐던 판본이나 문헌 전통의 목록은 제공하지 않을 것입니다. 왜냐하면 이것은 학술 서적이 아니며, 아무도 저에게 이런 내용을 더 자세히 묻지 않으니까요.

하지만 저는 종종 어떤 번역이 좋은지를 물어보는 질문을 받곤 합니다. 대답하기 꽤 곤란하군요. 왜냐하면 저는 학교나 대학 시절부터 가지고 있던 책을 그대로 사용하는 경향이 있거든요. 그 이유는 이미 제 책꽂이에 있어서죠. 에밀리 윌슨의 《오딧세이아》 번역본은 어찌나 훌륭하던지 이전 버전은 다 버렸답니다. 제가 '버렸다'라고 말은 했지만, 어떨 때 보면 특별한 이유 없이 《오딧세이아》의 각기 다른 네 개의 번역본을 가지고 있는 것 같기도 하군요. 어처구니없게도, 저는 처음 12권의 그리스어판만 가지고 있는데, 나머지는 페르세우스를 사용합니다. 제 도서관에는 논리가 없습니다. 일반적으로 펭귄 클래식Penguin Classics과 옥스포드 월드 클래식Oxford World's Classics은 제가 가지고 있는 것이고, 대체로 꽤 좋습니다. 뢰브Loeb 판본도 수십 개가 있는데 번역의 질이 더 변덕스럽긴 하지만 그리스어가 좀 까다로울 때는 항상 유용하죠. 온라인에서 무료로 이용할 수 있는 오래된 번역본들이 많이 있지만, 주의할 점은 그것들은 꽤 이해하기 어려울 수 있다는 겁니다.

이 책을 가능하게 해준 고대가 아닌 책들은 다음과 같습니다. 엠마 브릿지스 & 디지브릴 알-아야드Emma Bridges & Djibril al-Ayad의 《몬스터 되기(가제)Making Monsters》, 릴리안 E. 도허티Lillian E. Doherty의 《성별과 고전 신화의 해석Gender and the Interpretation of Classical Myth》, 티모시 간츠Timothy Gantz의 《초기 그리스 신화Early

Greek Myth》, 에디스 홀Edith Hall의 《그리스 비극Greek Tragedy》(또한 파이드라에서 이오카스테에 이르기는 모든 것을 다룬 그녀의 훌륭한 에세이 및 블로그 게시물), 메리 R. 레프코비츠Mary R. Lefkowitz의 《그리스 신화의 여성Women in Greek Myth》, 에이드리언 메이어Adrienne Mayordml의 《아마존The Amazons》, 매튜 라이트Matthew Wright의 《그리스 비극의 잃어버린 연극The Lost Plays of Greek Tragedy》, 프로마 제틀린Froma I. Zeitlin의 《Playing the Other》. 평생 읽은 책을 관리하기 쉽게 짧은 목록으로 핵심만 뽑아서 정리하는 게 마음대로 잘 안 되네요. 그래서 저는 이 책을 쓰는 동안 한 번에 몇 주 동안 책상 위에 있던 책들만을 제안하는 중입니다. 나머지는 아마도 다른 일에 필요할지 몰라서 일부분만 제 머릿속에 저장해 놓았어요. 제 두뇌의 아주 아주 적은 용량을 차지하고 있습니다. 이젠 너무 늦었어요.

언급된 작품의 전체 목록(작성 당시 거주지 포함)은 아래에 있습니다(문자 그대로 모든 노력을 기울인 Roz 덕분입니다). 빠트린 것은 다 제 것입니다. 너그러이 용서해주시길.

PANDORA

Cousin, Jean (ca. 1550), 〈Eva Prima Pandora>, Paris, Louvre, inv. RF 2373.

Howard, Henry (1834), oil on mahogany panel, 〈The Opening of Pandora' s Vase>, London, Sir John Soane Museum, inv. SM P6.

Rossetti, Dante Gabriel (1871), oil on canvas, 〈Pandora〉, private collection. Athenian kylix attributed to the Tarquinia Painter (ca. 460 bce) depicting the creation of Pandora, London, British Museum, inv. 1881,0528.1.

Bonasone, Giulio (1531-76), engraving, Epimetheus opening Pandora' s Box, New York,

Metropolitan Museum, inv. 64.682.102.

Athenian red-figure calyx-krater attributed to the Niobid Painter (ca. 460-450 bce) depicting Pandora, London, British Museum, inv. 1856,1213.1.

Athenian red-figure volute krater attributed to the Group of Polygnotos (ca. 450-420 bce) depicting the creation of Pandora, Oxford, Ashmolean Museum, inv. AN1896-1908.G.275.

JOCASTA

Athenian red-figure kylix attributed to the Painter of Oedipus (ca. 470 bce) depicting Oedipus and the Sphinx, Vatican Museums, inv. 16541.

Sicilian red-figure calyx-krater attributed to the Gabil Gabib Group (ca. 330s bce) possibly depicting Oedipus, Jocasta and their daughters, Syracuse, Museo Archeologico Regionale Paolo Orsi, inv. 66557.

Apulian red-figure loutrophoros attributed to an artist close to the Painter of Laodamia (ca. 340 bce) depicting Alkestis and her children, Basel, Antikenmuseum, inv. S21.

Cabanel, Alexandre (1843), oil on canvas, 〈Oedipus Separating from Jocasta〉, Capentras, Musée Duplessis.

Toudouze, Edouard (1871), 〈Farewell of Oedipus to the Corpses of his Wife and Sons〉, Paris, École nationale supérieure des Beaux-arts.

HELEN

Tintoretto (ca. 1550-55), oil on canvas, 〈Leda and the Swan〉, Florence, Galleria degli Uffizi, inv. 3084.

Leonardo copy, e.g.: da Cesto, Cesare (ca. 1505-10), oil on wood, 〈Leda and the Swan〉 (after Leonardo), Salisbury, Wilton House, Collection of the Earl of Pembroke.

Copy of a lost painting by Michelangelo (after 1530), oil on canvas, 〈Leda and the Swan〉, London, National Gallery, inv. NG 1868.

Rossetti, Dante Gabriel (1863), oil on panel, 〈Helen of Troy〉, Liverpool, National Museums.

MEDUSA

Winged gorgoneion, bronze shield apotropaion/decoration (first half of the sixth century bce), Olympia, Archaeological Museum, inv. B 110.

Athenian red-figure Panathenaic amphora, attributed to the Berlin Painter (ca. 490 bce), 〈Medusa〉, Munich, Staatliche Antikensammlungen, inv. 2312.

Athenian red-figure pelike, attributed to Polygnotos (ca. 450-440 bce), 〈Perseus beheading the sleeping Medusa〉, New York, Metropolitan Museum, inv. 45.11.1.

Klee, Paul (1939), pencil on paper, 〈Forgetful Angel(Vergesslicher Engel)〉, Bern, Zentrum Paul Klee.

Athenian red-figure kalpis hydria, attributed to the Pan Painter (ca. 460 bce), 〈Perseus flees with Medusa' s head〉, London, British Museum, inv. 1873,0820.352.

Apulian red-figure bell krater, attributed to the Tarporley Painter (ca. 400-385 bce), 〈Athene holding Medusa' s head〉, Boston, Museum of Fine Arts, inv. 1970.237.

Canova, Antonio (1800-06), marble, 〈Perseus Triumphant〉, Musei Vaticani, inv. 969 and New York, Metropolitan Museum, inv. 67.110.1.

Cellini, Benvenuto (1545-55), bronze, 〈Perseus with the head of Medusa〉, Florence, Piazza della Signoria, Loggia dei Lanzi.

Garbati, Lucuano (2008), fiberglass and resin, 〈Medusa〉.

Donatello (1455-60), bronze, 〈Judith and Holofernes〉, Florence, Palazzo Vecchio.

Gentileschi, Artemisia (1611-12), oil on canvas, 〈Judith slaying Holofernes〉, Naples, Museo Nazionale di Capodimonte.

West pediment, Temple of Artemis at Corcyra (ca. 590-580 bce), limestone, Medusa, Chrysaor and Pegasus, Corfu, Archaeological Museum.

THE AMAZONS

Athenian white-ground alabastron (ca. 480 bce), attributed to the Group of the Negro Alabastra, 〈Amazon〉, London, British Museum, inv. 1864,1007.253.

Athenian red-figure volute krater (ca. 450 bce), attributed to the Painter of the Woolly Satyrs, 〈Amazonomachy〉, New York, Metropolitan Museum, inv. 07.286.84.

Apulian red-figure volute krater fragment (ca. 330-310 bce), attributed to the Baltimore Painter, 〈Hippolyta and the Amazons with Heracles〉, New York, Metropolitan Museum, inv. 19.192.81.1.7,42,46,55.

Athenian black-figure neck amphora, signed by Exekias (ca. 540), 〈Achilles and Penthesilea〉, London, British Museum, inv. 1836,0224.127.

Athenian black-figure hydria, attributed to the Leagros Group (ca. 510-500 bce), 〈Achilles carrying the body of Penthesilea〉, London, British Museum, inv. 1836,0224.128.

CLYTEMNESTRA

Athenian red-figure calyx-krater, attributed to the Dokimasia Painter (ca. 470 bce), 〈The death of Agamemnon〉, Boston, Museum of Fine Arts, inv. 63.1246.

South Italian red-figure calyx-krater (late fourth century bce), 〈The death of Agamemnon〉, St Petersburg, The State Hermitage Museum.

EURYDICE

Neide, Emil (1870s), oil on canvas, 〈Orpheus and Eurydice〉.

PHAEDRA

Red-figure hydria (fifth century bce), showing Phaedra on a swing, Berlin, Antikensammlung.

MEDEA

Athenian black-figure hydria (ca. 510-500 bce), attributed to the Leagros Group, 〈Medea and the Rejuvenation of the Ram〉, London, British Museum, inv. 1843,1103.59.

Lucanian red-figure calyx-krater (ca. 400 bce), near the Policoro Painter, 〈Escape of Medea/Medea in a Chariot〉, Cleveland OH, Cleveland Museum of Art, inv. 1991.1.

Noble, Thomas Satterwhite (1867), oil on board, 〈Modern Medea〉, Cincinnati, National

Underground Railroad Freedom Center.

PENELOPE

Athenian red-figure skyphos (ca. 440 bce), attributed to The Penelope Painter, 〈Penelope and Telemachus at her loom〉, Chiusi, Museo Archeologico Nazionale, inv. 1831.

Cavelier, Jules (1842), marble, 〈Penelope (or Penelope Asleep)〉, Paris, Musée d' Orsay.

Ligare, David (1980), oil on canvas, 〈Penelope〉, collection of the artist. Athenian grave stele of Hegeso (late fifth century bce), marble, Athens, National Archaeological Museum, inv. 3624.

Wheeler, Dora (1886), silk embroidered with silk thread, 〈Penelope Unraveling Her Work at Night〉, New York, Metropolitan Museum, inv. 2002.230.

Maguire, Marian (2017), acrylic on wood, 〈Penelope weaves and waits〉.

미주

PANDORA

1. Hesiod, Works and Days, introduction xiv.
2. Louvre Museum.
3. Sir John Soane' s Museum.
4. http://www.sothebys.com/en/auctions/ecatalogue/2014/british-irish□art-l14132/lot.207.html.
5. Hesiod, Theogony 585.
6. Ibid 570.
7. Ibid 585.
8. Ibid 587.
9. Hesiod, Works and Days 57.
10. Ibid 80-3.
11. Ibid 96.
12. Theognis, frag 1. 1135.
13. The Aesop Romance.

14. Aesop Fable 526 (Gibbs)/123 (Chambry)/312 (Perry).

15. Metropolitan Museum, Drawings and Prints.

16. https://www.britishmuseum.org/research/collection_online/collection_object_details.aspx?objectId=461830&partId=1.

17. https://www.ashmolean.org/sites/default/files/ashmolean/documents/media/learn_pdf_resources_greece_focus_on_greek_objects_teacher_notes.pdf.

18. Hurwit, Jeffrey M. (1995), 'Beautiful Evil: Pandora and the Athena Parthenos', American Journal of Archaeology 99.

19. Pausanias, Description of Greece 1.24.7.

20. Thucydides, The History of the Peloponnesian War 2.45.2.

21. The phrase used for women is attike gune - 'a woman of Attica', which is a geographical description, but removes the civic context present in the word 'Athenian'. Jones, N. F. (1999), The Associations of Classical Athens: The Response to Democracy (Oxford and New York: Oxford University Press) 128.

22. https://www.huffingtonpost.co.uk/entrypulp-fiction-fan-theories_n_5967174.

23. Hesiod, Theogony 585.

JOCASTA

1. Antiphanes, frag 189.3-8, cited Wright, M. (2016), The Lost Plays of Greek Tragedy, Volume 1: Neglected Authors (London: Bloomsbury Academic), p. 214 + Taplin http://www.engramma.it/eOS/index.php?id_articolo=3303.

2. Wright, p. 97.

3. Sophocles, Oedipus Tyrannos 858.

4. Ibid 981-3.

5. Ibid 1071.

6. Ibid 707ff.

7. Ibid 713.

8. Homer, Odyssey 11 271.

9. Ibid 274.

10. Pausanias, Description of Greece 9.5.10-11.

11. Euripides, Phoinissai 20.

12. Ibid 30-1.

13. Ibid 44.

14. Ibid 619.

15. Martin, R. P. (2005), 'The Voices of Jocasta' , Princeton/Stanford Working Papers in Classics. Available as of March 2020 at https://www.princeton. edu/~pswpc/pdfs/rpmartin/050503.pdf.

16. Lille Stesichorus Antistrophe.

17. Athenian red-figure kylix, attributed to the Painter of Oedipus (ca. 470 bce), depicting Oedipus and the Sphinx, Vatican Museums, inv. 16541.

18. Sicilian red-figure calyx-krater (ca. 330 bce) possibly depicting Oedipus, Jocasta and their daughters, Syracuse, Museo Archeologico Regionale Paolo Orsi inv. 66557.

19. Hall, E. (2016), 'Oedipal Quiz - Little Boys in Greek Tragedy' , The Edithorial. Blog available as of March 2020 at https://edithorial.blogspot.com/2016/05/oedipal-quiz-llittle-boys-in-greek.html

20. A red-figure Apulian loutrophoros, mid-fourth century bce, by an artist close to the Painter of Laodamia, Basel, Antikenmuseum, inv. S21.

21. Cabanel, Alexandre (1843), oil on canvas, Oedipus Separating from Jocasta, Capentras, Musée Duplessis.

22. https://en.wikipedia.org/wiki/File:Toudouze_oedipus.gif.

23. Aristophanes, The Frogs 1188ff.

HELEN

1. Orestes 352, Andromache 106.

2. Asimov, I. (1992), Isaac Asimov Laughs Again (New York: HarperCollins), p. 200.

3. Homer, Iliad 3 418, 426.

4. Euripides, Helen 21.

5. Epic Greek Fragments, Cypria, 11, MLW.

6. Euripides, Helen 256.

7. Gantz, T. (1993), Early Greek Myth: A Guide to Literary and Artistic Sources. Vol 1 (Baltimore: The Johns Hopkins University Press), p. 289.

8. Plutarch, Theseus 31.2.

9. Diodorus, Bibliotheca Historica 4.63.

10. Gantz, p. 289.

11. Euripides, The Trojan Women 890-4.

12. Gantz, p. 566.

13. Ibid; e.g. Pseudo-Apollodorus.

14. Homer, Iliad 6 344ff.

15. Euripides, The Trojan Women 901-2.

16. Ibid 914ff.

17. Homer, Iliad 24 28-30.

18. Euripides, The Trojan Women 935-6.

19. Ibid 943-4.

20. Ibid 950.

21. Ibid 1022-3.

22. 10-50 million, approximately. Dr Adam Rutherford, WhatsApp conversation.

23. Gantz, p. 575.

24. Euripides, Helen 34.

25. Ibid 42-3.

26. Ibid 81.

27. Gantz, pp. 574-5.

28. Plato, Republic 9.586c.

29. Euripides, Helen 588.

30. Homer, Iliad 24 804.

31. Ibid 24 761-75.

32. Homer, Odyssey 4 219ff.

33. Book of Jasher 44 15ff.

34. Russell, J. R., (1986), 'Ara the Beautiful' , Encyclopædia Iranica, available as of March 2020 at http://www.iranicaonline.org/articles/ara-the-beautiful-.

35. Tacitus, Histories 3.45, Annals 12.36, 12.40.

36. Christie, Agatha (1930), 'The Face of Helen', in The Mysterious Mr Quin (London: Collins).

37. Hartley, B. (2014), Novel Research: Fiction and Authority in Ptolemy Chennus, Ph.D. thesis (Exeter), 94ff.

38. Homer, Odyssey 4 277-9.

39. Photius, Bibliotheca 149b 3-38.

40. Wright, M. (2018), The Lost Plays of Greek Tragedy, Volume 2: Aeschylus, Sophocles and Euripides (London: Bloomsbury), pp. 87-8.

41. http://www.liverpoolmuseums.org.uk/walker/exhibitions/rossetti/works/beauties/helenoftroy.aspx.

MEDUSA

1. Nietzsche Aphorism 146, tr. by Shaun Whiteside.

2. Hesiod, Theogony 274-6.

3. Ibid 276-8.

4. Ibid 279.

5. Pindar, Pythian Ode 12 16.

6. Ovid, Metamorphoses 4 794ff.

7. Ibid 798.

8. Stavrakopoulou, Francesca (forthcoming: 2021), God: An Anatomy(London: Picador).

9. Homer, Iliad 5 741.

10. Ibid 11 36.

11. Homer, Odyssey 11 634.

12. Pindar, Pythian Ode 12 21.

13. Homer, Iliad 11 37.

14. Prometheus Bound 798-9.

15. https://www.theoi.com/Gallery/P23.1B.html.

16. Ovid, Metamorphoses 5 250.

17. Pseudo-Hyginus, Fabulae 63.
18. Pseudo-Apollodorus, Bibliotheca 2.36-42.
19. Hesiod, Shield of Heracles 222.
20. Ibid 224.
21. Ibid 227.
22. https://www.metmuseum.org/art/collection/search/254523.
23. https://www.britishmuseum.org/research/collection_online/collection_object_details.aspx?objectId=461872&partId=1.
24. Pseudo-Apollodorus, Bibliotheca 2.4.3.
25. Gantz, p. 489.
26. Pseudo-Apollodorus, Bibliotheca 2.45-6.
27. Ovid, Metamorphoses 4 617-20.
28. Pindar, Pythian Ode 12 8.
29. Homer, Iliad 5 114.
30. Ovid, Metamorphoses 11 85-193.
31. Ibid 11 125-6.
32. Wright, vol. 2, p. 61.
33. Ovid, Metamorphoses 4 741.
34. https://collections.mfa.org/objects/154107.
35. Pseudo-Apollodorus, Bibliotheca 2.46
36. http://www.museivaticani.va/content/museivaticani/en/collezioni/musei/museo-pio-clementino/Cortile-Ottagono/perseo-trionfante.html.
37. https://www.metmuseum.org/en/art/collection/search/204758.
38. https://www.reddit.com/r/justlegbeardthings/comments/9vcppc/be_thankful_we_only_want_equality_and_not_payback/.
39. Orange is the New Black, Season 3, episode 12, 'Don' t Make Me Come Back There.'
40. Book of Judith, Ch 12-13.
41. Pindar, Pythian Ode 10, 47-8.
42. Ovid, Metamorphoses 5 209.

43. Book of Judith, Ch 16, v 26.

44. https://www.gq.com/story/see-rihanna-as-a-topless-medusa-on-the-cover-of-british-gq?f bclid=IwAR1iGwZPDG99bxRtckveo8Anb0oTBm_C_RdKS-75inxprJ_4Gw-D3v5POS0.

45. https://thelegomovie.fandom.com/wiki/Medusa.

46. Pausanias, Description of Greece 2.21.5.

47. medousa is the feminine form of medo¯n, Liddell and Scott.

48. Pseudo-Apollodorus, Bibliotheca 3.10.3.

THE AMAZONS

1. Mayor, A. (2014), The Amazons: Lives and Legends of Warrior Women Across the Ancient World (Princeton: Princeton University Press), p. 85.

2. Ibid p. 31.

3. Ibid pp. 191, 280.

4. Quintus Smyrnaeus, Fall of Troy 1.40.

5. Apollonius of Rhodes, Argonautica 2.778.

6. Pseudo-Apollodorus, Bibliotheca 2.5.9.

7. Shakespeare, A Midsummer Night' s Dream, Act 2, Scene 1.

8. Euripides, Herakles Mainomenos 415; Pseudo-Apollodorus, Bibliotheca 2.5.9; Apollonius of Rhodes, Argonautica 2.777; Diodorus, Bibliotheca Historica 4.16; Pausanias, Description of Greece 5.10.9.

9. https://www.britishmuseum.org/collection/object/G_1864-1007-253.

10. https://www.metmuseum.org/art/collection/search/247964.

11. Diodorus, Bibliotheca Historica 3.53.4.

12. Pliny, Natural History 7.57.

13. Homer, Iliad 3 189.

14. https://www.metmuseum.org/art/collection/search/250814.

15. Pseudo-Apollodorus, Bibliotheca 2.5.9.

16. https://collections.mfa.org/objects/153654.

17. Mayor, p. 219.

18. Plutarch, Life of Theseus 26ff.
19. Ibid 29.
20. Aeschylus, Eumenides 685.
21. Pausanias, Description of Greece 1.2.1.
22. Herodotus, Histories 9.27.4.
23. Pausanias, Description of Greece 1.15.2.
24. Aethiopis frag 1 (Loeb, Greek Epic Fragments), p. 114.
25. Homer, Iliad 24 56ff.
26. Pseudo-Apollodorus, Epitome 5.1.
27. Quintus Smyrnaeus, The Fall of Troy 1.18ff.
28. Pseudo-Apollodorus, Epitome 1.5.
29. Sophocles, Ajax.
30. Quintus Smyrnaeus, The Fall of Troy 1.96.
31. Pseudo-Apollodorus, Bibliotheca 3.12.3.
32. Ibid 1.153.
33. Ibid 1.159.
34. Ibid 1.216.
35. Ibid 1.227.
36. Ibid 1.238.
37. Ibid 1.315.
38. Alden, M. (2005), 'Lions in Paradise' in Classical Quarterly, vol. 55, no. 2, pp.335-42. https://www.jstor.org/stable/4493342?seq=1#page_scan_tab_contents.
39. Quintus Smyrnaeus, The Fall of Troy 1.406.
40. Ibid 1.629.
41. Ibid 1.664.
42. Ibid 1.726.
43. https://www.britishmuseum.org/collection/object/G_1836-0224-127.
44. https://www.britishmuseum.org/collection/object/G_1836-0224-128.

45. Mayor, p. 300.

46. Quintus Smyrnaeus, The Fall of Troy 1.800.

47. https://www.poeticous.com/robert-graves/penthesileia.

CLYTEMNESTRA

1. Antiphon 1, 17

2. Macintosh, F. et al. (2005), Agamemnon in Performance 458 BC to AD 2004 (Oxford: Oxford University Press), p. 59.

3. Aeschylus, Agamemnon 136.

4. Ibid 155.

5. Ibid 258.

6. Ibid 960.

7. Ibid 950.

8. Ibid 1156.

9. Ibid 1190.

10. Ibid 1214.

11. Ibid 1252.

12. Ibid 1360-1.

13. Ibid 1394.

14. https://collections.mfa.org/objects/153661.

15. Aeschylus, Agamemnon 1431-3.

16. Ibid 1526.

17. Ibid 1644.

18. https://www.hermitagemuseum.org/wps/portal/hermitage/digital-collection/25.%20Archaeological%20Artifacts/36020.

19. Ovid, Ars Amatoria 2 399-408.

20. Seneca, Agamemnon 118.

21. Aeschylus, Choephoroi 695.

22. Ibid 888.
23. Ibid 908.
24. Ibid 924.
25. Aeschylus, Agamemnon 1419.
26. Euripides, Iphigenia in Aulis 1149-52.
27. Pindar, Pythian Ode 11.

EURYDICE

1. Gantz, p. 721.
2. Virgil, Georgics 4 453ff.
3. Ibid 458.
4. Ibid 483.
5. Ibid 519-20.
6. Ibid 460.
7. Ovid, Metamorphoses 10 7ff.
8. Ibid 10 32.
9. Ibid 10 49.
10. Ibid 10 52.
11. Ibid 10 54.
12. Ibid 10 61-2.
13. Ibid 10 75.
14. Ibid 11 64-6.
15. Gantz, p. 722.
16. Euripides, Alcestis 371-3.
17. Ibid 633.
18. Ibid 646.
19. Ibid 682.

20. Ibid 696.

21. Ibid 357ff.

22. Plato, Symposium 179b.

23. https://www.theoi.com/Text/Moschus.html.

24. Lament for Bion 114.

25. Pseudo-Apollodorus, Bibliotheca 1.3.2.

26. https://www.eno.org/operas/orphee/.

27. https://www.eno.org/operas/orpheus-in-the-underworld/.

28. https://www.nationaltheatre.org.uk/shows/hadestown.

29. https://www.imdb.com/title/tt0053146/?ref_=fn_al_tt_1.

30. http://www.sothebys.com/en/auctions/ecatalogue/2018/european􏿾art-n09869/lot.79.html.

31. Bruzelius, M. (1988), 'H.D. and Eurydice' in Twentieth Century Literature, vol. 44, no. 4, pp. 447-63.

32. Carol Ann Duffy, 'Eurydice'.

PHAEDRA

1. Pausanias, Description of Greece 2.31.1.

2. Pseudo-Apollodorus, Biblotheca 3.1.3ff.

3. Homer, Odyssey 11 321-5.

4. Pausanias, Description of Greece 1.20.3.

5. Plutarch, Life of Theseus 20.

6. Catullus 64.

7. Plutarch, Life of Theseus 28.

8. Ibid.

9. Ibid 29.1.

10. http://edithorial.blogspot.com/2015/05/why-i-hate-myth-of-phaedra-and.html.

11. Homeric Hymn to Demeter 372.

12. Ibid 413.

13. Green, R. L. (2009 reissue), Tales of the Greek Heroes (London: Puffin Books).

14. Graves, R. (1955), The Greek Myths, vol. 1 (London: Penguin Books).

15. Pseudo-Apollodorus, Bibliotheca 1.5.3.

16. Anon (nd.) Rape Crisis England and Wales, 'About sexual violence: statistics.' Available as of March 2020 at https://rapecrisis.org.uk/get-informed/about-sexual-violence/statistics-sexual-violence/.

17. Gantz, p. 286.

18. Ibid.

19. Euripides, Hippolytus 5-6.

20. Ibid 21-2.

21. Ibid 28.

22. Ibid 39-40.

23. Ibid 113.

24. Ibid 135.

25. Ibid 305.

26. Ibid 317.

27. Ibid 309.

28. Ibid 420-1.

29. Ibid 474-5.

30. Ibid 503.

31. Ibid 521.

32. Ibid 596.

33. Ibid 612.

34. Ibid 669.

35. Ibid 717.

36. Ibid 1009-10.

37. Ibid 996-7.

38. Ibid 1403.

39. Ibid 1411.

40. Ibid 1430.

41. Aristotle, Rhetoric 1416 a28-35.

MEDEA

1. Aeschylus, Agamemnon 239.
2. Congreve, The Mourning Bride.
3. Hesiod, Theogony 992.
4. Homer, Odyssey 12 72.
5. Apollonius of Rhodes, Argonautica 4.1637.
6. Ibid 1644.
7. Ibid 1677.
8. Pindar, Pythian Ode 4.249.
9. Euripides, Medea 482.
10. Apollonius of Rhodes, Argonautica 3.1054.
11. Ibid 3.804-5.
12. Pindar, Pythian Ode 4.221.
13. Apollonius of Rhodes, Argonautica 3.997.
14. Ibid 3.529.
15. Ibid 4.1670.
16. Wright, vol. 2, p. 194.
17. Pindar, Pythian Ode 4.250.
18. https://www.britishmuseum.org/collection/object/G_1843-1103-59.
19. Euripides, Medea 36.
20. Ibid 74-5.
21. Ibid 113-14.
22. Ibid 182.
23. Ibid 222.
24. Ibid 233.

25. Ibid 282.

26. Ibid 316.

27. Ibid 355-6.

28. Ibid 374-5.

29. Ibid 465.

30. Ibid 536.

31. Ibid 792.

32. Ibid 913.

33. Ibid 964-5.

34. Ibid 973.

35. Ibid 1035-6.

36. Ibid 1056.

37. Ibid 1126.

38. Ibid 1232.

39. Ibid 1260.

40. Ibid 1304-5.

41. Aristotle, Poetics 1454b.

42. Gantz, p. 369.

43. Pausanias, Description of Greece 2.3.11.

44. https://www.theoi.com/Gallery/M26.1B.html.

45. https://www.clevelandart.org/art/1991.1.

46. Pausanias, Description of Greece 2.3.6-11.

47. Herodotus, Histories 7.62.

48. Diodorus, Bibliotheca Historica 4.56.

49. http://www.thomassatterwhitenoble.net/new-page-1.

50. Smethurst, M. (2002), 'Ninagawa' s Production of Euripides' Medea' in The American Journal of Philology, vol. 123, no. 1, pp. 1-34, https://www.jstor.org/stable/1561998?seq=1.

PENELOPE

1. Pseudo-Apollodorus, Bibliotheca 3.10.
2. Pausanias, Description of Greece 3.12.
3. Ibid 3.20.10.
4. Pseudo-Apollodorus, Epitome 3.7.
5. Homer, Odyssey 1 329.
6. Ibid 1 332.
7. Ibid 1 346ff.
8. Ibid 1 360.
9. Ibid 2 372.
10. Ibid 4 705.
11. Ibid 5 210.
12. Ibid 5 218.
13. Ibid 2 88.
14. Ibid 19 137.
15. Ibid 19 157-8.
16. http://www.beazley.ox.ac.uk/XDB/ASP/recordDetails.asp?id=F322BAD4-652B-4E56-AFE7-E51A636F2E81&noResults=&recordCount=&databaseID=&search=.
17. https://www.musee-orsay.fr/en/collections/works-in-focus/search/commentaire_id/penelope-23467.html?no_cache=1&cHash=0c0b8e3261
18. davidligare.com/paintings.html.
19. https://www.namuseum.gr/en/collection/klasiki-periodos-2/.
20. Held by the Metropolitan Museum, New York: https://www.metmuseum.org/art/collection/search/16951
21. Peck, A. and Irish, C. (2001), Candace Wheeler: The Art and Enterprise of American Design, 1875-1900 (New Haven: Yale University Press), p. 145: https://books.google.co.uk/books?id=n2r1mG-zoUAC&pg=PA147&lpg=PA147&dq=Penelope+tapestry+new+york&source=bl&ots=gQLNphwqxq&sig=ACfU3U0CkHVYd1qaLuMYU3SQfS3YEZ-qPA&hl=en&sa=X-&ved=2ahUKEwj7rqm4qszmAhWSiVwKHUqrCIEQ6AEwEXoECA0QAQ#v=onepage&q=Penelope%20tapestry%20new%20york&f=false.

22. https://www.marianmaguire.com/2017---odysseus--penelope.html.

23. Homer, Odyssey 24 149.

24. Ibid 21 1.

25. Ovid, Heroides 1.41.

26. Ibid 51.

27. Canongate paperback edition, p. xxi.

판도라는 죄가 없다

초판 1쇄 2022년 6월 8일

지은이 나탈리 헤인즈
펴낸이 서정희
펴낸곳 매경출판㈜
옮긴이 이현숙
책임편집 이소연
마케팅 김익겸 이진희 장하라
디자인 김보현 김신아

매경출판㈜
등록 2003년 4월 24일(No. 2-3759)
주소 (04557) 서울시 중구 충무로 2 (필동1가) 매일경제 별관 2층 매경출판㈜
홈페이지 www.mkbook.co.kr
전화 02)2000-2642(기획편집) 02)2000-2636(마케팅) 02)2000-2606(구입 문의)
팩스 02)2000-2609 **이메일** publish@mk.co.kr
인쇄 · 제본 ㈜M-print 031)8071-0961
ISBN 979-11-6484-417-3(03210)